ERSHISHIJIZHIZHONGGUO

《二十世纪之中国——乡村与城市社会的历史变迁》丛书

2012年列入"十二五"国家重点图书出版规划增补项目

2013年入选新闻出版总署国家出版基金资助项目

2013年入选新闻出版总署新闻出版改革发展项目

2012年列入山西出版传媒集团重大出版工程项目

本书为教育部人文社会科学青年基金项目（10YJC770107）

国家出版基金项目
NATIONAL PUBLICATION FOUNDATION

丛书主编　王先明

二十世纪之中国——乡村与城市社会的历史变迁

乡村的民意：陕甘宁边区的基层参议员研究

■ 杨 东 著

山西出版传媒集团
山西人民出版社 山西经济出版社

图书在版编目（ＣＩＰ）数据

乡村的民意：陕甘宁边区的基层参议员研究／杨东著．—太原：山西人民出版社，2013.11

（二十世纪之中国——乡村与城市社会的历史变迁／王先明主编）
ISBN 978 - 7 - 203 - 08324 - 5

Ⅰ.①乡…　Ⅱ.①杨…　Ⅲ.①参议会（陕甘宁边区）- 研究
Ⅳ.① K 269. 507

中国版本图书馆 CIP 数据核字（2013）第 216181 号

乡村的民意：陕甘宁边区的基层参议员研究

著　　者：杨　东
责任编辑：蒙莉莉　翟丽娟
装帧设计：柏学玲
出 版 者：山西出版传媒集团·山西人民出版社 山西经济出版社
地　　址：太原市建设南路21号
邮　　编：030012
发行营销：0351 - 4922220　4955996　4956039
　　　　　0351 - 4922127（传真）　　4956038（邮购）
E - mail：sxskcb@163.com　发行部
　　　　　sxskcb@126.com　总编室
网　　址：www.sxskcb.com
经 销 者：山西出版传媒集团·山西人民出版社 山西经济出版社
承 印 者：山西出版传媒集团·山西新华印业有限公司
开　　本：787mm×1092mm　　1/16
印　　张：24.75
字　　数：370 千字
印　　数：1 - 3 000 册
版　　次：2013 年 11 月第 1 版
印　　次：2013 年 11 月第 1 次印刷
书　　号：ISBN 978 - 7 - 203 - 08324 - 5
定　　价：60.00 元

如有印装质量问题请与本社联系调换

总 序 GENERAL PREFACE

ERSHI SHIJI ZHI ZHONGGUO

　　20世纪的中国,经历着史无前例的社会变迁。这一变动的时代性特征之一,一定程度上体现为传统时代的城乡一体化发展进程逆转为城乡背离化发展态势。伴随着中国与西方交锋以来军事、政治与经济的挫败,以及由此而来的知识分子的传统文化认同危机,现代化(或西方化)与城市化成为显而易见的社会潮流,传统城乡"无差别的统一"为日益扩大的城乡差异所代替,近代农民群体也从"士农工商"的中层政治身份一变而为"乡下人"这一饱含歧视色彩的社会底层,由此形成的城乡社会—经济与文化断裂不仅是20世纪社会结构畸形化与不平衡性的显著现象,也是至今仍横亘在中国现代化进程中的重大社会问题之一。

　　即使在当代社会发展进程中,巨大的城乡分离化也不容忽视,明显的城乡对比已经成为社会认同危机的主要表现之一。当新农村建设如火如荼却面临种种困惑时,当乡村人才的空心化现象日益突出时,当城市化的进程突飞猛进时,当城市景观和生活方式与国际接轨时,城市人与乡下人成为国人赫然的身份标识,现代日益扩大的城乡失衡与传统中国城乡之间的无差别的统一体形成鲜明对比时,深入研究城乡关系的历史变迁就成为一个理解当下中国政治、经济与文化发展的必要途径。此外,对于近代中国社会的认识,无论是政治家、社会学家还是经济学家,都不约而同地将之解析为城市与乡村两大基本单位,中国近代社会之不平衡性、半封建性、半殖民性等特点均可从城市和乡村社会结构的析分中被实证;而城乡之间的关系与特征,亦成为深度理解和把握近代中国历史的不可回避的焦点问题。

有时我们不得不惊叹"历史惊人地相似"!从20世纪二三十年代的"农业破产"、"农村衰败"、"农民贫困"成为举国至重的话题,到新世纪以来被广泛关注的"农民真苦、农村真穷、农业真危险"的当代"三农"话语;从1926年王骏声提出的"新农村建设"问题,到新世纪以来持续推进的"社会主义新农村建设",尽管不同时代条件下,它所聚焦的时代主题内容会有所不同,但如此一致的话语或命题的背后却应该深伏着共趋性或同质性的深层致因。这至少给我们一个基本的提示,即农业、农村与农民问题,是百年来中国社会发展或乡村变迁中始终存在的一个重大课题。它是伴随着工业化、城市化与现代化进程而导致的传统城乡一体化发展模式破解后,乡村社会走向边缘化、贫困化、荒漠化和失序化的一个历史过程。"三农"的困境生成于工业化、城市化与现代化进程之中,这是近代以来城乡背离化发展态势下生成的一个"发展问题"。"三农"从来就不是一个孤立存在的问题,如果没有工业化、城市化、现代化进程的发生,"三农"不会凸现为时代性问题。当然,这并不意味着传统时代没有社会问题,但是问题的呈现和表达不会如此集中在"三农"方面。一个多世纪以来的历史演进的客观事实的确显示了"三化"(工业化、城市化与现代化)与"三农"二者的相关性。问题在于,会是怎样的相关?如何揭示二者互相影响和相互制约的内在关系,并寻求最佳的或最有效的协调方略?

传统农业始终是一个低产出的行业,大部分农民的收入不可能迅速提高,得到高收入的人都是进城从事其他行业的人。社会分工、社会分化始终伴随着城乡背离式发展趋向前行，从而整体上的贫富差距在城乡之间成为一种显性的社会不平等。人口逐渐从农村迁向城市，城乡之间的收入差别就是这种活动的推动力。但在先进国家里，这个工业化过程是在200多年里完成的。在此过程中总体的经济年增长率也不过2%~3%。这部分增长不是靠农业，而是靠在城市中发展起来的工业和服务业。农业生产的收入总是低的。为了平衡城乡之间的收入差距，政府都采取对农业补贴的办法，几百年来已经成为传统。反观我国的情况，在新中国成立后的30年工业化的过程中非但没有补贴农民，反而是剥削农民；再加上对农民的身份歧视，事实上农民成为低人一等的群体，造成严重的城乡二元化结构，城乡收入差别变得极其突出。改革开放后我国经济增长率达到10%左右，这部分增长几乎都是在城市中发生的，所以农业产出占GDP的比重从33%(1983年)降低到2005年的12%。在此过程中幸亏有几亿农民进城打工，沾上了工业化的光，否则城乡收入差距还会更大。我国农村金融的衰败，将大量农民储蓄调动到城市里搞非农项目，进一步使得农民收入增长困难。这一人类社会发展的共同规律，说明了总体上收入差距发生的过程是相伴着工业化过程而发生的。这也是库兹涅茨研究收入分配的倒"U"形曲线的原因。

"三农"问题形成的历史成因和时代特征，如果仅仅局限于现实的考量，或将既无法捕捉到问题的实质，恐也难以探寻到真正的求解之道。事实上，百年来关于中国乡村发展论争的各种主张和方案，以及由此展开的各种区域实验与社会实践，其丰富与多样、繁难与简约，已经有着足够的样本意义和理论认知价值。在百年中国的历史进程中审视"三农"问题的历史演变，或许会有更深刻的思想领悟！历史的选择和运行有着它既有的逻辑进程，因此有关中国乡村道路选择的理论思考和种种分歧，却依然为我们的历史反思和长时段观察提供了理性辨析的基础。

近年来，对于近代城乡关系的研究存在诸多薄弱之处。学界研究的主要态势要么关注城市化历史，要么偏重于乡村史研究，城乡关系仅仅作为这些研究的副产品而出现；城市与乡村是一个预设的、对立的地域单元。

但是事实上，无论是城市化进程还是现代化进程，从根本上来说其实就是一个乡村社会变迁的过程：从农业社会转变为工业社会，从农耕文明转变为城市文明，从传统生活方式向现代生活方式的演变过程。如何广阔而全面地呈现20世纪中国社会历史的变迁，并深入揭示一个世纪以来的历史演进轨迹与规律，从而为当代中国发展的路向选择和理论思维提供丰厚的历史经验与启示，当是这一丛书设计的基本诉求或宗旨。

王先明

2013年1月7日于津城阳光100国际新城西园

目 录 CONTENTS

ERSHI SHIJI ZHI ZHONGGUO

二十世纪之中国——乡村与城市社会的历史变迁

4

导　论 INTRODUCTION

ERSHI SHIJI ZHI ZHONGGUO

陕甘宁边区,作为民主革命时期的一个极其重要的战略据点,不仅以廉洁高效的管理运作而著称于世,更以基层民主的广泛实践而为人称道。在这里,人们不仅行使着当时条件下最为民主的权利,同时也使得这片曾经最为落后的地区,最终成为 20 世纪中国乡村社会的一幅"漫画"①。个中缘由,固然因素较多,但是其中关于基层社会阶层结构的变化、权力结构的重新整合与社会运行模式的结构性调整,无疑是一个极其重要的原因。

对于一个社会结构来说,社会阶层结构具有特殊的重要意义。社会结构及其变迁最重要的特征和过程往往发生在社会阶层结构领域之中,而社会阶层结构的变化,又对社会变迁的过程和变化方向产生极大的影响。以此来观照陕甘宁边区的基层社会,可以说改变边区民众的"私人世界"和"公共世界"的

---

①　马克·赛尔登在谈及抗战时期的陕甘宁时曾指出:"陕甘宁不是中国农村的缩影,甚至也不是抗日期间建立的共产党的根据地的缩影。它几乎是 20 世纪中国农村的一幅漫画,在许多方面体现着生机勃勃而且属于主导地位的都会文化和陷于长期压迫和无望的偏远农村之间日益增大的鸿沟。"参见马克·赛尔登著,魏晓明、冯崇义译:《革命中的中国:延安道路》,社会科学文献出版社 2002年版,第 122 页。

助推力，在很大程度上与陕甘宁边区基层参议会制度，以及在这种新的政权结构模式下产生的基层参议员群体有着密切的关联。

毫无疑问，陕甘宁边区的参议会制度既不同于西方国家的代议制民主，也有别于国民党的宪政制度，它是在战时条件下，通过重塑基层社会权力结构的主体，并依据战时特殊的社会生态环境而建构的一种政治与社会管理体制。但是必须指出的是，制度的建构并不意味着就可以顺利地实施。对于中共而言，始终面临的一个棘手的难题，那就是民众对政治参与的冷淡，更遑论是议会民主了。实际上，关于中国民众对于政治的冷淡，几乎是中外观察家众口一词的结论。梁启超曾一针见血地指出："中国人很知民众政治之必要，但从没有想出个方法叫民众自身执行政治。所谓 By people 的原则，中国不惟事实上没有出现过，简直连学说上也没有发挥过。"①费约翰也曾指出，由于缺乏主权、分权的明确观念，"人们认为，代表意味着代替一个沉睡的主体，而不是在一个醒来的主体的明确指示下发言"②。

需要指出的是，这种现象尽管也在陕甘宁边区的基层社会中有着习惯性的延续，却并没有成为边区政府实施基层参议会的制度障碍，反而呈现的却是在世界选举史上都闻所未闻的一些创举。就基层参议员而言，他们不仅是乡村民众认识民主的一个重要信息源，而且也是陕甘宁边区民主政治的重要载体。普通民众对边区政府的认知，进而产生对中共的认同，在很大程度上是从这些基层参议员的互动中才形成自己的判断的。由此可见，从基层权力结构变迁的视角来展现陕甘宁边区基层社会的运行模式与轨迹，并在此基础上来解构陕甘宁边区的基层参议员群体，应该是一个不错的研究路径。本书以"陕甘宁边区的基层参议员"为题，就是在遵循学术研究内在发展理路的基础上，并基于当前的现实吁求而形成的一个思路。

---

① 许啸天：《梁任公语粹》，上海群学书社 1930 年版，第 2 页。

② [澳]费约翰著，李霞等译：《唤醒中国：国民革命中的政治、文化与阶级》，生活·读书·新知三联书店 2004 年版，第 465 页。

一、研究旨趣及现状

历史研究的旨趣,一般可从学术发展和现实意义中来寻求依据。本书将基层参议员作为研究对象,大体上也是坚持了这样的思路。

首先,从学术研究的取向上,选取影响近代中国历史发展进程的重大问题,是本书选题的重要基点。毋庸置疑,陕甘宁边区作为民主革命时期的重要战略基地,在近代中国革命的历史发展进程中,有着举足轻重的作用。它不仅是红军长征的落脚点、抗日战争的出发点,更是日后新生人民共和国的雏形。如此重大的历史问题,自然应成为我们开展学术研究的重要内容。但是在当前的学术界,却有一种把中国革命从历史舞台中心移开的倾向。原因之一,正如周锡瑞(Joseph W. Esherick)所说,是由于"革命似乎对目前的中国已经不那么重要了,探求革命的社会起源对于那些想理解过去的人们仿佛也就不那么重要了"①。另一原因则是由于长期以来形成的革命史范式,在很大程度上削弱了学术研究的严肃性,致使人们在学术研究的取向上,不再热衷于去做相关的探讨,甚或提出"告别革命"的主张。

但是无论如何,对于历史进程而言,革命是一个已然发生的历史现象,所以不管是冷漠抑或是"告别",都不是学术研究应有的态度。因为"革命不全是一个价值判断问题,不是革命该不该发生,而是革命已然发生,我们应该如何解释这场革命的问题。换句话说,革命为什么发生,革命的对象是什么,怎样进行,如何影响了中国历史进程,这才是历史研究的应有之义"②。正是基于如此考虑,本书将中共领导下的最重要的革命根据地——陕甘宁边区作为研究范畴,并以陕甘宁边区的基层参议员群体作为研究对象,以此来探究和观照基层社会的基本运行轨迹。

---

① [美]周锡瑞:《把社会、经济、政治放回二十世纪中国史》,见刘东主编:《中国学术》第 1 辑,商务印书馆 2000 年版,第 201 页。

② 李金铮:《向"新革命史"转型:中共革命史研究方法的反思与突破》,《中共党史研究》2010年第 1 期。

其次，总结既往得失，构建新的思路，是本书选题的基本学术理路。应该说在当前陕甘宁边区的相关研究成果中，学者们都做了一些卓有成效的探索。特别是在社会史和乡村史方面更是不乏精品佳作。但是在另一方面，我们似乎也总能在已有的研究中找寻到一种较为固化的分析框架，即"政策—效应"的模式。对此，周锡瑞曾尖锐地指出："许多研究著述，感觉到国内好像普遍认为革命的胜利是不可避免的，认为封建主义和帝国主义的失败是历史潮流。马克思对社会主义前景的预见，列宁的帝国主义论也都指出革命胜利的必然性。因而，革命为什么成功是早已解决的问题。有待解决的问题只是共产党如何制定正确的方针和路线以赢得这一胜利。"①正是在这种思维模式的囿限之下，形成了所谓"中共政权的政策演变、农民接受并获得了利益以及革命斗争、革命建设积极性提高的三步曲"②。

上述论断可谓切中肯綮、一针见血。因为即便是在像陕甘宁边区这样的模范根据地中，问题的复杂程度都远非我们想象的那样简单。对于普通民众而言，并非是一开始就同意中共的政策和主张的，相反，民众在政治方面却表现得比较冷淡。如张闻天在晋陕调查中就发现，一些农民"对于各种同生产无直接关系的事情，如参加政府与党的工作，学习文化与政治，参加会议等，他们的兴趣与积极性大大减弱了"③。

本书将陕甘宁边区的基层参议员作为研究对象，不仅可以突破以往那种"政策—效应"模式的思维藩篱，以建构新的研究理路，而且通过深入考察基层参议员的社会结构及其与边区社会的互动，可以更为清晰地凸显出基层社会的复杂面相。因此，笔者认为从这个角度入手，应该是深化陕甘宁边区史研究的一个新的思路。

再次，拓展研究内容，努力推陈出新，是本书选题的基本前提。应该说关注历史人物群体研究，曾是梁启超在批判旧史学的基础上就曾提出的一个思

---

① [美]周锡瑞：《从农村调查看陕北早期革命史》，见《中外学者论抗日根据地——南开大学第二届抗日根据地国际学术讨论会》，中国档案出版社 1993 年版，第 535 页。

② 李金铮：《土地改革中的农民心态：以 1937—1945 年华北乡村为中心》，《近代史研究》2006年第 4 期。

③ 《张闻天晋陕调查文集》，中共党史出版社 1994 年版，第 84 页。

路。所谓"二十四史只知有个人而不知有群体",正是对传统史学局限的批判。在当前关于陕甘宁边区的研究中，尽管在社会群体研究方面已经有了较大的进展，但是关注重要人物特别是领袖人物和知识分子群体，依然是人们主要的研究取向。而在众多有关陕甘宁边区的研究著述中，却忽略了体现边区民主的重要载体——参议员的关注，特别是对于基层参议员群体，更是鲜有述及。

事实上，对于普通民众而言，他们对边区政府的认知，进而产生对中共的认同，在很大程度上是从这些基层参议员的互动中才形成自己的判断的。可以说基层参议员不仅是乡村民众认识民主的一个重要信息源，而且也是他们践行民主的直接对象。因为基层参议员，是由乡村民众通过民主选举产生，代表他们的意见和需要来参政议政的。如果说陕甘宁边区的民主是彻底的民主，那么这个"彻底"首先就体现在基层。正如谢觉哉所说："民主政治的支柱，在于广泛的乡村下层。没有这，上层建筑是不会充实与巩固的。同样，正在崩溃的反民主政治，也想从下层找到他的基础。"所以，只要"民主基础十分稳固，上面要坏，也坏不下来"。①正是基于如此，对于这些基层参议员群体做一细致的分析和梳理，就显得十分必要。通过对陕甘宁边区基层参议员群体的分析，不仅可以了解他们的社会构成与群体特征，并在此基础上再现乡村社会的基本运行模式，而且通过解构基层参议员与乡村社会的互动，可以更进一步地廓清近代以来基层社会的权力结构变迁。正如一些学者所说："对历史上众多社会群体的研究，不仅能够重新透视各个历史时期社会转型与变迁的特点，而且还能填补过去史学研究中的一些空白或是弥补某些薄弱环节，因而具有重要的学术价值和理论意义。"②

最后，选择基层参议员群体，也是基于当前的现实吁求而形成的一个思路。一代之兴必有一代之学。当前被誉为"静悄悄的革命"的乡村选举和村民自治，正在全国范围内广泛开展。但是，任何历史跨越都不是一蹴而就、一帆风顺的。对于历史研究来讲，如何从过往的历史经验中去总结教训，就成为史

---

① 王定国等:《谢觉哉论民主与法治》,法律出版社 1996 年版,第 39、53 页。

② 朱英:《从社会群体透视社会变迁》,《华中师范大学学报》2007 年第 6 期。

学工作者义不容辞的责任。历史研究就其实质而言就是历史学家和事实之间不断相互作用的过程,是过去与现实之间永无止境的对话。故此,鉴往而知今,挖掘历史与现实之间的内在关联,厘清历史本源,观照现实生活,从现实中回溯历史,在历史中推衍现实,并在历史中找寻到现实社会的源头活水,就成为本书选题的逻辑前提和最终归宿。

但是从总体上来看,在当前有关陕甘宁边区史研究的众多著述中,主要是集中在民主政治、社会经济、文化教育、乡村变迁和一些重要人物的研究等几个相对固定的领域,而与本书论题直接相关的论述并不多见。在大多数情况下陕甘宁边区史研究要么是被"淹没"在民主政治及其制度的框架之内,要么是被"归结"在统一战线的结构之中,要么就是"沉潜"在各级文史资料和地方党史资料之中。下面仅就与本论题相关的一些论著做一基本的学术梳理。

1.关于基层参议员的通讯报道和介绍

在陕甘宁边区时期,就曾有一些记者和文学工作者深入基层,对基层参议员进行过报道和描述,这些报道大都集中在《解放日报》上。如吴伯箫的《一个农民参议员》,丁玲撰写的《田保霖》以及马可、清宇采写的《刘志仁和南仓社火》等通讯报道和文章。很显然,这些通讯报道的着力点是重在宣传他们的工作业绩,因此并没有进一步去拓展基层参议员的深层社会结构。另外还有师锐、武文义主编的《陕甘宁边区爱国民主人士》(陕西人民出版社,1993年),梁星亮、杨洪主编的《陕甘宁边区著名人物》(中央文献出版社,2007年)等著作,也有对陕甘宁边区基层参议员的生平事迹的介绍。但是这些著述无论是广度上还是深度上,都不是对基层参议员群体的全面研究。相比较而言,人们对开明绅士李鼎铭的研究要深刻得多。如李忠全等主编的《李鼎铭与陕甘宁边区》(陕西人民出版社,2001年),杨永华、木可的《李鼎铭的法律思想》(《法律科学》1998年第1期),黄峥的《李鼎铭先生与精兵简政》(《红旗》1982年第7期)等。不过,这些研究也有一个共同点,就是将其放在边区这一层面上来加以研究,尤其是集中在"精兵简政"和统一战线等方面来展开的。

2.民主制度和政权形态等方面的关涉

在述及陕甘宁边区的民主制度和政权建设方面,也有一些研究成果或多或少地与本书的主题有所关联。如袁瑞良的《人民代表大会制度形成发展史》

（人民出版社，1994年）、张希坡的《人民代表大会制度创建史》（中共党史出版社，2009年）等。这些著述都从不同程度上对陕甘宁边区参议会的制度实施进行过探讨，但是鉴于研究内容和体例的局限，对于基层参议员本身的关注明显不够。另外，也有一些著述是从民主宪政的角度来展开论述的。如杨永华的《陕甘宁边区法制史稿——宪法、政权组织法篇》（陕西人民出版社，1992年）、韩大梅的《新民主主义宪政研究》（人民出版社，2005年）、王颖的《新民主主义革命时期选举制度研究》（中国社会科学出版社，2005年）、唐宝富的《抗日根据地政治制度研究》（人民出版社，2001年）等。同样，这些著述要么侧重于制度的安排，要么侧重于选举的规则，所以很难在参议员这一群体中攒足笔墨去分析梳理。

关于政权建设和政权形态方面的论著，有宋金寿、李忠全主编的《陕甘宁边区政权建设史》（陕西人民出版，1990年）、中共庆阳地委党史资料征集办公室编的《陕甘宁边区时期陇东民主政权建设》（甘肃人民出版社，1990年）、李智勇的《陕甘宁边区政权形态与社会发展（1937—1945）》（中国社会科学出版社，2001年）等。对于《陕甘宁边区政权建设史》一书而言，作者较为翔实地对边区政权结构进行了阐发，其中也涉及基层政权问题，特别是该书对基层参议员群体的社会构成和党派成分进行过列表分析，但是作者的思路是指向政权形态结构的，特别是基于"三三制"政权而立论的。同样，《陕甘宁边区政权形态与社会发展（1937—1945）》一书，也是体现了这样的特点。所以从总体上来看，这些著作并没有对基层参议员做更为深入的梳理与研究。

3.统一战线中与本书相关的论著

在陕甘宁边区统一战线的相关论著中，也有一部分涉及基层参议员特别是党外人士参议员的论述。如师锐、李忠全主编的《延安时期统一战线问题研究》（陕西人民出版社，2000年），中共延安地委统战部、中共中央统战部研究所编的《抗日战争时期陕甘宁边区统一战线和三三制》（陕西人民出版社，1989年）等。这些著述以大量篇幅阐述了统一战线政策在各条战线上的广泛应用及其实效，其中对基层绅士参议员的论述是较为深刻的。但是其立足点依然是放在党的政策上，是从党的统一战线政策的实行过程来观照边区的政权结构的，因而对基层参议员本身就会着墨不多，而且从视野上也并没有突破政策路线这一范畴。

4.陕甘宁边区的相关著述

在陕甘宁边区的乡村社会及其变迁的相关著述中，也有一部分与本书有关的内容。如黄正林所著的《陕甘宁边区社会经济史（1937—1945）》（人民出版社，2006 年）、《陕甘宁边区乡村的经济与社会》（人民出版社，2006 年）等。特别是在其所著的《论抗战时期陕甘宁边区的社会变迁》（《抗日战争研究》2001 年第 3 期）、《抗战时期陕甘宁边区的乡村妇女》（《抗日战争研究》2004 年第 2 期）等论述中，有相当一部分内容是从妇女参政这一问题来谈及边区的社会变迁的。也有的学者从乡村治理的角度来展开论述。由于这些论著的立足点是基于乡村社会变迁这一视角的，所以对于基层参议员更为深刻的论述就未能很好地体现出来。

同时，也有一部分讨论基层权力结构变迁与乡村治理方面的论著。如王先明的《变动时代的乡绅——乡绅与乡村社会结构的变迁》（人民出版社，2009 年），张鸣的《乡村社会权力和文化结构的变迁(1903—1953)》（陕西人民出版社，2008 年），王铭铭、王斯福编的《乡土社会的秩序、权威与公正》（中国政法大学出版社，1997 年），以及张静的《基层政权：乡村制度诸问题》（上海人民出版社，2007 年）、徐勇的《乡村治理与中国政治》（中国社会科学出版社，2003 年）、于建嵘的《岳村政治——转型期中国乡村政治结构的变迁》（商务印书馆，2002 年）等。这些著述尽管没有或者较少谈及陕甘宁边区参议员的相关问题，但是他们的研究思路和方法，以及从历史与现实的交汇中寻求解决中国农村问题的意识，却是值得本书借鉴的。尤其是王先明所发表的一系列关于乡村权力制度嬗递的论著，在构建本文的框架内容上有着很大的启迪。

总之，通过对已有研究成果的分析梳理，我们不难看出，尽管关于陕甘宁边区的研究成果颇为丰硕，但是与本书相关涉的论题主旨却并不多见。而且从总体上来看，也体现出一些共有的问题，主要表现为：

第一，不少的研究著述尽管在研究内容和领域已有一定的拓展，但是研究视野还有待于进一步开阔。这不仅体现在目前相对固化的几个研究领域，特别是在理论架构方面也有明显的不足。历史研究尽管需要不断去挖掘相关史料，并在充分占有史料的基础上来开展研究，但是在分析和论证的过程中，理论的架构也是极其重要的。在学术研究中，"没有历史学与理论的结合，我们既不能理解过去，也不能理解现在"①。

第二，在已有的研究中，从制度层面来开展研究的较多，而对制度安排下的权力主体的研究却相对不足。同时，也没有将权力主体放到整个社会结构中来考察，由此在研究方法上也存在一些不足。应该说这些不足在很大程度上束缚了当前的陕甘宁边区史研究。"正如音乐的发展以乐器的性质改进为前提，天文学的发展有赖于建立功率更大和效果更好的望远镜一样，历史学中的新趋势是对新的研究技术和方法的反应。唯有新的研究技术和方法才可能使历史学有所发展"②。

第三，通过对已有研究著述的分析，我们也会发现传统思维的痕迹似乎也较为普遍地存在着，也就是从"政策—效应"的模式来构建解释路径，依然可从话语分析中明显地体现出来。同时从研究的倾向上来看，似乎也总会预设一种前提，那就是总将边区的一系列政策和中共最终的胜利联系起来。事实上这种预设前提的分析已受到一些学者的质疑，其中黄宗智的论述值得我们深思。他指出，我们的研究"首先关注的是客观的现实，而不是表达的现实：在结构层面，是社会—经济的和制度的背景，而不是象征性领域或话语的形态；在主体(agency)层面，是行动和事件，而不是思想和态度"③。

第四，从研究取向上来看，目前对陕甘宁边区史的研究所呈现的大体上是"两头大，中间小"的研究格局，也就是学者们的研究取向主要集中在边区和乡村这些层级，而对于县域社会的关注却明显不足。实际上，仅就县域社会中选举产生的众多县级参议员，就是一个颇值得研究的社会群体。因此，注重边区这一层级和乡村社会的研究，对陕甘宁边区史的研究显然是不完整的。

总之，通过对已有研究的分析梳理，我们发现，尽管一些著述在一定程度上涉及与本书相关的话题，但是囿于题材和视角的不同，对于陕甘宁边区的

---

① [英]彼得·伯克著，姚明等译：《历史学与社会理论》，上海人民出版社 2010 年版，第 22 页。

② [英]杰弗里·巴勒克拉夫著，杨豫译：《当代史学主要趋势》，上海译文出版社 1987 年版，第 69 页。

③ 黄宗智：《经验与理论：中国社会、经济与法律的实践历史研究》，中国人民大学出版社 2007 年版，第 92 页。

基层参议员群体,都无法从更加广阔的视野来加以分析,即便有所指涉,也是从宏观的范围内展开的,缺乏对基层参议员群体的深度挖掘。在一定程度上可以说目前学术界对此问题的研究仍然是一个空白。这与陕甘宁边区这一重要战略据点的历史地位是很不相称的。

二、研究内容及重点难点

基于目前的研究现状和研究主旨,本书拟在以下框架结构内来展开讨论:

1.清末以来基层权力结构的嬗递与陕甘宁边区参议会制度的建构

制度变迁作为利益关系和社会结构重新调整的过程,自晚清以来就在不同社会力量的推动之下发生着剧烈的变动。特别是清末新政之后逐渐推行的地方自治运动,确也曾一度为中国的现代化注入了生机和活力。尽管在此后有些地方继续开展过地方自治实践,但是从总体上来看,由于军阀混战和社会局势的动荡,民国以来的基层社会依然处于无序化的状态,而地方权绅又乘虚而入,重新支配着基层社会权力。进入 20 世纪 30 年代,国民政府以新县制为契机,通过推行区、乡、保、甲四级基层政权结构,加紧对基层社会的政治控制步伐。结果却由于"此种组织对农民仅有命令和服从关系,而未与农民整个生活发生联系"而受到民众的抵制。①

而中共经过艰难的长征在陕北立足之后,通过揭橥孙中山的民权主义旗帜,推行地方自治,实行基层民主政府的选举,以重塑基层社会的权力主体。在此过程中,通过广泛的社会动员,以直接民权的形式整合基层社会的权力资源,最终在"自由选举,选举好人"的方针下,使得原有的权力格局被打破,从而完成了对基层社会的控制与整合,实现了基层制度的顺利过渡,代之而起的是具有乡土社会认同感的"好人"——参议员。于是参议员作为民众的代表,成为新的制度格局下的新型权力结构主体。

2.基层参议员的社会结构剖析

陕甘宁边区的基层参议员,作为中共重新整合基层权力资源而产生的新

---

① 龙发甲:《乡村教育概论》,上海:商务印书馆 1937 年版,第 101 页。

型权力主体,从总体上来看,他们的社会构成绝大部分属于农民阶层。但是,随着普选运动的渐次展开,其社会构成也有了很大的扩展,不仅有工人、妇女被选为参议员,而且相当一部分地主士绅也被选为基层参议员。特别是"三三制"模式施行以后,参议员的社会构成与阶级成分有了显著的变化,不仅有国民党员,也有不少哥老会成员。而在这些参议员群体中,特别值得一提的是妇女和士绅群体。因为将他们选为基层参议员,不仅体现了基层民主的广泛性,同时也是中共为适应战时局面和基层民主政权建设的现实需要而采取的政策措施。当然,由于陕甘宁边区既有老解放区,也有刚接管过来的新区,所以在不同的地区,情况也并不完全相同。而这又恰恰反映了中共在重塑基层社会权力结构主体过程中的一些鲜明特点。

3.基层参议员的政治参与及其社会生活

基层参议员作为基层民众的代表,他们的政治参与形式主要包括参议会、"一揽子会"、"群英会"、"党外人士座谈会"等形式。政治参与实践主要是选举、监察和弹劾基层政府首脑及政务人员,决议本级政府和人民团体提交审议的事项,决议本地区的单行公约,督促检查本级政府执行参议会提交的决议之情况以及决定本地应兴应革之事宜。特别是他们在政治参与的过程中,还曾提出过一些极具重要推广价值和战时特色的提案、议案。这些提案、议案不仅成为边区制定各项政策的重要依据,更是促进边区社会发展并最终实现中国革命胜利的有力保障。同时,当"议行合一"成为基层参议会运行的基本轨迹之时,他们也会经常深入基层社会,身体力行,积极开展工作。尤其是一些具有相当文化和经济基础的参议员,他们还积极从事文化教育、医疗卫生、破除迷信等社会建设事宜。一些在民众中颇有威望的参议员,还从事调解民间纠纷的工作。对于大多数基层参议员,由于他们"公道"、"腿勤"、"热心"而受到民众的认可,还有一些基层参议员由于业绩突出、口碑较好而被选为边区参议员,赴延安参加边区参议会,这又成为他们的一种光荣。与此同时,作为一个社会构成和阶级成分较为复杂的社会群体,他们的社会生活和日常交往,也在这种繁忙而紧张的工作实践中发生了深刻的变化。

4.基层参议员与陕甘宁边区的乡村建设

关于基层参议员与陕甘宁边区的乡村建设,是本书要重点关注的内容。以往学界在探讨关于陕甘宁边区的乡村社会变迁时，主要是关注乡村社会如何变迁的，在追溯社会变迁的因缘结果时，也大多是从制度和政策方面入手论述的。但是，仅仅从制度和政策方面来总结原因，往往会陷入一种"结构主义"的解释，其结果便是形成一种僵硬的因果表达。①事实上，只要我们仔细分析就会发现，陕甘宁边区的基层参议员群体在乡村建设方面所做的工作同样可圈可点。

比如，在基层参议员群体中，有相当一部分中间人士有较高的文化水平，他们对乡村社会的文化教育、社会经济、生活习俗乃至社会心理等诸多方面都产生了重要影响。正如延川县参议员李丹生所说："参议员上要替政府负责，下要替人民负责，参议员的责任是重大的。"②合水县参议员杨正甲为解决乡村教育问题，在西华池一带办起了7所农民夜校，组织群众掀起了识字学文化热潮，使不少"睁眼瞎"粗识了文字，有的人还脱了盲。为了促进基层社会的商业发展，他亲自查勘规划，沿街修起了一百五六十家商业店铺，使这个原来只有几十户居民的小镇，在短短几年中就增加到300多户，一改往常萧条冷落的景象，成为陇东商业重镇。定边县参议员崔岳瑞以自己精湛的医术，为民众积极治病的同时，广泛开展反巫神迷信的活动，被称为"全边区大众共仰的文教模范"。诸如此类的事例在基层参议员群体中，可谓比比皆是。由此我们也不难看出，在陕甘宁边区的乡村建设中，基层参议员群体无疑是起了重要作用。

5.基层参议员的历史作用及其思考

陕甘宁边区的参议员，既不同于民国初年的议员群体，也有别于国民党参政会中的参政员，他们是抗战时期这一特殊环境中，在抗日民主政权的制度安排下，通过基层民众直接选举而产生的新型社会群体。作为具有广泛代表

---

① 周锡瑞曾在《从农村调查看陕北早期革命史》一文中深刻地指出："一些理论家们那样热衷于将中国革命归结为某种不变的结构的产物：诸如中国和西方、国家和社会、城市与农村或者阶级对立。这类的结构主义解释也许有益于本科生的课程，但革命的实际过程因环境的千变万化而要复杂得多。需要对革命本身进行深入的考察。"具体可参见冯崇义、古德曼编：《华北抗日根据地与社会生态》，当代中国出版社1998年版，第21~22页。

② 《延安文史》第10辑，《延安岁月》中册，延安市政协文史与学习委员会编，2007年编印，第430页。

性的社会群体,基层参议员不仅是陕甘宁边区基层民主制度的重要载体,扮演着沟通政府与民众桥梁的角色,而且也是基层民众从"私人世界"向"公共世界"转变的积极推动者。

当前,有关基层民主自治的研究,在"三农"问题的推动之下成为学界讨论的热门话题。在学者们对基层自治的讨论中,基本上都是将其概括为"草根民主"。主要原因正如徐勇所说:"首先在于它植根于社会经济和心理结构之中,使民主的理念深入到广大的农村民众。"另外一个原因在于"这一民主形式植根于中国的土地里,在它的进程中必然会形成与西方国家不同的经验范式,并对西方国家经验中产生的西方民主理论资源构成挑战"。[①]事实上,当前讨论的所谓"草根民主",与陕甘宁边区的基层选举与自治,在很大程度上有契合的地方。因为陕甘宁边区民主的最大特点,就是它的草根性。所以,通过分析陕甘宁边区的基层参议员群体,并在此基础上来探讨陕甘宁边区时期的乡村自治,进而以此来观照现实,就成为本书开展此项研究的主旨。

当然,本书在研究的过程中,也存在着一些难点和挑战,主要表现在以下几个方面:

第一,由于本书的研究范围是着眼于基层,而有关基层参议员的名册要么是由于战争环境而被破坏,要么是被遗失,所以能够见到的资料不仅较少而且也非常零散。所以,如何从这些有限的材料当中去挖掘基层参议员的社会结构及政治文化,进而凸显基层参议员的群体特征,是一个很大的挑战。

第二,本书在开展基层参议员研究的过程中,将会涉及诸如政治学、社会学、统计学乃至社会心理学等学科方法。如何科学恰当地使用这些学科方法,将其合理地运用到本书的研究中,也是一个需要充分思考的问题。

第三,从总体上来看,目前学术界关于陕甘宁边区基层参议员群体研究的论著并不多见,因此这对于本书的研究同样是一个不小的挑战。

---

① 徐勇:《乡村治理与中国政治》,中国社会科学出版社 2003 年版,第 49~51 页。

三、相关概念的界定

在本书的研究内容中,涉及"基层"、"社会群体"和"参议员"等相关概念。由于是对特定时空下特定对象的研究,所以有必要对这些概念做一些界定和说明。

1.关于"基层"区域的界定

"基层",如果从行政区划来看,一般是指县级以下的单位;从政权结构来看,它应该是指设在最低一级的距离普通民众最近的行政机关。就中国而言,所谓"基层",具体包括"不设区的市、市辖区、乡、民族乡、镇的人民代表大会和人民政府,都是中国的基层政权机关。它们是中国人民民主专政政权的细胞,也是中国地方制度中最基本的政权单位"①。但是本书所指涉的"基层",主要包括县与乡这两个单位。原因主要有二:

其一,由于陕甘宁边区是隶属于国民政府的地方一级政权,所以其行政建制只包括边区、县和乡三级政权。另外,由于当初的陕甘宁边区政权,是在特定的历史条件下形成的政权结构,这个特定的历史条件,正如李维汉所说,"是极端分散的农村环境和战争环境"②。正是由于这种独特的环境,造成了边区的县级政权几乎是处在一种分散和隔离的状态,尤其是在县级区域,一度曾出现过国民党政权和抗日民主政权的双重政权格局。因此,正是由于这一特定的历史条件和状况,决定了陕甘宁边区的县级政权与基层社会之间的联系是非常紧密的,即便是对县长而言,也几乎是行走在乡村社会之中。

其二,对于县参议员来讲,无论是从工作还是生活习惯方面,都有着基层社会的背景和特质。如果再从县参议员的选举程序来看,他们完全是从乡这一级产生的。因为陕甘宁边区政府明确规定:"县参议员的选举单位是乡",而

---

① 李伟民编:《法学辞源》,黑龙江人民出版社 2002 年版,第 2865 页。

② 李维汉:《回忆与研究》(上),中共党史资料出版社 1986 年版,第 518 页。

"乡议员的选举单位为行政村"。①而且从选举的结果来看,即便是县参议员,也绝大多数是农民或来自农村的其他阶层。由此可以看出,对于县级参议员而言,尽管从行政结构上来看,他们属于县的层级,但是从本质上来看,却有着鲜明的基层表征。

另外,即便当下学界对基层民主选举的研究,也是从"县"开始的。正如一些学者所说,"研究乡村政治是不能离开县的"②。正是基于此,本书所指涉的"基层"区域,是包括县在内的县乡两级,所谓的"基层参议员"也是指县乡两级参议员而言的。

2.关于"社会群体"的界定

本书所谈及的"参议员群体",并非是完全遵从社会学意义上对于"社会群体"的界定。社会学意义上的"群体",一般有广义和狭义之分。广义上的社会群体,"泛指一切通过持续的社会互动或社会关系结合起来进行共同活动,并有着共同利益的人类集合体;狭义上的社会群体,指由持续的直接的交往联系起来的具有共同利益的人群"。同时根据群体之间不同的聚合关系,又将社会群体分成不同的类型。其中依据"成员间劳动与职业间的联系而形成的群体叫业缘群体,包括各种各样的社会经济组织、政治组织和文化艺术组织等具体形式"③。

根据上述界定,以此来参照陕甘宁边区基层参议员群体,大体上可将其界定为广义上的并以业缘为聚合方式的"社会群体"。因为按照陕甘宁边区政府的规定:凡居住边区境内的人民,年满18周岁,不分阶级、党派、职业、男女、宗教、民族、财产和文化程度的差别,都有选举权和被选举权。其主要职权就是决议并执行上级政府交办和本级政府的应兴应革事宜,以及监督政府、选举罢免本级政府首脑和行政人员。由此不难看出,陕甘宁边区的基层参议员,是通过一系列制度安排并以民主选举的方式而形成的一个共同参与政治活

---

① 陕西省档案馆、陕西省社会科学院编:《陕甘宁边区政府文件选编》第8辑,中国档案出版社1988年版,第473页。

② 徐勇:《乡村治理与中国政治》,中国社会科学出版社2003年版,第219页。

③ 郑杭生编:《社会学概论新修》,中国人民大学出版社2003年版,第147页。

动,并以实现抗战救国、建设边区社会为共同利益的一个基层群体。

3．关于"参议员"称谓的说明

陕甘宁边区的"参议员",在不同的历史阶段,有着不同的称谓。1937年5月,陕甘宁边区通过"议会及行政组织纲要",在县乡设立代表会。1937年11月,乡代表会又改为乡民代表大会,简称乡民大会,建立起适应抗战新形势下的政权组织体系。1938年11月,为了与国民参政会在名称上取得一致,边区政府将原有的议会改为参议会,相应的议员也改为参议员。抗战胜利之后,为了建立各种形式的人民民主政权机关,老解放区的政权建设逐步由参议会改为人民代表大会的组织形式,县、乡参议会也相继改为人民代表大会,相应的原有的参议员也逐渐改称人民代表,从而成为日后人民代表大会制度的雏形。

四、思路方法和资料运用

鉴于目前学术界的研究现状和研究内容,本书将以如下思路来展开研究:

首先,本书将从清末以来基层社会权力结构变迁的历史发展脉络中来点题展开。清末以来中国基层社会权力结构的变迁是在社会剧变的大背景下展开的。将陕甘宁边区基层参议员群体,放到整个清末以来基层社会权力演变的背景下,不仅可以廓清历史发展的基本脉络,也是凸显陕甘宁边区基层社会在传承与裂变中的独特生态,从而为随后进一步研究基层参议员群体奠定基础。

其次,在梳理基层社会权力结构变迁的基础上,本书将在厘清基层参议员群体的社会构成、党派成分、政治文化观念的基础上,凸显陕甘宁边区基层参议员的群体特征。与此同时,本书还将在力求广泛搜集有关资料的基础上,对基层参议员群体的社会交往关系与日常生活做一讨论。当然,在具体分析基层参议员群体的日常生活过程中,本书也力求从中探求一些隐藏在生活背后的"历史性意识"。正如一些学者所说:"尽管'生存'的历史性建构多发生在经验表象中,而并非'生存'的历史性本身,但是它却是作为支撑人类现实生活的原点而起作用的,我们完全可以在无数表面性的生活事象的背后发现隐藏着的永恒存在。"①

最后，通过对基层参议员群体的分析，解构他们与乡村建设与社会变迁之间的关联。对于基层参议员群体而言，他们的产生不仅从根本上改变了基层社会的权力结构主体，而且还在很大程度上改变着乡村社会的基本面貌和运行轨迹。因而，分析基层参议员群体与乡村建设与社会的变迁，也是架构本书内容的一个思路。

基于上述思路，本书在研究过程中，将力求避免僵硬的制度性描述，而是以社会史的视野和方法来展开。一如马克思所说："现代历史著述方面的一切真正进步，都是当历史学家从政治形式的外表深入到社会生活的深处时才取得的。"②与此同时，以社会史作为研究视野和方法，还可以体现陕甘宁边区时期的重大变革在社会生活诸领域的反映，从而说明这种变革的深度和广度。

当然，本书还将根据研究内容，通过借鉴一些理论框架和理论视野，来构建本书的理论基础。

根据本书的研究对象和内容，在理论架构方面，首先将借鉴"国家—社会"的理论来架构本书的基本结构。众所周知，"国家与社会（市民社会）"的理论模式是从西方产生，并在海外中国研究的学者中广泛应用，并于20世纪90年代开始成为中国学者广泛使用的一种理论框架。但是对于中国乡村社会的研究来讲，学者们更多地还是使用"国家政权建设理论"来阐述基层社会的变迁。其中心思想即是"在现代化进程中，后发现代化国家的现代资源总是稀缺的，需要国家动用国家的力量把稀缺的现代化资源动员集中起来"③。由此来观照陕甘宁边区的基层社会，事实上体现的也正是这种模式。在陕甘宁边区，中共以自身的组织体系为中轴，整合其他外围社会力量，形成了一个有着广泛社会基础的纵向控制系统以及贤能选拔系统，成为国家与社会之间的强大支柱，进而形成了一个稳固的、并有强大动员能力的政治结构。其中基层参议

---

① 杨威：《中国日常生活世界的历史拷问及其限度》，《求是学刊》2005年第6期。

② 《马克思恩格斯全集》第12卷，人民出版社1962年版，第450页。

③ 郑卫东：《"国家与社会"框架下的中国乡村研究综述》，《中国农村观察》2005年第2期。

员群体正是这一贤能选拔系统的核心力量。正是这一核心力量,成为基层社会变动的重要依靠,从而使得"中国保持了对于一个有着如此规模和如此多样的发展中国家来说确是令人惊叹的强大的行政能力"①。所以,本书以"国家—社会"的理论来阐述陕甘宁边区的基层参议员群体,不仅是可行的,而且也是必要的分析模式。

由于本书的研究对象是着眼于基层参议员群体,而这一群体又是基层社会权力结构的主体,所以在研究这一群体时,本书也将借鉴杜赞奇的"权力的文化网络"这一概念来展开讨论。杜赞奇在《文化、权力与国家:1900—1942年的华北农村》一书中,运用"权力的文化网络"(culture nexus of power)来分析乡村权力关系。在杜赞奇看来,这一文化网络包括不断相互交错影响作用的等级组织(hierarchical organization)和非正式相互关联网(networks of informal relations),通过"将帝国政权、绅士文化与乡民社会纳入一个共同框架,并将权力、统治等抽象概念与中国社会特有的文化体系连接起来",来分析国家政权的行政能力以及乡村社会的文化网络之间的千丝万缕的联系。②应该说杜赞奇的"权力的文化网络"理论在陕甘宁边区的基层社会中,同样有所反映。因为有明显的证据显示,在陕甘宁边区的基层社会中,中共并不是一味地推行自己的话语模式,而是也充分注意基层社会既有的文化和习俗。正如黄宗智所说:"中国共产党的表达性建构和中国农村社会结构的客观现实之间存在着一致和偏离"③。所以杜赞奇"权力的文化网络"理论在本书的研究中,是同样可以借鉴吸收的。

此外,作为陕甘宁边区的基层参议员群体,他们的重要职责就是参与基层社会的政治社会活动,这就会关涉"政治参与"这一概念。所以本书在具体研究的过程中,也将充分利用"政治参与"这一概念来解析基层参议员的参政议政活动。

① [美]李侃如:《治理中国:从革命到改革》,中国社会科学出版社 2010 年版,第 246 页。

② [美]杜赞奇著,王福明译:《文化、权力与国家:1900—1942 年的华北农村》,江苏人民出版社 2004 年版,第 189 页。

③ 黄宗智:《经验与理论:中国社会、经济与法律的实践历史研究》,中国人民大学出版社 2007 年版,第 96 页。

本书的研究方法,主要是以历史叙事的形式,并从政治社会学、社会心理学等学科中借鉴相关理论来展开。之所以采用历史叙事的形式来展开,主要是为了突破以往研究中存在的那种预设前提和问题导向的模式化研究。应该说以历史叙事的方法开展研究,在学界已取得了相当的成效,如王笛所著《街头文化:成都公共空间、下层民众与地方政治,1870—1930》、柯文所著《历史三调:作为事件、经历和神话的义和团》等,就是其中的代表。在柯文看来,历史研究的单向集聚观点是不可取的,而是应该根据不同的社会与文化设计不同的理论框架,追求历史描绘的精细化,主张采用生动的叙事文本描绘历史,以及用描绘历史共性的框架等方法来研究。①柯文正是采用叙事史方法,以事件、经历、神话为视角,将义和团运动分成相对独立的三个部分来研究、阐释,从而形成了这部有相当分量的著作。

可见,历史叙事法不失是一种突破问题导向模式的方法,通过对历史人物、历史事件的叙述性解构,在叙述的基础上作历史分析,不仅可以重现有血有肉的历史场景,再现真实的历史原貌,而且通过精细的历史叙事,可将陕甘宁边区的基层参议员群体清晰地呈现出来。

此外,本书在具体的研究过程中,充分重视个案研究与整体研究相结合的方法以及数量统计等方法。因为陕甘宁边区的基层参议员群体的数量较大,通过这些研究方法,不仅在具体研究过程中具有可操作性,而且也是解读社会群体的一种思路。

关于本书研究资料的来源,主要集中在以下几个方面:

其一,是目前已经出版的大型资料集、文(选)集和延安时期的主要报纸杂志。如《陕甘宁边区政府文件选编》、《抗战时期陕甘宁边区财政经济资料选编》、《中共中央文件选集》、《陕甘宁革命根据地资料选辑》、《陕甘宁边区抗日民主根据地》、《陕西革命历史文件汇集》、《中共中央西北局文件选集》、《中共陕甘宁边区党委文件选辑》等资料集。文(选)集主要包括延安时期主要领导人和一些重要人物的著述集。报纸杂志如《新中华报》、《解放日报》、《新华日报》、《共产党人》、《解放》等。

---

① 林同奇:《人文寻求录——当代中美著名学者思想辨析》,新星出版社2006年版,第248页。

其二，是一些重要人物的日记和其他人士在延安的见闻录，特别是一些去过延安和陕甘宁边区的中外记者、国统区重要人物的见闻感受，都是极其重要的参考资料。这些资料不仅真实地记录了当时的历史场景，而且还针对一些所见所闻提出了自己的感想和体会，因此是有着重要参考价值的。

其三，是陕甘宁边区有关地方出版的地方志、文史资料和一些地方党史著述。近年来许多地方出版了相当数量的地方史志资料，特别是关于陇东革命根据地和盐池地区的资料尤其值得关注。有的地方还曾办有不定期出版的《党史资料通讯》等刊物，这些资料都是本书重要的参考资料。

其四，相关地方的档案资料。本书在具体研究过程中，还查阅了相关地区的档案资料，这些档案资料也极大地充实了本书的相关内容。

总之，本书在研究的过程中，通过充分挖掘相关资料，力求将研究建立在丰富厚实的资料基础上，以此来展现陕甘宁边区的基层参议员群体。

第一章 CHAPTER ONE

基层权力谁做主

——清末以来的自治选举与基层权力结构的嬗变

　　道格拉斯·C.诺斯曾指出："制度变迁决定社会演进的方式，因此，它是理解历史的关键。"[①]曾几何时，以胥吏、保甲、士绅为中轴而构成的基层社会权力结构，在相当长的时期内维系着皇权制度与基层社会之间的结构性平衡。然而，伴随着内忧外患以及西学东渐思潮的推动，传统社会的基层权力结构体系开始发生变动。肇始于西方社会的地方自治与议会制度，开始逐渐受到有识之士的青睐，并在清末民初的制度化变革中得到了具体实施。自此之后，无论是北洋政府还是南京国民政府，不管是出于何种目的，自治与选举都是他们所揭橥的旗帜。然而，必须指出的是，对于北洋政府和国民政府而言，他们在推行地方自治与议会选举的过程

---

①　[美]道格拉斯·C.诺斯著，刘守英译：《制度、制度变迁与经济绩效》，上海三联书店1994年版，第3页。

中,因为缺乏对基层社会权力结构的彻底改造,结果造成的绅权扩张与土劣回潮,又在很大程度上成为国家基层政权建设①的腐蚀剂。而处于土地革命战争时期的中共,却以农会为组织形式,通过划分阶级成分和开展苏维埃选举,在很大程度上实现了对革命根据地内基层社会权力的改造。

① "国家政权建设"理论是20世纪90年代以来学术界以"国家与社会"理论为基础而构建的分析方法。关于这一理论,杜赞奇曾指出,中国的国家政权建设与欧洲国家不同。在欧洲,国家政权建设不仅包括国家权力对社会生活和经济生活各个方面的控制逐渐加强,而且也是在现代化的民族国家内,公民的权利和义务的逐步扩大。但是在中国,这一过程是在"民族主义"和"现代化"的招牌下进行的。而且不论是中央还是地方,尽管政权更迭频繁,但都企图将国家权力深入到社会基层,并将这种延伸的政权机构看做是控制乡村社会的最有效手段。参见杜赞奇:《文化、权力与国家:1900—1942年的华北农村》,江苏人民出版社2003年版,第2页。

第一节　基层权力体系的演变
与议会思想的产生

ERSHI SHIJI ZHI ZHONGGUO

　　众所周知,在传统中国的国家权力结构体系中,其较为健全和正规的系统设置实际上只达到县一级。有学者认为传统中国的基层社会实际是一个高度自治的社会运行结构。因为传统国家权力体系对基层社会的控制与影响是有限的,而且对于普通民众,他们"与官府之间的交涉,亦只有纳粮,涉讼两端",故此才有"国与民更仿佛两相忘"的实态。[1]但也有一些论者认为,中国基层社会缺乏自治性质,因为它受政府之潜在的或实在的干涉。而且基层社会领袖是由政府官吏承认的,必须仰政府官吏之鼻息。因此,所谓的"自治",实际是"不完全的中央集权化的结果"。[2]另有一些学者还提出县级衙门并非皇朝官僚统治的终点的结论。[3]但是无论如何,在传统中国的基层社会中并非处于

---

　　① 　梁漱溟:《中国文化要义》,上海人民出版社 2004 年版,第 141 页。

　　② 　Kung—Chuan Hsiao, Rural China: Imperial Control in the Nineteenth Century, University of Washington Press, 1960. p. 263.

　　③ 　贺跃夫曾就此撰文指出:"县级衙门并非皇朝官僚统治的终点,巡检司署等基层官署是相当一部分州县中位于县级行政衙门与村落之间的重要基层官署,他们的存在实际上使县以下析分出次县级行政单位。"参见贺跃夫:《晚清县以下行政官署与乡村社会控制》,《中山大学学报》1995 年第 4 期。

"权力真空"的状态,实际上在县衙以下依然存在着一些非正式的权力控制体系。

一、传统社会的基层权力体系

在传统中国社会中,基层社会权力一直以不同的面貌存在于历史长河之中。从总体上来看,在传统中国基层社会中大体延续着三种相对稳定的非正式权力,即县衙的职业化胥吏群体,里甲、保甲等准乡级政权组织的乡约地保群体和具有生员以上功名及退休官员组成的乡绅群体。

胥吏,是人们对中国基层权力结构中各类具体办事人员的一个比较广义的称呼。一般而言,按其职差性质,胥吏可分为两大类:一类是文职吏员,在各衙署内收发公文、核查档册、誊录文件、造报册簿账目、收贮档案等;一类是专供奔走驱使的胥役,负责催征赋役,查管市场、关卡,看管钱粮物库,缉捕、押解犯人,衙门内外站堂、看门、通报、传唤,上下级衙门及乡里之传送文移、联系,以及跟随长官等等。[①]作为一个相对独立的政治社会群体,胥吏从唐宋以来开始大量出现在中国历史舞台上,及至清代,胥吏群体已成为一个庞大的力量,大县逾千人,小县亦多至数百名。[②]由于胥吏不仅要做文抄公和档案管理员,还是地方官员处理行政事务的重要依靠。地方衙门的胥吏主要是本地人,他们非常熟悉本地情况。而地方官员并非本地人,且任期又不长,他们对地方情况的了解是有限的,因此很多事情要借助胥吏。于是胥吏便利用他们自己的优势来左右地方官员。与此同时,胥吏们在基层社会还有着盘根错节的关系网络,有些肥缺衙门,甚至成为某些有较大势力的胥吏的盘踞地,互相勾结,串通作弊。

再加之统治者千方百计地以期建立一整套高度集权的政治体制,使一切机构无法独断政事,故此掌握事权的吏、役不仅不可缺失,反而成为必须依赖的对象。于是这又大大加强了他们在基层政治生活中的作用。由于他们在担

---

① 杜家骥:《清朝简史》,福建人民出版社1997年版,第268页。

② 吴吉远:《试论清代吏役的作用和地位》,《清史研究》1993年第3期。

任吏职之后,要行使控制人民的职能,从而构成基层社会中的重要权力体系。不少胥吏为恶多端,他们操刀笔之刃,往往操纵上下,左右逢源,盘剥百姓,肆无忌惮。因此也为广大下层人民所痛恨,斥之为"衙蠹"。但是,作为一个非正式权力的社会群体,他们来自于被统治阶级,并没有真正拥有统治集团各阶层的地位,始终被视为是下九流的职业。因此在某种程度上,他们始终游离于对立的两个社会集团之外,在夹缝中生存。①

保甲制作为封建王朝对基层社会实施的控制系统,随着封建专制制度的加强而日益完善。正所谓"守令之政,自以乡约保甲为先"②。尤其是宋代以来推行的保甲制,其控制系统更为严密。它把分散居住在各乡村的民众按照统一的保甲组织编织起来,并建立起严密的治安监督网,以确保封建社会秩序的稳定。及至清代,保甲制又被上升为"主于制民"的地位。其目的就是"自城市达于乡村,使相董率,遵约法,查奸宄,劝微行。善则相共,罪则相反,以保安息之政"③。可见,保甲制的推行是为了保障专制王朝统治秩序而确立的一种准军事性质的控制机构。从其基本职能上来看,是通过彼此担保、相互节制以达到对基层社会实施有效控制的目的。很显然,保甲制实际上是建立在对基层民众的猜疑和敌视的基础之上的,自然会受到民众的抵制。故此一些学者指出:"封建国家政权对保甲的设计,恰恰忽视了乡村社会关系的实际状况,忽视了乡村社会分层的基本特点。它悬空于乡村社会的天真创意,以卑御尊、以弱御强的倒挂体制付诸实施,几乎必死无疑。"④在清中期之后,统治者在基层社会中又通过乡地组织来控制基层社会。

应该说乡地与保甲是既有联系又有区别的非正式权力组织。二者的联系主要是:乡地往往是保甲编联的主体,即当各级官府为维持治安而需要建立、整顿保甲时,要将之作为一项"官差",通过乡地组织来执行。但是乡地奉令编

---

① 赵世瑜:《吏:一个独特的社会政治群体》,见周积明、宋德金编:《中国社会史论》上卷,湖北教育出版社 2000 年版,第 642 页。

② 吕坤:《实政录》卷五,清同治十一年(1872)浙江书局刻本。

③ 萧一山:《清代通史》,中华书局 1985 年版,第 634 页。

④ 王先明、常书红:《晚清保甲制的历史演变与乡村权力结构——国家与社会在乡村社会控制中的关系变化》,《史学月刊》2000 年第 5 期。

联保甲,往往是在自己的某级组织(如地方、村庄等)之下编排保甲制度所要求的十进制牌、甲。可见,乡地与里甲、保甲的最大不同在于它的地缘性质。也就是说乡地是以一定的地域为自己的管理对象,而里甲和保甲则是以一定数额的户口为管理对象,而不问其人户多寡。乡地的基本组织特点是:将一州县全境划分为若干地域,每一地域统辖若干同属于地缘单位的下级组织,而以自然聚落为最基层。当然,所谓乡地管辖一定地域,不可能离开对这一地域中人户的管理。但关键在于,对于乡地组织来说,人户只是附属于自己辖地的偶然性要素,其增减迁徙,对自己的组织和职能均无本质影响。一人一户,只要居住于某乡地所管地域,就成为其管理对象。只要迁出其所管地域,就不再归其管辖。①

乡地的主要任务就是征收赋税,催办钱粮,摊派、征发差徭,报告刑事和治安事件,在民事诉讼和刑事案件审理中承担各种责任,同时开展道德教化和调解民事纠纷,办理保甲,统计户口,办理与抗灾、赈济有关的事务等。但是必须指出的是,乡约地保同样是一个非常尴尬的职位,因为"他在社区里没有真正的权力与影响,而仅仅是作为从上到下的轨道终点"②。当县衙通过胥吏发布命令,由胥吏将这些命令传达给乡约地保时,乡约地保尽管接到命令,但并不能擅自做主,而是要去与当地士绅会商请示。如果士绅们持有保留意见,会将这道命令重新抛给乡约地保,他们不得不再次将此向衙门报告,有时还得接受官府的申斥。与此同时,士绅也会以私人关系出面和地方官进行交涉。如果交涉不成功,士绅便会联合起来与更高一层的官府协商,最终双方通过相互协商之后重新发布命令。

在中国传统基层社会里,宗族耆老和地方士绅同样是具有相当地位和特权的社会阶层。据一些学者研究指出,在国家政权与地方宗族关系史上,宗族受到乡约保甲的影响而组织化,在明代中后期已经十分明显,及至清雍正朝之时是一个关键时期。在清雍正四年(1726),清政府要求在聚族而居地区设立族正,负责宗族内部的治安。这样,政权直接介入宗族事务,与族权产生密切

---

① 魏光奇:《清代"乡地"制度考略》,《北京师范大学学报》2007 年第 5 期。

② 费孝通:《中国绅士》,中国社会科学出版社 2006 年版,第 51 页。

的关系。其后,清代福建、广东、江西等省先后尝试推行族正制,形成了清代宗族史的鲜明特色。①可见这些宗族耆老和族正在地方治安、道德教化等方面同样有着较大的影响。

地方士绅作为中国传统基层社会的重要权威,一些学者根据其来源和自身属性将其分为四种类型:第一类为离退休官僚。这类士绅大多年长且权大声隆,上下关系通连。第二类是暂居乡里的官僚。这类士绅突出的特征为暂居性和"官性十足"。第三类为担任乡里组织领袖者。这类士绅具有以下特点:一是此类士绅多有钱有势、有知识,他们具有较强的号召力和领导力。二是这些士绅上与州县连通,下与百姓熟悉,加上了解本地本乡情况,往往起到"中介"和"桥梁"的作用。三是这些士绅一般热心参与乡间的公共事务。第四类是定居乡里的自由士绅。这些人大多不受国家限制,具有相当的自主性和自由度。他们与官僚政治和乡村有某些距离,具有相当的游离色彩。当然,这并不是说此类士绅完全游离于乡村社会之外,相反,他们总是关注乡村社会的命运,只是以较为间接的方式服务乡里罢了。②

在传统中国社会中,地方士绅具有深厚的社会权力基础。"在最一般的意义上,权力是通过支配人们的环境以追逐和达到目标的能力",并在合作中"能据以增进他们对于第三方或自然界的权力"。③地方士绅尽管没有直接的行政组织关系,但实际上都是官僚集团的成员或候补成员。与此同时,在中国传统社会中,文人是具有很高的社会地位的,所以普通老百姓对于有学问的人也是极其敬重的。因此,无论是那些科举落第之人还是无意于功名之士,同样在其居住之地有着巨大的影响力。可以说在基层社会中,他们扮演着精神导师和领袖的角色,并以一种文化组织形态为这一权力奠定了基础和保证。由于这些文化组织网络"是地方社会中获取权威和其他利益的源泉。也正是在文化网络之

---

① 常建华:《清代宗族"保甲乡约化"的开端——雍正朝族正制出现过程新考》,《河北学刊》2008 年第 6 期。

② 赵秀玲:《中国乡里制度》,社会科学文献出版社 2002 年版,第 242~248 页。

③ [英]迈克尔·曼著,刘北成、李少军译:《社会权力的来源》,第 1 卷,上海人民出版社 2002 年版,第 8~9 页。

中,各种政治因素相互竞争,领导体系得以形成"①。另外,士绅与当地百姓之间的利益关系也是休戚与共的,可谓是一个不可分割的社会共同体。在表达民众的利益和诉求方面,士绅是完全有资格代表基层民众与官吏进行谈判的社会权威。正是这一点,士绅能够在基层社会中获得很大的荣耀与权威。

因此,有学者径直将中国传统社会称作"士绅社会"②。一些西方观察家甚至明确地指出:"除了士大夫阶层与商人阶层,中国社会中再也没有别的阶层可以发挥看得见的影响力了。"③这一影响力的重要体现,就是"绅士作为一个居于领袖地位和享有各种社会特权的社会集团,承担了若干社会职责。他们视自己家乡的福利增进和利益保护为己任。在政府官员面前,他们代表了本地的利益。他们承担了诸如公益活动、排解纠纷、兴修公共工程,有时还有组织团练和征税等许多事物。他们在文化上的领袖作用包括弘扬儒学社会所有的价值观念以及这些观念的物质表现,诸如维护寺院、学校和贡院等"。并且"有时绅士受命于官府而办事,或协助官府办事"。另外"大量地方事务的实际管理都操诸绅士手中"。绅士还有一个重要的社会职责,"绅士充当了政府官员和当地百姓之间的中介人"。"官吏处理地方事务,常常向绅士咨询。"同时,"绅士作为本地的代言人,常常去说服政府接受他们的看法"。④

总之,以胥吏、乡地保甲和地方士绅构成的基层权力结构体系,是维持传统中国基层社会运行的三个重要组成部分。值得一提的是,三者在基层社会中所处的地位却是各不相同。对于胥吏和乡地保甲而言,实际上依然处在社会边缘,也就是杜赞奇所谓的"赢利型国家经纪"。而真正在基层社会起重要

---

① [美]杜赞奇著,王福明译:《文化、权力与国家:1900—1942年的华北农村》,江苏人民出版社2004年版,第15页。

② 关于"士绅社会",加拿大学者卜正民(Timothy Brook)认为,"士绅社会"是一个由获得功名的精英主宰的社会,它处于由地方行政官代表的公共事务领域与个人及其家族的私人领域之间。参见卜正民:《为权力祈祷:佛教与晚明中国士绅社会的形成》,江苏人民出版社2005年版,第21页。费正清也曾指出:"在过去1000年,士绅越来越多地主宰了中国人的生活,以致一些社会学家称中国为士绅之国。"参见费正清:《美国与中国》,世界知识出版社1999年版,第32页。

③ [美]古德诺著,蔡向阳、李茂增译:《解析中国》,国际文化出版公司1998年版,第83页。

④ 张仲礼:《中国绅士研究》,上海人民出版社2008年版,第48~52页。

作用的当属地方士绅,也就是杜赞奇所谓的"保护型经纪"。但是必须指出的是,在中国传统社会里,地方士绅毕竟还是一种非正式权力。所以作为统治者而言,自始至终都试图将地方士绅作为控制对象,而不是听任其成为社会控制的主体。特别是清代,更是寄希望于以保甲制作为手段以削弱地方士绅的影响。然而,仅仅基于保甲制去削弱地方士绅的影响,势必会激起士绅们的激烈反对。因此,它是不会也不可能动摇这一存续已久的社会基础的。而真正改变中国传统社会基层权力结构的,则是在鸦片战争以来的内忧外患格局。其中太平天国运动就是构成基层权力主体变动的明显界标。

二、基层权力结构的变动

鸦片战争以来,由于急剧变化的社会环境,致使清朝统治陷入了来自内外双重夹击之中。在此情形之下,中国传统社会的基层权力体系也受到了极大的冲击,同时也为传统社会的基层权力结构的变动提供了新的推动力。其中太平天国运动就是促进基层社会权力体系变动的重要开端。

就太平天国本身的基层制度建构来看,伴随着太平天国政权的逐步建立,在基层政权中曾以"寓兵于农"的办法设置了乡官制。关于太平天国的乡官成分,尽管在目前还存在一些论争[1],但是有一点是可以肯定的,即太平天国基层权力结构的主体及其社会构成不仅是原有的地主士绅,而且也包括相当数量的底层民众和贫苦百姓。据史料记载,太平天国乡官"唯朱、毛为绅富,余皆编户穷民耳"[2]就清楚地说明了这一点。再从他们的职权来看,他们不仅负责乡里社会的政治、经济、军事、文化建设,而且工作效率也较高,在基层社会的权威与影响也是很大的。即便是太平天国的敌人都不得不承认在这些乡官的管理之下,"昔日之饥寒苦况,均不知矣。然民得暂安,未始非若辈之力"[3]。

作为基层权力结构的主体,乡官权力的合法性来源是通过"公举"或"保

---

① 吴雁南:《乡官制度考》,见《吴雁南文集》第1卷,贵州教育出版社2003年版,第320~331页。

② 太平天国历史博物馆编:《太平天国史料丛编简辑》第4册,中华书局1963年版,第462页。

③ 太平天国历史博物馆编:《太平天国史料丛编简辑》第1册,中华书局1961年版,第267页。

举"产生。这也充分说明了太平天国乡官具有鲜明的自治性色彩,这是以往从未有过的特点。正如有的学者所说,太平天国"乡官之选举法,虽非如今代投票普选之纯全民主制度,然确有多少民主作风与自治作用,比之当代满清治下乡土民事操纵于绅士耆老之手者尚胜一筹。其制度略近于现代各省乡村间之自治职员,如区长、乡长、村长等,盖各乡官究以民意民望为依归,而凡被选出者乃正式受任治事也"①。当然,作为一种战时体制,乡官制度不可避免地带有传统的烙印。"这些单位的头头有时就是在旧政权下把持村社事务的那些人,因此很难出现一种或者有利于巩固地方控制、或者有利于真正改造地方社会的形势"②。而真正对基层社会权力格局产生影响的是团练组织的兴起。

当太平军以极大的力量席卷中国南方之时,业已溃烂的清王朝着实难以招架,于是在咸丰三年(1853),清王朝谕令各省普行团练,这样作为区域性地方组织的团练开始兴起。团练是清政府面临内忧外患的社会动荡面前,鉴于正规军队衰朽不堪、不足凭恃的情况下而仓促应急的产物。它萌芽于嘉庆元年(1796)爆发的川楚教乱,而真正形成规模则是在 19 世纪中期以后。咸丰三年(1853),清王朝谕令各省普行团练,于是很快便成为基层社会权力体系当中的一支劲旅。应该说团练是从保甲组织中衍生出来的,因此它与保甲组织在编制形态、基本职能等方面自然会有一些相似的地方。但团练并不完全与保甲重合,它对环境的适应能力及其对社会的整合强度也不是保甲组织可以相比的。据王先明研究指出,团练与保甲的关系主要表现在:(1)团练的编制是在保甲组织的基础上进行,但团练的编制规模较保甲组织有所扩大,编制的数率原则也不完全参照保甲,而且团练对地缘、血缘关系非常重视。这也就意味着"中央政权在正视其与乡村社会的关系方面已经迈出了重要的一步"。(2)从二者的社会功能来看,保甲的功能作用,在于强制里族乡邻之间,互相监视,它要达到的实际效果,就是化解乡村社会力量。而团练显然更看重对乡村散在力量的归拢和聚集。(3)在保甲与团练的权力"血管"中流淌着的道德激励内容有着显著的区别。就保甲而言,它肩负的道德使命,就是"扶儒法之中

① 简又文:《太平天国典制通考》上册,香港:简氏猛进书屋 1959 年版,第 385 页。

② [美]费正清主编:《剑桥中国晚清史》上卷,中国社会科学出版社 1994 年版,第 323 页。

心",以上谕为宣导,其目的则趋于收教化之效。而建立在自卫基础上的团练却到处洋溢着保家卫族的强烈的桑梓观念,团练成员之间荣辱相系、安危共担,形成高度一致的认同感。(4)团练与保甲组织的实际控制力量有所不同。具体体现在:保甲由官办,大权操于中央,而且各地保甲组织运作的每一个环节,都在地方官的掌握之中,绅权在其中受到很大牵制;而团练则由官绅合办,办团士绅虽经中央简派,团练的组织规模及运作机制则基本上由士绅决定。他们往往在一个村庄或城镇建立自己的办公场所——团练局,表面上由官总其权,绅董其事,实际上士绅往往操纵团练大权,官权在其中的渗透力微乎其微。①

这样,曾经处于非正式权力地位的传统士绅,便在清政府通过组织地方团练、大力推行地方军事化的过程中迅速崛起。"团练的崛起不仅意味着清王朝基层控制机制的转变,而且是以绅士阶层为代表的地方社会力量的增长及其对团练组织的根本控制,宣告了王朝以保甲扼控绅士企图的破灭。"②地方士绅崛起主要体现在以下两个方面:

第一,团练作为地方区域性社会组织,其领导地位始终是由士绅来支配。据郑亦芳统计,在太平天国时期,广东团练的领袖中,士绅领袖占 78.4%,平民领袖只占 21.6%;在广西,士绅领袖占 79.9%,平民领袖占 20.1%;在湖南,士绅领袖占 56%,平民领袖占 44%。③可见,在太平天国时期团练领袖基本上是以士绅为主。

第二,团练的经济来源和组织管理也是由士绅来负责。在乡土社会中,向来就有"富者出钱,贫者出力"的规则。正是这种规则决定了地方士绅在团练经济中具有支配地位。据一些学者在对长江中下游几个州县的捐资统计表明,地方士绅在经费捐资中占据着主要地位。④

① 王先明、常书红:《晚清保甲制的历史演变与乡村权力结构——国家与社会在乡村社会控制中的关系变化》,《史学月刊》2000 年第 5 期。

② 王先明:《中国近代社会文化史论》,人民出版社 2000 年版,第 42~43 页。

③ 郑亦芳:《清代团练的组织与功能》,《中国近现代史论集》第 38 辑,第 657~658 页。

④ 参见米镇波:《论咸丰朝地方团练的经济来源及影响》,《历史教学》1986 年第 12 期。

这也就意味着团练的兴起,不仅使得清王朝在基层社会控制的机制发生了转变,而且也使得士绅阶层在此时俨然成为基层社会控制力量的主体。特别是随着历史的发展与演进,团练不仅没有随着太平天国的败北而消亡,反而在兵连祸结、盗扰匪乱的局面下,成为清政府在基层社会负责治安的重要机构,并开始行使地方行政机关的职能和社会福利功能。至此之后,"保甲旁落到地方绅士之手的趋势成了咸丰朝及以后农村中国的共同特征"①。更为重要的是,"由团练引发的近代农村社会组织的一系列变动,不论其变动形式与特征如何复杂多样,它的历史走向及其结局却是:绅士阶层成为基层社会控制的主体"②。

然而,更具有吊诡意味的是,在西学东渐思潮中援引而来的议会制度,皆都不一而同地将议会与绅权联系起来。所谓"欲兴民权,先兴绅权"的言论,几乎是思想家们众口一词的善政良制和思想主张。

三、议会思想的产生与近代绅权的底垫

议会制度作为西来之物,从鸦片战争打开国门的那一时期,就为中国有识之士所瞩目。林则徐作为当初实施禁烟的钦差大臣,是最早注意到西方议会的中国官员。在其编纂的《四洲志》中,以相当篇幅介绍了英、美、法三国的上、下议院。徐继畬作为与林则徐同时代的政府官员,在其编著的《瀛寰志略》中,同样介绍了西方国家的议会制度。他称英国的上院为"爵房",下院为"乡绅房"。特别是对由华盛顿所建立的美国议会颇为赞叹,其对美国的好感,甚为明显。

不过,此时的认识还是朦胧的。西方议会制度真正进入思想家视野则是在19世纪70年代之后,冯桂芬、郑观应、王韬、何启、胡礼垣就是其中的代表。如郑观应就曾专以"议院"为题而作文:"盖闻立国之本在乎得众;得众之要在乎见情。故夫子谓:人情者圣人之田,言理道所由生也。此其说谁能行之,其惟泰

---

① [美]孔飞力著,谢亮生等译:《中华帝国晚期的叛乱及其敌人:1796—1864年的军事化与社会结构》,中国社会科学出版社2002年版,第227页。

② 王先明:《近代绅士——一个封建阶层的历史命运》,天津人民出版社1997年版,第107页。

西之议院。议院者,公议政事之院也。集众思,广众益,用人行政一秉至公,法诚良,意诚美矣。无议院,则君民之间势多隔阂,志必乖违。力以权分,权分而力弱,虽立乎万国公法之中,必至有公不公,法不法,环起交攻之势。故欲借公法以维大局,必先设议院以固民心。"①

19 世纪 90 年代末期,维新思想家更是对兴民权而大声疾呼。汪康年曾明确地指出,兴民权有"三大善":其一,"惟参用民权,则千耳万目无可蒙蔽,千夫所指无可趋避,令行禁止,惟上之从,虽曰参用民权,则君权之行莫此若也";其二,"民有权则民知以国为国,而与上相亲;盖人所以相亲者,事相谋,情相接,志相通也。若夫君隆然,若夫人民苶然如草芥,民以为天下四海";其三,"若夫处今日之国势,则民权之行尤有宜亟者,盖以君权与外人相敌,力单则易为所挟,以民权与外人相持,力厚则易于措辞"。②梁启超同样指出:"今之策中国者,必曰兴民权。"但是在梁启超看来,"兴民权斯固然矣,然民权非可以旦夕而成也"。因此,他提出了"欲兴民权,先兴绅权"的主张。③

如果说前述思想家更多地还体现为一种理论上的阐发,那么一些出使西方的使臣则是亲眼目睹了西方国家的议会政治并对此做出了记录。如张德彝在八次出洋期间所留下来的出使日记,均有对西方议会的记载。而对西方议会有深入观察而且又有见解的使节当属郭嵩焘。郭嵩焘在出使英国时,曾先后两次去英国上、下院旁听议事,并仔细观察了议院的布置、座次的安排、议员人数、辩论规范,等等。经过观察之后他得出了一个结论,英国立国之本在"巴力门"。正所谓"推原其立国本末,则以持久而国势益张者,则在巴力门议政院有维持国是之义。……君民交相维系,迭盛迭衰,而立国千余年终以不敝。人才学问相承以起,而皆有以自效,此其立国之本也"④。郭嵩焘对"巴力

① 郑观应:《议院上》,见丁守和主编:《中国近代启蒙思潮》,广东人民出版社 1999 年版,第 141 页。

② 汪康年:《论中国参用民权之利益》,见丁守和主编:《中国近代启蒙思潮》广东人民出版社 1999 年版,第 273~274 页。

③ 梁启超:《论湖南应办之事》,《湘报》1898 年第 26~28 号。

④ 《郭嵩焘日记》,见谭绍兴等译注:《近代名人日记选》,巴蜀书社 1997 年版,第 37 页。

门"深入探究的用心,也透露出对西方议会的一种向往心情。

进入 20 世纪初,随着立宪思潮的骤然兴起,清末新政渐次展开,地方自治运动和西方议会制度开始进入实践阶段。1907 年 9 月 20 日,清廷诏令:"中国上下议院一时未能成立,亟宜设资政院,以立议院基础。着派溥伦、孙家鼐充该院总裁,所有详细院章,由该总裁会同军机大臣妥慎拟定,请旨施行。"1908 年,各省先后设立筹备机构,筹办设立咨议局事宜。从 1909 年 4 月起,各省陆续进行了咨议局议员的选举。全国除新疆、云南外的 20 个省中大约有 167 万人参加了选举,这也成为我国历史上举行的第一次选举活动,由此也正式拉开了中国走向议会政治的艰难之路。

不过需要指出的是,无论是清末思想家所阐述的议会思想,还是清末新政时期的议会选举,不少人都将议员与士绅、民权与绅权联系起来。如张德彝就将英国上、下院议员分别称作"上、下院绅士"。郑观应更是以绅权去比附民权,主张政治改革应以"至善者之政"为目标,在绅权的基础上完善议院制。他指出:"西人公举之法,已详于议院国会论中。惟创办之初,不必悉仿西例,因地制宜,随时可以商改。惟议绅必须深通中外政治利弊,品学兼优之士,不合格者不准选。果能遵守议规,何虑滋事之有?统计每县数十万人,由士、农、工、商公举三四人,亦何难之有? 各县议绅中公举一人到省,每省约得数十人。由各省议绅公举二人入京,约得四十余人。岁会有期,是非共听,优则奖之,劣则黜之,自然各顾声名,不敢轻举,贻笑中外。如山僻小县,无此人材,势必合众捐资,延品学兼优聪明之士,游历各国、各省,博访周咨,洞悉利弊,归而备充议绅。朝廷尤须破格用人,果其议绅品学优长,为一县所钦,即授为一县之牧;为一府所钦,即升为一府之牧,必于国计民生大有裨益。"①

概括起来,郑观应关于议会与绅权之间的关系可总结为三大要点:(1)绅权的制度外壳就是议院;(2)绅权与议院相结合的政治是最完善的制度;(3)以绅士为主体的议院制度,既符合"三代法度",又是西方的"至善之政"。② 显然,早期思想家们对于西方议会中拥有民权的议员们的阶级属性的认知,依

① 郑观应:《盛世危言》,华夏出版社 2002 年版,第 32 页。
② 王先明:《近代绅士——一个封建阶层的历史命运》,天津人民出版社 1997 年版,第 290 页。

然是通过绅士这一烙印着中国文化特征的概念去比附，依然是他们对于西方有身份的议员的基本称谓。"甚至也不仅仅是称谓，而是刻意沟通两种文明的一种理解的基本形式。因此，从一开始，近代思想家们就把'绅权'同政治近代化——建立议会制——紧密联系在一起"①。

　　事实上，即便到清末新政之时，清政府在带有议会性质的地方咨询机构——咨议局建立之后，同样是主张"以行政之事归官吏，建言之责归绅士"为其主要的运行机制。②应该说这一制度模式的运行，事实上则为绅权的扩张提供了制度和组织保证。同时，这也就意味着传统社会的士绅已不再是一种非正式权力，而是直接被纳入到政权结构体系之中，由此也就确立了地方士绅在近代社会结构中的地位。与传统绅权相比，近代绅权显然已具备了一些新的特征："他们不仅具有相对的独立性，不再是依附于皇权的一般社会力量。"③它所注重的制度建设，具有不以人事更替而导致绅权兴废的发展趋向，特别是当近代绅权被纳入议院模式之后，对绅权的职能、范围也予以明确的规定。正所谓"权利尽归于绅，即右帅去，他人来，亦不能更动"④。也正是在这一背景之下，在清末民初的地方自治与选举中出现了新的士绅群体——新权绅。

---

　　①　王先明：《近代绅士——一个封建阶层的历史命运》，天津人民出版社 1997 年版，第 288~289页。

　　②　故宫博物院明清档案部编：《清末筹备立宪档案史料》下册，中华书局 1979 年版，第 697页。

　　③　王先明：《近代绅士——一个封建阶层的历史命运》，天津人民出版社 1997 年版，第 295 页。

　　④　《皮鹿门日记》，丁酉十二月初一日。转见王先明：《近代绅士——一个封建阶层的历史命运》，天津人民出版社 1997 年版，第 295 页。

第二节 清末民初的自治选举

ERSHI SHIJI ZHI ZHONGGUO

地方自治作为一种社会思潮，最先是由西方传教士和一批最早接触西学的知识分子引进中国的。如果说清末以来所倡导的立宪政治更多地还是集中在上层精英，那么与之相伴的地方自治则是将民主政治渗透到更为广阔的基层社会。随着西方议会思想的进一步传播，中国的一批知识分子和政治精英开始倡导和推行地方自治。与此同时，在社会舆论的推动之下，统治阶层也不得不顺应时势，开始着手实施地方自治。

一、清末民初的地方自治

如前所述，就在 19 世纪中期之后，一些维新思想家就主张在地方各级设立议会，以培养人民的公民意识和自治能力，改造中国地方政治。如冯桂芬在《复乡职议》一文中，主张仿照西方自治之意，恢复中国古代的乡亭制，以普选的自治政府管理地方事务。办法是"酌古斟今，折衷周汉之法，县留一丞或簿为副，驻城各图，满百家公举一副董，满千家公举一正董，里中人各以片楮书姓名保举一人，交公所汇核，择其得举最多者用之，皆以诸生以下为限，不为官，不立署，不设仪杖，以本地土神祠为公所。民有争讼，副董会里中耆老，于神前环而听其辞,副董折中公论而断焉"①。戊戌变法前后,维新派更是提出了"伸民权,重乡权,通上下之情,实行议事与行政分开"的主张。可以说此时的地方自治思想,不仅体现出自治同救亡的关联,而且直接将地方自治和兴民权的政治变革运动联系起来。

到 20 世纪初,地方自治逐渐汇成一股社会思潮和运动。一些专门论述地方自治的著作也在国内出版发行。揆诸这一时期有关地方自治的言论,不仅数量比以前增加,内容也大大深化。从地方自治的理论来源、概念定义、宗旨目的、模式分类、范畴认定、地位作用,到地方自治与官治、与立宪、与国民素质、与实业发展的关系,以及中国古代是否有过地方自治、应当实行哪种模式的地方自治等等,都曾做过详细的讨论或争论。随着清末以来地方自治思潮的激流涌动,再加之内忧外患的日益加深,清政府不得不转变观念,由此迈开了君主立宪的步伐。而君主立宪自治先行,这几乎是主张立宪的官员一致的认识。"东西各国号称富强,究其富强之原,非地方自治不为功,今者预备立宪诚为中国目前当务之急,然预备立宪而不从地方自治入手,则立宪终无实行之一日。"②还有人指出:"今日而言立宪必自地方官自治始,使地方议会组织完密,逐渐而组织下议院,一面就内外官制因名核实,各定办事之权限,无事过为纷更也。"③

在这种情况下,清政府决定将地方自治作为实行宪政的重要基础,并先后颁布《城镇乡地方自治章程》和《府厅州县地方自治章程》。章程规定在各地成立城镇乡议事会、董事会(或乡董、乡佐),在府厅州县成立议事会、参事会,就地方教育、实业、捐税征收等事务实行自治。《城镇乡地方自治章程》共有 9 章 112 条,主要内容是:规定城指府厅、州县治之城厢,其余市镇村庄人口满 5 万以上者为镇,不满者为乡,区域以本地方固有之境界为准;规定自治范围包括学务、卫生、道路工程、农工服务、公共营业、筹集款项等;关于自治组织,规定城镇设议事会和董事会,乡设议事会和乡董,人口过少之乡,不设议事会,以

---

① 冯桂芬:《校邠庐抗议》,中州古籍出版社 1998 年版,第 92 页。

② 故宫博物院明清档案部编:《清末筹备立宪档案史料》上册,中华书局 1979 年版,第 169 页。

③ 故宫博物院明清档案部编:《清末筹备立宪档案史料》上册,中华书局 1979 年版,第 125 页。

乡选民会代之；同时，它还规定了议事会的职权及议事程序；关于选举，规定居民年满 25 岁的男子，居住 3 年以上，年纳正税或公益捐 2 元以上者为选民，有选举自治职员及被选举之权；自治经费来源则以本地方公款、公产及公益捐、罚金等充之。①

关于城镇乡的选举，规定"城镇乡议事会选举事宜，由城镇董事会及乡董、乡佐办理，城镇董事会及乡董、乡佐选举事宜，由城镇乡议事会办理"。在办理选举时，"应设调查及管理各员，由城镇董事会总董、乡董或城镇乡议事会议长各就自治职员内酌派充之"。②关于城镇乡议事会的职能，根据《城镇乡地方自治章程》规定：(1)议事会应行议决本城镇乡自治规约，议事会议决事件，由议长、副议长呈报该管地方官查核后，移交城镇董事会或乡董，按章执行；(2)议事会应行议决本城镇乡自治经费岁出入预决算，及自治经费的筹集、处理方法；(3)议事会负责选举城镇董事会职员或乡董、乡佐，监察其执行事务、检阅其各项文牍和收支账目等；(4) 议事会遇地方官有咨询事件应胪陈所见，随时申复，对于地方行政与自治事项有关系各件，得条陈所见，呈候地方官核办；(5)董事会于议事会议决事件，视为逾越权限，或违背律例章程，或妨碍公益者，得声明缘由，交议事会复议，若议事会坚持不改，得移交府厅州县议事会公断。③

根据清政府的地方自治规划，各省先筹办城镇乡自治，之后再筹办府厅州县自治，到 1914 年各级自治一律成立。与此同时，清政府还于 1909 年颁布了《自治研究所章程》，要求各省分别在府厅州县设立自治研究所，培训自治人员。为了更好地推动地方自治，清政府首先以天津和直隶为试点举办地方自治。

1906 年 8 月，袁世凯委派天津知府凌福彭和曾经留学日本的金邦平等设立了天津府自治局。该局"调集留学日本法政学校官绅入局"，"以准备地方自治为宗旨"。④凌福彭等立即成立了天津县自治期成会，制定了《试办天津县地方自治章程》。1907 年 3 月，经袁世凯批准颁布，随即开始进入选举阶段。通过选

---

① 徐秀丽：《中国近代乡村自治法规选编》，中华书局 2004 年版，第 3~18 页。

② 徐秀丽：《中国近代乡村自治法规选编》，中华书局 2004 年版，第 19 页。

③ 《政治官报》，光绪三十四年十二月二十八日，第 445 号。

④ 《天津府自治局章程》，天津《大公报》1906 年 9 月 2 日。

举建立自治机构是天津地方自治的创举。最初的试办章程就规定了选举人和被选举人资格。为实施选举，自治局依照巡警区划确定了8个选区，设立了选举总分课，由自治研究所毕业学员分别调查选举人和被选举人情况，以统计选票和被选举人数量。从1907年6月起，自治局按照章程在天津城与四乡组织了选民投票，选举议员。天津遂成为中国第一次通过选举选出议员的地区。①

天津地方自治模式的践行，为直隶地方自治的全面推行积累了经验。1907年以后，直隶地方自治全面推行，各级政府继续加强培养自治人才，推进直隶的自治发展。由于城镇乡自治属于创举，所以必须择要试办以为先导。清苑县作为省会首善之区，故首先令该县组织城议事会、董事会，作为全省模范，进而推行普及。据统计，及至1911年，总计成立城议董事会29处，镇议董事会6处，乡议事会164处。②应该说直隶基层社会的地方自治，在一定程度上改变了封建官府独享政治的格局，同时使民主模式深入基层，扩大了政治参与的广度，有利于城市自主性的形成。

在清政府地方自治政策的影响和推动下，一些经济发达、和外界接触较多的地区，积极开展地方自治的实验，其中湖南、山西、东北、上海、天津和苏州等地尤为突出。

上海作为开风气较早的地区，曾在清末新政较早的时期，一些新式商人就开始实施地方自治。在清政府颁布《城镇乡地方自治章程》之后，上海商人提出以总工程局为基础，改组为上海城厢内外自治公所，由自办阶段进入遵旨筹办时期。上海自治事务起初之时权力较为有限，仅限于接办原由南市工程局负责的整顿道路、添设电灯以及城厢内外警务等事宜，随后其事权逐步扩大。到城自治公所时期，所有地方事务，如开河、筑桥、清道、卫生、培训警务人员、裁判民刑案件以及经办涉外事件等事务，均列入自治机构的权限之内。这样，自治机构实际上已成为地方性的权力机关。③应该说在当时中国尚处于封

①　张利民：《清代天津的地方自治与示范效应》，《史学月刊》2010年第3期。

②　马小泉：《国家与社会：清末地方自治与宪政改革》，河南大学出版社2001年版，第151页。

③　李达嘉：《上海商人的政治意识和政治参与(1905—1911)》，《中央研究院近代史研究所集刊》1993年第22期。

建专制集权统治的历史条件下，商人团体能够在如此广泛的范围内取得一部分自治的权利，是值得重视的新趋向。"尽管在实施过程中商人自治团体依旧不同程度地受到清统治者的监控，但它表明商人的势力和影响已不容忽视，同时也体现了中国封建专制制度开始发生前所未有的变化"①。

除此之外，苏州市民公社也是清末地方自治期间的一个重要的民间自治组织。清末苏州最早成立的市民公社，是诞生于 1909 年的观前大街市民公社。当时，正值清政府推行地方自治，饬令各级地方官吏倡导实施，因而苏州商人创立市民公社的行动，得到地方官府的支持。于是，观前公社很快正式成立。观前公社率先创立不久，其他街道的商人也踵相仿效。苏州市民公社虽属基层街道地方自治团体，但组织机构却相当完备。清末成立的各个公社，其负责人有正(总)干事一人，副干事两人，由全体社员公举。正(总)干事总理社中一切事务，副干事协理一切事宜，凡关于兴筑工程、整理消防、添置社内应用各品及经济预算、决算等均包括在内。②由于苏州市民公社是由民间组织，以街区为单位、以商人为主体的基层自治组织，故此基本上不受制于政府。领导人由市民选举产生，活动经费自行筹措解决，并且独立自主地进行公益活动，取得了相当一部分市政建设和管理权。可以说市民公社具有一定的自主性与独立性，是清末民间自治的一种典型模式。

中华民国成立之初，地方自治大多沿用清末旧制，以《城镇乡地方自治章程》和《厅州县地方自治章程》为依据，实行城镇乡、厅州县两级自治制度。1914 年 12 月 29 日，由参政院议决的《地方自治试行条例》颁布。《地方自治试行条例》是民国北京政府颁布的第一个地方自治条例。在地方自治制度中，规定县为自治团体，依法享有自治权利，并规定县议会议员由选举产生。县以下的城、镇、乡规定都是自治团体，以固有的区域为其区域，承县知事的监督于法令所定范围内办理自治各项事务。此外，民国初期在山西、云南等一些地方还实行村自治，从而形成了村自治机关的选举制度。

毫无疑问，从这些地方自治章程办法和自治的内容来看，清末民初所筹办

---

① 朱英：《辛亥革命时期新式商人社团研究》，中国人民大学出版社 1991 年版，第 185 页。
② 《辛亥革命史丛刊》编辑组编：《辛亥革命史丛刊》第 4 辑，中华书局 1982 年版，第 60~64 页。

的地方自治无疑是利国益民之举,它对改变基层社会的落后状况、开发民智、促进文明开化具有积极意义。特别是由于各级议事会、董事会的成员均由地方选民选举产生,所以许多拥有经济实力和一定社会影响的地方人物,可以跻身于各级自治机关,掌握部分地方行政领导权。但是,清末各级地方自治机关,除少数开放地区为新式开明绅商所控制,其他广大偏远闭塞地区,主要是由旧式地方官绅所把持。他们或借开办地方自治之机增捐加赋,或借官府势力鱼肉乡里,从而导致不少地方的自治与其说是利国利民,毋宁说是害国害民。一些经办人员"擅自征收公捐,攘据公款,占僧尼庙宇,夺孤寡田产,乡民俯受鱼肉,鱼肉至不可忍,则起而为乱,纷扰如此,何从得地方自治"[①]?其结果导致基层社会民变四起,社会矛盾进一步激化。值得一提的是,清末的民变浪潮,其主体力量已然是以下层民众为主,游民无产者或称社会边缘人群在其中占了很大的比重。故此,有人据此判断清末的民变不仅是 20 世纪初期一系列革命的根源,甚至 1949 年之后的革命根源,也与此不无关联。[②]

二、自治选举下的绅权扩张

清末城镇乡地方自治与选举章程颁布不久,就有人提出了质疑:"城镇自治章程大率取日本之市制及町村制综合而翻译之,其果能适用于我国与否?盖各条中应商榷之点甚多。则吾所最怀疑而亟思质正者有三端焉。第一,自治章程之名称果适当否乎。第二,城镇乡三者能同适用一种之章程乎。第三,城镇乡之名称及其分类果适当否。"[③]实际上,对于长期处于封建专制体制下的基层社会而言,所谓的地方自治,设立议事会也只是一个空的招牌。据《横山县志》记载,清季的筹备宪政,令各县筹备自治,"地方官仅悬议事会董事会招牌塞责敷衍,无实可举"[④]。与此同时,关于自治选民资格,要求是"居本城镇乡

① 故宫博物院明清档案部编:《清末筹备立宪档案史料》下册,中华书局 1979 年版,第 823 页。

② Marry Wright,"Introduction:The Rising Tide of Change",in Wright ed.,China in Revolution:The First Phase1903—1913,Yale University press,1968,pp. 1-19.

③ 《梁启超全集》第 6 卷,北京出版社 1999 年版,第 1854 页。

④ 横山县地方志编纂委员会编:《横山县志》卷三,政治志。

接续三年以上"、"年纳正税或本地公益捐二元以上"。按照这样的要求,处于社会底层的民众并没有成为选民的可能。于是州县和城镇乡两级自治机构的统治阶层就几乎毫无例外地由本地士绅担任。这种情况到民国初年依然如此。据《神木县志》记载,在民国初年,尽管该县先后曾设立议事会和参事会等民意机构,然而其时的选举"完全由官绅富豪所控制,从参选人员至所选议员,无一人是普通百姓。选举程序甚为简单,只经少数人协商推选,或由县知事点名举荐即成"①。

正如一些学者研究指出,在清末至北洋政府时期的地方自治中,形成了几种具有公共权力性质的组织机构,而它们的首领人员恰恰就是各地的士绅。如县议(事)会、参事会,城镇乡议(事)会、董事会、乡董(佐),各县的教育、警务、实业和财务等四类局、所,县、区、乡保卫团等地方保卫机构,教育、警务、自治等各种形式的区乡行政机构,各地乡村长副、正佐等村治组织,农会、商会、教育会等社会自治团体等。②

直隶是清末"新政权舆之地",我们从直隶部分州县的农务分会组成情况当中就更能窥见一斑。

表 1.1　直隶部分州县农务分会组成情况表

农务分会名称	会董名额	会　董　身　份					
		举人	贡生	生监	职衔	新学	不详
高阳县农会	30	2		6	5		6
怀安县农会	5			2	2	1	
无极县农会	16			12			2
灵寿县农会	30	2		16	1		1
曲周县农会	15	1		9	3		2
延庆州农会	20		4	13	3		
青县农会	29		1	19	9		
晋州农会	30	1	1	21	5	2	

---

① 《神木县志》编纂委员会编:《神木县志》,陕西人民出版社1990年版,第375页。

② 魏光奇:《清末民初地方自治下的"绅权"膨胀》,《河北学刊》2005年第6期。

农务分会名称	会董名额	会 董 身 份					
		举人	贡生	生监	职衔	新学	不详
清河县农会	30		1	18	2		8
邢台县农会	14	3		7	2		2
宝坻县农会	19			11	1	7	
成安县农会	31		1	21	8	2	
元氏县农会	20		1	11			8
长垣县农会	10		2	6	2		

资料来源:中国第一历史档案馆"农工商部档"第 122 号资料。参见刘建军:《代议制框架下的地方政治——直隶地方议会研究(1912—1928)》,第 23 页,中国人民大学博士论文,2008 年。

实际上,清政府实行地方自治的初衷只是将其作为"官治"的补充。"地方自治无疑是立宪之根本,但它肯定,并非离官治而独立。它将在官治的范围之内存在,只是去完成官治不能完成的任务。朝廷的意图自然是要明确正规的官僚界和地方利益集团之间的力量。"然而地方自治的最终结果却是"使农村名流在他们故乡的村社的习惯权力合法化"。[①]于是,曾经是以"士"为基本特征的文化权威在地方自治的制度演变之下,逐渐开启了"士绅权绅化"和"绅权体制化"的合法性空间。自此之后,地方公共事务的主持不再是由传统社会中的威望型人士——士绅,而是更多地依赖于占有公共组织和权力机构的人士——权绅。特别是他们在主持基层社会的公共事务时,已经不是源于他们曾经所具有的无形的社会声望,而是"大多已具有成文的法律依据"[②]。这样,士绅们便在这种新的制度安排之下,不仅使他们的权威获得了重新的认可,而且也在这种组织体制下获得了更具控制性的权力。而 "一旦他们控制了这些

---

① [美]孔飞力著,谢亮生等译:《中华帝国晚期的叛乱及其敌人:1796—1864 年的军事化与社会结构》,中国社会科学出版社 2002 年版,第 230~231 页。

② 魏光奇:《官治与自治——20 世纪上半期的中国县制》,商务印书馆 2004 年版,第 136 页。

西式的局处等机构,他们可以完全把持乡村的权力"①。这也就意味着传统社会的基层权力结构的主体,在此时已发生了制度性的变革,传统社会的基层结构亦发生了本质性的转换。

当绅权的扩张与膨胀渐成一种体制化的形态,其结果便是在地方自治的推动下衍生而成一批诸如"团绅"、"绅董"、"宦绅"、"官绅"等新的权绅群体。很显然,清末民初的权绅群体,无论是社会构成还是身份特征,已然不同于传统社会中的士绅。如果说传统士绅是一个社会地位群体,他们能够成为地方社会权威的资本,是他们通过科举功名或作为致仕官僚而获得,那么此时的权绅阶层则已是一个不折不扣的权力群体,他们的基本身份特征是在现行公共组织机构中的职权。也正是由于如此,一些学者将其称作是"新官绅阶层"②。由于这些新的官绅阶层是在基层社会权力结构的变动中借助于自治而获得公权的,由此而形成的社会各阶层之间的利益纠纷,无疑会激化社会矛盾,从而形成大规模的社会冲突。其中绅民之间的冲突又是清末民初社会冲突中重要的一环。③

据《东方杂志》报道,在陕西的一些地区,一些权绅以修铁路之事为由"借机谋利,把持一切,安置僚属,局所林立"。尤其是"以铁路亩捐激成民变,蔓延十余州县,前后亘四月"。④及至民国初年,权绅对地方公共事业和地方财政的掌控,更是实现了制度化和常规化。而这又为一些热衷于出入公门的劣绅提

---

① [美]艾凯著,王宗昱等译:《最后的儒家——梁漱溟与中国现代化的两难》,江苏人民出版社1996年版,第229页。

② 魏光奇:《官治与自治——20世纪上半期的中国县制》,商务印书馆2004年版,第360页。

③ 有关晚清的绅民冲突,王先明曾做过翔实的研究。他指出,在持续不断的晚清"民变"风潮中,绅民冲突呈现出日趋频繁和激烈的走向。日渐突出的绅民冲突,凸现着中国社会结构的深层变动。社会权力重构的中心,形成了占据地方各项权力资源的士绅——权绅。由此形成的绅民利益及其关系的冲突和恶化,构成了晚清以来地方社会"民变"大潮持续涌动的基本原因之一。晚清"新政"构成绅权"体制化"扩展的制度性基础,而权绅的"体制化"也就构成了"民变"或"绅民冲突"的制度性根源。具体可参阅王先明:《士绅阶层与晚清"民变"——绅民冲突的历史趋向与时代成因》,《近代史研究》2008年第1期。

④ 蛤笑:《论陕西民变》,《东方杂志》第4卷第3号,第38~42页。

供了机会。事实上，清末民初积极投身于地方自治而成为新官绅者很多都是投机钻营之劣绅。广西道监察御史萧丙炎的一份奏折颇能反映这一情形：

"各省办理地方自治，地方委其责于州县，州县委其责于乡绅，乡绅中公正廉明之士，往往视为畏途；而劣监习生，运动投票得为职员及议员与董事者，转居多数。以此董事习生劣监，平日不谙自治章程，不识自治原理，一旦逞其鱼肉乡民之故技，以之办理自治，或急于进行而失之操切，或拘于表面失之铺张，或假借公威为欺辱私人之计，或巧立名目为侵蚀肥己之谋，甚者勾通衙役胥差，交接地方长官，借端牟利，朋比为奸。"①

曾几何时，象征社会权威的传统士绅，"毕竟与农村社会保持着某些接触。他们处于传统而多少还关心一些农民阶级的利益"②。而在地方自治中继起的士绅们，"乃终朝不脱鞋袜，身披长衣，逍遥乡井，以期博得一般无知农民之推重。其在农村中之最大工作，厥为(一)挑拨是非，(二)包揽词讼，(三)为地主保镖，(四)欺凌无知农民，(五)四处敲诈"③。至此，在近代中国基层社会权力结构中，最终形成了一个被千夫所指、万人痛骂的土豪劣绅。事实上，随后为人们所痛恨的豪绅恶霸，主要就是指残酷掠夺村落社会的新权绅。"这些豪绅恶霸的特征就是大多具有城镇团练局等准权力机构的局绅局董身份，或是议员校董，或是县政府机关的科长局长，或是区长区董，拥有团练局常备武装，掌握派征大权；同时又是民间社会掌握族权的族长，他们掌握了城乡社会的政治权与经济权，在他们身上体现了地权、政权、绅权、族权的高度结合，他们是农村社会中的特殊阶级。"④

然而，社会历史自有其演进的轨迹，任何对于社会公共利益和公共权力无度侵吞的力量，都将会遭到历史的惩罚。随着政党政治的建构，通过以"打倒土豪劣绅"为基点的大革命，不仅将权绅阶层置于"人民之公敌"的层面，而且将政党权力向基层社会广泛渗透，并在此基础上构建新的权力结构主体，已

① 故宫博物院明清档案部编：《清末筹备立宪档案史料》下册，中华书局 1979 年版，第 757 页。

② [法]谢和耐著，耿昇译：《中国社会史》，江苏人民出版社 1995 年版，第 542 页。

③ 周谷城：《农村社会之新观察》，见《周谷城史学论文集》，人民出版社 1983 年版，第 403 页。

④ 朱英主编：《辛亥革命与近代中国社会变迁》，华中师范大学出版社 2001 年版，第 686 页。

成为民族—国家建构中的重要内容。1924 年,中国国民党实行改组,并与中国共产党携手合作,展开了一场轰轰烈烈的国民革命运动。国民革命运动,既是一场反对帝国主义的政治运动,同时又是一场社会革命。其中对于在清末民初形成的新权绅阶层,首先给予了打击。

应该说无论是国民党还是共产党,打倒新权绅阶层是两大政党的共同利益诉求。因为无论如何,自晚清以来以革命为职志并倡言推翻封建制度的价值诉求,始终是革命者一贯的立场。而象征封建制度的士绅阶层,对于言必称革命的国共两党而言,无疑是他们共同革命的对象。所谓"封建余孽"、"高等跑腿"、"祸首罪魁"等辞藻,几乎都一股脑儿地抛在这些新权绅身上:他们非民非官,亦民亦官,衙门里去得,民众团体中间也去得。他们大概是资产阶级,(不必一定有不动产,但一种莫名其妙的资格,已经可以使他们一生吃着不尽。)所以最富于苟且的精神,最欢喜谈的是"息事宁人",所深恶痛绝的便是革命。他们同时也是知识阶级,缘于他们的一种惰性与因袭的地位,常常为旧思想、旧制度的拥护者。他们大概都是受贿要钱的,一面可以分官僚军阀的余沥,一面也可以吮吸民众的膏血。当顾问、当议员、当"高等跑腿",是他们要钱的方法。推荐厘金局长,保举县知事,办专领津贴的报纸,乃至包揽词讼,侵占官产,假慈善教育等事募捐……无一不是他们要钱的方法。他们是从旧的"仕宦之家"蜕变而来的,是从旧时的"士"的阶级蜕变而来的,是从新近的学者、财团中蜕变而来的,所以一切腐败的思想行为,他们应有尽有。几年来地方自治绝无成绩,代议制度之根本败坏,乃至教育事业弄得像今天这样无可救药,他们算是祸首罪魁。①

可见,此时的士绅阶层,无疑已成为国共两党指向性非常明确的革命目标。于是他们相继提出"组织审判土豪劣绅特别法庭决议案"和"惩办贪官污吏及土豪劣绅决议案",要求给予"老爷绅士们"严加惩办。具体做法是:(1)凡政府各机关官吏无论吞款多少,或危及农民本身利益,一经协会查出,呈请政府立即撤职,从严惩办。(2)凡官吏有吞款害民事实者,政府应时时检查撤职,并宣布罪状,以免污辱政府名誉。(3)呈请政府立即建设审判土豪劣绅特别审

---

① 舜生:《中国的绅士》,《中国青年》1924 年第 17 期。

判法庭。(4)对土豪恶绅,农协有自行逮捕处决之权。(5)凡土豪劣绅剥削农民吞款过多者,一经查出,除如数偿还外,并酌量罚金或将其家产充公。①

任何一个时代的选择都是历史的选择。"个人可以投机性地选择自己的政治取向,而一个社会阶级或阶层却只能服从于历史的选择。对于拥有地方公权的乡绅而言,成为革命的对象是无可逃避的历史选择。"②随着现代政党的诞生,以民族—国家构建为背景的国家政权建设,已成为历史的必然。而任何一个政府都有三项职能:建立社会秩序的职能、维持社会秩序的职能和发展社会公共利益的职能。③其中建立与维持社会秩序是一个政权的最主要职能。正是从这个意义上讲,20世纪20年代的打倒新权绅革命,其本质则是通过改变基层社会的权力结构体系,以建立新的地方社会秩序,"使其成为为官制服务,并被官制支持的基层组织。从而使其能够更加方便地利用官方的身份与合法性支持,继续自己的治理原则"④。南京国民政府成立以后,这种努力更加明显,国家权力在基层社会中呈现出更为深入的全面渗透,基层组织开始成为国家控制社会的新目标。

---

① 中共陕西省委党史资料征集研究委员会编:《大革命时期的陕西地区农民运动》,陕西人民出版社1986年版,第221页。

② 王先明:《变动时代的乡绅——乡绅与乡村社会结构变迁(1901—1945)》,人民出版社2009年版,第475页。

③ [意]托马斯·阿奎那著,马清槐译:《阿奎那政治著作选》,商务印书馆1982年版,第87页。

④ 张静:《基层政权:乡村制度诸问题》,浙江人民出版社2000年版,第33页。

第三节 国民政府的自治选举与基层权力

ERSHI SHIJI ZHI ZHONGGUO

南京国民政府的基层自治,来源于孙中山所倡导的县自治。县自治曾是孙中山地方自治思想中的第一方略,有关这一点,孙中山曾多次予以阐述。如在《中国革命史》一文中,孙中山就明确指出:"据现在以策将来……非行以县为自治单位之策,不能奠民国于苞桑,愿我国人一念斯言。"①之后又指出:"今欲推行民治,谓宜大减其好高骛远之热度,而萃全力于县自治","舍此而求民治,是犹磨砖为镜,炊沙成饭之类也,岂有得哉!"②随着国民政府形式上统一之后,为遵循孙中山地方自治的思想,推行县级自治便成为国民党"当务之急的工作"③。

一、国民政府的县自治

1927 年 6 月,国民党政治会议作出决定,县级行政一律采用县长制。至此之后,北洋政府时期的县知事正式改为县长。1928 年 9 月 15 日,国民政府公

---

① 《孙中山全集》第 7 卷,中华书局 1985 年版,第 71 页。

② 陈旭麓、郝盛潮编:《孙中山集外集》,上海人民出版社 1990 年版,第 38 页。

③ 陈立夫:《成败之鉴——陈立夫回忆录》,台北:正中书局 1994 年版,第 134 页。

布《县组织法》，此后又分别在 1929 年 6 月、1930 年 7 月相继进行过修正。《县组织法》的主要精神，就是在充实和完善县、区、乡、镇各级组织的基础上，逐步达到孙中山主张的县自治。

关于县政府县长的职权，国民政府规定："县设县政府，于省政府指挥监督之下处理全县行政，监督地方自治事务。"①同时，国民政府对县政与县长的地位也有明确的认识："县为政治之基本，故一省一国政治之修明，莫不以县为起点，纵使命令、章则规定完备，而县不能实施，仍难奏效，此县政所以关系重大也"，"人民之生计、治安、知识、道德、健康等事，均视县长之优劣为进退，故谋人民之幸福，当首重县政之实施"；"县政关系既极重大，而县长为实施县政之人，故县政之优劣，又全随县长个人为转移，一言一行，直接影响于人民，间接影响于党国，其责任之大，已可概见。县长一人主持全县政事，所有政务之设施、员役之督察、积弊之廓清，均丛集于一身，若非随时随地竭全副之精神认真办理，匪特成效难期，亦县转之以病民。故为县长者，宜如何竞竞黾勉、勤慎厥职，以期上报党国，下慰民望"，"兼理司法之县长，集司法、行政于一身，即全县人民生命财产，系于县长个人之后，纵使竭尽心力，犹虞陨越，若疏忽因循，玩愒荒惰，为害之巨，实不堪言"。②

可见，国民党时期的县长，无论是职责、权力、地位或形象上，均与传统的"县太爷"迥然有异。特别是国民政府将县以下基层政治托付于县长一人，所有政务"均丛集于一身"，大大拓展了传统社会关于县长的职责权限。国民党县长职责权限的扩大，不仅意味着国家权力在基层社会的扩张和伸展，而且也表明国民党在实现基层社会权力结构变迁中，已然试图通过地方官员对社会生活各个领域的干预和控制，来加强对社会各种资源的垄断和汲取。可以说县长职责的增大正是这个时期国家与社会结构变迁的反映。在国家政权不断向基层社会深入、扩张和渗透的过程中，县级政权不再是传统皇权与绅权的交接点，县长也由直接治理百姓的"治事之官"逐渐蜕变为承转公文的"治官之官"。与此同时，基层政治运作也由"无为"趋向"有为"，由消极趋于积

---

① 徐秀丽编：《中国近代乡村自治法规选编》，中华书局 2004 年版，第 83 页。

② 《中华民国法规大全》第 2 册，商务印书馆 1936 年版，第 559 页。

极。①

在制定县级政权组织原则的同时,国民政府还规定了县参议会之职权:主要是"议决县预算决算及募债事项;议决县单行规则;建议县政兴废事项;审议县长交议事项"。当"县长违法失职时,县参议会得请求省政府查核处分之"。②但是在国民政府初期的县参议会,实际上并未有实质性的运行。1932 年 8 月,国民政府又公布了《县参议会组织法》和《县参议员选举法》,其核心要义是规定了县参议会的性质,指出它是"全县人民代表机关",并规定参议员由县公民直选产生。③然而,实际情况依然是除少数地区外,大多数县都没有正式的县参议会机构,也没有固定的地址。如在河南,自 1923 年之后竟 22 年无参议会设置,及至 1945 年刘茂恩任河南省主席时,才令河南各县组建临时参议会。有的地方即便成立了参议会组织,对于县参议员也并非是通过参议会选举产生。如广东三水县的县参议员,是由县长、国民党县党部及地方士绅联合提名,上报省民政厅审查圈定的。④

1939 年 9 月 19 日,国民政府又公布了《县各级组织纲要》,开始了新的地方自治计划,此即国民政府时期的"新县制"。国民政府颁布《县各级组织纲要》,明确要求县设参议会,乡镇设乡镇民代表大会,保设保民大会,为新县制各级自治团体的议事机关。其目的是通过各级民意机关的设置,自下而上、循序渐进地落实地方自治,并颁布了《县参议会组织暂行条例》、《县参议员选举条例》,定于 1943 年 5 月 5 日施行。依据规定,县参议会为县人民代表机关,由乡镇及职业团体选举产生的参议员组成,每乡镇得选举县参议员一名,职业团体不能超过总名额的 3/10;未满 7 个乡镇的县,其选出的参议员不得少于 7 名。县参议会的职权主要为:(1)议决完成地方自治各事项;(2)议决县预算,审核县决算;(3)议决县单行规章;(4)议决县税、县公债及其他增加县库负

---

① 王奇生:《民国时期县长的群体构成与人事嬗递——以 1927 年至 1949 年长江流域省份为中心》,《历史研究》1999 年第 2 期。

② 徐秀丽编:《中国近代乡村自治法规选编》,中华书局 2004 年版,第 86 页。

③ 《国民政府公报》1932 年 8 月 10 日。

④ 三水县地方志编纂委员会:《三水县志》,广东人民出版社 1995 年版,第 825 页。

担;(5)议决县有财产的经营及处分;(6)议决县长交议事项;(7)建议县政兴革事项;(8)听取县政府施政报告及提出质询;(9)接受人民请愿;(10)其他法律赋予的职权。其中涉及县财政及人民权利、义务的单行规程,须报省政府备案。①

国民党在新县制实行以后,全国的不少地方逐渐成立了各级参议会机构。据统计,到1945年,全国成立的县级参议会有700多个。然而,在参议员的选举过程中,参议会却成为各权势阶层进行权力角逐的场所。如在江苏武进县竞选县参议员时,国民党方面的陈鸿年与三青团武进分团干事赵永耀就展开了争斗。由于在竞选过程中发生了激烈的冲突,结果最终造成了5人丧生、10人入狱的结果。②有的地方为选举参议员,不惜重金贿选。如陕西澄城冯原曹鸿基,花费了法币100多万元,换取了一个县参议员的头衔。乾县杨子高、阎良丞,为争取几张有决定作用的选票,出法币32万元买了3张票。西安市某些人仅活动费就花了七八千万元。③更有甚者,议会选举竟形成一股黑恶势力。正如有人所指出的那样:"目下各县情况,但见恶势力之治而不见自治甚且也不见官治,如何始能打倒恶势力之治,势非设立民意机关扶植正人君子共图自治不可。"④

事实上,在全国各地几乎所有的县参议员中,大都是当地的头面人物。四川和广西是当初建立民意机关较好的两个省份,如果我们从这两个省份的县参议员的构成上加以分析,就可明显地看出来。

---

① 中国第二历史档案馆编:《中华民国史档案资料汇编》第五辑第二编,政治(一),江苏古籍出版社1998年版,第943页。

② 《武进文史资料》第9辑,政协武进县文史资料研究委员会,1987年编印,第90页。

③ 中共陕西省委党校党史教研室编:《新民主主义革命时期陕西大事记述》,陕西人民出版社1980年版,第371页。

④ 《四川省临时参议会县政考察团第二组至第十三组考察报告提要》,四川省档案馆藏,转见曹成建著:《地方自治与县政改革:1920—1949》,四川人民出版社2006年版,第228页。

表 1.2 四川、广西县级参议员构成情况表

广西	年份	合计	公务员	乡村长	团务	教员	法律	军事	党务	自由职业	不详
	1939 年	2694	354	533	396	731	40	102	40	77	382
四川	年份	合计	党务	文官	武官	民众团体及教员			其　他		不详
	1942 年	2421	156	551	336	1155			49		163

资料来源:潘公展主编《县各级民意机关》,上海:正中书局 1946 年版,第124、126 页。

根据上表可看出,在广西和四川两省的县级参议员中,绝少能够看到农民或手工业者的身影。即便是一些由职业团体选举产生的参议员,也多是与这些团体无大关系。当时人们称他们为两派夹袋里的"打手"。如杭州浙商银行经理孙庆辰,却成为绍兴县农会的代表,被选为县参议员。①事实上,国民党时期的参议员的权力角逐,还不仅仅体现在县级参议会,在县以下的基层选举中更是如此。

二、国民政府的基层选举

国民政府所推行的"新县制"之所以称作"新",其主要特色就在于通过成立保民大会、乡镇民代表会、县参议会等公民组织、民意机构,以及实行保长、乡镇长的民选,以期实现基层政权的进一步下移。为此,国民政府相继出台了《乡镇组织暂行条例》和《乡镇民代表选举条例》,明确指出:"乡镇内之编制为保甲,每乡镇以十保为原则,不得少于六保,多于十五保;每保以十甲为原则,不得少于六甲,多于十五甲;每甲以十户为原则,不得少于六户,多于十五户。"②

关于乡镇民代表选举,国民政府规定:"乡镇民年满二十五岁,经乡镇民代表候选人试验或检考及格者,得被选为乡镇民代表会代表。乡镇民代表之选

---

① 《绍兴文史资料》第 1 辑,绍兴县政协文史资料研究委员会,1985 年编印,第 91 页。

② 徐秀丽编:《中国近代乡村自治法规选编》,中华书局 2004 年版,第 232 页。

举,由各保保长在本保召集保民大会举行之。选举事务,由本乡镇公所指导各保保长办理之。"①乡镇民代表会之职权,国民政府规定:(1)议决乡镇概算,审核乡镇决算事项;(2)议决乡镇公有财产及公营事业之经营与处分事项;(3)议决乡镇自治规约;(4)议决本乡镇与他乡镇间相互之公约;(5)议决乡镇长交议及本乡镇内公民建议事项;(6)选举或罢免乡镇长;(7)选举或罢免本乡镇之县参议员;(8)听取乡镇公所工作报告及向乡镇公所提出询问事项;(9)其他有关乡镇重要兴革事项。②

保民大会是以户为单位,每户出席一人,应以有公民资格的户长充任,人数依户数推算,少则 36 人,多者 225 人。由各户户长组成的户长会议为民意机关。在某种程度上讲,保民大会是户长会议的扩大。其职权为:(1)议决本保甲规约;(2)议决本保与他保间相互之公约;(3)议决本保人工征募事项;(4)议决保长交议及本保内公民 5 人以上提议事项;(5)选举或罢免保长、副保长;(6)选举或罢免乡镇民代表会代表;(7)听取保办公处工作报告及向保办公处提出询问事项;(8)其他有关本保重要兴革事项。③

国民政府尽管对乡镇民大会和保民大会做了具体规定,但是关于乡镇民选举大会,并没有整齐划一地在全国出现。如在陕西省因公职候选人检核工作未能完成,乡镇民代表会并没有真正成立,乡长仍由各县长遴选委任。河南省仅指定内乡、邓县试办乡镇长选举。而且从总体上来看,乡镇长的选举要远较乡镇民代表会更为复杂。这种复杂性首先就体现在选民对选举的不热心。且不说这种选举的公正性有多大,仅就选举活动本身,乡民们就不是很热衷。据有些地方史料记载,在召开保民大会时,保长们"东奔西跑,鸣锣高呼,整整一个下午,喊破了喉咙,跑断了腿,还是没有人去参加。乡(镇)民代表既不可能由保民大会直接选举,自然是由乡(镇)长和保长指定的,而且乡(镇)民代表会也是徒有其名,平常是不开会的"④。

---

① 徐秀丽编:《中国近代乡村自治法规选编》,中华书局 2004 年版,第 243 页。

② 徐秀丽编:《中国近代乡村自治法规选编》,中华书局 2004 年版,第 233 页。

③ 徐秀丽编:《中国近代乡村自治法规选编》,中华书局 2004 年版,第 238 页。

④ 《开封文史资料》,总第 21 辑,开封市文史资料委员会,2006 年编印,第 87 页。

与此同时,一些乡镇长和保长,同样是被一些官僚政客和土豪劣绅所把持,在选举的过程中也充满了械斗。这样的记载在各种史料典籍中不胜枚举。如江苏井溪乡在进行选举时,两地方恶霸为扩大势力范围誓不相让,最后不惜使用暗杀手段。还有一国民党特务在竞选乡长时,以一票之差败北,便宴请全体乡民代表,席间将手枪往餐桌上一搁,对对方说,此次选乡长,人们都说我陈某某当选无疑,可你老兄多获一票当选,我有何脸面在本乡混日子,望李兄明智一点!结果对方被逼称病治疗,向县府呈述不能就任乡长职务。①

可见这样的选举,是很难保证一些公正人士当选的。有人曾对四川乡镇长的选举情况做了统计,情况如下:

表1.3　关于乡镇长的选举情况

背景来路	人　数	百　分　比
乡民选者	5	11
县委派者	13	29
联保主任改充者	2	45
由士绅推荐以及其他	25	6

资料来源:曹成建《地方自治与县政改革:1920—1949》,四川人民出版社2006年版,第229页。

从上表我们不难看出,国民党时期的乡镇长,真正通过参议会合法选举的所占比例很少,大多数是以委派或推荐而产生的。这也就决定了在国民党基层权力结构中,是很难找到农民的身影的。如果再从他们的身份特征和社会构成来看,地主豪绅占据了相当的比重。如在湖南省新化县的乡镇长中,绝大多数是地主豪绅中的代表人物。"在政治面貌上,国民党员为39人,为整个参议员的83%。即使号称直接选举的乡、镇民代表,也极大多是当地小豪绅中的头面人物。这样的参议会自然成了各级政府为地主豪绅所设置的合法发言讲台,成为各级政府的御用工具。"②

① 《广安县志》,四川人民出版社1994年版,第167页。

② 《新化文史》第3辑,政协湖南省新化县委员会文史资料研究委员会,1989年编印,第38页。

事实上，揆诸国民党所实施的"新县制"，其实质是将政权进一步向基层社会渗透、扩张的大规模行动。当中央政府的权力逐层下递，由省而县、由县而区、由区而乡、保、甲，并将其纳入县参议会、乡镇民代表会和保民大会，形式上构成了地方自治的运行机制，但是在实际运行过程中却是由上而下层层委任，个中所体现的却是行政官治在先而自治选举在后的局面。最终只能导致基层民意机关形同虚设，不能发挥其应有的作用。因此可以说，国民党的"新县制"，其实质仍然是一种假借自治下的官治。"与旧县制相比，'新县制'不但没有改变官治性质，反而助长了官治的趋势。"①随着国家政权的下沉，又会使得掌管基层权力的人数倍增。据 1942 年的统计，国民党的区干部人数约为 164 612 人，乡镇干部约为 686 721 人，保甲干部约为 12 140 908 人，共计约 12 992 241 人。②如此庞大的基层权力群体，却是一个不同于以往的新的权力结构群体——新地方精英群体。③

三、国民政府时期的基层权力生态

很显然，国民党时期的新地方精英群体，已然不同于此前的基层权力群体。在传统中国社会中，所谓的地方精英，在很大程度上是指乡居的离职官僚和科举士人；而民国时期的地方精英群体，却是包括党政军新贵、新式商人和新文化人。他们不仅拥有一定的政治特权，而且开始积极主动地与行政体制靠拢，有的甚至不择手段地充任基层参议员、自治区区长、乡镇长乃至乡镇民代表和保长等各种公职。据相关资料表明，民国时期的新地方精英群体，大多都接受过新式教育，有一定的文化水平。

就参议员而言，如湖南临湘县在抗战胜利后成立参议会，第一任议长方经

---

① 王奇生:《革命与反革命:社会文化视野下的民国政治》,社会科学文献出版社 2010 年版,第404 页。

② 甘乃光:《中国人事制度发展的趋势》,《人事行政》1942 年第 1 册。

③ 关于国民党时期的新地方精英群体，魏光奇曾做过较为细致的解读，具体可参阅魏光奇:《官治与自治:20 世纪上半期的中国县制》,商务印书馆 2004 年。

国,系湖南省政法学校毕业;副议长王生俊,系国民党湖南省党校毕业;秘书王少槐,系国民党中央干部学校毕业;第二任副议长何霆望,系抗战时期第九战区第七纵队司令部参谋长。[①]贵州省习水县在 1945 年 10 月各保选出代表 28 人组成镇民代表大会,"代表中具有大学学历的 4 人,中学学历的 10 人,曾做过区乡镇长的也有几人",还有"在县府做过科长,任过中学教师甚至有工程师头衔的"。1947 年当选的镇长罗××,是"挂牌大学生",曾任上城小学校长、区长、上城商会会长、县参议员等职。[②]

就乡镇长而言,同样是接受过新式教育,有着较高的学历。这从 1946 年四川省乡镇长的履历表中就可窥见一斑。

表 1.4 1946 年四川省民选乡镇长的学历情况统计表

学 历	乡 镇 长		副 乡 镇 长	
	人 数	百分比	人 数	百分比
大学	191	4.4	58	1.4
专科学校	167	3.9	96	2.2
中学	2524	58.9	2651	61.9
师范学校	307	7.2	343	8.0
职业学校	57	1.3	59	1.4
小学	98	2.3	210	4.9
省训练团	50	1.2	32	6.7
区训练团	254	5.9	171	4.0
县训练所	66	1.5	82	1.9
高考普考及格	3	0.1	—	—
私塾	176	4.1	282	6.6
军校	198	4.6	92	2.1

[①] 《临湘文史资料》第 4 辑,政协湖南省临湘县委员会文史资料研究委员会,1989 年编印,第 140 页。

[②] 《习水县文史资料选辑》第 7 辑,政协贵州省习水县委员会文史资料研究委员会,1988 年编印,第 102~103 页。

学　历	乡　镇　长		副　乡　镇　长	
	人　数	百分比	人　数	百分比
其他	192	4.5	203	4.7
不详	3	0.1	7	0.2
合计	4286	100.0	4286	100.0①

资料来源:《四川省统计年鉴》第 1 册,四川省政府统计处 1946 年编印,第 150 页。

与此同时,从乡镇长的工作出身也可以看出,尽管民国时期的乡镇机构属于自治机构,但是相当一部分乡镇长都有过党政军的工作经历。通过对四川省 138 个县的统计,曾经从事过党务行政和军政司法工作的乡镇长就有 1333 人。②由此可见,民国时期的新地方精英群体,尽管在一定程度上同传统地方精英一样,主导着地方社会的公共事务,但是与传统地方精英的最大区别,则是在于民国时期的新地方精英有着浓厚的国家行政官僚色彩,体现在具体工作事务上,就是直接通过国家行政来主导地方公共事务。曾经的社会公共事务,在此时几乎被国家行政事务所侵占,最终的结果便是使其成为国民党政权抽榨基层社会人力、物力的政治汲取工具。

曾经“很多人都不愿干”的乡镇长的职位,这个时期却成为地方豪强猎求的目标。甚至一些普通民众,也寄希望于通过参议员这一身份“以显门庭,光耀祖宗”③。当基层权力成为各路豪强争相觊觎的目标,便会出现“遍布于全省各县的区、乡镇、保每一个角落,以同学的名义互相勾结,狼狈为奸”的局面。再加之“新县制”下所搞的“管、教、养、卫”四位一体制,以乡镇长兼任中心学校校长、合作社联合社主任和自卫大队队长,以保长兼国民学校校长、合作社主任和自卫队队长,“乡镇保长身兼数职,大权在握,他们要干什么就干什么,

---

① 据原表核算,百分比并非 100,而是 106,或为表中数据有误。

② 《四川省统计年鉴》第 1 册,四川省统计处,1946 年编印,第 150 页。

③ 《黔江文史资料选辑》第 4 辑,黔江苗族土家族自治县文史资料委员会,1989 年编印,第 78 页。

成了大大小小独霸一方的'土皇帝'"。①

纵观国民党时期的基层议会选举,孙中山地方自治思想是其始终高举的旗帜,但是正如日本学者家近亮子所说:"南京国民政府的最大悲剧在于,以非精致、粗线条的孙文理论为遗教,而又有责任和义务忠实地去实现它。该政府经常在'应采取的政策'与'不得不采取的政策'的夹缝中摇摆。"②所以,尽管在一定程度上通过议会选举产生了基层参议员,但是由于考虑到自己的统治地位,使得自治区域的官僚化倾向随着国家政权的下沉延伸而愈演愈烈。特别是频仍的内战与日本的侵略,这些内外困扰与地方自治和民众参政相比,只能是"要求更大的控制,而不是要求更大的地方自治"③。因此,虽然在1929年《县组织法》业已颁布,但是基层参议会不消说运行选举计划,即便是基本的组织架构也没有设立起来。即便在随后"新县制"的推动下渐次展开了参议员的选举,也成了官僚土劣角逐权力的场所。曾被陈独秀描绘为"绅士会"、"政客会"、各省督军的"留声机器"④的民初地方议会,依然在国民党基层参议会中延续着。

事实上,清末以来的地方议会选举,始终都弥漫着一种浓郁的官僚气氛。可以说在权力文化的影响下,参议员们始终将此看作是一种官职。因此自然而然地便认为参议会是接近官府的场域,参议员是升官发财的途径。陈独秀早在民国初年的议会选举中就一针见血地指出:"中国的各阶级议会都没有阶级的后援,各级议会的议员都没有相当的职业,这种以议员为职业的议员,自不得不视职业为谋利的工具,这种浮萍无根的议会,自不得不仰权门的鼻息以图生存,他们助纣为虐固然可以横厉无前,若真为民权奋斗而抗权门,直不能一朝存在,议员只能为恶不能为善,乃是必然无可逃脱的事实。所以我敢说:全国各级议会的议员种种失德败行横暴堕落无人格的行为,并不是议员

---

① 《文史资料选辑》第 29 辑,中国文史出版社 1995 年版,第 209~210 页。

② [日]家近亮子著,王士华译:《蒋介石与南京国民政府》,社会科学文献出版社 2005 年版,第218 页。

③ [美]费正清主编:《剑桥中华民国史》下卷,中国社会科学出版社 1994 年版,第 394 页。

④ 独秀:《联省自治与中国政象》,《向导》周报第 1 期,1922 年 9 月 13 日。

们本身的罪恶,乃是强效欧美的议会制度而不合中国社会状况的罪恶。"①

　　然而,时过境迁,当国民政府再次将议会选举作为地方自治的基本运行模式时,这种现象依然在延续。尽管此时的参议员无论是知识结构还是学历层次都与当初的议员有着很大的不同,但是中国场景下的议会依然是"高等流氓们藏污纳垢的巢穴,发财作官的捷径"②。在国民党的基层权力结构中,也就很难觅寻到为数众多的乡民身影,因此他们也就很少去关心所谓的选举了。"当大多数选民对选举自己的政府缺乏足够的关心,或虽去投票,却不把选举权用于公共的理由……而是按照控制着自己的人……的意思去投票时,代议制度就没有多大价值,只能成为苛政或阴谋的单纯的工具"③。

　　著名政治学家亨廷顿指出:"现代政治体制与传统政治体制的差异在于权力的总量不同,而不在于权力分配的不同。无论在传统还是在现代的政治体制中,权力都可以被集中或者被分散。但现代政体较之传统政体有更多的社会力量更深地卷入权力关系之中:前者参加政治的人数比后者要多。简言之,现代政体比传统政体拥有更多的权力。"④然而,近代以来的议会选举中,对于占人口绝大多数的普通民众,却没有被"更深地卷入权力关系之中"。事实上,自清末以来,中国政治已朝向民主政治的方向发展,然而总体上凸显的却是民主政治的外观,尚少民主政治的实质。普通民众对于议会选举不仅是茫然的,而且完全被排斥在基层权力结构之外,对政治有兴趣的只有地方上的精英分子。而"精英分子的造型是半传统半现代性的,他们有求变的观念,但自身的利益优先。那茫然的群众是孤苦无依的。中国未来的变迁将是群众的觉醒,因此中国将继续地变迁,追求一个理想的方向"⑤。

---

　　① 《陈独秀著作选》第2卷,上海人民出版社1993年版,第429页。

　　② 《青年与农村》,见《李大钊全集》,河北教育出版社1999年版,第181页。

　　③ [英]J.S.密尔著,汪瑄译:《代议制政府》,商务印书馆1982年版,第10页。

　　④ [美]塞缪尔·P.亨廷顿著,王冠华等译:《变化社会中的政治秩序》,生活·读书·新知三联书店1989年版,第130页。

　　⑤ 张朋园:《知识分子与中国的现代化》,百花洲文艺出版社2002年版,第329页。

第四节 苏区时期中共对 基层权力的改造

ERSHI SHIJI ZHI ZHONGGUO

台湾学者傅宗懋曾言:"历史的发展是过去的根源与当时的环境、政治领导人物、一般人的观念与政治制度的运作汇集而成的。"①事实上,自中国共产党成立以来的历史,就是在摧毁旧的制度、改造社会环境、倡导新的社会观念中,实现对基层社会政治权力结构彻底改造的历史。大革命失败之后,中国共产党以农会为组织基础,通过阶级划分和苏维埃选举等形式,实现了对基层社会权力的改造。不过令人意想不到的是,尽管基层民众获得了基本权力,也有一些人被选举为乡苏维埃代表和基层干部,但是却有相当一部分人对此权力体现出一种"漠视"和"消极怠工",个中情境颇值得我们思考。

一、农会与基层权力的改造

农会作为清末出现的一个新型组织,其主要目的是以研究农学、改良农业、推动农业发展为宗旨。很显然,清末时期农会的成员中,很少有普通农民参加,大多数是地主、士绅、商人、上层名流和一些知识分子。如甘肃兰州府农

---

① 秦孝仪主编:《中华民国政治发展史》,台北:近代中国出版社1987年版,第1页。

务总会负责人刘光祖与王树中，前者是法部主事，后者则为前安徽太和县知县。由于二人"富有田业，士民推重，又复熟谙农学，见义勇为，理合公议刘光祖为总会总理，王树中充总会协理"①。而且从性质上来看，清末时期的农会只是一个在政府监督下的社会团体。民国建立之后，农会的性质、宗旨与清末时期的农会并没有实质性的改变，依然是一个依附于政府的社会咨询团体。而农会作为农民自己的组织，则是在中国共产党成立之后。

1921 年 9 月成立的浙江萧山衙前农民协会，可谓是第一个以解决农村社会矛盾为目的的新型组织。之后，不少地方都相继成立了农民协会，以谋求农民自身的利益。特别是随着第一次国共合作的展开，各地农会得到了空前的发展，及至大革命失败之前，农会组织已遍及广东、湖南、湖北、江西、河南、四川等 16 个省份，农协会员达到 9 153 093 人。②与清末民初的农会不同，大革命时期的农会则是"农民阶级的大本营，以与压迫阶级对抗的……协会所谋的利益，只是农民阶级的利益，协会的仇敌，只是农民全体的仇敌。农民协会是代表农民的机关，是为农民利益奋斗的先锋队"③。可见中共在改造和摧毁旧的社会制度与基层权力结构的历史进程中，农会是一个重要载体和组织。对此，中共中央在 1927 年 7 月 20 日发出的农字第 9 号通告中做了明确的阐释："土地革命只是一个过程，政权争斗是这一过程的主要特点。必有夺取政权的争斗，才能推翻封建地主的乡村统治，才能促进土地问题的爆发而且给他以解决的权力机关。所谓政权的争斗，就是要建设农民的革命民权，换言之即农会政权之建设。在中国农民运动的历史上，农民协会已经不是一种职业组织，而是以穷苦农民为主干的乡村的政治联盟，因为农民协会事实上不仅团结了一般农民(耕地的或失业的)，包括了手工业者、小学教师和小商人，就是一部分脱离大地主影响而对农会表同情之小地主也经联合在农民协会之内。所以农民协会在现时就是乡村中穷苦农民联合其他小资产阶级的革命的政治联盟——农会政权。这是乡村政权的一个正确的形式，要开始在各地实现起

---

① 中国第一历史档案馆：《清末各省设立农会史料》，《历史档案》1998 年第 2 期。

② 《第一次国内革命战争时期的农民运动资料》，人民出版社 1983 年版，第 66 页。

③ 《第一次国内革命战争时期的农民运动资料》，人民出版社 1983 年版，第 273 页。

来。"①

如果说农民协会的成立,为中国农民提供了斗争的组织,那么农民协会的政权斗争,则是直指基层的社会制度与土劣恶霸。对此,毛泽东在其著名的《湖南农民运动考察报告》中就曾明确指出,农民协会"主要攻击的目标是土豪劣绅,不法地主,旁及各种宗法的思想和制度,城里的贪官污吏,乡村的恶劣习惯"②。《陕西省农民协会成立宣言》也明确提出:"我们知道要真正建设民主政治,就必须根本推翻一切封建势力,尤其是农村的土豪劣绅,一定是要摧枯拉朽般的打破,然后才可以彻底完成国民革命。"③而"农民有了组织之后,第一个行动,便是从政治上把地主阶级特别是土豪劣绅的威风打下去,即是从农村的社会地位上把地主权力打下去,把农民权力长上来"④。这也就意味着农民协会的成立,开始确立了农民在基层权力结构中的主体地位。"照得农民协会,主体原属农民。凡剥削地主,以及土豪劣绅,不容投机混入,破坏本会章程。以后筹备农协,总要真正农人,会内一切事件,全由农民执行。"⑤

随着以农民为主体的权力结构的建构,农会便开始向象征传统中国基层权力的政权、族权、绅权、夫权发起激烈的斗争。这个攻击的形势,可谓是急风暴雨,"顺之者存,违之者灭。结果便是把几千年封建地主的特权,打得个落花流水。地主的体面威风,扫地以尽。地主权力既倒,农会便成了唯一的权力机关,真正办到了人们所谓'一切权力归农会'。连两公婆吵架的小事,也要到农民协会去解决。一切事情,农会的人不到场,便不能解决。农会在乡村简直独裁一切,真是'说得出,做得到'"⑥。事实上,农民权力主体的体现还不只如此,它还体现在农运负责人的领导上。正如毛泽东所说:"贫农,因为最革命,所以他们取得了农会的领导权。所有最下一级的农民协会的委员长、委员,在第一

---

① 中央档案馆编:《中共中央文件选集》第 3 册,中共中央党校出版社 1989 年版,第 218 页。

② 《毛泽东选集》第 1 卷,人民出版社 1991 年版,第 14 页。

③ 陕西省委党史资料征集委员会:《大革命时期的陕西地区农民运动》,陕西人民出版社 1986 年版,第 204 页。

④ 《毛泽东选集》第 1 卷,人民出版社 1991 年版,第 23 页。

⑤ 《衡山县志》,岳麓书社 1994 年版,第 718 页。

⑥ 《毛泽东选集》第 1 卷,人民出版社 1991 年版,第 14 页。

第二两个时期,几乎全数是他们(衡山县乡农民协会职员,赤贫阶层占百分之五十,次贫阶层占百分之四十,穷苦知识分子占百分之十)。"①

不仅如此,苏维埃时期的农民协会组织,还是"农民群众的战斗组织,也是教育农民、领导经济与政治斗争的指挥部"②。湘赣边苏区对农会组织的实际工作就做出了 10 项规定:(1)拥护苏维埃,在苏维埃指导之下参加巩固并发展苏维埃政权的一切斗争。(2)切实执行苏维埃政府一切法令和讨论对苏维埃工作的意见,提交苏维埃政府以及监督苏维埃政府的一切工作和经济收支。(3)彻底深入开展土地革命,团结贫农群众,联合中农,坚决反对富农。(4)经常介绍最坚决积极的会员送到红军中去充实红军队伍。(5)加紧肃清 AB 团、改组派及一切反动政治派别的工作。(6)组织各种合作社,实现贫苦劳动群众的利益。(7)发展并巩固贫农团的组织,培养并训练干部参加苏维埃政权工作。(8)宣传工作编印画报、壁报、传单、小册子,组织宣传队并指导会员做宣传工作。(9)领导青年群众参加革命斗争并注意其特殊利益与教育。(10)发动并领导劳苦妇女在苏维埃法令之下参加各种斗争和工作,实现妇女本身的解放。③

不过,苏维埃时期的农会组织,尽管已成为中共联系群众,团结和教育群众开展经济、政治斗争的战斗组织,但是此时民众所获得的权力,只是由一批共产党人利用乡村社会之外的意识形态力量而赋予民众的一种体制性的权力,而不是一种社会性权力。事实上,当小农生产者还需要依靠土地进行生产和生活时,乡村社会的权力种类和来源并不能简单地归结为一种体制性的权力,因为这种外在的权力赋予对于长期处于专制统治下的基层民众而言,似乎还不能马上从观念上彻底得到改观。所以当一些从事农运工作的人去乡村动员时,往往会遇到很尴尬的局面。曾在陕北神木县开展农运工作的王兆卿曾回忆道:当自己去动员农民参加农运时,只能定名曰"说故事会"。因为只要

①　《毛泽东选集》第 1 卷,人民出版社 1991 年版,第 21 页。

②　中共河南省委党史研究室、中共安徽省委党史研究室编:《鄂豫皖革命根据地史》,安徽人民出版社 1998 年版,第 384 页。

③　江西省档案馆编:《湘赣革命根据地史料选编》上册,人民出版社 1984 年版,第 177~178 页。

"说宣传,怕他们不喜欢,深知农人爱听故事,所以定名说故事"。即便是说"故事",也得明确说明所讲故事"都是新故事,实在好听哩。于是有闲工夫,就给他们说些'团结的好处啦','官绅欺压我们,我们应当怎样对付才好啦'……一类的题目"。①

另一方面,由于封建地主土地所有制在此时并没有得到改变,控制土地的地主在事实上仍然拥有着乡村社会的经济权力。尽管农会已在许多方面力求限制这种经济权力,但是所有权的意义并不因这些限制而消失。因此,尽管中共以意识形态力量组织起来的农会组织,彻底改变了传统乡村社会所存在的皇权(政权)、族权和绅权的权力结构,但由于"并没有触及封建土地所有制这一传统乡村社会政治结构的基础,所以,也就不能最终彻底地改变乡村社会形态"②。这也就要求中共需要通过重新整合和建构更为具体的社会阶级结构,以实现对基层社会权力的改造。

二、阶级划分对基层权力的挤压

社会是一个极其复杂的系统整体,而阶级是其基本的构成要件,生活于社会之中的人们总是归属于一定的阶级,并作为阶级的成员而进行活动。对于马克思主义而言,从经济和生产关系的占有方面划分社会阶级,则是其所坚持的最基本的原理和方法。在苏区时期,中共正是通过土地占有情况和是否参加劳动、是否存在剥削等观念来划分农村阶级的,从而以此来改造基层权力的社会结构。

1933年10月,毛泽东发表《怎样分析农村阶级》一文,对农村阶级划分的标准做出如下规定:地主是占有土地,自己不劳动,或只有附带劳动,而靠剥削农民为生的阶级。富农是一般占有土地,但也有自己占有一部分土地,另租入一部分土地的;也有自己全无土地,全部土地都是租入的。中农一般占有土

---

① 陕西省委党史资料征集委员会:《大革命时期的陕西地区农民运动》,陕西人民出版社1986年版,第616页。

② 于建嵘:《岳村政治:转型期中国乡村政治结构的变迁》,商务印书馆2001年版,第169页。

地,有些中农只有一部分土地,另租入一部分土地;有些中农并无土地,全部土地都是租入的。贫农是占有一部分土地和不完全的生产工具,有些全无土地,只有一些生产工具。他们一般租入土地来耕种,受地主、富农的地租、债利和小部分雇佣劳动的剥削。中农一般不出卖劳动力。贫农一般要出卖小部分的劳动力。雇农一般全无土地和生产工具,有些雇农有极小部分的土地和生产工具。雇农完全或主要以出卖劳动力为生。[①]为了更形象地说明农村社会的各阶级,川陕革命根据地还编写了《农村阶级划分(五言歌)》:

第一课　雇工

空着两只手,啥子都没有。

专替人做工,才能糊了口。

这就是雇工,是农村无产阶级。

第二课　贫农

自己有点田,还要卖气力,

这就是贫农。不够吃和穿,

生活很艰难,是半无产阶级。

第三课　中农

他不剥削人,人不剥削他。

他受谁压迫,豪绅和军阀。

这就是中农。

第四课　富农

自己种有田,又放高利贷。

还有田出租,或请长活路。

这就是富农。[②]

随着农村阶级划分标准的形成,不同的阶级便享受不同的政治经济待遇,被置于预定的农村基层权力结构的框架之内。

地主阶级是革命的对象,因此苏区对地主的政策是毫不含糊、毫不宽容

---

① 《毛泽东选集》第 1 卷,人民出版社 1991 年版,第 127~129 页。

② 《川陕革命根据地历史文献选编》上册,四川人民出版社 1986 年版,第 528~529 页。

的,"施行严厉的制裁与镇压"①。很显然,这个政策的基本精神就是消灭地主阶级,不仅要从土地、财产、经济上剥夺净尽,而且不给予任何政治权利,使其在政治上的权威丧失殆尽,社会上的声望地位跌落为最低点。据《兴国调查》显示:第一乡,地主不在本乡,都住外地,但田地均在本乡,被没收和分掉了。第二乡,有3家地主,一家在革命中被杀了两个儿子,另两家自动拿出田契来烧,把自己的田分给了农民。第三乡,有两家地主,两家房屋都被人烧了,人则逃亡在外。第四乡,3家地主,一家逃亡在外,一家被杀,一家被政府看押,家财被抄。②而那些留在苏区的地主,要"把隐藏着的豪绅地主通通清查出来,除他们所有的田地,山林,房屋,池塘通通没收外,其家中一切粮食,衣物,牲畜,农具,家私,银钱等一概没收,反动商店及反动分子在商店中所有股金红利存款也要一概没收"③。有的地方甚至采取更为激烈的办法从肉体上对地主阶级予以消灭。如在1933年6月开展的查田运动,被认为"是一个剧烈与残酷的阶级斗争,是粉碎扑灭地主豪绅的抵抗的顽强的斗争"④。于是,在一些地方对地主的斗争政策被推向极端,有的地方甚至将豪绅地主富农,不论大小,一律捉起,编为永久的劳役队,还有的地方把苏区的地主富农,不论大小都捉起来。

更有的地方对富农也展开激烈的斗争。据毛泽东在兴国的调查:第一乡共12家富农,其中两家被杀了家长,5家壮丁逃亡在外,两家被认为是AB团遭到逮捕,其余3家捐了款子,平了田。第二乡有9家富农,6家被杀,一家被政府捉起了,只有两家自动焚烧田契,把田地分给农民。第三乡,9家富农,一家被杀,抄了家,3家逃亡在外,两家被认为是AB团成员,被捉起来了,3家捐了田和钱。第四乡,两家富农,两家均被杀。⑤当然,后来这一政策得到纠正。对此,邓子恢指出:"要坚决纠正过去不分阶级的不好现象,这是破坏阶级战线,把群众送给敌人去利用,结果只有造成铜墙铁壁的赤白对立,把自己闭死了,

---

① 《中央革命根据地史料选编)下册,江西人民出版社1982年版,第311页。

② 《毛泽东农村调查文集》,人民出版社1982年版,第211~212页。

③ 《中央土地人民委员部训令》,《红色中华》1933年1月14日。

④ 彭明主编:《中国现代史资料选辑》第4册(1931—1937),中国人民大学出版社1989年版,第303页。

⑤ 《毛泽东农村调查文集》,人民出版社1982年版,第213~215页。

这简直是自杀政策。"①

　　对于普通农民来讲,不仅在土地革命的过程中将没收来的财物,如米谷、什粮、木子、牲畜、衣服、帐被、农具、家私等,都散发给了他们,更重要的是他们也在土地革命中分得了土地。与此同时,中共还相继出台了新的劳动政策。从前主要是地主、富农雇佣雇工的政策,在土地革命之后没有人再去发展剥削性质的雇佣关系。因为苏维埃劳动法明确规定:"雇佣工人须经过工会和失业劳动介绍所,并得根据集体合同,严格禁止所谓工头,招工员,买办或任何私人的代理处的各种契约,劳动包工制,包工头等。"②在兴国县,还明确提出了"涨工资,减工时,男女雇工待遇平等,天雨不工作,仍发工钱,雇农害病要发医药费,雇农组织纠察队建立红军,武器由富农地主供给等 15 条保护雇农的政策"③。此时变成了拥有小块土地的独立小农,由于他们均分得了土地,不再给人做长工、月工和短工,不再以出卖劳动力为生。因此,"分田后,没有长工了,零工也大幅度减少"④。这样,原来意义上的雇农在苏区基本上不存在。

　　实际上,苏维埃时期的阶级划分,其本质则是源于马克思的社会分层理论。其核心思想就是强调"社会不平等根源于社会的物质生产方式,其实质是以财产关系为核心的生产关系,在此基础上形成了最基本的社会地位和社会不平等"⑤。可以说这种社会分层和阶级划分不仅把生活在同一块乡村土地上的农民划分开来,而且也使农村社会的结构更加清晰,同时也为广大农民的落后贫困提供了更有说服力的解释。中共正是通过对农村阶级的重新划分,以及在此基础上展开的土地革命与阶级斗争,不仅改变了乡村农民的经济地位,而且他们的政治地位也相应地得到了提高,由此也获得了较为广泛的权力。而原有的地主豪绅的权力却因阶级划分和阶级斗争受到了挤压,并最终失去了其在基层社会的权力地位。

　　① 《中央土地人民委员部训令》,《红色中华》1933 年 1 月 14 日。

　　② 《中共中央文件选集》第 7 册,中共中央党校出版社 1991 年版,第 782~783 页。

　　③ 万振凡:《弹性结构与传统乡村社会变迁:以 1927—1937 年江西农村革命与改良冲击为例》,经济日报出版社 2008 年版,第 114 页。

　　④ 《毛泽东农村调查文集》,人民出版社 1982 年版,第 226 页。

　　⑤ 李路路:《社会分层研究》,《社会学研究》1999 年第 1 期。

三、苏维埃选举下的基层权力

亨廷顿曾指出："一个政党如果想首先成为群众性的组织，进而成为政府的稳固基础,那它就必须把自己的组织扩展到农村地区。"①对于中国共产党而言，就是要通过基层选举建立苏维埃政权，在实现对基层权力的改造的同时,以便在更大程度上巩固以工农为主体的权力结构体系。1927 年 9 月,当毛泽东带领秋收起义的部队登上井冈山之后，开始了创建革命根据地的历史进程。随着根据地面积的不断扩大和苏维埃制度的相继确立，中共拉开了改造基层权力结构和基层选举的序幕。

首先,苏区政府以宪法的形式规定:苏维埃政权是"真正实现劳动群众自己的政权,使政治的权力握在最大多数工农群众自己手里"。同时规定:"苏维埃的选举法对劳动群众有最普及的最广泛的选举权。""苏维埃组织的立法机关和执行机关融化在一起，劳动民众所选出来的代表，自己直接地去执行代表选举人所决定的一切行政事务,自己直接对选举人负责。"②而对于那些"军阀,官僚,地主豪绅,资本家,富农,僧侣及一切剥削人的人,和反革命的分子,是没有选举代表参加政权和政治上自由的权利的"③。与此同时,对于地主阶级要从各方面施行严厉的制裁与镇压。当然，改造基层权力结构的更为重要的工作，是通过建立从中央至乡村一级的各级苏维埃政权组织系统，以苏维埃政权取代原来的豪绅地主阶级和宗族势力的权力。

1931 年 11 月,中央苏区通过了《地方苏维埃政府的暂行组织条例》。条例规定苏维埃政权一般设乡、区(市)、县、省、中央五级。苏维埃政权采取层级选举方式,以地方苏维埃为基础,自下而上,按级选出代表,组成上一级苏维埃,

---

① [美]塞缪尔·P.亨廷顿著,王冠华等译:《变化社会中的政治秩序》,生活·读书·新知三联书店 1989 年版,第 401 页。

② 《中共中央文件选集》第 10 册,中共中央党校出版社 1991 年版,第 645 页。

③ 韩延龙、常兆儒编:《中国新民主主义革命时期根据地法制文献选编》第 1 卷,中国社会科学出版社 1981 年版,第 9 页。

直到全国苏维埃为止。然后再由最高苏维埃决定政策,发布政令,其政令又按自上而下的方式逐级贯彻执行。这一组织以基层苏维埃为基础,构成一个完整的政权体系。为了进一步加强乡苏维埃的职权,中央临时政府在不同时期发布过一系列法律、法规,并给予明确具体的规定。如《苏维埃临时组织法》(1927 年 11 月)、《苏维埃组织法》(1929 年 8 月)、《中国工农兵会议(苏维埃)第一次全国代表大会苏维埃区域选举暂行条例》(1930 年 9 月)、《中华苏维埃共和国的选举细则》(1931 年 11 月)、《地方苏维埃政府的暂行组织条例》、《苏维埃暂行选举法》等。这些法律、法规的一个核心思想,首先是从选举制度上来建构基层社会的权力主体结构。即在苏维埃政权结构体制下,只有工人、农民、红军和一切贫苦农民有选举权和被选举权,而军阀、官僚、地主、豪绅、资本家、富农、僧侣及一切剥削人的人和反革命分子是没有选派代表参加政权和政治上自由的权利的。

对于一个现代政党而言,"扩大政治参与的一个关键就是将乡村群众引入国家政治"[①]。事实上,在苏维埃政权结构中,参与国家政治的大多数都是农民出身。据 1930 年 10 月湘赣苏区的统计,全苏区县一级的干部为 146 人,来自产业工人 3 人,手工业工人 28 人,苦力工人 3 人,店员工人 3 人,雇农 10 人,贫农 64 人,中农 10 人,士兵 2 人,知识分子 20 人,富农 1 人,商人 2 人。1930 年,兴国县永丰区第一乡的 10 名乡政府委员,出身贫农者 6 人,中农 2 人,手工业工人和富农各 1 人。1934 年 1 月,第二次全国苏维埃代表大会的 835 名代表,来自产业工人 8 人,手工业工人 244 人,苦力工人 53 人,店员工人 12 人,雇农 122 人,贫农 303 人,中农 25 人,商人 4 人,其他 64 人。[②]可见,苏维埃政权的建立,使乡村权力从地主士绅手中转移到农民手里,乡村政权的基础由地主士绅变为农民群众。

为了更好地吸收优秀分子参加乡苏维埃工作,苏维埃政府还设立了乡苏维埃代表会议制度。"城乡苏维埃,是苏维埃政权的基本组织,是直接吸收大

① [美]塞缪尔·P.亨廷顿著,王冠华等译:《变化社会中的政治秩序》,生活·读书·新知三联书店 1989 年版,第 68~69 页。

② 许庆朴、张福记:《近现代中国社会》上册,齐鲁书社 2002 年版,第 491 页。

多数的工农群众来参加政权工作的方式,所以这种制度的建立——代表会议制度的建立,才能巩固工农政权的基础,消灭脱离群众的现象,才能在这一基础上,更有力的来领导群众去争取苏维埃在全中国的胜利。"①具体而言,乡苏维埃代表的职权如下:(1)接受上级机关之一切决议。(2)决议本乡范围内之一切行政方针。(3)接受和批准乡执行委员会之报告及提议。(4)决议本乡范围内之一切争执及特殊的地方问题。(5)选举及撤换乡执行委员会和出席上级代表大会之代表。与此同时,乡苏维埃代表会议要选举执行委员会,执委会为苏维埃代表会议闭会期间的全乡最高立法行政管理机关,对乡苏维埃代表会议直接负责,其具体职权有:(1)接受并执行乡民代表大会或群众大会的一切决议。(2)接受并批准各村苏维埃政府或人民之报告及提议。(3)选举及撤换执行委员会主席和出席上级或下级各种会议之代表。(4)根据实际情况决定全乡代表大会人数并按期召集代表大会或群众大会,对大会报告工作,提出各种议案交大会讨论。(5)日常事务由主席管理,如遇特殊情形,可组织常务委员会集体研究处理。②

为了充分发挥乡苏维埃代表的作用,加强乡苏维埃政府与民众的联系,当时还创建了一种村代表主任制度,即按居民居住状况,凡村民 30~70 人为一组,将全乡各村居民置于各代表的领导之下,建立固定的联系,由乡苏维埃从各村代表中指定 1 人为全村的苏维埃代表主任。村代表主任在乡苏维埃主席团的领导下,向各代表传达主席团的决议和通知,分配并领导各代表的工作,必要时召开村民会议,解决当地的有关问题。村代表主任制度"使乡主席团与代表之间密切联系起来,并使村的工作得到有力的指导"③。同时,苏维埃临时政府对于代表本身制定了召回制度。《苏维埃暂行选举法》规定:"对于选举有违反本法规定的,每个选民可向市苏维埃或区执行委员会控告,市苏维埃或区执行委员会接到这种控告时,须即予审查之。如不能解决时,可按级上诉,中央执行委员会为选举上诉的终审机关。"对于"市苏维埃的代表,如有不执行自己

---

①　项英:《强固城乡苏维埃的组织和工作》,《红色中华》1932 年 4 月 6 日。

②　韩延龙、常兆儒编:《中国新民主主义革命时期根据地法制文献选编》第 2 卷,中国社会科学出版社 1981 年版,第 143 页。

③　《中央革命根据地史料选编》下册,江西人民出版社 1982 年版,第 282 页。

的职务,违背选民的付托,或有犯法的行为时,市苏维埃或乡苏维埃经过全体代表会议得开除之;选举该代表的选民,也有随时召回该代表之权,并得另行举行之。在这种情形中,须报告上级苏维埃执行委员会去审查"。[1]这样,基层社会中工农群众中的优秀分子,便能及时被选到苏维埃政权中来,以替换那些不称职的代表或不良分子。如长冈乡有4个代表表现最差,工作能力差又不积极,10次会只到4次,到了也不听事,更不发言。对群众态度差,群众不喜欢这4人,因此把他们改选了。[2]同样,上才溪乡有个最差的代表,10次会只到2次,忙于自己的生计,分配工作不抓紧完成,批评了多回,后被代表会开除。[3]

应该说实施乡代表会议,是中华苏维埃共和国的首创,它与民国时期参议会的最大区别就在于,乡代表会议不仅是选举机关,而且也是乡苏维埃的最高权力机关。乡村代表会议的职权正如毛泽东所说:"村的代表主任制度及代表与居民发生固定关系的办法,是苏维埃组织与领导方面的一大进步……乡的中心在村,故村的组织与领导成为极应注意的问题,将乡的全境划分为若干村,依靠于民众自己的乡苏代表及村的委员会与民众团体在村的坚强的领导,使全村民众像网一样组织于苏维埃之下,去执行苏维埃的一切任务,这就是苏维埃制度优胜于历史上一切政治制度的最明显的一个地方。"[4]

从上述分析我们应该看到,无论是从制度建构上还是实际事实上,革命根据地的基层权力结构,已然是以工农群众为主体的。乡苏维埃作为民众选举出来的乡政权机关,在其领导之下让农民直接参与行政管理,不仅扩大了政权参与面,而且也培养了广大农民自我管理的能力,从而使其在乡苏维埃代表和普通民众围绕苏维埃政府的日常事务和中心任务开展工作。由于乡苏维埃政府所拥有的广泛的社会职能,也使其影响力渗透到苏区社会生活的各个领域。如1934年春会昌县的一次苏维埃会议,它的权力范围就涉及基层社会的方方面面,包括"讨论地主的土地、房屋、财产、农具和富农多余的土地及耕

① 韩延龙、常兆儒编:《中国新民主主义革命时期根据地法制文献选编》第1卷,中国社会科学出版社1981年版,第162页。

② 《毛泽东农村调查文集》,人民出版社1982年版,第293页。

③ 《毛泽东农村调查文集》,人民出版社1982年版,第335页。

④ 《毛泽东文集》第1卷,人民出版社1993年版,第325页。

牛、房屋、农具等没收和分配问题;农业生产问题;经济动员问题;救济灾荒问题;群众卫生问题;优待红军家属问题;战争动员问题;参加苏维埃选举问题;讨论苏维埃一切法令、决议、命令,使之在本乡完全实现的问题及一切临时发生的重大问题"①。

很显然,通过基层选举建立的乡苏维埃政权,吸收工农群众参加政权并管理自己的国家,不仅推翻了先前地主豪绅阶级的统治,建立了工农群众自己的政权,保障了工农群众的政治民主权利,而且也从根本上改变了旧的阶级关系和政治格局,使得以工农为主体的权力结构成为新政权和新社会的主宰。

四、基层权力改造的局限

苏区时期,尽管基层民众获得了应有的权力,并参与了国家政治,但是从战争中发展起来的根据地,在内外交迫的复杂处境下,无论是经济局面还是社会观念,都遇到了难以克服的瓶颈。美国记者斯诺在陕北地区考察时就敏锐地发现:"在有组织的苏区的社会、政治、文化生活中,虽然有一种马克思主义的简单指导,但是物质条件的局限性到处是显而易见的。"②

不仅如此,在根据地还有相当一部分人对革命工作表现出了一种"漠视"和"消极怠工"的态度。对此,项英曾专门著文批评苏区一般群众,指出他们"对革命战争漠不相关,过他的太平日子",而且"很多地方对于这些发展革命战争的工作,是一种怎样的形势,有的是敷衍了事,并未实际地去领导群众做,有认为漠不相关……实际的事实是怎样,扩大红军,各地虽在进行,但没有成为群众中最热烈的一种运动,春耕呢,并没有将广大群众动员起来,去进行这运动,俭蓄粮食供给红军,更未执行,甚至有的地方对红军的价钱反卖高,执行红军优待条例,到现在还未完全实现,交通运输吗,由中央政府到前方的书信,迟至十几天才到,运输东西,是拿钱请不到人,节俭经济在事实上是恰恰相反,浪费乱用,打埋伏,差不多成为普遍的现象,贪污是屡见不少,这

---

① 《关山阵阵苍——中央革命根据地的斗争》上册,江西人民出版社 1978 年版,第 277 页。

② [美]埃德加·斯诺著,董乐山译:《西行漫记》,生活·读书·新知三联书店 1979 年版,第 193 页。

些事实等于破坏革命战争的行为。……至于在群众中，更是看不见一种对于参加革命战争的热烈空气，事实上所表现的，是太平无事"。①

何以会出现这种现象呢？关于农民对政府行为的各种抵触现象，美国学者詹姆斯·C.斯科特曾提出了传统农村社会中的"伦理经济"理论对之予以论释。他认为传统农村社会中的"伦理经济"包括三条基本原则：一是"有来有往"的互利规范，二是"生存的权利"，三是"安全第一原则"。如果违背了这三条原则，农民的生存伦理就受到了威胁，他们所受到的压力就已达到了使他们感到无法生存的地步，为求生存，他们只有起而抵制乃至反叛。②

毫无疑问，在中央苏区，中国共产党在革命根据地开展打土豪、分田地、废除封建剥削和债务的土地革命，满足了农民的土地要求，广大农民在政治上翻了身，经济上分到土地，生活上得到保证，农村革命力量被调动起来，农民和妇女获得解放，劳动人民人人享有受教育的权力，等等。如果从这个意义上讲，的确满足了民众自身的权益，因而能够成为他们参与苏维埃政治的动力。但是在另一方面，民众却因紧张的战争形势而随时会感觉到"生存伦理的威胁"。对此，毛泽东也曾提到，在井冈山斗争时期，"军民日用必需品和现金的缺乏，成了极大的问题。一年以来，边界政权割据的地区，因为敌人的严密封锁，食盐、布匹、药材等日用必需品，无时不在十分缺乏和十分昂贵之中。因此，引起工农、小资产阶级群众和红军士兵的生活的不安，有时真是到了极度"③。特别是当国民党军队搜山之时，群众只好藏匿密林山洞之中，"女人亦如此，甚至有婴孩啼哭而被憋死的，东西什物多被抢去，此时群众生活万分痛苦，1928年整年差不多都是如此，那时大路上无人走路，山上小路都变成了大路"。对于苏维埃政权内的一些工作人员则要冒更大的风险。他们一方面要防备匪军得知消息，来包围捉人，另一方面还要进行工作，有时白天在一处，晚上又到另一处，晚上多在山上茅棚中睡觉，一个地方不能多住，所以带的生活

---

① 项英：《反对对于参加革命战争的消极》，《红色中华》第13期，1932年3月9日。

② [美]詹姆斯·C.斯科特著，程立显等译：《农民的道义经济学——东南亚的反叛与生存》，译林出版社2001年版，第126页。

③ 《毛泽东选集》第1卷，人民出版社1991年版，第53页。

用品和用具非常简单,以便走时便利。①由于长期处于这种紧张、不安的生活状态中,苏区农民不仅深感战时生活的不安定,而且经常为一种"大祸来临的心理充满了农民的脑筋"。街谈巷议,往往能听得到一般群众说对未来生活"觉得绝望"。②及至后来,甚至发生农民逃跑的现象。

由上可见,尽管中央苏区通过一系列制度、法令和政策措施,确立了基层社会的权力主体,但是鉴于战时紧张的局势和生存压力,在很大程度上又使得民众对这一权力表现出一定程度的淡漠。如果再从更为宽广的视野来看,这种漠视与其说是基层民众社会心理的外在表现,毋宁说是延续数千年的传统社会文化。正是这种传统思维惯性犹如一股潜流,以一种顽强的习惯势力依然存续在基层社会的深层结构当中。正如梁漱溟所说:"大凡不识字的人,即不运用文字符号的人,则其意识的取舍少,而靠迷信与习惯时为多;此一层也。又凡农业社会,保守性重,习惯极强,这是大家都知道的;此二层也。又中国民族文化已老,传统习惯尤不易改变;此三层也。有此三层,故在中国乡村中,迷信与习惯,支配人之势力极强。一旦欲其弃旧习惯,而易新习惯,实在难乎其难!"③而这些旧有的习惯,不仅与新形势下的权力结构不相吻合,而且也在很大程度上制约着民主权利的行使。特别是由于"封建时代独裁专断的恶习深中于群众乃至一般党员头脑中,一时扫除不净,遇事贪图便利,不喜欢麻烦的民主制度"④,所以民众也就得不到在政治参与过程中的满足感。

"革命常常以打破现存规则为代价,而规则又是人类社会构成、存续和进步的一个不可或缺的基石,其间所显示的冲突,时时提醒人们在革命令人炫目的张力后面,应有也必有自己的限界。"⑤然而,随着中共自身力量的不断壮大以及抗战时期的特殊环境,从基层社会当中崛起的参议员群体,则在更大范围内实现了对乡村社会权力结构的整合。

① 《闽浙赣革命根据地财政经济史料选编》,厦门大学出版社 1984 年版,第 46 页。

② 《闽浙赣革命根据地财政经济史料选编》,厦门大学出版社 1984 年版,第 37 页。

③ 《梁漱溟全集》第 4 卷,山东人民出版社 2005 年版,第 904~905 页。

④ 《毛泽东选集》第 1 卷,人民出版社 1991 年版,第 72 页。

⑤ 黄道炫:《张力与限界:中央苏区的革命(1934—1935)》,社会科学文献出版社 2011 年版,第 480 页。

第二章 CHAPTER TWO

制度建构与权力重塑
——基层参议会的制度设计与参议员的产生

　　"共产党人的理论原理，决不是以这个或那个世界改革家所发明或发现的思想、原则为根据的。这些原理不过是现存的阶级斗争、我们眼前的历史运动的真实关系的一般表述。"①陕甘宁边区参议会的制度设计，正是抗日战争时期民族危机日益严峻的客观形势之下，中共着眼于"眼前的历史运动的真实关系"而做出的一种制度安排。这一制度设计，既不同于西方国家的议会制度，也有别于民国时期的议会选举，而是以"普遍、直接、平等、无记名"的运作模式，通过民主选举来重新建构基层社会的权力体系的。由此而产生的基层参议员，也在时代的推演下成为陕甘宁边区基层社会的权力主角。

---

　　① 《马克思恩格斯选集》第 1 卷，人民出版社 1995 年版，第 285 页。

第一节 基层参议会的制度建构

ERSHI SHIJI ZHI ZHONGGUO

　　任何真正的制度设计,都需考虑到历史发展的逻辑演绎、制度主体的实际需求和现实情境的客观趋势。陕甘宁边区参议会的制度设计,就是依据这一基本原则而建构起来的。其中如何将原有的苏维埃制度转变为更能适应抗战形势的新的制度,就是中共首先面临的问题。

一、建构参议会制度的历史逻辑

　　任何一种制度的选择,一般都要受到三个条件的制约:一是制度选择主体的需要,二是制度选择主体对于制度变迁发展的认识,三是客观现实的环境。同样,陕甘宁边区基层参议会的制度建构也是坚持了这样的逻辑。

　　就制度选择主体的需要而言,中共建构参议会制度首先在于直接的生存危机与民族危机。曾几何时,中共凭借其真诚的信仰、严密的组织和强大的社会动员,创造出苏维埃时期的鼎盛与辉煌。但是正如黄道炫先生所说:"革命的张力不可能无限制地伸展,夺取政权是革命的既定目标,但当年这样的目标事实上还难以企及。"因此苏维埃时期所创造的不少根据地,最终都无可挽回地走向了失败。因为当年"中共的发展,更多的是利用国民党统治的内部冲突,当这种冲突趋于平稳、南京政府力量不断上升时,中共受到的压力将空前增大"①。就军事力量而言,1935 年秋冬至 1936 年秋冬,国民党可谓占尽先机和优势。在此期间,蒋介石及其南京国民政府基本上实现了统一中国的梦想。而中共所领导的红军,却被赶到陕北一隅之地,陷入了生存危机的边缘。经过一年多的长途跋涉,中央红军已从出发时的 8 万余人锐减至数千人,90% 以上的部队损失殆尽。就连毛泽东也叹息道,损失比例如此严重,就是过雪山草地也未曾有过。②

而且,即便到了陕北苏区,面临的形势依然非常严峻。当年的李富春曾将陕甘宁苏区概括为这样几个特点:一是地广人稀,乡村比较闭塞;二是土匪民团组织仍有相当发展,群众为保家安命,加入哥老会的亦不少;三是广大的蒙民、回民环绕在苏区的周围;四是农业工人较多;五是鸦片烟流毒的普遍。③

另就军事实力而言,中央红军加上刚从陕南苏区转进陕北的红 25 军,与原在陕北苏区的红 26 军组成的红 15 军团,合起来也不过一万人左右。而国民党驻扎在陕甘一带的由张学良率领的东北军,就有十几万人,连同杨虎城的第 17 路军和其他杂牌部队,以及已经尾随至甘肃北部的蒋系及毛炳文部的几个师,少说也有二三十万人。双方力量极为悬殊。与此同时,中共同外界的联系又几乎全被切断,能够得到的国内外信息很少。这也就意味着中共要面对的首先是自身的生存问题,"如果不能生存,其他一切都无从谈起"④。

面对此情此景,中共适时提出"为民族生存而战"的主张。1935 年 8 月,中共发表了《为抗日救国告全体同胞书》,提出"我国家、我民族已处在千钧一发的生死关头。抗日则生,不抗日则死,抗日救国已成为每个同胞的神圣天职"!为此中共呼吁"有钱的出钱,有枪的出枪,有粮的出粮,有力的出力,有专门技

① 黄道炫:《张力与限界:中央苏区的革命(1933—1934)》,社会科学文献出版社 2011 年版,第 477~478 页。

② 《毛泽东关于目前行动方针的报告》,转见杨奎松:《西安事变新探——张学良与中共关系之谜》,江苏人民出版社 2006 年版,第 27 页。

③ 中共陕西省委党史研究室编:《西北革命根据地》,中共党史出版社 1998 年版,第 231~232 页。

④ 金冲及:《抗战前夜中共中央战略决策的形成》,《历史研究》2005 年第 4 期。

能的贡献专门技能","集中一切国力","为祖国生命而战!""为民族生存而战!""为国家独立而战!""为领土完整而战!""为人权自由而战!"①这一主张,一方面表明中共业已认识到必须改变过去那种只承认工农大众,将其他党派和阶级都视为"反革命"的狭隘观念,同时也意味着中共必须从先前的"彻底革命"的苏维埃体制中走出来。

于是,中共提出首先必须给予工农大众之外的阶级,即"所有城市小资产阶级分子以及一切真正参加抗日救国的武装斗争的人"以公民权,使"不反对苏维埃政权而反对帝国主义者及其走狗底非共产主义的党派、社会团体和群众组织,能够享有民主权利和自由"。同时应当停止剥夺富农和商人的政策,停止侵犯小土地所有者和私人工商业,以便"使我们的政策,具有明确的人民性质和深刻的民族性质"。②很显然,中共的这些主张明显地改变了此前苏维埃体制下的内容与目标。由此一来,"渐渐地,苏维埃作为一种革命形式,只不过是共产党人用以保持与蒋介石南京政权对立的一种革命标志罢了。策略上的转变导致政策方针的根本性变化,这是人们最初所始料不及,又是不可避免的"③。因为结束长征,到达陕北,建立起新的根据地,对中国共产党来说,是一件非同小可的事情。它所面对的首先是自身的生存问题。故此,这些政策的转变以及随后进行的参议会制度的建构,首先是基于中共所面临的生存危机和民族危机而做出的选择。

如果说中共建构参议会制度,是为了解决迫在眉睫的生存危机而做出的制度选择,那么,中共对制度变迁的认识以及对苏维埃制度的反思,则是建构陕甘宁边区参议会制度的另一历史逻辑。

已有的研究表明,中国的苏维埃制度是从苏俄"移植"而来的,从一开始就受到联共(布)和共产国际的关注。④而"一切权力归苏维埃"是苏维埃制度的

---

① 《中共中央文件选集》第 10 册,中共中央党校出版社 1991 年版,第 519~524 页。

② 陈绍禹:《中国共产党的新任务》,《布尔什维克》1935 年第 20 期;陈绍禹:《中国共产党新政策的基础》,《共产国际》1936 年第 1~2 期。

③ 杨奎松:《中间地带的革命——国际大背景下看中共成功之道》,山西人民出版社 2010 年版,第 320 页。

④ 余伯流、何友良主编:《中国苏区史》(上),江西人民出版社 2011 年版,第 123 页。

整体设计，在政权组织形态方面是工农民主专政政权，也就是说中华苏维埃政权所建设的"是工人和农民的民主专政国家。苏维埃政权是属于工人农民，红色战士，及一切劳苦民众的，在苏维埃政权下，所有工人农民红色战士及一切劳苦民众都有权选派代表掌握政权的管理，只有军阀，官僚，地主豪绅，资本家，富农，僧侣及一切剥削人的人，和反革命的分子，是没有选举代表参加政权和政治上自由的权利的"。①实际上，这种政权组织模式，由于它的一切指导思想和基本原则原本就是苏联所实行的社会主义制度，因此它在苏联可能是比较适用的，但是移植到中国就会出现"特别别扭和相当尴尬的现象"。据此，一些学者指出：在中国革命道路的设计中，一方面认为是资产阶级民主革命，但另一方面却只把工人、贫农作为革命力量，仅仅提出要联合中农，而在实际上各地往往将中农当富农来打，更不要说联合富农这一资产阶级革命中应当联合起来的基本力量了。又如土地国有化是苏维埃制度的核心，但是在中国苏维埃制度下经常产生难以把握的困境。一方面，把土地国有化的未来方向即社会主义方向，当成当下的事务，以致出现所谓的集体农庄，共同生产、共同消费之类的盲动；另一方面，即使认为必须承认农民土地私有权，但又不敢或不能坚持，以致昙花一现，而分田却在无休止地进行。②这种内在的矛盾和弊病，实际上已使得"共产党人在阶级关系上的回旋余地无疑是十分狭窄的"③。

更为严峻的是，从 1933 年开始，在苏维埃区域开始出现大量群众逃跑的严重事件。据李一氓回忆，由于国民党的封锁及前线供应的需要，后方生活日益紧张，生存受到严重威胁，民众不得不自寻生路："四十岁以上的男人很多都陆续地跑出苏区，到国民党区投亲靠友。有时搞到一点什么东西，也偷着回来一两次接济家里。因为他在家里实在是难以生活下去。农业上那些地方都是山地，种植业不发达，有的连种子都没有，又缺少食盐，基本的生活都没有

---

① 《中共中央文件选集》第 10 册，中共中央党校出版社 1991 年版，第 644~645 页。

② 何友良：《苏区制度、社会和民众研究》，社会科学文献出版社 2012 年版，第 120 页。

③ 杨奎松：《中间地带的革命——国际大背景下看中共成功之道》，山西人民出版社 2010 年版，第 309 页。

办法保证。而我们也没有办法来解决这些问题。这种逃跑现象各县都有,特别是那些偏僻的山区里面,跑起来人不知鬼不觉。"①与此同时,开小差现象也开始出现在从征集兵员到部队服役的各个阶段。相关资料显示,即在报名和集中过程中就有开小差的。如"会昌寻安有几个乡扩大红军成为群众的恐怖,听到工作人员下乡,就纷纷上山或躲避不见,以后要召集会议是没有群众肯到会,他们是怕又要强迫去当红军"②。

应该说上述现象与苏维埃时期的一系列政策和决策不无关系。值得一提的是,上述现象能够出现在当初的报告和决议中,一方面体现出当初的中共并没有掩盖客观事实,另一方面也反映出共产党人已经开始在反思问题的症结所在。随着中央红军落脚陕北,中共便开始反思和总结苏维埃时期的政策和策略。

1935 年 12 月 6 日,中共中央作出的《关于改变对富农策略的决定》,可谓是中共中央长征到达陕北后为公开纠正"左"的错误政策采取的第一个重大步骤。张闻天在主持制定这个决定的中央政治局会议上所作的报告和结论中指出:"在苏区,对于富农的'左'的办法要纠正。这不是假的政策。政府过左的行政办法要纠正。党、工会也是一样。过左的要求,我们都是反对的。"总之,对于策略的转变,各方面都要坚决贯彻执行。要在党内进行广泛的教育,"使我们的同志懂得,目前无论如何都要转变策略"。③

由上可见,中共政策策略的转变,一个重要原因就是基于"过去的经验",即是对苏维埃时期经验教训的总结与反思。实际上,这也表明中共开始从制度上突破苏维埃的局限。同年 12 月召开的瓦窑堡会议,则成为中共放弃苏维埃制度,开始探求适应形势发展新制度的重要起点。而全面抗战爆发之后,中共则对苏维埃制度的反思进入了自觉的认识阶段。"十年内战时期的经验,是现在抗日时期的最好的和最切近的参考"④。1940 年,毛泽东起草的对党内的

80

---

① 《李一氓回忆录》,人民出版社 2001 年版,第 156 页。

② 《潘汉年诗文选》,上海人民出版社 1995 年版,第 392 页。

③ 《张闻天文集》第 2 卷,中共党史出版社 1993 年版,第 36~37 页。

④ 《毛泽东农村调查文集》,人民出版社 1982 年版,第 18 页。

指示信中明确指出：

"过去十年土地革命时期的许多政策，现在不应当再简单地引用。尤其是土地革命的后期，由于不认识中国革命是半殖民地的资产阶级民主革命和革命的长期性这两个基本特点而产生的许多过左的政策，例如以为第五次'围剿'和反对第五次'围剿'的斗争是所谓革命和反革命两条道路的决战，在经济上消灭资产阶级(过左的劳动政策和税收政策)和富农(分坏田)，在肉体上消灭地主(不分田)，打击知识分子，肃反中的'左'倾，在政权工作中共产党员的完全独占，共产主义的国民教育宗旨，过左的军事政策(进攻大城市和否认游击战争)，白区工作中的盲动政策，以及党内组织上的打击政策等等，不但在今天抗日时期，一概不能采用，就是在过去也是错误的。"[①]

应该说中共对苏维埃制度的认识与反思，并在最终的制度选择与建构中放弃苏维埃，不仅是中国共产党人对中国革命制度模式认识与选择走向深化的结果，同时也是建构新的制度和开创新局面的历史必然。

当然，中共放弃苏维埃制度模式而建构新的制度结构模式，与当时共产国际的基本主张也有着重要关联。

在中共建党以来的 22 年间，作为共产国际的一个支部，中共的发展和成长与共产国际有着千丝万缕的联系。一如杨奎松先生所说："在中共的血管里流淌着的，多半是与联共(布)党一样的血液。毛泽东后来的'独立自主'，以及中苏之间的矛盾与冲突，都不能改变双方之间曾经血脉相连的这种亲缘关系。这不仅意味着中共与莫斯科之间的关系，并不因共产国际这一国际组织的存废而有多少实质性的改变；而且意味着成功地实现了独立自主之后，中共所经历的种种成功与挫折，其实也仍旧与联共(布)党的思想、观念及其相关经验有着复杂与微妙的联系。"[②]

曾几何时，远离中国革命的共产国际，往往习惯于从理论高度和凭借逻辑思维去思考问题。但是从 1933 年至 1934 年间，国际形势和苏联地位开始发生了巨大变化，法西斯分子在德国上台，日本扩大在中国的侵略，这就促使共产

① 《毛泽东选集》第 2 卷，人民出版社 1991 年版，第 672 页。

② 杨奎松：《共产国际与中国革命关系史研究之我见》，《福建论坛》2002 年第 4 期。

国际开始重新审查以前领导东西方工人运动和解放运动的政策。与此同时，为适应苏联外交政策的需要，共产国际也开始全面改变以往的僵化政策了。

1936 年 3 月 5 日，共产国际执委会书记处通过了《关于中国的形势和中国共产党的任务》的指示草案。这份文件的主要内容是：

第一，中国共产党在日本帝国主义入侵的形势下，"组织全民抗战是中国共产党面临的中心任务，所有其余的一切都应服从这一任务"。

第二，中国当前的情况"可能导致中国的局势发生这样的转折，这种局势使斗争的形式和斗争力量的对比出现意想不到的奇特的组合"。中国共产党必须抓住"出现的千载难逢的机会"，"正确和彻底地利用所有直接和间接的资源，引导所有民族爱国分子投入到全民的斗争中去"；"必须把所有表明意愿进行反对日本帝国主义斗争的人，吸引到人民统一战线中来，甚至包括那些暂时的、动摇的或不可靠的同盟者，而不管他的政治信仰、阶级和党派归属、宗教信仰等等"。

第三，中国共产党要对苏维埃运动政策作出适时的调整。"如果说从前苏区主要是土地革命的根据地的话，那么现在它们就应该首先是抗日斗争的可靠根据地，是人民抗日统一战线的主导力量和最牢靠支柱。"要调整土地政策、工商业政策、知识分子政策、工会运动政策，使苏维埃的"政策和一切活动都应该服从武装人民反对日本帝国主义，捍卫领土完整、国家独立和革命统一的民族革命战争的利益"。①

可见，这是一份带有全局性指导意义的文件，它鲜明地表现出共产国际指导中国革命总的策略思想的重大转变，这就是从苏维埃运动策略思想向抗日民族统一战线策略思想的转变。1935 年 8 月 1 日，出席共产国际第七次代表大会的中共驻共产国际代表团，起草并发表了《八一宣言》。《八一宣言》第一次比较完整地提出了抗日的各党、各派、各界、各行、各民族的大联合，把愿意抗日的地主、资产阶级、一切军队都包括在统一战线之内。1935 年 12 月瓦窑堡会议又对各阶级的政治态度的变化进行了分析，并指出不仅广大的小资产阶级群众与知识分子现在又转入了革命，而且"一部分民族资产阶级，许多的

---

① 转引自黄一兵：《中共驻共产国际代表团与中国抗日战争》，《中共党史研究》2005 年第 5 期。

乡村富农与小地主,甚至一部分军阀,对于目前开始的新的民族运动,是有采取同情中立以至参加的可能的"①。

故此,"组织千千万万的民众,调动浩浩荡荡的革命军,是今天的革命向反革命进攻的需要。只有这样的力量,才能把日本帝国主义和汉奸卖国贼打垮,这是有目共见的真理。因此,只有统一战线的策略才是马克思列宁主义的策略。关门主义的策略则是孤家寡人的策略。关门主义'为渊驱鱼,为丛驱雀',把'千千万万'和'浩浩荡荡'都赶到敌人那一边去,只博得敌人的喝彩。关门主义在实际上是日本帝国主义和汉奸卖国贼的忠顺的奴仆。关门主义的所谓'纯粹'和'笔直',是马克思列宁主义向之掌嘴,而日本帝国主义则向之嘉奖的东西。我们一定不要关门主义,我们要的是制日本帝国主义和汉奸卖国贼的死命的民族革命统一战线"②。

在上述基础上,共产国际建议:"中国共产党人发表声明,它主张成立统一的中华民主共和国,主张在普选基础上召开全国议会和成立全国国防政府这是适宜的,这是在目前条件下联合中国人民的一切民主力量,抗击日本侵略和保卫自己祖国的最好办法。中国共产党还可以表示,在成立中华民主共和国的条件下,苏区将成为统一的中华民主共和国的组成部分,将参加全国议会并在自己的区域内实行整个中国确定的民主制度。"③1937年1月,共产国际执行委员会书记处在致中共中央的电报中进一步指出:(1)把苏维埃政府改为人民革命政府;(2)把红军改为人民革命军;(3)只在中心城市保留苏维埃,而且不作为政权机关,只作为群众组织保留;(4)放弃普遍没收土地的措施。④这也表明共产国际在经过仔细思虑之后,认为苏维埃制度已然不适应中国当前建立抗日民族统一战线的形势和要求。而中共也认为,伴随着日本大举侵华的紧迫形

第二章

制度建构与权力重塑

① 中央统战部、中央档案馆编:《中共中央抗日民族统一战线文件选编》中卷,中国档案出版社1985年版,第48页。

② 《毛泽东选集》第1卷,人民出版社1991年版,第155页。

③ 《共产国际、联(共)布与中国革命档案资料丛书》第15卷,中共党史出版社2007年版,第242页。

④ 中国社会科学院近代研究所《国外中国近代史研究》编辑部:《国外中国近代史研究》第13辑,中国社会科学出版社1989年版,第7页。

势,抗日救亡成为中华民族各阶层的主要任务。很显然,排除那些积极参加抗战的其他社会阶层已不合时宜。因此,只有放弃以武装斗争和暴力革命为主要内容的方针和运动,才有可能同南京国民政府达成谅解与妥协。

正是以此为基础,中共于 1935 年 12 月在陕北瓦窑堡召开政治局会议之时,提出了制定抗日民族统一战线的策略,决定将"工农共和国"改为"人民共和国"。有关这一点,毛泽东曾在党的活动分子会议的报告中作了解释。他指出,"为什么要把工农共和国改变为人民共和国呢"? 这是因为:

"我们的政府不但是代表工农的,而且是代表民族的。这个意义,是在工农民主共和国的口号里原来就包括了的,因为工人、农民占了全民族人口的百分之八十至九十。我们党的第六次全国代表大会所规定的十大政纲,不但代表了工农的利益,同时也代表了民族的利益。但是现在的情况,使得我们要把这个口号改变一下,改变为人民共和国。这是因为日本侵略的情况变动了中国的阶级关系,不但小资产阶级,而且民族资产阶级,有了参加抗日斗争的可能性。"①

1936 年 8 月 25 日,中共中央在《致中国国民党书》中提出与国民党共同建立全国统一的民主共和国的主张,并郑重宣布:"在全中国统一的民主共和国建立之时, 苏维埃区域即可成为全中国统一的民主共和国的一个组成部分,苏区人民的代表将参加全中国的国会, 并在苏区实行与全中国一样的民主制度。"②西安事变和平解决之后,为促成国共两党合作抗日,中共中央又于 1937 年 2 月 10 日致电国民党五届三中全会,提出 5 项要求和 4 项保证,表示只要国民党停止内战,一致抗日,并在全国实行广泛的、真正的民主,则中共将取消两个政权的对立,把工农政府改名为中华民国特区政府, 直接受南京中央政府之指导,在特区政府区域内,实行普选的彻底民主制度。③2 月 24 日,中共中央政治局常委决定由林伯渠负责主持西北办事处的工作, 开始筹建陕甘宁边区政府。1937 年 9 月 6 日, 经更名改制的陕甘宁边区政府正式成立,从此开

---

① 《毛泽东选集》第 1 卷,人民出版社 1991 年版,第 158 页。

② 《中共中央文件选集》第 11 册,中共中央党校出版社 1991 年版,第 83 页。

③ 《中共中央给中国国民党三中全会电》,《新中华报》1937 年 2 月 13 日。

始了新的制度和政权结构模式的运行。

二、参议会的制度建构

实际上,尽管陕甘宁边区政府是在 1937 年 9 月成立,但是相关的制度建构在 1937 年上半年就已经开始了。1937 年 5 月,在延安召开的苏区党代会上,中共提出了"使特区成为抗日的模范"、"彻底实施民主共和制度"的主张。这一制度的特点是:实现真正的民主选举制度及议会政治。特区及县设立议会,区及乡设立乡政代表会议;各级议会议员的产生,均按照平等、直接、无记名投票方法选举;议员应对各该选举区的选民负责;议会议员的选举,不仅按区域、按生产单位选举,且应有各该级政府所属抗日武装部队直接选出议员代表;各级行政长官由议会及代表会议选举,对议会要负完全责任。①

根据上述原则,陕甘宁边区在 1937 年 5 月颁布了《陕甘宁边区议会及行政组织纲要》,提出陕甘宁边区在全国范围内,"首先实行最适合于抗战的彻底的民主制度"②。1938 年 3 月,国民党在汉口召开临时代表大会,制定《抗日建国纲领》,并决定设立国民参政会。9 月 26 日,国民政府颁布《省参议会组织条例》,明令各省召开临时参议会。陕甘宁边区作为隶属于国民政府的省级建制,本着"精诚团结,坚持抗战之主旨,争取最后胜利,完成抗战建国大业,遵循中央既定方针,领导全边区人民,紧张一切工作,为建立民族独立、民权自由、民生幸福之三民主义共和国"的方针,于 1938 年 11 月发表通电,"遵照国民政府本年 9 月 26 日命令及同时颁布之省参议会临时组织条例,决改陕甘宁边区议会为陕甘宁边区参议会。"③

应该说将议会改为参议会,一方面是陕甘宁边区作为国民政府的一个特

① 《林伯渠文集》,华艺出版社 1996 年版,第 46 页。

② 陕甘宁青新西北五省区编纂领导小组、中央档案馆编:《陕甘宁边区抗日民主根据地·文献卷》上卷,中共党史资料出版社 1990 年版,第 189 页。

③ 陕西省档案馆、陕西省社会科学院编:《陕甘宁边区政府文件选编》第 1 辑,中国档案出版社1986 年版,第 100 页。

区,为了与其地方议会制度保持一致;另一方面则是为了更好地发动边区人民的有生力量,以便积极投入到反对日本帝国主义的滚滚洪流中。对于当初的中共而言,"发动全民族中一切生动力量,这是唯一无二的方针"①。但是,陕甘宁边区参议会同国民党召开的国民参政会和各省参议会,是有根本区别的。

按照《国民参政会组织条例》的规定,"国民政府在抗战期间,为集思广益,团结全国力量起见,特设国民参政会。"②然而,由于对这一条内涵的不同理解,在国民参政员和舆论界中,有的认为国民参政会是民意机关,有的认为是准民意机关,有的认为是个反映民意的机关,有的说它不是民意机关。事实上,蒋介石在第一届第一次会议上的致词中曾对国民参政会的性质做过说明。他指出:"第一,就是我们国民参政会在这国家血战求存的时候开幕,实在是为应时势迫切的需要而产生。""国民参政会,实在是抗战建国的国民参政会。"要达抗战建国的目的,"第一个必须完成的任务就是要加强团结,巩固统一"!"第二,要建立民主政治的基础"。"民国成立已二十七年,回忆这二十七年的历史,我们国家虽亦曾有议会,但还没有成功为真正民主宪政的国家;而且因为过去发生种种流弊,反致国家于纷乱衰弱,所以到现在就要受敌人如此侵略压迫的耻辱!我们国民参政会当然不是议会,但要以从前议会的民主政治失败为戒,以期树立一个真正的民主政治基础,这亦是贵会建立的一个重要的责任。"③显然,从制度设计的初衷看,国民参政会是不同于议会,国民党召开的参政会和各省参议会只是一个咨询机关,参政员和省参议员都是由国民党选定的。正是由于如此,"各党各派的领袖们虽然'参'了'政',但是在国民党的眼里也只是无党无派的'信望久著'或'著有信望'的'知名之士'而已"④。

而陕甘宁边区的参议会制度则是新民主主义的政治制度,也就是说无论是政权机关还是民众团体,都要首先实行选举制度。而且选举的过程本身又

① 《毛泽东选集》第 2 卷,人民出版社 1991 年版,第 523 页。

② 周勇主编:《国民参政会》,重庆出版社 1995 年版,第 48 页。

③ 孟广涵主编:《国民参政会纪实》(上),重庆出版社,1985 年版,第 165 页。

④ 《郭沫若全集》第 14 卷,人民文学出版社 1992 年版,第 103 页。

是一种"热烈的民众运动","是把管理政治的权利交给人民,经过宪法来确定人民成为真正的主人"。[①]同时,就其性质而言,它属于最高权力机关,而不仅仅是一个民意咨询机构,这一点与国民参政会有着本质的不同。

当然,就制度本身来看,尽管它在一个社会中的主要作用是通过建立一个人们相互作用的稳定的结构来减少不确定性,但是"制度的稳定性丝毫也没有否定它们是处于变迁之中的这一事实。从习俗、行为准则、行为规范到法律以及人们之间的合约,制度是处于演进之中的,因而在不断改变着我们所能获得的选择"[②]。因此,边区参议会制度继 1937 年 5 月颁布《陕甘宁边区议会及行政组织纲要》之后,陕甘宁边区政府又于 1939 年 1 月颁布了《陕甘宁边区选举条例》,开启了边区参议会制度的进一步实施和运行阶段。1941 年 11 月,在陕甘宁边区第二届参议会上,边区政府又修正通过了《陕甘宁边区各级参议会组织条例》和《陕甘宁边区各级参议会选举条例》。随后在 1944 年 12 月陕甘宁边区第二届二次参议会上,又修正通过了《陕甘宁边区各级参议会选举条例》。修正后的参议会制度主要在于强化参议会在现实生活中的作用,以推动和促进参议会制度的健全和发展。要而言之,边区参议会的制度修改,着重在以下几个方面作了调整。

第一,陕甘宁边区第一届参议会通过的法律,没有具体规定各级抗日民主政权机构的人员构成比例,根据各地各级的不同情况,由该级党政领导机构自行确定。这种做法,虽然灵活,便于掌握,但也有极大的弊病,它使抗日民主政权机构的人员的构成比例带有很大的主观随意性。而边区第二届参议会第一次会议经过审议,接受了中共中央西北局的建议,正式通过了《陕甘宁边区施政纲领》,以法律形式确定"三三制"为陕甘宁边区各级抗日民主政权机构的人员构成比例原则,从而使抗日民主政权机构的人员构成比例,有了统一的规范。

第二,进一步明确了参议会的性质和地位。将参议会的性质,由 1939 年 2 月确定的"民意机关"改变为"人民代表机关"。从而使参议会的职能,由单纯的反映民意,收集民众的反映,上升为既收集、反映民意,又代表民众意愿行

---

① 林伯渠:《我们需要的宪政》,《新中华报》1940 年 1 月 6 日。

② [美]道格拉斯·C.诺斯著,刘守英译:《制度、制度变迁与经济绩效》,上海三联书店 1994 年版,第 8 页。

使权力。这样,参议会在同级国家机构中具有最高的权力和权威的法律地位更为明确。

第三,改进抗日民主政权的产生方式。将抗日民主政权的产生方式,由单纯的选举一种,扩大为选举和聘请两种方式共用。通过聘请方式,组织他们参加抗日民主政权机构的工作,使抗日民主政权真正能代表所有抗日爱国的民众的利益,从而具有坚实的民主基础。

第四,改进了抗日民主政权的管理体制。在县级行政区域里,设置区级行政区域,并在区级行政区域中,设置区公署作为县的派出机构,根据县的要求负责督察区的行政事宜。

第五,改革和完善选举制度。一是将选民资格的法定年龄由 16 周岁改为 18 周岁,并取消了阶级、党派和职业的限制。二是缩小选举单位,便于选民对候选人的了解,确定乡市参议员的选举由以行政村为单位改为以居民小组为单位,县参议员的选举由以行政区为单位改为以乡为单位。三是改进选举比例。选民和参议员的选举比例,县由 700:1 改为 400~800:1,乡由 30:1 改为 20~60:1,正式参议员与候补参议员,由 3:1 变为 5:1,少数民族人口够一定比例的可以单独进行选举。四是延长政权机构的任期。参议员和政府组成人员的任期,乡由半年改为 1 年,县由 1 年改为 2 年。五是延长参议会的会期。乡由 1 个月一次改为两个月一次,县由 3 个月一次改为半年一次。

第六,改进乡市参议会的机构设置。确定乡市一级参议会在闭会期间,不再设专门的常设机构——参议会常驻委员会,实行议行合一制度,乡市参议会闭会期间,由乡市政府代行职权。在乡参议会开会期间,列席会议的非参议员村长或主任,与参议员有同等的权力。

第七,强化参议员的权利。确定参议员在参议会上的言论受到保护,对外不负责任。各级参议员,除现行犯外,不经参议会或其常驻会许可,不受逮捕和罢免。

第八,完善参议会与政府的关系。在政府对参议会负责的同时,还规定政府对本级参议会的决议案认为不妥当时,可详具理由送回参议会复议。上级参议会有权指示下级政府停止执行该级参议会决定不当的决议案。

第九,建立民主监督制度。规定对不称职的参议员,可由该选举单位法定人数 1/10 以上的选民提议,经由该选举单位投票罢免;对不称职的正、副政府主席或法院院长,可由出席参议会议的参议员 20 人以上联名提议,经出席参议会议的 2/3 以上参议员赞成,即可罢免。①

当然,抗日民族统一战线的形成以及在此基础上形成的抗日民主政权结构模式,同样是建构陕甘宁边区参议会制度的制度基础。

1940 年 3 月,毛泽东就抗日根据地的政权问题给党内的指示信中明确指出,抗日民主政权的性质既不同于苏维埃工农民主政权,又不同于以后的人民民主政权,在抗日时期,我们所建立的政权的性质,是民族统一战线的。这种政权,"是一切赞成抗日又赞成民主的人们的政权,是几个革命阶级联合起来对于汉奸和反动派的民主专政。它是和地主资产阶级的反革命专政区别的,也和土地革命时期的工农民主专政有区别。对于这种政权性质的明确了解和认真执行,将大有助于全国民主化的推动。过左和过右,均将给予全国人民以极坏的影响"。关于抗日统一战线政权的选举政策,应是"凡满十八岁的赞成抗日和民主的中国人,不分阶级、民族、男女、信仰、党派、文化程度,均有选举权和被选举权。抗日统一战线政权的产生,应经过人民选举。其组织形式,应是民主集中制"。②

关于政权组织形式,必须坚决地执行"三三制",共产党员在政权机关中只占 1/3,吸引广大的非党人员参加政权。"不论政府机关和民意机关,均要吸引那些不积极反共的小资产阶级、民族资产阶级和开明绅士的代表参加;必须容许不反共的国民党员参加。在民意机关中也可以容许少数右派分子参加。切忌我党包办一切。我们只破坏买办大资产阶级和大地主阶级的专政,并不代之以共产党的一党专政。"③可见,在选举方面,陕甘宁边区各级参议会参议员的直接选举与苏维埃多层的宝塔式的选举已完全不同。"因为只有如此,才适合各阶级联盟的民主制度,适合于各党各派及全体人民的要求"④。

---

① 袁瑞良:《人民代表大会制度形成发展史》,人民出版社 1994 年版,第 177~179 页。

② 《毛泽东选集》第 2 卷,人民出版社 1991 年版,第 741、743 页。

③ 《毛泽东选集》第 2 卷,人民出版社 1991 年版,第 766 页。

④ 林伯渠:《由苏维埃到民主共和制度》,《解放》1937 年 5 月第 5 期。

根据上述原则,最终形成了陕甘宁边区参议会的制度建构。概而言之,陕甘宁边区参议会的制度核心主要是:对于各级参议会参议员,皆由选民直接选举。各级行政长官——乡长、区长、县长、边区主席,由各级参议员选举;边区法院院长,由边区参议会选举;边区政府各厅长的任命,须得边区参议会的同意。关于各级参议会的职权主要是:选举行政长官,批准预算,创制或批准各项建设计划,决定征收各项地方性的捐税及发行地方公债,议决边区内的单行法律,召回所选出之行政长官等。①规定各级参议会不仅有创制权和复决权,而且有选举和罢免同级行政长官的权力,各级政府必须执行民意机关的决定,并定期向其报告工作。这也就意味着各级参议会除了作为代表人民的民意机关,还必须同时拥有立法权和作为国家最高权力机关的政权形态存在。

就基层参议会制度而言,边区政府规定:县参议会是县的最高权力机关。县参议员由全县人民直接选举产生。县参议会的性质、职权与边区参议会大体一致。县参议会选举县长、副县长和县政府委员,组成县政府委员会,它是县参议会闭会期间决定政务的机关。县政府下设秘书、民政、财务、建设、教育、粮食、保安等科室,以及司法处、保安大队等机构来处理日常事务。

乡政权作为边区的基层政权组织,边区政府规定在乡一级实行议行合一的民主制度。采用议行合一的制度,是边区政府充分考虑实际情况而作出的制度安排。由于村长、村主任可由村民大会直接选举,因此村不需要参议会,有事召集村民大会来议来管。而乡较大一点,乡民大会却不能常开,所以就有必要设置乡参议会的组织。与此同时,乡参议会虽然有代表的意义,但是,实际上这也就是人民直接来议来管,乡民选举的参议员,原本就认为他能说能做,因此如果牵强地把说和做分开,与情理不合。这样,立法与行政的并立关系也就没有意义。再加之乡政人力、财力有限,不可能设立参议会与乡政府两种机关。

故此,修正通过的《陕甘宁边区各级参议会组织条例》规定:"乡市参议会采立法行政合一制,不设议长、副议长,开会时推举主席团三人主持会务。乡、市长为当然主席团之一,休会期间,不设常驻议员。"因此,乡市参议会组织的

---

① 《陕甘宁边区议会及行政组织纲要》,《新中华报》1937年5月23日。

特点就是议行合一制,既是议决的机关,又是执行的机关。"乡市参议会开会时,乡政府停止办事,这时有事由参议会办理。"乡市参议会休会时,一切事情由乡政府委员会办理,它是休会时的最高政权机关。乡市参议会与政府并非隶属关系,"而是一个东西的两面:开会时是乡市参议会,休会时是乡市政府——乡市政府委员会"。①乡参议员由选民直接选举产生,乡参议会不设议长和常驻会,只在开会时推选三人组成主席团(乡长为当然主席团成员)主持会议。乡参议会选举乡长、乡政府委员组成乡政府委员会,执行全乡任务,并对上级政府和乡参议会负责及报告工作。②

"发扬民主的具体办法,就是健全各级参议会。"③陕甘宁边区参议会制度的建构,正是这一原则的体现,也是新民主主义政治制度的重要表征。不过需要指出的是,制度的出台仅仅是建构制度的第一步,制度本身能不能运转起来,制度的实施还依赖于能使制度顺利运行的机制,也就是规则的操作性和实现渠道的选择性问题。唯有如此,才能使制度真正实现"化"的过程。

三、基层参议会的运行机制

"制度是一个社会的游戏规则,更规范的说,它们是为决定人们的相互关系而人为设定的一些制约。制度构成了人们在政治、社会或经济方面发生交换的激励结构。"④陕甘宁边区参议会的制度运行机制,大体坚持了这一原则。因为"参议会商量的是打日本的办法,是集合各界父老兄弟济济一堂,来确定打倒日本帝国主义的方针",而"参议会就是表现了这样的力量"。⑤基于这样

---

① 中国科学院历史研究所第三所编:《陕甘宁边区参议会文献汇辑》,科学出版社1958年版,第180页。

② 陕甘宁青新西北五省区编纂领导小组、中央档案馆编:《陕甘宁边区抗日民主根据地·回忆录卷》,中共党史资料出版社1990年版,第137~138页。

③ 《林伯渠文集》,华艺出版社1996年版,第201页。

④ [美]道格拉斯·C.诺斯著,刘守英译:《制度、制度变迁与经济绩效》,上海三联书店1994年版,第3页。

⑤ 《林主席致词》,1941年11月6日,参见《陕甘宁边区第二届参议会汇刊》。

的原则,陕甘宁边区基层参议会确立了相应的运行机制。

对于县级参议会,首先由县议员推选议长一人,副议长一人,支持全会工作。与此同时,在召开参议会时还要选举若干人组成主席团,帮助正、副议长开展会务工作。另外,县参议会还应由参议员推选 5 人,包括正、副议长组成县常驻参议会,在参议会休会期间监督政府对参议会决议的执行情况、听取政府的工作报告、向政府提建议及质询、派代表出席政府委员会以及必要时决定召集临时参议会等事项。此外,常驻会还要处理诸如联络其他参议员、筹备县参议会等其他一些日常工作。[1]可见,县常驻参议会作为参议会闭会期间的一个机关,它的工作就是代表参议会完成议事管事的工作。[2]

为保证参议会顺利有序的召开,会议还专门设立秘书处,由参议会主席团选举秘书长、副秘书长各一人,承主席团之命处理参议会一切事务。秘书处下设文书科、议事科、总务科、警卫科等机构。其中文书科专管下列事项:(1)关于文电及贺礼之收发事宜。(2)关于文电之撰拟和缮核编译及保管等事宜。(3)关于编制议事日程及会议记录事宜。(4)关于各种通知及各种印刷事宜。

① 中国科学院历史研究所第三所编辑:《陕甘宁边区参议会文献汇辑》,科学出版社 1958 年版,第171 页。

② 关于陕甘宁边区常驻参议会是否存废的问题,曾在 1942 年下半年展开激烈的讨论。边区政府主席林伯渠认为,边、县两级常驻会应该取消,"政府委员会即为常驻会,名额可以扩大一些,注意"三三制"成分和地域上的调整"。而边区参议会副议长谢觉哉则认为,应坚决维护边区多年来行之有效的政治体制。在他看来,"常驻会一取消,政府委员会即为常驻会,它就是该政权的最高权力机关,可是有参议会大会的权力,这个逻辑颇为难解"。与此同时,毛泽东和边区政府副主席李鼎铭也提出各自的看法和解决问题的意见。毛泽东认为,参议会人数太多,不能每年开会,常驻会人又太少,不能代表参议会议事。他主张,一是把常驻会改为常务会,人数扩至二三十人,平常驻会的为议长办公处。二是常驻会不要,把参议会名额减少,以便每年能召开一次,平常只设议长办公处。李鼎铭先生则认为,现在全国是民主与专制斗争。民意机关是对专制斗争的堡垒,边区常驻会不要没关系,但全国则不能不要。他主张参议会名额减少,以便每年能开会,常驻会仍要。党中央、西北局、边区政府和边区参议会常驻会举行多次讨论会,对各种意见和方案进行综合分析和比较研究,最终认为谢觉哉确立的参议会与常驻会的关系以及常驻会职权基本上是适宜的,体现了党中央建立抗日民族统一战线和民主共和国制度的精神,是正确的.应该维持这种体制,不能作出变动。参见杨永华著:《陕甘宁边区法制史稿》,陕西人民出版社 1992 年版,第 298~300 页。

（5）关于典守印信事宜。（6）关于来宾会客之传达事宜。（7）关于决议案条例报告之整理协助事宜。议事科专管下列事宜：（1）关于参议员报到登记事宜。（2）关于参议员出席、缺席、登记表编计数及其他协助事宜。（3）关于会议及各委员会开会之准备事宜。（4）关于出席证章及旁听卷之制发与登记事宜。（5）关于接洽新闻记者及发表新闻事宜。（6）关于参议员生活上之保健事宜。总务科专管下列事项：（1）关于参议会预算决算之编制事宜。（2）关于款项出纳保管事宜。（3）关于大会人员食用住宿一切布置招待事宜。（4）关于一切文具物具慰劳物品之购置保管事宜。（5）关于杂务人员之进退指挥事宜。（6）关于不属其他各科之庶务事宜。警卫科掌理下列各事项：（1）会场警卫。（2）会场周围警戒。（3）防空哨。①

关于参议会的召开，一般在前一天等参议员悉数到齐之后，要召开预备会议，由筹备会报告筹备经过，拟定议事日程，拟定秘书长主席团候选名单，拟定参议员分组、提案审查分组和其他事项。参议会正式召开之际要举行开幕典礼，除了要宣读孙中山遗嘱、向抗战阵亡将士默哀、议长致开幕词、政府及来宾讲话等仪式之外，要通过秘书长主席团名单、议事日程和参议员分组名单等。一般而言，县参议会是公开召开，但是如有必要时可由主席宣告召开秘密会议。会议召开或闭幕由主席宣布。在会议召开期间，县级行政首长以及司法首长均得列席县参议会，不过他们只有发言权而没有表决权。而县参议员得自由发表言论，不受任何限制。但是参议员全体有共同维护会场秩序之责任。如若参议员在会议中有违背本规程或妨害会场秩序者，主席得警告或制止之，其情节严重者，得依主席团之决定，或会议之议决惩戒之，惩戒之方式，分为下列几种：（1）谴责，（2）责令道歉，（3）停止一定时日之出席。②

在会议召开期间，参议员的主要任务就是提问质询、提案议案审查，这也是参议会召开的重中之重。详细内容后文将作详细阐述。

乡参议会有其自身的特点，由于乡参议会实行的是议行合一制度，既是权力机关又是行政机关，所以乡参议员多半都是乡公务人员，"有议的权即有行

---

① 《陕甘宁革命根据地史料选辑》第 1 辑,甘肃人民出版社 1981 年版,第 189~190 页。

② 《陕甘宁革命根据地史料选辑》第 1 辑,甘肃人民出版社 1981 年版,第 191 页。

的权,有行的权即有议的权"[1]。同时,乡参议会又是乡民大会的缩影。如果说县参议员是人民代表,那么乡参议员即是代表一定的居民小组,因为按照陕甘宁边区参议员的选举条例,乡参议员是依据一定的居民小组来选举的。同时,乡参议会是和政府在一起的,所以乡参议会无需选举议长、副议长,以免同乡长出现并列之嫌。而且乡参议会也不设常驻会,而是由乡政府委员会来兼行乡参议会的决议。这也就是说在乡参议会中,"议是暂时的,行是经常的"[2]。因此在乡政府委员会下可以有各种固定的或临时的委员会,这些委员会的目的在于吸收更多的积极分子,给他们以适当的工作,使他们能成为深入乡村工作的推动者。

由于乡参议会实行的是议行合一制,因此如何摆正县级政府与乡参议会之间的领导关系,同样关系着乡参议会的运行机制。从总体上来看,县级政府对乡参议会是领导与被领导的关系,因为乡参议会所做之事多半是县级政府交办的事情。但是所谓的领导,并不是简单的命令,不是干涉它的独立性,而是使民意更加发扬,"正是有了参议会,上级政府的领导要更深入,更不单纯"[3]。也就是说,人民选出参议员,参议会选出乡长及乡政府委员。参议会决定的事,乡政府领导做,各参议员也在做;村民大会决定的事,村负责人领导做,人民也参加做。所以,乡参议会与省、县级不同:它是议事的,同时又是做事的;它监督人家,同时也被人家监督。实际上,从本质上来看,乡参议会所体现的是直接民权。

所谓直接民权,一是人民直接来议,不必经过代表。二是人民直接来管,直接参加政府工作。直接民权作为最彻底的民权,在乡以上的机关,是很少可能实现的,但在乡市则可能且需要实现。而且乡的管辖不大,居住接近,意见相通,人力有限,议事的应该就是做事的。如果要划分为一个机关的人在议,另

---

① 中国科学院历史研究所第三所编:《陕甘宁边区参议会文献汇辑》,科学出版社 1958 年版,第 180 页。

② 中国科学院历史研究所第三所编:《陕甘宁边区参议会文献汇辑》,科学出版社 1958 年版,第 181 页。

③ 中国科学院历史研究所第三所编:《陕甘宁边区参议会文献汇辑》,科学出版社 1958 年版,第 185 页。

一个机关的人在做，老百姓将不懂得为什么要多此一套麻烦，事实上也没有这么多人来分配。而且在乡市，只要民众真正起来了，且知道有权管理自己的事，代表改选期又只半年，而又时有群众大会直接来议事管事，自然不会有"合污"的现象发生。因此乡参议会的运行机制实际上所体现的就是直接民权，即便不能全部实现，也应是"兼议会制度与直接民权之长"①。这样，由人民选举政府，政府服务人民，保障人民的权利，深化为人民管理自己生活和创造自己生活的权利。也就是说，"将群众的意见集中起来，又向群众中宣传解释，化为群众的意见，并使群众坚持下去，见之于行动，并于群众行动中考验这些意见是否正确，然后再从群众中集中起来，坚持下去。"②

随着陕甘宁边区的参议会逐渐走上制度化的运行轨道，由此也开启了中共继苏维埃制度之后更为辉煌灿烂的革命道路。正如一些国外学者所说："陕甘宁革命根据地远远超过当年的井冈山或瑞金。它不仅是一个有别于国民党政府的，具有自己的政府和社会结构的红色根据地，而且是爱国的象征，是廉洁、抗日和社会主义的象征。"③这一论述，实际上也清楚地说明中共在新的历史条件下的制度建构，不仅是从已有的认识经验和认识能力出发，通过满足和适应客观现实的基本需要，来建构和确立人们政治参与的基本准则，而且中共从发展的新的现实条件下所建构的参议会制度，也融合形成了能够更好地适应并实现民众权利与利益的政治价值观念，由此也凸显出中共建构参议会制度的一种理念变革。

---

① 谢觉哉：《论乡市民主制度的重要及其实施》，《共产党人》1940 年第 12 期。

② 谢觉哉：《边区民主政治是中国解放的旗帜》，《解放日报》1944 年 12 月 23 日。

③ [英]韩素音著，李著鹏等译：《赤潮——毛泽东与中国革命》，山西人民出版社 1993 年版，第 360 页。

第二节 基层参议会的设计理念

ERSHI SHIJI ZHI ZHONGGUO

任何制度变革总会暗含着一种理念变革，人们用一种制度安排取代另一种制度安排，并非是一般意义上的制度转换，也绝非是满足制度本身的需要，而是意欲通过它获取制度以外的东西。因此，所谓的制度变革乃至制度本身只是一种手段，而借助这个手段所要达到或实现的理念才是制度变革的基本目的。陕甘宁边区参议会制度的建构，显然也是蕴含着中共在制度建构中的一种理念表达。

一、团结御侮与抗日救国的理念

按照中共自身历史发展的逻辑来观之,通过苏联经验建构的工农兵代表苏维埃制度,曾被认为"是最民主的"政治制度。因为"它最能吸收广大工农群众到政治生活中来,管理自己的政权,发挥自己的创造性,为独立、自由、幸福的新中华而奋斗"[1]。但是现在却是"让步兑换全国所需要的和平民主抗战"[2]。这一制度上的变革,首先蕴含和体现着团结御侮、抗日救国的设计理念。

---

① 《林伯渠文集》,华艺出版社 1996 年版,第 45 页。

② 《林伯渠文集》,华艺出版社 1996 年版,第 44 页。

1935 年 12 月，毛泽东在《论反对日本帝国主义的策略》的报告中在谈到目前的形势时就指出：目前形势的基本特点，就是日本帝国主义要变中国为它的殖民地，这就给中国的一切阶级和一切政治派别提出了"怎么办"的问题。对于中共而言，当革命的形势已经改变的时候，革命的策略、革命的领导方式，也必须跟着改变。"如果说，我们过去的政府是工人、农民和城市小资产阶级联盟的政府，那末，从现在起，应当改变为除了工人、农民和城市小资产阶级以外，还要加上一切其他阶级中愿意参加民族革命的分子。在目前，这个政府的基本任务是反对日本帝国主义吞并中国。这个政府的成分将扩大到广泛的范围，不但那些只对民族革命有兴趣而对土地革命没有兴趣的人可以参加，就是那些同欧美帝国主义有关系，不能反对欧美帝国主义，却可以反对日本帝国主义及其走狗的人们，只要他们愿意，也可以参加。因此，这个政府的纲领，应当是以适合于反对日本帝国主义及其走狗这个基本任务为原则，据此以适当地修改我们过去的政策。"①

这个报告，不仅是对此前苏维埃制度的反思，同时也是对即将展开抗日救亡运动应注重团结、共赴国难的生动说明。

1936 年 10 月，毛泽东在致邹韬奋等民主人士的信中也指出："对日抗战将是长期残酷的战争，不经过千百次的苦战是不会取得最后胜利的。在长期苦斗的当中必然可以动员与集中全国的一切力量。而决不能把抗日战争，延迟到动员与集中完成以后。"因此，"为了集中国力去对日抗战，我们在各方面改善了苏维埃法律与工作。除了把工农政府、工农红军改成人民苏维埃政府和人民红军外，在苏维埃选举法上，补充了一切小资产阶级职员、自由职业者、专门家和小商人与小企业主都有选举权和被选举权。宣布在苏维埃区域内一切政党社会团体、群众组织均享有公民权。欢迎一切愿意共同抗日的党派、社会团体的代表参加苏维埃政府，共同担负责任"。②这封信件，明确地指出了中共在抗战这一危急关头，愿意团结一切可以团结的力量共同御侮的信念。

---

① 《毛泽东选集》第 1 卷，人民出版社 1991 年版，第 156 页。

② 《苏维埃政府领袖毛泽东先生致章陶邹沈四先生信——关于团结御侮几个基本条件与最低要求的讨论》，《救国时报》1936 年 10 月 30 日。

基于这一信念,中共在制度上对此做出了保证。首先,在陕甘宁边区的施政纲领中明确提出:"团结边区内部各社会阶级,各抗日党派,发挥一切人力、物力、财力、智力,为保卫边区、保卫西北、保卫中国、驱逐日本帝国主义而战";"坚持与边区境外友党友军及全体人民的团结,反对投降分裂倒退的行为";"本党愿与各党各派及一切群众团体进行选举联盟,并在候选名单中确定共产党员只占三分之一,以便各党各派及无党无派人士均能参加边区民意机关之活动与边区行政之管理,在共产党员被选为某一行政机关之主管人员时,应保证该机关之职员有三分之二为党外人士充任,共产党员应与这些党外人士实行民主合作,不得一意孤行,把持包办。"同时规定:"保证一切抗日人民(地主、资本家、农民、工人等)的人权、政权、财权及言论、出版、集会、结社、信仰、居住、迁徙之自由权,除司法系统及公安机关依法执行其职务外,任何机关部队团体不得对任何人加以逮捕审问或处罚,而人民则有用无论何种方式,控告任何公务人员非法行为之权利"。为了更好地体现团结御侮的理念,中共特别强调指出这一纲领的颁布实施具有 "严重政治意义","尤须利用此纲领上之条文,对党内进行深刻的教育,因为党员不善于与党外人士合作,为现时我党最严重问题,不解决此问题,我党是无法领导全国胜利的"。①

根据陕甘宁边区的施政纲领,中共又将参议会作为抗日民族统一战线的政权机关,规定了"凡居住边区境内的人民,年满十八岁,不分阶级、党派、职业、男女、宗教、民族、财产和文化程度的差别,都有选举权和被选举权"这一基本原则。这样,不论工人、农民,还是曾被苏维埃代表大会制度剥夺了选举权的地主、富农、资本家、商人等剥削阶级和其他党派团体的人士,都享有选举权和被选举权。因此,普遍性的选举原则,就为他们参政议政提供了前提条件,成为了他们参政议政的基础。同时,在提出候选人名单时,由于地主、富农没有组织,往往没有他们的候选人。在这种情况下,中共主动提出一些地主、富农及民主分子的候选人名单,并且还努力向群众做工作,以便使其得以通过或正式当选。于是边区参议会的民主选举使大批的民主人士进入了参议会和边区政府的各级领导机关,形成了各抗日阶级共同掌管政权的民主政治局

① 《中共中央文件选集》第 13 册,中共中央党校出版社 1991 版,第 89~91 页。

面。各党派、阶级、团体的民主人士在边区各级参议会和各级政府中济济一堂，亲密合作，共商国是，为实现陕甘宁边区党委在边区成立之初提出的"转变与创立边区为抗日的及民主政治的模范区域，为抗日民族战争中政治与军事的模范区域，为实现民主共和制度的模范区域"①的目标做出了杰出的贡献，成为了各党派、阶级、团体合作的典范。

从上述制度建构中我们不难发现陕甘宁边区参议会以图"团结御侮、抗日救国"这一设计理念。1941 年 11 月，毛泽东在陕甘宁边区参议会上发表了演说，明确地指出了陕甘宁边区参议会的建构目的。他指出：

"参议会的目的，只有一个，就是要打倒日本帝国主义，建设新民主主义的中国，也就是革命的三民主义的中国。现在的中国不能有别的目的，只能有这个目的。因为现在我们的主要敌人不是国内的，而是日本和德意法西斯主义。现在苏联红军正在为苏联和全人类的命运奋斗，我们则在反对日本帝国主义。日本帝国主义还在继续侵略，它的目的是要灭亡中国。中国共产党的主张就是要团结全国一切抗日力量打倒日本帝国主义，要和全国一切抗日的党派、阶级、民族合作，只要不是汉奸，都要联合一致，共同奋斗。共产党的这种主张，是始终一致的。中国人民英勇抗战已有四年多，这个抗战是由国共两党的合作和各阶级各党派各民族的合作来支持的。但是还没有胜利，还要继续奋斗，还要使革命的三民主义见之实行，才能胜利。"②

毛泽东的这个演说，清楚地说明了陕甘宁边区参议会团结御侮、共同抗战的核心理念。也正是参议会制度的这一核心理念，在"促进中国人民的觉悟和团结的程度，是近百年来中国人民的一切伟大的斗争没有一次比得上的"③。

实际上，抗日战争时期所面临的共同处境，也会使相同的人常常具有相同的利益诉求，而这种利益诉求最终也能转化为共同利益。这种转化的基础往往会在适时正确的制度框架内得到释放和满足。因此，当陕甘宁边区参议会的核心理念能与他们的利益诉求找到一种平衡和共鸣，他们便会通过参议会

---

① 中共盐池县委党史办公室编：《陕甘宁边区概述》，宁夏人民出版社 1988 年版，第 102 页。

② 《抗战文献·三风》，真理出版社 1945 年版，第 36 页。

③ 《毛泽东选集》第 3 卷，人民出版社 1991 年版，第 1032 页。

这一制度载体找到一个保护和促进他们利益的组织，并以此来体现自己的身份感。可以说及至此时，所有人的利益就成为每个人的利益，这样便可以成功地实现社会动员。由此可见，中共在参议会的制度建构和设计理念中，以"团结御侮、抗日救国"作为维护民族利益和维护个人利益的重要基点，无疑是成功的，也是有效的。特别是民主制给每个人一种特殊的政治资源，即选举权，"不管他或她可能拥有其他什么资源，当集合起来作为选举政府的集体选举选择时，民主制还给这种资源以专门的优先权。总之，这是一种具有决定性分量的在人口中平均分配的个人资源"①。由此也不难看出，参议会的组织建构和核心理念，不仅对于实现个人利益至关重要，而且这种组织建构和团结御侮、共同抗日的核心理念，甚至本身业已成为一种价值，不仅仅被视为保护和增进社会成员个人利益的有用工具，而且也成为民族危亡的紧急关头进行大规模社会动员的一面光辉旗帜。

二、民主运动与基层自治的理念

任何制度的建构，都有其价值理念和价值基础。因此，从价值基础和理念来看，陕甘宁边区参议会制度的建构，也凸显着鲜明的民主化运动和地方自治的理念与色彩。

有关民主制度的建构，是中共极为注重的一项内容。对此，毛泽东曾明确地指出，抗日和民主这两件事，"是目前中国的头等大事"，"这两件东西少了一件，中国的事情就办不好"。②为此，陕甘宁边区政府在建构民主政权和参议会的结构模式时，首先就开宗明义地指出，陕甘宁边区参议会是根据国民政府颁布之省参议会组织法的基本原则及陕甘宁边区之实际情形，"为实现抗战建国纲领，完成地方自治，以巩固抗战中之政治的、社会的基础为目的而制定之"③。因此，这就

---

① [美]丹尼斯·朗(Wrorng.D.H.)著，陆震纶、郑明哲译:《权力论》，中国社会科学出版社 2011 年版，第 235 页。

② 《毛泽东选集》第 2 卷，人民出版社 1991 年版，第 731 页。

③ 陕西省档案馆、陕西省社会科学院编:《陕甘宁边区政府文件选编》第 1 辑，中国档案出版社 1986 年版，第 156 页。

要求必须"实现真正的民主的选举制度及议会政治"。同时"各级议会议员的产生,均按照平等、直接、无记名投票方法选举。议员应对各该选举区的选民负责"。对于议会议员的选举,"不仅按区域、按生产单位选举,且应有各该级政府所属抗日武装部队直接选出的议员代表"。各级行政长官(乡长、区长、县长、边区主席)由议会及代表会议选举,"对议会要负完全责任"。①

从这些制度建构可以看出,陕甘宁边区参议会的设计理念,有着鲜明的民主化运动色彩。即是说只有通过民主化运动广泛动员社会各阶层的力量,才能实现抗日战争的最后胜利,进而才能从根本上巩固革命根据地。陕甘宁边区参议会作为民主化运动的具体体现,正是凸显了这一点。正如谢觉哉所说:

"边区,县,乡三级人民代表机关,是人民直接参与自由选举的,它是各级政府最高权力机关,有选举罢免政府人员及决定一切重要问题的权力。又各级人民代表及政府人员中,任何政党不能超过三分之一,边区共产党这样提议并这样实行,大大地团结了社会的各阶层。政策呢?大家研究,取决于多数,工作呢?大家都自认有前途,干得起劲。这是地方性的联合政府。由陕甘宁边区推行到有一亿人民以上的解放区,因而就有广大解放区人民的大团结,得到现有的抗战与建设的胜利。解放区人民享受了这胜利,全国人民看到了这胜利,因此联合政府必然也正在全国实现。"②

事实上,如果再从更广阔的视野来看,陕甘宁边区参议会的制度建构,也是顺应现代革命运动的民主诉求而作出的一种制度安排。民主化是现代社会的基本价值取向,现代革命运动无一不是以民主为基本诉求的。就近代中国而言,自辛亥革命开启中国的现代国家建设后,自由主义理念下的宪政民主便成为国人的诉求与目标。其后,民初的宪政运动尽管失败了,但却并未阻止民主自由在中国的广泛传播。从新文化运动到五四运动,自由主义成为指导个体行动的价值标尺,宪政民主依然是抨击专制政权的理论武器。"宪政运动的方向,决不会依照顽固派所规定的路线走去,一定和他们的愿望背道而驰,它必然是依照人民所规定的路线走去的。这是一定的,因为全国人民要这样

---

① 林伯渠:《由苏维埃到民主共和制度》,《解放》1937年5月第5期。

② 《谢觉哉文集》,人民出版社1989年版,第623页。

做,中国的历史发展要这样做,整个世界的趋势要我们这样做,谁能违拗这个方向呢?历史的巨轮是拖不回来的。"①这也就意味着,任何领导中国革命的政党都必须回应现代革命的民主诉求。

故此,陕甘宁边区要作为民主的样板和模范的革命根据地,开展广泛的民主化运动就是一项重要内容。而"民主的第一着,就是由老百姓来选择代表他们出来议事管事的人"。"如果有人轻视选举,或者说不要选举,那就是等于不要民主。不要民主,就等于不要革命"。而"革命的目的,是为老百姓求自由。选举是老百姓行使自由的头一桩事。我们要发展老百姓的自由,就得大量宣传、耐烦诱导;使每个老百姓都能凭着自己的意愿去进行参政,选举代表"。②陕甘宁边区参议会的制度建构,正是这一诉求的具体体现。

与此同时,陕甘宁边区参议会的制度设计,也体现着鲜明的地方自治色彩。参议会作为边区人民管理国家事务的重要组织形式,首先需要动员基层民众积极参与,这就需要民众有较强的自治组织能力。因此,以参议会为载体,实现基层社会的自治管理就显得尤为重要。事实上,就在1937年8月陕北洛川召开的中央政治局扩大会议上,中共就把"实行地方自治,铲除贪官污吏,建立廉洁政府"列入抗日救国十大纲领之一,作为自己明确的主张。③1937年11月,周恩来在《目前抗战危机与坚持华北抗战任务》的演讲中同样肯定地方自治在发动民众、开放政权中的积极作用。他指出:"我们应该以真自治来活动民众,开放政权。"这就要求首先"在制度上应该是民主政治,应该团结全华北的抗日人民,不论何党何派何军,均应容纳他们的代表,来共同担当国事,主持救亡大计"。与此同时,"在组织上应该从县区分上施行地方自治自给,以坚持中华民国的正统,然后及于省区"。④于是在1939年颁布的《陕甘宁边区抗战时期施政纲领》中明确规定,要"发扬民主政治,采用直接、普遍、平

① 《毛泽东选集》第2卷,人民出版社1991年版,第738~739页。

② 陕西省档案馆、陕西省社会科学院编:《陕甘宁边区政府文件选编》第3辑,中国档案出版社1987年版,第48~50页。

③ 陕甘宁青新西北五省区编纂领导小组、中央档案馆编:《陕甘宁边区抗日民主根据地·文献卷》(上),中共党史资料出版社1990年版,第211页。

④ 《周恩来政论选》上册,人民日报出版社1998年版,第169页。

等、不记名的选举制,健全民主集中制的政治机构,增强人民之自治能力"①。

　　基于这样的认识,在构建陕甘宁边区各级参议会的制度原则时,其主要目标就是"为实现抗战建国纲领,完成地方自治"②。为此,陕甘宁边区政府曾几次修改参议会的组织条例。如在1941年曾修正过一次参议会的组织条例。对于乡(市)参议会制度而言,如果将修正后的参议会的制度架构与修正前的进行比较,就会发现,除了可以代表民意选举产生基层政府这一内容以外,还有这样几点值得注意:

　　修正后的参议会组织条例把"议决并执行本乡市应兴应革事项"提到了首要位置,这说明基层参议会应该把最重要精力放在有关乡(市)人民切身利益的事情上。如修水利、修道路、办学校、治病、改进优抗等。同时增加了"议决并执行上级政府交办事项"这一项内容,这说明上级政府对基层参议会的自治和自我管理能力的要求更高了。基层参议会对上级政府交办的事项必须得做好,如此基层参议会的工作才会得到很大程度的认可,否则乡(市)参议会的权威会受到质疑。另外,还增加了"罢免乡市长及乡市政府委员"的内容,这就突出了民意机关对乡村基层行政人员的罢免权,从而也就更增强了人民群众进行管理国家事务的能力。

　　通过陕甘宁边区参议会这一组织载体,不仅可以实现基层社会的自我管理,更为重要的是,也为中共在基层社会的工作培养了大批后备力量。实际上,在当初的情形之下,任何一种反对势力要取代国民党,必须要建立比国民党整合模式更具动员力的社会结构。有人根据国民政府机构的编制,计算出它真正深入管理农村一共需要多少干部。其结论是:全国共需甲长640余万人,保长77余万人,副保长及保干事约300余万人……总计所需人员约1118.7万余人。③也就是说用官僚机构来实现社会上、中、下三个层次的整合,

---

　　① 甘肃省社会科学院历史研究室编:《陕甘宁革命根据地史料选辑》第1辑,甘肃人民出版社1981年版,第26页。

　　② 中国科学院历史研究所第三所编:《陕甘宁边区参议会文献汇辑》,科学出版社1958年版,第55页。

　　③ 张厚安、白益华主编:《中国农村基层建制的历史演变》,四川人民出版社1992年版,第156页。

总共需要上千万的干部。共产党虽在意识形态上比国民党有较强的整合能力，但要建立一个如此庞大的官僚机构，就要面对国民党同样面临的困难：到哪里去寻找人数众多的社会组织者？国民党 20 世纪 30 年代统一中国可谓不遗余力，但到头来只能建立一个倒金字塔形的一体化结构，这个事实本身已反映出中国社会的结构性困难。共产党要实现广大农业社会的整合，只有一个选择，这就是把农民转换为乡村社会的管理者。因此，以参议会为载体，通过重新塑造基层权力结构，并以地方自治的形式培养适应当初复杂形势的工作人员，也就成为中共在构建参议会制度过程中的基本诉求。

三、道义担当与制度优势的理念

"铁肩担道义"曾是中共早期领导人李大钊对中国共产党的自觉要求。实际上，对于矢志于为国家和民族谋划出路的中共而言，如何从制度上寻求解决之道，是其从成立之日起就承担的义不容辞的历史使命和道义关怀。陕甘宁边区基层参议会制度模式的建构，自然也体现着道义担当和制度优势相结合的设计理念。

当解决民族危机日益严峻的局面成为急迫的问题之时，"谁能领导人民驱逐日本帝国主义，并实施民主政治，谁就是人民的救星"①。而"摆在中国共产党面前的最重要历史任务，就是充当建立抗日民族统一战线的发起人，联合所有民主力量和中国人民真正的民族力量，拯救中国，使她免遭瓜分和完全的战役"②。陕甘宁边区作为中华民国行政系统中一个组成部分，"当严重的民族危机要求全中国人民团结起来打击侵略者的时候，中国共产党首先成为抗日民族统一战线的发起者与组织者。"③因为"中国共产党是站在这一斗争前线的，过去如此，现在还是如此，将来还是如此"④。正是这种道义关怀和历史使命，成

---

① 《毛泽东选集》第 2 卷，人民出版社 1991 年版，第 674 页。

② 《共产国际、联共(布)与中国革命档案资料丛书》第 15 卷，中共党史出版社 2002 年版，第 246 页。

③ 林伯渠：《发挥陕甘宁边区的伟大力量》，《新中华报》1939 年 3 月 28 日。

④ 《毛泽东思想年谱》，中央文献出版社 2011 年版，第 288 页。

为中共对制度安排做出判断和选择时的一个重要基点和动力基础。

　　所谓的制度优势,则是以如何能够更广泛地动员民众的积极性为旨归。关于这一问题,中共在到达陕北之后不久就明确地指出:

　　"在目前形式(势)之下,有提出建立民主共和国口号的必要,因为这是团结一切抗日力量来保障中国领土完整和预防中国人民遭受亡国灭种的残(惨)祸的最好方法,而且这也是从广大的人民的民主要求产生出来的最适当的统一战线的口号。是较之一部分领土上的苏维埃制度在地域上更普及的民主,较之全中国主要地区上国民党的一党专政大大进步的政治制度,因此便更能保障抗日战争的普遍发动与澈(彻)底胜利。同时民主共和国不但能够使全中国最广大的人民群众参加到政治生活中来,提高他们的觉悟程度与组织力量,而且也给中国无产阶级及其首领共产党为着将来的社会主义的胜利而斗争以自由活动的舞台。因此中国共产党宣布积极赞助民主共和国运动。并且宣布民主共和国在全中国建立,依据普选权的国会实行召集之时,苏维埃区域即将成为他的一个组成部分,苏区人民将选派代表参加国会,并将在苏区内完成同样的民主制度。"①

　　中共关于抗日救亡运动新形势的分析和民主共和国的决议,不仅是对时代主题和前途命运的一种判断,同时也是讲求效能,发挥制度优势的有效路径和可靠保证。陕甘宁边区基层参议会的设计理念,正是这一理念的体现。在参议会的制度设计和组织形式中,中共鲜明地指出它是一切抗日人民革命阶级的联合专政,包括了工人、农民、知识分子、小资产阶级、开明士绅、中产者、大资产阶级,只有汉奸与反革命分子不能参加政权。"无论什么时候,都要争取最大多数人参加政权及站在这个政权方面来,因为这对于决定革命的胜利是有重大意义的。"因此,"应该毫不迟疑地真正做到,把现在的政府变成各革命阶级专政的政府,把各级民意机关变成代表全体抗日人民意志的民意机关,把所实行的政策变成保护各阶层利益的政策,尤其是要注意到使得过去没有参加政权机会的阶级获得直接参政的权利,使得那些向来被压迫的阶级的利益获得切实的保护。只有这样,才能保证革命的政权真正有广泛的社会

---

① 《中国共产党抗日文件选编》,中国档案出版社1995年版,第124页。

基础"。①而这一点，又恰恰是陕甘宁边区参议会的制度优势。一如谢觉哉在陕甘宁边区第二届参议会上所说：

"不分阶级、不分党派，普遍、平等、直接、无记名的选举；没有贿买、圈定，没有操纵、运动(边区的选举运动，和旧民主国家的选举运动，完全是另一意义)的选举。工人、农民、地主、资本家、文盲、知识分子，不同语言不同宗教的民族、共产党员、国民党员、其他党派及无党无派人士，为着同一目的奋斗而在一堂的会议；检讨政府工作，讨论今后方针，都抱着非常的热诚，知无不言，言无不尽的会议。这不仅我们200多议员同人兴奋，边区200万人民兴奋，同时也不能不使得全国人民，听了兴奋。"②

与此同时，陕甘宁边区参议会的制度设计方面的优势，也是充分汲取了以往的一些经验，使之与以往的参议会形成了明显的区别。特别是在具体执行方面，"在旧民主主义下，议会与政府常有争执，需要议会用权力去督促，而我们的参议会和政府，都是人民选出的，都有各党派各阶级的人参加，步调很少出入。政府要求议会的，是要更多的反映人民意见，给政府以帮助。组织条例第八条规定的一项'监督'和第三项'建议'，不是怕'监督'过多而是怕'建议'太少。另一方面，我们的参议会是全体人民真正自由选举的，有各党各派、各阶层各民族的优秀人员参加，它是深入人民底层的，是包括各个方面的，应该能不断的反映新的意见到政府，而不应该只限于开大会的那几天。"③同样，边区参议会也与国民政府的参政会有着明显的差异。林伯渠在参加了国民政府的参政会后所说："这次的大会只是一个全国性的相当的民意机关，也可以说只代表了社会上一部分有地位、有名望的人士的意见。只靠这样的一个会是不能充分地表现出民意的，一定要在全国各省各县都建立国民参政会，用选举的方法选出参政员，才能奠定民主政治坚固的基础。"④而陕甘宁边区参议

① 《林伯渠文集》，华艺出版社1996年版，第189页。

② 谢觉哉：《写在〈陕甘宁边区第二届参议会汇刊〉卷首》，《陕甘宁边区第二届参议会汇刊》1942年5月11日。

③ 谢觉哉：《边区参议会常驻会报告》，《陕甘宁边区第二届参议会汇刊》1942年4月15日。

④ 林伯渠：《国民参政会之观感》，《解放》1938年第3辑，第49期。

会的制度优势，则使得"迤逦在西北高原上的陕甘宁边区，曾经是我们民族丰腴的遗产中的一片荒土，现在，却成了这个到处是沙漠的国度里仅有水草的地方"①。

特别是针对基层参议会选举，边区政府采取因地制宜、灵活应对的办法，充分发挥选举委员会的职能，使得事情能够得到圆满的解决。如延安四行政村刘同志提议：我乡不识字的人很多，现在要投票，那不能写的怎么办？选举委员答复：我们早已估计到这点。不能写票的可以用举手的办法。不过数手要数得清楚，在记录本上载明。比如你们四行政村，选民 271 人，应选参议员 7人。假定在主任房子的会场上开会，会场口摆张桌子，桌子上放着选民册，一个人看管着，来 1 人在他的名字上打 1 道，一共到了 250 人，候选人假定是 14人，选举时主席宣布：现在要选举了，大家分左右中三行坐着，请高同志数左行的票，杨同志数右行的票，张同志数中行的票，票没数清，大家的手不要放下。又宣布：大家记着，本行政村应选参议员 7 人，候选人却有 14 人，每人都只能举 7 次手，不可多举。举完了，记录的把票数一算，当场宣布赞成某某的多少票，某些人当选为正式参议员，某些人当选为候补参议员。还有的行政村提出，由于行政村住得散，中间还隔一个岭，要小脚妇女都到一处开会，很难做到。针对这种情况，选举委员会根据实际情况，提出可以分作两处开的建议。并提示不过票要记清楚，要两处的票合起来，才能定出是谁当选。②

很显然，既能高瞻远瞩关注时代主题和前途命运，又能讲求效用，真正地为实现理想而提供有效的制度保证，是陕甘宁边区参议会制度的一个重要设计理念。正如 1940 年 12 月底，毛泽东从前线回来后同中央党校的同志谈话时所说："延安的窑洞是最革命的，延安的窑洞有马列主义，延安的窑洞能指挥全国的抗日斗争。蒋介石现在比我们住的阔气，有洋房，有电灯，可是全国人民都不听他的。我们不要看不起自己，不要看不起土窑洞，全国人民的希望都寄托在我们身上，寄托在延安的窑洞里。"③实际上这也从另一层面表明，陕甘

---

① 林伯渠：《抗战改变了边区的一切》，《解放日报》1941 年 7 月 7 日。

② 《〈陕甘宁边区选举条例〉的解释及其实施》，《新中华报》1941 年 1 月 29 日。

③ 《毛泽东思想年谱》，中央文献出版社 2011 年版，第 277~278 页。

宁边区基层参议会的设计理念，不仅体现着制度创新和制度优越性的理念诉求，而且在很大程度上也蕴含着中共变革社会、解放人民和创建新中国的内在要求与逻辑，反映着中共制度创新和制度救国的政治诉求。

四、民众认同与政治归属的理念

任何制度的设计，如果仅仅指出人们应该遵循的原因，只能说明人们具有遵守或执行制度的可能，还不能说明制度就会被遵守而实现其有效性。正如诺斯所指出的，制度需要具有"实施特性"①才有效。而制度实施的特性，其中一个重要节点即是制度参与者的心理认同，即从参与者个人角度看，应该包括理性思考、利害权衡和基于自我说服的心理转换这些连续的心理活动，通过这些心理活动达到一种认同，进而形成政治归属感，这样的制度设计才能达到预期的目的。因此，如何从民众认同以及政治归属感的基础上体现陕甘宁边区基层参议会的制度设计，显然是中共必须要考虑的一个重要而又棘手的问题。

所谓重要性，对此中共显然有着清晰的认识。"我们共产党人对于中国政治应该如何改良才能适应抗日的需要，曾经发表过许多次的意见了。"但是现实情况是"中国和苏英美各国不同的，苏英美各国是抗战时间愈长久，人民的抗战积极性愈增长，中国则反之"。因此"这种政治上壅蔽抑塞的情形，如不实行必要的改革，则其对于抗战的妨碍将是不可计量的。这种情形，就产生国内各阶级间，各党派间，各民族间的许多不和睦现象，而抗战是极端需要这种和睦的"。因此，这就要求"实行若干必要的政治上的改革，借以达到各阶级各党派各民族间较之现状进一步的和睦关系，能够为准备反攻发动人民的积极性"。②基于这样的认识，中共认为必须放手发动群众，壮大人民力量，团结全

① [美]道格拉斯·C.诺斯著，刘守英译：《制度、制度变迁与经济绩效》，上海三联书店 1994 年版，第 84 页。

② 《中国人民解放军历史资料丛书》编辑组编：《八路军·文献》，解放军出版社 1994 年版，第 929 页。

国一切可以团结的力量，唯有如此，才能调动起广大民众特别是农民群众的积极性。

为此，1942年7月，毛泽东在讨论晋西北工作决定草案时指出："九月份举行的参议会，要使之成为团结各阶级建设根据地支持抗战的机关。"[①]也就是说人民群众必须有说话和管理上层建筑的权利，要"在党内，党外，大力提倡民主作风。不论什么人，只要不是敌对分子，不是恶意攻击，允许大家讲话。各级领导人员，有责任听别人的话。实行两条原则：（一）知无不言，言无不尽；（二）言者无罪，闻者足戒。如果没有'言者无罪'一条，并且是真的，不是假的，就不可能收到'知无不言，言无不尽'的效果"[②]。毛泽东的这些论述，无疑是陕甘宁边区基层参议会制度设计的重要原则。但是问题的关键是，参议会的建构与民众的认同与归属感之间仍然存在着一些距离与鸿沟。

毫无疑问，陕甘宁边区在抗战前也曾经历过土地革命的洗礼，及至中央红军到达陕北之后，也在红军控制的县、区、乡、村建立了民主政权，曾经有一些在土地革命中的积极分子也陆续加入了党的组织，成为民主政权的主要成员。这些民主政权的支持者在分配地主土地和浮财方面尽管表现较为积极，但是有关资料也显示："许多乡长是不识字的农民积极分子，他们的世界观、经验和个人关系都建立在当地社区之上，其革命眼光所及仅限于较早时期的土地革命。"[③]

事实上，对于普通民众而言，即便是能够给农民带来直接利益的政策如识字、减租减息、生产运动等也表现出参与不积极的态度。甚至有些农民害怕识字后成为"公家人"，有些农民自己不愿识字，也不让孩子读书识字，有的送孩子上学时，认为自家孩子从此成为"公家人"而"痛哭流涕"。[④]在减租运动中，"在经济上处于劣势的农民，在生计胁压下，不得不给地主让步，有的和地主

① 《毛泽东思想年谱》，中央文献出版社2011年版，第329页。

② 《毛泽东思想年谱》，中央文献出版社2011年版，第403页。

③ [美]马克·赛尔登著，魏晓明、冯崇义译：《革命中的中国：延安道路》，社会科学文献出版社2002年版，第156页。

④ 《陕甘宁边区教育资料·社会教育部分》(下)，教育科学出版社1981年版，第280页。

串通隐瞒政府,有的互相争租夺佃,在部分农民中间还流行着一些落后保守、不相信自己力量和不完全相信新政权的力量的情绪。"[1]在绥德县辛店区的一个乡,其政权一直把持在地主手中。及至1940年中共在绥德公开建立了政权,这个乡还没有中共党员和党组织。因此,在1943年7月的乡选中仍然选了一个破落地主担任乡长。为什么不选举穷人当乡长? 当地的民众解释说:"穷人没知识,吃不倒财主,怕负担派不出去。"[2]

实际上,上述现象所体现的则是理论界一直都在思考的中国革命的"元"问题,即农民何以会支持和参加中共革命。[3]显然,相关资料表明,所谓的经济利益并非是民众参与革命的充分条件,也就是说经济利益并不一定会使贫困的民众伴随着动员的钟声而群起响应,"存在着革命条件并不意味着革命会自动爆发",因为在此时"没有迹象表明农民打算有效地组织起来或依靠自己来解决他们的问题"。[4]而如果从制度层面来看,中共在基层参议会制度的建构中基于民众认同和政治归属感的设计理念,当是一个重要的因素。

首先,按照制度学的一般理论,人们能否认同制度,关键看制度是否符合人们自身的利益,或者说,制度是否为人们实现自身利益提供了可能或更多选择,是否更有利于自身利益的实现。"当制度目标与社会成员对自己的利益

---

① 《抗日战争时期陕甘宁边区财政经济史料摘编·农业》第2编,陕西人民出版社1981年版,第304页。

② 中央档案馆、陕西省档案馆编:《中共中央西北局文件汇集》(1943年,二),甲,4(内部资料),第187页。

③ 有关农民何以会支持和参加中共革命问题,李金铮教授曾做过较为详细的学术整理。在他看来,学术界的解释与争论主要涉及四个方面:一是土地集中、家庭贫困与农民革命的关系,二是社会经济改革与农民革命的关系,三是民族主义与农民革命的关系,四是中共动员与农民革命的关系。以上说法都揭示了问题的一个主要方面,而且多是从自上而下的视角进行分析,缺乏农民自身的声音,尤其是缺乏对农民个体或群体感受的关怀。事实上,农民支持与参加革命的动机十分复杂,很难用一条或几条理论概括。在农民支持或参加中共革命的行动中,土地分配、家庭贫困、社会经济改革以及民族主义在动员农民中究竟起了什么作用,仍需要做大量的农民个体与群体的实证研究。只有在此基础上,方可还原农民的革命动机,也才有利于中共革命胜利原因的解释。参见李金铮:《农民何以支持与参加中共革命》,《近代史研究》2012年第4期。

④ [美]巴林顿·摩尔著,拓夫等译:《民主和专制的社会起源》,华夏出版社1987版,第176页。

判断或利益实现途径的偏好吻合时，也即当制度的目标与制度所涵盖的行为人的利益或利益实现途径的偏好重叠范围越大时，行为人对利益的判断或利益实现途径偏好的判断与制度的一致性就越高，人们就越容易信任制度，进而就越倾向于遵守制度。此时，由于响应着社会成员共享的关于利益及其实现的信念，制度才具备了有效的基础。"①而这一点，正是陕甘宁边区参议会制度设计的一个重要理念。毛泽东在陕甘宁边区参议会上的演说中就指出："全国人民都要有人身自由的权利，参与政治的权利和保护财产的权利。全国人民都要有说话的机会，都要有衣穿，有饭吃，有事做，有书读，总之是要各得其所"。"如果这些阶级的人们没有说话的权利，要想把国事弄好是不可能的。中国共产党提出的各项政策，都是为着团结一切抗日的人民，顾及一切抗日的阶级，而特别是顾及农民、城市小资产阶级以及其他中间阶级的。共产党提出的使各界人民都有说话机会、都有事做、都有饭吃的政策"。②

上述论述，一个突出的特点就是基于民众的利益诉求，从民众的需求和利益出发来建构陕甘宁边区的制度结构的。正所谓"人民的利益高于一切，不能于人民以外，有所谓利益；工作是依靠人民，组织人民，帮助人民，为人民的利益奋斗，除此以外，无所谓工作。抗战——人民的抗战，建设——人民的建设"③。以此为基础，在参议会的制度设计中，不仅基层参议员是由人民直接选举，而且"除了勾结日寇汉奸以及破坏抗战和团结的反动的顽固派，这些人当然没有说话的资格以外，其他任何人，都有说话的自由，即使说错了也是不要紧的"④。乃至渗透到民众各个生活方面，皆是民众的共同要求。如此"才能使人民认识到贫困愚昧受压迫的来源，认识到怎样做可以翻身；翻身，不止是由没吃没穿，翻到有吃有穿，而且是奴隶翻到主人的地位"⑤。这些制度建构，正

---

① 褚松燕：《论制度的有效性——人们何以遵守规则》，《天津社会科学》2010 年第 4 期。

② 《毛泽东选集》第 3 卷，人民出版社 1991 年版，第 808 页。

③ 中国科学院历史所第三所编：《陕甘宁边区参议会文献汇辑》，科学出版社 1958 年版，第 307 页。

④ 《毛泽东选集》第 3 卷，人民出版社 1991 年版，第 809 页。

⑤ 中国科学院历史所第三所编：《陕甘宁边区参议会文献汇辑》，科学出版社 1958 年版，第 308 页。

是为民众更有利于实现自身利益而做出的设计。

其次,人们能否认同制度,还要看制度是否提供了人们对未来稳定的发展预期,使利益受损的可能性降低,或为利益受损设置了底线。任何人都不希望自己的利益受损,也都希望自己的利益在未来有稳定的实现和增进可能。"这是一种面对不确定性或风险的一种抵御性需求,这种需求使得人们就彼此之间利益的得失进行博弈。对于统治精英或规则制定者来说,使制定出来的制度得到遵守,是政治合法性的根本要求"①。实际上,边区民众曾经对参与政治的冷漠,很大程度上与此有关。因为原有的旧秩序的阴影在边区民众中,始终都还在有力地纠缠着每一个人,从而成为阻止他们独立地采取行动,或者干脆打消采取这种行动的念头。"农民运动首先是一个危险"②。因此,即便是农村中的旧的秩序虽已在风雨飘摇之中,但这种观念并不会自行消失。这就要求中共不仅能够破坏旧的社会锁链,而且还需要锻冶出新的团结和忠诚。"因为除非为了家庭和宗族,中国的农民并不习惯于一致行动。力图创造新社会的革命中,使农民联合起来成为一项极其艰苦的工作"③。

显然,中共对此有着明确的认识。"只有民众积极起来,保护其本身利益的时候,民众才会或才能以同样的积极性来保卫国家民族。未有对于本身利益尚不知或不敢起来保护的民众,而能起来积极保护国家民族利益的。"④为此,中共在建构参议会制度时,首先理顺了政府与参议会之间的关系,指出为保证政府真能代表大多数人民的利益,就需要各级参议会都由选民直接选举;同时确立了参议会为最高权力机关,参议员有选举、罢免政府人员及决定一切重要问题的权力。也即是说,参议会是人民直接选的,是主人,政府是参议会选的,是佣人。主人对佣人有监督指挥的权利,佣人应接受主人的监督和指挥。同时又规定各级人民代表及政府人员中,任何政党不能超过1/3;另外,政

① 褚松燕:《论制度的有效性——人们何以遵守规则》,《天津社会科学》2010 年第 4 期。

② [美]巴林顿·摩尔著,拓夫等译:《民主和专制的社会起源》,华夏出版社 1987 年版,第 205 页。

③ [美]巴林顿·摩尔著,拓夫等译:《民主和专制的社会起源》,华夏出版社 1987 年版,第 170 页。

④ 刘少奇:《盐城农救工作经验——给苏中区党委的信》,《江苏党史资料》1988 年第 3 期。

府选出来了,要他做事不出岔子,就得有参议会经常监督,限定他的权力。尤其是这一点,可谓是参议会制度设计的一个重要理念。"本来特权阶级,为要在民主掩盖下,仍保有他的优势,常常利用间接选举,多转几个弯,选举就愈易操纵。又喜欢把议会权能,缩到很小,于是行政机关,面子上是民主,实质上是专制,国民政府颁布的国民大会选举法和宪法草案,都怀着这个鬼胎,现在我们边区先来一个彻底的资产阶级的民主,在推动全国民主上有很大作用。"①这样,基层干部也自然是从生产与抗战中产生人民自己的干部,其余的劳动英雄、杀敌英雄、合作英雄、卫生模范、模范工作者等皆是如此。由于他们是从人民中来,和以前站在人民上或人民外的人完全不一样。即便是旧有知识分子也深入到人民中去,向人民学习,把原有脱离人民实际事业的知识变为替人民服务的实际事业的知识,使知识分子和人民大众结合起来。

可见,陕甘宁边区参议会的制度设计,一个核心的理念就是以参议会为组织形式,通过参议员的参政权力来监督和促进政府的各项工作。可以说此时的边区社会,"官僚习气已铲除,群众和政权机关的接触是赤裸裸的。群众组织发达,没有人不有他特殊利益的团体,工人有自己的组织,农民有自己的组织,商人也有自己的组织(小孩入儿童团,青年入青年救国会,妇女入妇女代表会),这些团体也是整个民主的有力支柱。因为这些团体的本身是极民主的"②。这些制度设计,不仅大大促进了民众的认同感,而且也促进了民众强烈的政治归属感。所以,每有参议会召开之时,一些参议员"身后跟着大群男人、女人和孩子,许是他的朋友或羡慕他的人。他们敲锣打鼓,高声谈笑着,用这种乡间淳朴简单的方式,欢送出席陕甘宁边区参议会的代表"③。更有一些农民主动登台发表演说。如在陕甘宁边区二届二次参议会上,一位 79 岁的老农民登上讲台,激动地说:"我活了这么大岁数,还是第一次见到,第一次参加这样的民主参议会会议。共产党一心为国家为人民……我很高兴……过去我常听人们说,农民作出了很大牺牲(纳税和其他形式)。这次我才知道政府和其

---

① 《谢觉哉文集》,人民出版社 1989 年版,第 232 页。

② 《谢觉哉文集》,人民出版社 1989 年版,第 238 页。

③ [印度]比·库·巴苏著,顾子欣等译:《巴苏日记》,商务印书馆 1989 年版,第 293 页。

他机关工作人员作出的牺牲更大,受苦更多,生活更艰苦……为了抗日,我们必须作出更大牺牲。这些我们要向农民说清楚。"①

美国政治学家阿尔蒙德指出:"认为政府会关心公民的要求,还是相信政府对公民持敌视态度,这会影响人们的行动方式的渠道和频率。"②毫无疑问,在陕甘宁边区参议会的制度设计理念中,以民众认同和政治归属感为基础的设计理念,不仅满足了边区民众的自身利益和基本诉求,而且也在很大程度上成为民众接受并参与中共革命,进而实现政治认同的重要助推力。当生活于新的制度中的农民大众破天荒地第一次在自豪地谈论"我们的政府",而不是像以往那样将政府视为与自己无关或令人绝望的事实,这种体验自然会油然而生一种认同和归属的力量。正是发现这种认同和归属感所产生的力量,边区政府主席林伯渠慨然写下了这样的评论:"没有哪一块祖国的原野比这里更荒凉、贫瘠,没有哪个角落里生活着的人民比这里更单纯简陋,也没有哪个地域在抗战四年中有着像边区这样飞跃的进步。真的,战争改变了一切,它变换了这块土地本来的面目,提高了人民对于生活的认识与挚爱,壮大了正在发展着的革命力量,使得一向落后不被人注意的地区,变成了在抗战洪流中屹然不动的砥柱。"③应该说这样的描述和评论显然是被历史已经证明了的结论。

---

① [印度]比·库·巴苏著,顾子欣等译:《巴苏日记》,商务印书馆 1989 年版,第 297 页。

② [美]加布里埃尔·A.阿尔蒙德、小 G.宾厄姆·鲍威尔著,曹沛霖等译:《比较政治学:体系、过程和政策》,东方出版社 2007 年版,第 206 页。

③ 林伯渠:《抗战改变了边区的一切》,《解放日报》1941 年 7 月 7 日。

第三节　基层社会权力主体的重塑

ERSHI SHIJI ZHI ZHONGGUO

　　罗尔斯曾指出，制度是一种"公开的规范体系，这一体系确定职务和地位及它们的权利、义务、权力、豁免等等"[1]。陕甘宁边区的参议会作为战时条件下的一种特定的制度建构与组织形式，尽管业已建构，但是边区的社会状况以及长期以来所形成的一些习惯思维，显然并不能马上适应这种"规范体系"。"文明只是深深地潜藏在古代的窑洞里，躲藏在泥巴筑成的围墙后面，幸存在人们的心里，其一贫如洗，落后愚昧的惨状可见一斑"[2]。因此，如何重新塑造、确立符合客观实际的权力主体，以保证这一制度的顺利运行，就成为摆在中共面前的一项重要任务。

一、乡村社会的现状

　　如前所述，在从工农兵代表会议制度转到普选的民主共和制度、从更高的民主转到在全中国将要实现的适应抗战的民主制度的历史进程中，中共审时

---

①　[美]罗尔斯著，何怀宏等译：《正义论》，中国社会科学出版社 1988 年版，第 50 页。

②　《旅华岁月——海伦·斯诺回忆录》，世界知识出版社 1985 年版，第 221~222 页。

度势地提出了"争取多数、孤立少数"的方针，并提出"不论政府机关和民意机关，均要吸收那些不积极反共的小资产阶级、民族资产阶级和开明绅士的代表参加；必须容许不反共的国民党员参加，在民意机关中也可以容许少数右派分子参加。切忌我党包办一切"①。这也就意味着，在重塑基层社会权力主体结构的过程中，必须从"多数"中构建基层社会的权力结构主体。而在这多数中，首先就包括广大农民。

然而，中国传统乡村社会由于缺乏民众制度化参与的传统，广大人民群众大都疏远政治。同时，遇事忍耐、消极避让又成为中国人性格当中"最糟糕最显著"的特点，"最主要的事实是中国人并不希望变革"。②有关这一点，毛泽东也清晰地认识到，乡村社会一方面是由于"封建时代独裁专断的恶习惯深入于群众乃至一般党员的头脑中，一时扫除不净，遇事贪图便利，不喜欢麻烦的民主制度"。与此同时，"民众普遍知道的'工农兵政府'，是指委员会，因为他们尚不认识代表会的权力，以为委员会才是真正的权力机关。没有代表大会作依靠的执行委员会，其处理事情，往往脱离群众的意见，对没收及分配土地的犹豫妥协，对经费的滥用和贪污，对白色势力的畏避或斗争不坚决，到处发现"。③

就陕甘宁边区的乡村民众而言，尽管也曾经历过土地革命战争的洗礼，但是民众的组织化程度低，文化水平落后，对政治的冷漠依然是一个突出问题。当年曾在此战斗过的马文瑞描述了这样一幅情景：在边区"文盲高达百分之九十以上，除了城镇有少数学校外，在分散的农村，方圆几十里找不到一所学校，穷人子弟入学无门。文化设施奇缺，知识分子很少，人民十分缺乏文化生活。卫生条件极差，缺医少药，婴儿死亡率高达百分之六十。全边区巫婆神汉多达两千多人，招摇撞骗，为害甚烈。总之，旧社会这一地区的文化教育可以用四个字来概括，那就是：落后愚昧"④。由于知识的贫乏、文化的落后，体现在

---

① 《毛泽东选集》第 2 卷，人民出版社 1991 年版，第 766 页。

② 林语堂：《中国人》，浙江人民出版社 1988 年版，第 58 页。

③ 《毛泽东选集》第 1 卷，人民出版社 1991 年版，第 72 页。

④ 《马文瑞文选》第 2 卷，陕西人民出版社 1998 年版，第 457 页。

乡村民众的精神世界里的,并不是自己怎样才能做主,而是依然"崇拜鬼神,希望明天子出世"①。这种心态不仅与民主自治背道而驰,而且也深刻地体现出乡村民众对政治的冷淡。

事实上,中国人对政治的冷漠,几乎是中外观察家众口一词的结论。所谓"日出而作,日入而息,凿井而饮,耕田而食,帝力于我何有哉?"②描述的就是中国古代几千年自然农耕经济下的民间生活的真实写照,即便有联系,充其量也是劳役、赋税而已。梁漱溟也曾深刻地指出:"中国人,于身家而外漠不关心,素来缺乏于此。特别是国家观念之薄弱,使外国人惊奇。"③这些珠玑之论鲜明地指出了一个事实:在中国的社会文化环境中,政治距离民众确实遥远。毋庸置疑,抗战初期陕甘宁边区的乡村民众漠视政治的社会意识同样存在着。因为对于普通民众来讲,他们朴素的直接要求就是反对贪官污吏、地主恶霸,反对横征暴敛、重租盘剥,实现减租免赋、平分土地。当分得土地后,"对于各种同生产无直接关系的事情,如参加政府与党的工作,学习文化与政治,参加会议等,他们的兴趣与积极性大大减弱了。'顾不上',这就是他们的理由,他们怕'误工',妨碍他们的生产。特别在农忙时,他们总是找出许多理由,不参加这类活动。有一部分党员说:'现在该轮流到别人来负担了吧!'特别是许多女同志,她们对党的生活与工作感觉到毫无兴趣。她们除生产之外,还有家庭与孩子纠缠着。她们总说:'女人们不顶事!'"④

正是由于这种心态,致使在基层选举时总会出现相互推诿的状况。如甘泉县1941年选举时,当有人提名要求选其为参议员时却很不愿意当。特别是在选举妇女参议员时,情形更是如此。如在陇东的一次参议员选举会上,当进行妇女参政宣传的时候,一位妇女说道:"好你哩,那女人家没事,把她们提出来能做啥。""婆娘哪能当议员?提出来还是丢人,不如不提为好。""我们屋里人

① 中央档案馆、陕西省档案馆:《陕西革命历史文件汇集:1924—1926年》(内部资料),1991年编印,第226页。

② 《孙中山全集》第9卷,中华书局1986年版,第280页。

③ 《中国现代学术经典·梁漱溟卷》,河北教育出版社1996年版,第299页。

④ 《张闻天晋陕调查文集》,中共党史出版社1994年版,第84页。

能懂得啥,男人开会就是了,要我去也不中用。"①还有的人则认为这些"窑里人"(对妇女的一种称呼)见生人不理,对外面的事不关心,总是觉得"扎手巾的不如戴帽子的",同时受丈夫公婆的管束,一般的家长不愿意自己的媳妇婆娘出头露面。②出现这种情况的主要原因,则是由于自我认同的缺失。

认同是人们在社会交往过程中"别人赋予某个人的属性,基本上可被看作表明一个人是谁的标志"。而在社会认同中,首先体现的就是自我认同。所谓自我认同,是"自我发展的过程,通过这一过程,我们形成了对我们自身及我们周围的世界关系的独特感觉。自我认同概念与符号互动论者有很大的关系,正是通过个人与外部世界的不断沟通才创造或改变了他或她的自我感觉。自我和社会之间的互动过程有助于把个体的私人世界与公共世界联系起来"。③长期以来,在中国乡村民众的意识之中,民众等同于牛马的身份认知以及"穷是命里注定"、"劳动下贱"的宿命论,并在此基础上形成的等级制度,致使人们"总仿佛觉得我们人人之间各有一道高墙,将各个分离"。即便"其名目现在虽然不用了,但那鬼魂却依然存在,并且,变本加厉,连一个人的身体也有了等差,使手对于足也不免视为下等的异类"。④由此造成的后果不仅阻碍了人们进行积极的生产劳动,更重要的是对自己创造一切的劳动力失去了信心,认为自己天生就是穷命,所以一辈子也不会有抬头的机会。在这种思想意识的支配下,最终也就泯灭了自我认同。

正是这种自我认同的缺失,由此不能真正意识到自我的存在而形成的宿命论,足可以使乡村社会处在那种波澜不惊的既往秩序之中。生来就是"牛马"之身的民众,对于混乱不堪的局外之世,早已底垫了他们那种逆来顺受的社会意识和恐惧心理。因为"对于农民来说,外界仍是充满敌意的场所。他们意识到自己软弱并易受伤害,所以尽可能地保留能够给他们带来保护的旧制

---

① 逸屏:《胜利的收获——陇东乡市选举通讯》,《解放日报》1941 年 10 月 21 日。

② 《合水县二区乡选举总结》,陕西省档案馆藏,卷宗号:2-2-1490。

③ [英]安东尼·吉登斯著,赵旭东等译:《社会学》第 4 版,北京大学出版社 2003 年版,第 38~39页。

④ 《鲁迅全集》第 7 卷,人民文学出版社 1981 年版,第 77 页。

度"①。与此同时,由于在土地革命时期实行没收一切土地的办法,将相当数量的中间阶层排除在外,由此也使得"我们深深感觉寂寞,我们时刻盼望这种寂寞生活的终了。要转入到沸热的全国高涨的革命中去,则包括城市小资产阶级在内的政治的经济的民权主义斗争的发动,是必经的道路"②。

也正因如此,如何从社会心理上来确立他们的自我认同感,重新塑造基层权力主体结构,就成为边区政府必须要面对的一个重要问题。正所谓"革命事业之起也,必有中坚"。伴随着"革命"话语在 20 世纪初的滥觞,社会分层的观点也渐渐流行,"贵贱界"与"贫富界"问题的提出,不只是对下层民众寄予深深的同情,也看到了在民众中可能蕴藏的革命热情。"革命"话语也在这种阶级论中有了充分的依托。"以平民的名义,成为革命的基本落脚点。"③

二、权力重塑的路径

针对上述情况,边区政府首先通过召开劳动英雄大会的办法来提升他们的信心,进而以此来确立他们的权力主体地位。于是,陕甘宁边区开始大张旗鼓地开展各种形式的生产运动。在此过程中,涌现出了大量的积极分子,边区政府不仅将其树立为先进典型,而且给予他们物质和精神上的奖励。曾经处于基层社会最底层的贫雇农阶层,在此时纷纷担任村政权和群众中的领袖,从而大大扩展了他们的社会生活网络,并一跃而成为乡村社会的新式权威。特别是陕甘宁边区在召开劳动英雄大会之时,他们与上层领袖之间密切接触,更使得他们拥有了乡村政治生活中的重要资本。

由于陕甘宁边区的劳动英雄大会的象征意义就在于它是为"拿锄头的、拿斧头的、拿鞭子的、拿剪刀的所开的劳动英雄大会",所以它能使劳动者受到

---

① [美]米格代尔著,李玉琪等译:《农民、政治与革命:第三世界政治与社会变革的压力》,中央编译出版社 1996 年版,第 12 页。

② 《毛泽东选集》第 1 卷,人民出版社 1991 年版,第 78 页。

③ 复旦大学历史系、复旦大学中外现代化进程研究中心编:《近代中国研究集刊》(2),"近代中国的乡村社会",上海古籍出版社 2005 年版,第 3 页。

前所未有的尊重。当他们被看作是劳动英雄,是新社会的"状元",这种认同可以说"不仅是中国从来没有过的事情,而且是东方各民族从来没有过的事情"①。一些劳动英雄深有感触地说:"在开会期间,毛主席、朱总司令、高司令、贺师长、林李正副主席和延安各机关的首长,都那么热烈的招待我们,指导我们,和我们握手,请我们吃饭,把我们看得像自己兄弟一样。我们每个人都实在高兴,实在喜欢。在旧社会里,咱们受苦人是被人看作牛马的,可是现在劳动却变成光荣的了。"②当这种自我认同一旦被激活,便立即会成为乡村民众的一种道德感知力,这种深切的内心感悟使他们充分相信:"他们就是中国,他们就是中国的未来,他们并不只是这样在说,不是的,而是明明白白地表现在他们充满自信的每句话和每个行动上,表现在每种表情和每种微笑上。"③

如果说通过激发自我认同,是重塑基层社会乡村民众权力主体的第一步,那么切实保护民众的利益,给予其看得见的实际,又是确立其权力主体的物质保证。一些学者从国民党统治时期自发的农民骚动的取向研究中得出结论:"农民认为政府的压迫甚于阶级剥削,对农民来说政府是外人,政府所体现的是剥削和压迫乡村这个封闭世界的外部世界。对这个外部世界村民有个印象,要抚养而无回报。"④也正是由于如此,中共将边区民主政权的落脚点、边区政府工作的实际成绩,放在对人民群众切身利益的关心和生活条件的改善,让每个人民群众都获得实实在在的利益上。因为对于乡村民众而言,民主到底是什么,他们不可能也无需懂得。但是他们却懂得实际的东西,对于他们来讲,"任何事情如果不能满足他们看得见的实际要求,无论你说得怎样天花乱坠,他们一概不信任。几千年来,有多少人站在他们头上,有多少人用尽了一切的方法欺骗过他们,他们受够了教训,除了实际的利益之外,还有什么可靠

---

① 《边区参议会议长在开幕典礼上的讲话》,《解放日报》1943 年 11 月 17 日。

② 《陕甘宁边区财政经济史料摘编》第 1 卷,总论,陕西人民出版社 1981 年版,第 237~238 页。

③ [波]伊斯雷尔·爱泼斯坦著,张扬等译:《突破封锁访延安——1944 年的通讯和家书》,人民出版社 1995 年版,第 149 页。

④ [美]费正清、崔瑞德编:《剑桥中华民国史》下册,中国社会科学出版社 1993 年版,第 344 页。

的标准？而且，凭良心说，如果对实际的生活没有好处，民主又有什么价值？"①所以，针对这一问题，张闻天专门撰文指出："要使群众在新的民主的生活中切身感觉到，革命是同他们血肉相关的问题，是他们自己的事；他们自己是革命的主人翁，是当权的人；他们完全有权力任用真正能够为他们服务的'自家人'，而罢免那些违反他们利益的坏蛋"。对于各级民主政府供职的公务人员，必须清醒地认识到，"我们不但要善于向群众提出革命的要求，而且也要善于满足群众向革命提出的要求"。②

当然，政府要倾听群众的呼声，采纳群众的意见，了解群众的生活，保护群众的利益，这只是其中的一步。按照董必武的说法，"这还不够，还要使群众敢于批评政府，敢于监督政府，以致敢于撤换他们不满意的政府工作人员。这样，群众才感觉到政权是他们自己手中的工具，政府才真正是他们自己的政府。"③应该说在整个延安时期，中共不断地发动民众给基层官员施加压力，而组织起来的基层群众在边区政府的帮助下拥有了表达自己利益诉求的畅通渠道，于是广大民众在共产党的鼓励下，表现出了浓厚的政治参与意识和兴趣，他们不断地向上级反映自己不满意的那些地方基层官员。

据统计，在1941年的选举中，仅绥德一县的提案就达2230件之多。同样是绥德，即有227个乡级干部，因受到人民的严厉指责而被政府罢免。在志丹县还出现了当众给县长提意见的情形。④

这种办法，不仅大大提升了基层民众的参政热情，而且也从根本上拉近了政府与民众之间的距离。可以说在此时"咱们的政府"已成为民众的一句日常话语。而且如果有顽固分子蓄意破坏，民众的立场就是"要坚决的帮助八路军，帮助咱们的政府，把那些混蛋东西，打得抱头鼠窜。……咱们的八路军没

① 李普：《光荣归于民主——谈解放区的政治与军事》，东北书店1937年版，第77页。

② 张闻天：《更多的关心群众的利益》，《共产党人》1940年6月20日。

③ 《董必武选集》，人民出版社1985年版，第55~56页。

④ 参见杨永华：《陕甘宁边区法制史稿（宪法、政权组织法篇）》，陕西人民出版社1992年版，第246页。

粮，就不能打仗！不能保护咱们这块自由、幸福的地方！"①一旦他们能够意识到自己的命运已与"我们的政府"的命运休戚相关，便会使乡村民众的政治归属感大大增强。作家陈学昭通过对延安的访问，深切地感受到边区群众的组织化程度和政治热情之高：

"他们有的只认得几个字，但他们的政治认识恐怕比受教育的人还高。男女自卫军所做的锄奸工作，如像查路条放哨等等，他们都是有着极主动的自觉性来做的。听说曾经有三个日本俘虏想法逃跑，就是依靠了自卫军包围了山头，重新捉回来的。这里的老百姓，他们的警觉性非常之大，而且对于锄奸工作做得非常认真。一个汉奸或坏蛋，如果一经发现，他们想逃出这里，那真休想，除非他生起翅膀。"与此同时，"他们的爱国热忱，也是十分令人感动的"。②

很显然，随着民众政治热情的高涨，他们的权力主体意识也在大大增强。先前的那种漠视选举的观念也在逐渐消失，并在边区政府的大力宣传之下而逐渐变得热情起来。特别是最不积极的基层妇女也被选为参议员。从1939年7月的第一次普选到1945年的第三次普选中，众多的妇女被选为参议员。尤其是在1941年县、乡选举中，共有167名妇女当选为县参议员，2005名妇女当选为乡参议员，17名妇女当选为边区参议员。③与此同时，一些不称职的参议员自然会落选。如在合水二区一乡二村的村民大会上，讨论薛少堂可否提为候选人时，很多人提供材料，说他过去是旧政府站衙门的，下乡催粮要款，欺压百姓，结果他的候选资格被一致取消了。④

陕甘宁边区政府通过树立劳动英雄和召开英雄大会的形式，以激发基层社会民众的自我认同感，并且在监督和批评政府的过程中产生的社会认同感，不仅极大地提升了基层民众的参政热情，尤其是通过大规模的普遍乡选，更是从根本上实现了原有乡村权力结构的变革，从而也从根本上重塑起基层

---

① 《关中民众热烈动员，赶送公粮，积极参加自卫军、运输队，保卫家乡》，《解放日报》1945年12月29日。

② 陈学昭：《延安访问记》，北极书店1940年版，第306页。

③ 《延安市妇女运动志》，陕西人民出版社2001年版，第144页。

④ 《边区1945—1946年乡选工作总结》，陕西省档案馆藏，卷宗号：2-2-1486。

社会的权力结构主体。而所有的这一切，都归结于民主。正所谓"民主的实质是人民有权力使政府以及使他们的代表们同意接受公众意志和公众要求"①。可以说中共正是凭借民主这一手段，不仅铲除了旧的政权体系，而且赋予了基层社会民众以更为直接的民主选举权力，从而在民主选举的过程中实现了新的权力结构体系的建构。

三、重新解构中间阶层

关于抗日根据地政权的民主的真正含义，毛泽东曾有过一段精辟的阐释。他指出："国事是国家的公事，不是一党一派的私事。因此，共产党员只有对党外人士实行民主合作的义务，而无排斥别人、垄断一切的权利。"②从客观上来讲，是由于"中国社会是一个两头小中间大的社会，无产阶级和地主大资产阶级都只占少数，最广大的人民是农民、城市小资产阶级以及其他中间阶级。任何政党的政策如果不顾到这些阶级的利益，如果这些阶级的人们不得其所，如果这些阶级的人们没有说话的权利，要想把国事弄好是不可能的"③。

实际上，农民与中间阶层的联盟，是陕甘宁边区民主的最大特色，也是体现陕甘宁边区民主的重要表征。因此，在重塑基层社会的权力结构主体时，不仅要关注广大农民群众的权力和利益，也要注重中间阶层的权力和利益，也就是要让他们"有人身自由的权利，参与政治的权利和保护财产的权利。全国人民都要有说话的机会，都要有衣穿，有饭吃，有事做，有书读，总之是要各得其所"④。

值得一提的是，中共所提的这个中间阶层，并不是从社会学意义上来定位的，而是从政治态度与阶级立场上来定位的。陕甘宁边区政府主席林伯渠曾对此有过阐释。他指出："在确定谁是中间分子的时候，应该看看他的阶级关系，

---

① [英]阿伯拉斯特著，孙荣飞等译：《民主》，吉林人民出版社2005年版，第136页。

② 毛泽东：《在陕甘宁边区参议会上的讲话》，人民出版社1975年版，第4页。

③ 陕西省档案馆编：《陕甘宁边区政府大事记》，中国档案出版社1991年版，第121~122页。

④ 毛泽东：《在陕甘宁边区参议会上的讲话》，人民出版社1975年版，第2页。

又看看他的政治态度,看看他的历史,又看看他的现在。"①具体来讲,就是"不左不右的中间分子……他们代表中等资产阶级与开明士绅。'不左'以区别于无产阶级与一般小资产阶级,'不右'以区别于大地主大资产阶级与顽固派"②。根据这一解释,所谓的中间分子主要包括开明的地主绅士和富农阶层。③

但是对于普通民众来讲,地主和绅士之间似乎还是有着明确的界限的。一方面是由于根据地的大多数乡村都非常落后,贫富分化并不鲜明,阶级界限亦很模糊,再加之绝大多数地主本身也参加劳动,可以说农村地主经济本身就很脆弱。同时,频繁的灾荒与急剧的社会动荡,今日地主或许就是明日贫农。因此在农民中间,并没有明确的阶级概念,只有贫富之差的经济概念。另一方面,在乡村民众的社会分层意识中,依然是以既有的乡土资源来看待和评价周围的人和事。特别是对于绅士与地主,在乡村民众眼中是有着不同的地位的。据王先明对地主和绅士的分析发现,地主与绅士"有重合之处,但又是完全不同的阶层,甚至二者利益时有冲突"。这是由于在乡村民众视野中,"乡村社区中个人权势地位和声望并不仅仅取决于财产,而主要取决于其社会关系网络和社会活动的影响力"。④

正是由于如此,在如何认识开明绅士这一问题上,普通民众有时却显得无所适从甚至与中共的政策相抵牾。如在陕甘宁边区二届参议会前后,就"有同志把一切上层人物看成都是中间派,甚至把国民党员也看成都是中间派,没

① 陕西省档案馆、陕西省社会科学院编:《陕甘宁边区政府文件选编》第 8 辑,中国档案出版社 1988 年版,第 108 页。

② 陕西省档案馆、陕西省社会科学院编:《陕甘宁边区政府文件选编》第 8 辑,中国档案出版社 1988 年版,第 106 页。

③ 人们一般是从社会学意义上将绅士阶层定位为"中间阶层"。有关这一认识,实际上在大革命时期就有人指出:"中国绅士,是一种上不在天,下不在地,立于军阀与官僚、民众之间,莫名其妙的一个阶级。"参见舜生:《中国的绅士》,《中国青年》1923 年第 17 期。而克明则在另一篇文章中明确指出:"绅士阶级一方面说代表民众,一方面又可以代表县政府,他们是一个中间阶级。"参见克明:《绅士问题的分析》,《中国农民》1926 年第 10 期。

④ 王先明:《变动时代的乡绅——乡绅与乡村社会结构变迁》,人民出版社 2009 年版,第 371~372 页。

有把反动分子从中间分子之中区别开来。而现在尤其经过去年反特务斗争之后，又有同志把真正中间分子看成反动派，把所有国民党员看成特务，没有把中间分子从反动分子之中区别开来"。有的则"把中间分子估计成反动分子或进步分子，或把反动分子估计成中间分子"。特别是对于富农和商人阶层能不能看成中间势力，"有的说能，有的说不能"。而对于县乡两级政权，由于对于开明绅士的实质缺乏认知，甚至有人将反动分子确定为开明绅士而拉进参议会，甚至有的地方"凑数"成为一种普遍现象。①

由此也不难看出，左右民众价值判断的并非是中共所倡导的阶级分析，而是传统的乡土资源。黄宗智在考察农民的价值评判时也指出，农民往往会"把'财主'和有学问、人品受敬重的人分别开来，后者简单称'先生'"，自然"'绅士'就是有学问和品格高尚的人，与财富无关"。②所以，当中共以"地主阶级中的开明人士"来界定开明绅士，而对于乡村民众而言，从自身具有的社会属性上来界定开明绅士，就不难理解了。事实上，这一差异不仅体现在对绅士的认知上，而且还体现在对"开明"的认定上。

在长期处于剥削压迫下的农民大众眼里，有一部分绅士还不仅是地主，更是威胁他们生存的剥削者。所以，在他们看来，绅士"亦是高利贷者，绅士亦是官吏，绅士是地主，地主高利贷者，商人高利贷者。绅士亦是承办抽租税者，绅士又是年贡收集人，绅士又是大官，大将军，绅士又是某族的'大人物'"③。这些刻在普通民众脑海中的形象，是无法被彻底抹去的。再加之一些地主绅士在减租减息问题上的消极抵制，而注重强调交租交息，更加重了普通民众对地主绅士的怀疑。④所以一旦一些地主绅士被选举而参与政权管理，便招致民

① 陕西省档案馆、陕西省社会科学院编：《陕甘宁边区政府文件选编》第8辑，中国档案出版社1988年版，第106~107页。

② 黄宗智：《华北的小农经济与社会变迁》，中华书局1986年版，第68页。

③ 马扎儿：《中国农村经济研究》，神州国光社1930年版，第581页。

④ 如在陕甘宁边区的绥德和米脂的地主，是全边区地主阶级的代表。由于经济的、政治的、历史的、人事的各种原因，绥德、米脂地主阶级内部，态度也很不一致。一般对于一些具体问题持下列态度：对于土地所有权的保障一般很满意，但对减租和保护佃权的措施多数不满，并强调交租和地权一面。参见柴树藩等著：《绥德、米脂土地问题研究》，人民出版社1979年版，第113页。

众的质疑与反对。

之所以出现这种情况,主要是由于在民众的眼中,影响他们进行评判的首先是自身的生存安全。因为当"外部剥夺作为不可避免的生活内容,农民对他进行评价的关键因素,是看他增加还是减少了发生灾难的机会"。所以在关乎农民生存利益这一问题上,"他要问涉及农民利益的制度是否尊重其作为消费者的基本需要"。①很显然,当近乎 1/3 的地主参加政权管理,这与农民既有的思维意识中关于"开明"的认知是相冲突的。在他们看来,真正的"开明"所指向的依然是传统绅士在乡村社会所扮演的那种社会角色。

正是基于这样的认识,所谓"公正"、"好人"、"有文化"自然就成为他们定位开明绅士的一个重要尺度。延川士绅李丹生之所以被称作开明绅士,一个重要原因是因为他是"中华民族的好人"②。由此也不难看出,以品行而不是财富来判断一个开明绅士,是普通民众的一个评判基准。因为"仅有财富并不能使家庭在社区中享有社会地位"③。这种立足于乡土血脉中的"好人",在很大程度上体现着民众对传统绅士认知的烙印。事实上,民众之所以立足于乡土观念来认知开明绅士,也是基于一个客观现实,那就是在乡村社会里,"尽管绅士的构成要素已有所变异,然而绅士的传统功能和角色却并无质的变化"④。所以,当代表地主阶级的绅士参与政权时,只有在更大程度上能满足民众的愿望与要求,才能使其在当地社会中获得合法性,也只有这样的绅士才是开明的。

不过,无论如何,通过民主的形式在重塑乡村民众的基层权力的同时,也给予中间阶层一定的权力和利益,这是中共在抗战时期的一项既定方针。正如谢觉哉所说:"及我自己可以民主时,又不吝给予人家民主,不耐烦去推行民主,那是错误,是对革命的罪过。"⑤因此,为了更好地实现对基层社会权力

---

① [美]詹姆斯·C.斯科特著,程立显等译:《农民的道义经济学:东南亚的反叛与生存》,译林出版社 2001 年版,第 38~39 页。

② 高尚斌:《"老成典型"——李丹生先生简介》,《延安大学学报》1983 年第 1 期。

③ 杨懋春:《一个中国村庄——山东台头》,江苏人民出版社 2001 年版,第 153 页。

④ 王先明:《变动时代的乡绅——乡绅与乡村社会结构变迁》,人民出版社 2009 年版,第 387 页。

⑤ 《谢觉哉文集》,人民出版社 1989 年版,第 339~340 页。

主体的重塑，中共根据抗日民族统一战线政权的原则，提出了"三三制"政权的结构模式。即在人员分配上，应规定为共产党员占 1/3，非党的"左"派进步分子占 1/3，不左不右的中间派占 1/3。它给中间派以 1/3 的位置，"目的就在于争取中等资产阶级和开明绅士"①。尽管在实行的过程中也存在着矛盾，但是"矛盾是推动机"。经过艰苦细致的宣传教育，基层社会的不少中间阶层被选举为参议员。

值得一提的是，陕甘宁边区在重塑基层权力主体的过程中，对于中间阶层的政策具有较强的策略色彩。也就是说，"我们团结他们，并不是因为他们在政治上有什么大的力量，也不是因为他们在经济上有什么重要性，而是因为他们在抗日战争时期，在反美蒋斗争时期，在政治上曾经给我们以相当的帮助。"②所以，随着解放战争的节节胜利，特别是土地改革的渐次展开，这种认识上的差异基本上就不存在了。随之而来的政策也发生了转向。"抗日战争的阶段过去了，新的情况和任务是国内斗争。"③

但是，从总体上来看，中共以基层政权建设为基点，通过不断改造基层社会原有的习惯性思维，在此基础上又通过重新界定基层社会中人与人之间的关系以及个人与国家政权之间的关系，并以参议会这一新型的制度安排为纽带，通过民主的方式来重塑基层社会的权力主体结构，不仅深刻地改变了基层社会的权力格局，而且从根本上改变了乡村社会的原有生态体系。随着基层政权建设的不断深入，又将会在大大改变基层社会的权力关系的基础上，彻底改变基层社会新的运行结构模式。而这一全新的社会运行模式，也将基层参议员的广泛选举提上了议事日程。

①　《毛泽东选集》第 2 卷，人民出版社 1991 年版，第 743 页。

②　《毛泽东选集》第 4 卷，人民出版社 1991 年版，第 1290 页。

③　《毛泽东选集》第 4 卷，人民出版社 1991 年版，第 1130 页。

第四节　基层参议员的产生

ERSHI SHIJI ZHI ZHONGGUO

128

陕甘宁边区的基层参议员是通过广泛的民主选举而产生的。民主政治，选举第一。"民主的第一着，就是由老百姓来选择代表他们出来议事管事的人。"[1]不过，对于基层参议员的选举产生，还需要坚持最基本的民主实质和原则。如果没有基本的原则，选举也会成为空架子。这一基本原则就是"普遍、直接、平等、无记名"。可以说在整个陕甘宁边区时期所颁布的选举法规中，毫无例外地都确定了这个最公平、最合理的选举原则。

一、选举前的准备

就基层参议员而言，在"普遍、直接、平等、无记名"这四条原则之中，直接与平等尤为重要。所谓直接，是指选民直接选出被选人，不经过中间的转折过程，即边区、县、乡三级参议会的参议员，均由选民直接选举产生。

事实上，陕甘宁边区民主政治的支柱，就在于广泛的基层社会。可以说没有基层社会的广泛民主，上层建筑是不会充实与巩固的。因为"不管什么事，

---

①　韩延龙、常兆儒编：《中国新民主主义革命时期革命根据地法制文献选编》第 1 卷，中国社会科学出版社 1981 年版，第 213 页。

动员也好,建设也好,真正做的是乡市与村,上级政权机关,只是计划与传达。乡村市基础不好,上面纵有好设施,沿途打折扣,到直接执行的乡村市,就没有了或走了样了,又人民直接感到要兴要革的,是他切身的利害。离开这,要转几个弯子才能联系他的切身利害的事,他是不感到兴味的。也只有从他切身的事的经验,才能使他懂得与他切身有关系的大者、远者。所以直接民主的单位,应该是乡村与市"①。

与此同时,直接选举更能使参议员与群众发生直接而固定的联系。参议员议定的事,由自己领导群众去完成。群众有意见,可随时向自己的参议员反映。事实上,直接选举方式,就其实质来讲,就等于人民直接管理和监督政权。正是由于选举与民众的利害直接相连,所以他们自然会认真慎重地挑选自己信赖的代表。而且从技术层面上来看,选举者与被选举者一般都是比较熟悉的,所以这种直接选举也更具有操作性,更能反映民主的实质。曾在延安访问的赵超构也认为"普遍、直接、平等、无记名"在基层社会中所反映的"民意的成分相当可靠"②。

所谓平等,即是指每个选民在选举中享有平等的权利,不论什么阶级、党派、团体的人,只要是选民,都有选举和被选举的权利。与此同时,在会议讨论中也应该是"大家的事,大家来议,大家来做。在大家公认的条件之下(少数服从多数,个人服从全体……),谁都能发表意见,好的意见一定能被采纳;谁都有出来做事管事的义务与权利"。从而"使人民首先从自己切身利害问题的解决的经验上感到民主的兴味"。③唯有如此,才能产生真正为民众议事管事的参议员。事实上,在一个民主社会里,"人民群众扮演积极主动的而不是消极被动的角色,旧日的忠顺和服从传统被人民中间的平等意识所取代,人们感觉人与人之间差不多,或者至少每一个人都有平等的权利受到尊重和注意。从而,民主必然与平等相联系。只有当足够多的人们能够强烈地感觉到自身的价值和权利时,对普选权或平等政治权利的要求才能奏效"④。

① 谢觉哉:《边区民主政治的实际》,《新中华报》1940 年 6 月 18 日。
② 赵超构:《延安一月》,上海书店 1992 年版,第 222 页。
③ 谢觉哉:《边区民主政治的实际》,《新中华报》1940 年 6 月 18 日。
④ [英]阿伯拉斯特著,孙荣飞等译:《民主》,吉林人民出版社 2005 年版,第 64~65 页。

当然,对于陕甘宁边区的乡村民众而言,在开展参议员选举前的大规模的宣传动员自然是必不可少的工作,尤其是由苏维埃时期的工农民主转到抗战时期的一般民主的情况下,"首先要对群众做艰苦深入的宣传解释与教育的工作,这是决定选举运动能否完成任务的一个基本条件。"[1]为此,边区各地开展了形式多样的宣传工作,诸如开展家庭访谈、开座谈会、利用庙会集会等多种形式,随时展开宣传动员工作。其中关于招贴标语、宣传画以及唱小调演戏等群众喜闻乐见的形式最富有成效。如在陇东分区,选举宣传委员会专门制作了《选举运动宣传大纲》,并制定了"实行民主选举要检查贪污腐化分子"、"选举是保卫边区的法宝"、"选好人到议会里去"、"参议会是人民的代表机关"、"人民起来监督政府"、"选举是人民应有的权利"、"到农村中去开展选举运动"、"选举是大事,大事应该大家做"等标语口号。[2]在米脂县开展选举动员时,在人员往来较多的交通要道上贴有"水有源来树有根,政府主人是人民;伙计办事为主人,做好做坏要检查"这样的标语。在米脂县民丰六乡宣传时,把选举排成戏,然后到各行政村去演,从而极大地增强了人们对选举的认识。[3]

在宣传过程中,宣传人员也特别要注重自身的工作态度。如在1940年开展选举运动时,边区政府曾委派女大选举工作团亲赴绥德分区开展宣传动员工作。据相关人员回忆,她们深入到各保各村开展宣传工作,一般都住在老乡家里,跟着吃糠咽菜喝稀粥。住又极不方便。陕北农民习惯睡大火炕,全家男女老少睡在一个炕上,女学员也只能客随主便,挨着他们的女孩子睡在一起。当地人又不讲卫生,难得洗一次澡,和他们同睡一铺炕,自然很快传上虱子。你的毛巾和牙刷,他也随手拿起即用。但是当听到群众反映什么意见,她们立刻在本子上记下。群众看到我们这些如此认真又能说会写的"婆姨"(陕北对妇女的称呼),都投来惊奇、羡慕和钦佩的目光,特别是当地的"婆姨"们对我们更是啧啧称道。通过这种方式,我们和群众特别是婆姨们的关系也密切起

① 中央档案馆、陕西省档案馆:《中共陕甘宁边区党委文件汇集(1937—1939年)》,1994年刊印,第19页。

② 中共庆阳地委党史资料征集办公室编:《陕甘宁边区时期陇东民主政权建设》,甘肃人民出版社1990年版,第227~228页。

③ 《米脂县乡选工作总结报告》,陕西省档案馆藏,卷宗号:2-1-875。

来了。一到老乡家,有的婆姨就张罗给我们烧米茶,煮米酒;有的把她们亲手织的花布裁成短裤送给你,你不要,她偷偷地塞进你的挎包;有的把自家院里的沙果、桃子摘下来,热情地让你尝个鲜。[1]

伴随着宣传工作的逐步深入,各选举委员会便开始着手参议员的选举工作。首先开始人口登记和选民资格的审查。进行人口登记和选民资格审查,是关系到公民的基本权利和政治生命的大事。因此,边区各级政府及其选举委员会对这个问题的处理是十分认真和严肃的。就基层选举而言,一般是由基层选举委员会和选民资格审查委员会直接负责审查。"走这家问那家,由张三证李四,暗里拜访,个别探询,比较核对,求得真情。"最后按照选举资格的法律规定作出结论。[2]经资格审查之后就要公布选民。在把选举资格审查清楚以后,就要出榜公布。根据要求,榜分红白,照例"红榜"在前,先抄选民名单,再抄年龄不合格的名单;"白榜"在后,只写第四条所限制的三种人:即有卖国行为,经政府缉办有案的,经法院判决剥夺公权,尚未恢复的、有精神病的。之所以要出榜公布,是因为"出榜对鼓励人民参加竞选,有大作用。当榜出以后,居民喜眉笑眼围绕着看,是普遍情形"[3]。

二、基层参议员的选举

陕甘宁边区基层参议员的选举是分区域进行的。县参议会参议员的选举单位,在 1937 年和 1939 年的选举条例都规定"以区为选举单位"。但是从 1942 年开始,县参议会参议员的选举单位变小,实行"县"(或等于县的市)参议员的选举单位为乡的规定。其目的是使每个乡都有产生参议员机会,这样人民与参议会的联系更广泛、更密切了。而且投票时,在一处也行,在几处也行。

而乡市参议会的参议员的选举单位变化最大。1937 年的选举条例规定,

① 丁雪松口述:《中国第一位女大使丁雪松回忆录》,江苏人民出版社 2000 年版,第 300 页。

② 杨永华:《陕甘宁边区法制史稿》,陕西人民出版社 1995 年版,第 195 页。

③ 韩延龙、常兆儒编:《中国新民主主义革命时期革命根据地法制文献选编》第 1 卷,中国社会科学出版社 1981 年版,第 226 页。

"乡代表选举,以村为单位"。1939年和1941年的选举条例,则扩大了选举单位的范围,实行"乡市参议会参议员的选举区域,以行政村为单位"的规定。但是为了健全民主,加强基层政权建设,边区政府在吸收苏区选举立法经验的基础上,在制定1942年的选举条例时,对乡市参议会参议员的选举单位又进行了重大改革,规定"乡市(或等于区的市)参议员的选举单位为居民小组"。为什么要打破过去以村或行政村为选举单位,实行居民小组为选举单位?这是因为乡市参议员要固定管理居民,以前以行政村为单位选举,有的村庄参议员多,有的村庄参议员少,甚或一个没有,要以此单位来管理居民并不便利,就重新划分了。而该参议员又不一定是该组的每个居民所选,不都信服该参议员。所以条例上虽然规定乡参议员应有管理的固定居民,实际上并没有做到。现把选举单位改为居民小组,就好得多。开会便当,选民都可以到,参议员又自然而然地同自己所管理的居民形成固定的联系。[1]但是,这一规定在以后的选举工作中, 也暴露出一些缺陷。比如它规定每20人至60人的居民小组,得选举乡市参议会参议员1名,但由于范围太小,不适应"三三制"选举的要求。同时它规定代表领导居民的制度,却又与自然村长并行,出现领导二元化的局面。所以在1944年公布的《陕甘宁边区各级参议会选举条例》中又重新规定:"乡参议会参议员之选举,以行政村为单位,市(等于区或等于乡的市)参议会参议员之选举,以街道或原有行政区域为选举单位。"[2]

但是无论如何,选举能否进行和能否进行得好,主要的关键在于人民有没有发表意见和反对他人意见的权利,在于人民能不能真正无拘束地拥护某个人和反对某个人,也就是说如何提出与确定基层参议员的候选人。这应当是选举过程中的关键一环。故此,边区政府明确指出:"乡参议员或人民代表候选人,支部不预先提名单,让乡村老百姓大家提,但提出后支部须加以研究,如发现有坏人或不适当的人时,可经过党员在群众中活动设法去掉。县参议

① 韩延龙、常兆儒编:《中国新民主主义革命时期革命根据地法制文献选编》第1卷,中国社会科学出版社1981年版,第227页。

② 中国科学院历史研究所第三所编辑:《陕甘宁边区参议会文献汇辑》,科学出版社1958年版,第235页。

员或县政府委员候选人,由县委详细研究提出,经地委审查批准。"①实际上,基层民众对于选举什么人的问题,也是非常关心与慎重的。当候选人名单公布以后,每个人都会热烈地参加讨论,有的会批评某人对革命不积极,某人曾经反对过革命,某人曾经贪污过,某人曾经是流氓,某人曾吸食鸦片,等等。甚至有的选民会公开涂掉其名字,有的则到处宣传某人的坏处,等等。如安塞四区一个乡长因工作消极,蟠龙一、三、五乡乡长不能代表群众利益等,民众均反对将其列为候选人。②

由于基层民众可以自由酝酿提名候选人,于是在"自由选举,选举好人"方针的指导下,人民群众都把"拥护施政纲领、赞成党的方针政策,办事公道、不耍态度、勤快、正派和能识字"的人,作为参议员候选人。因为要选举好人,就要认识好人。为此,边区政府要求通过检查、批评政府工作的办法,来认识和检验谁是真正为群众办实事的好人。这些批评意见主要包括干部作风、负担政策、合作事业、生产建设、优抗政策、教育工作、武装政策、婚姻问题、缉私问题、军民关系、土地问题、群众纠纷、要求救济等方面。应该说群众提意见态度非常积极,有些意见很尖锐、很大胆。检查和批评政府的工作,不仅使民众对民主的认识有了很大提高,而且也深刻地体会到应该选举什么样的好人来做参议员。其中有些民众还对此前曾经在选举过程中所做出的一些不正确的选举而进行了深刻反思。

如在1945年的选举运动中,鄜县一位叫高德奎的农民就曾坦诚地表明自己曾经没估计被选人到底适合不适合,只想不给熟人投豆豆,不好意思,就选了些不合适的人。选下自卫军连长杨全福,发现他就不工作,自卫军冬训,群众来了,他还叫不来,来了尽抽烟,不起作用,从没把自卫军好好整顿过一次。所以他便进行了自我批评:"选上这号人,是怪我们对选举不负责。"富农杜福海也谈道:"过去我们认为谁不行就把谁选上,应付一下差事就算了。现在才知道这种思想很不对。"一位叫王善梅的妇女在谈到她们妇女的情形时也说道:"发给的豆子随便向碗里撩,前面碗里就撩得多,豆子撩完,妇女就走了,选下些谁

① 《中共中央西北局文件汇集(一九四五年)》,中央档案馆,1994年编印,第108页。
② 《林伯渠文集》,华艺出版社1996年版,第110页。

也不知道。""今年可要认真选出自己心里的人,给大家好好办事。"①

可见选举"好人"在此时基本上已成为基层选民的一个共识。所以等到选举参议员时,老百姓都说:"选举是头瓜里选头瓜,好人里挑好人,这样好人纷纷选出来了。"根据延安市、安塞、固临、延川等地的调查,全部 2763 个乡代表中,绝大多数是在群众中有广泛信仰、威信很好的,全是选的公正人和先进分子。②在边区所属的印斗联保第一保乡参议会的参议员资格审查委员会的材料中,关于民众对"好人"的认知有着详细的记录,这一记录可以说是对于乡级参议员的成分、行为的一个"率真"的鉴定。

表 2.1　印斗联保第一保参议会的审查记录

姓　名	成　分	评　　议
申怀玉	中农	好人,读过书,会说话
申巨成	贫农	好人,没嗜好,忠实
申德清	贫农	好人,很实在
申元奎	赤农	好人,诚实得很
申雄清	中农	人平常。看银钱重一点,不爱人的钱,也不肯给人一分钱
申玉珍	贫农	好人
申巨有	中农	忠厚,但软一点
刘和清	贫农	会说话,好赌钱
刘水清	富农	啥也不做
刘和堂	中农	好人,老实,说话很直
刘安生	贫农	对人好,对老人不好,不孝顺母亲
刘加有	中农	一切都好
刘庆和	贫农	没出过事
孟金兰(女)	商人	好人,不得罪人
刘俊华	中农	做事不正直,摊派不公
张生华	贫农	可以,直爽,好赌
常雄宾	中农	好人,很讲卫生
高有来	贫农	可以,好赌钱
冯德英	贫农	吃钱就不抓赌

资料来源:谢觉哉《一得书》,人民出版社 1994 年版,第 17~19 页。

---

① 《陕甘宁边区 1945—1946 年乡选总结》,陕西省档案馆藏,卷宗号:2-2-1486。

② 《李鼎铭文集·纪念·传略》,中共中央党校出版社 1991 年版,第 53 页。

当审查会报告后,接着就是讨论。在讨论过程中既有自我批评,也有批评别人的。兹举几个人的事例如下:

张生华说:我当甲长,正月里包赌三天,这是我的偏病,不能算是好人。我做了十几年的坏事,要在这几个月的参议员里补成好人。

刘万里说:三月十八日抬伤兵,十九日回来,连赌了一个月,押明宝,张生华出宝我押。放下担子就赌。

刘和清说:家穷,年纪老,农民分子,啥也解不下。有点好赌博,说出来好改过。

冯德英说:说我好的人不多,"胡皮乱打"是没有的,不过吃钱不抓赌是不对的。你们批评,看我以后的态度吧。

"知过必改。"——大家鼓励他。

大家又批评了几个人。如:批评刘俊华"人是可以","自当主任后,办事不公。办的公事,没有人说好的。"——张生华说。

"态度不好,暴躁,办公事人不应该耍脾气。"——杜润生说。

批评刘安生,"不孝顺母亲,还要给母亲领一块钱救济费,太不应该。"——张生华说。

批评申雄清,"没嗜好,有些刻薄。"——大家说。[①]

从上不难看出,乡村民众最不喜欢的,是不公道和不孝。对于赌博,虽然很厌恶,但似乎在农村却是没有正当娱乐所致。而对于那些能够主持公道、腿勤、能干、乐于为人民办实事的人,则无疑是乡村民众眼中的"好人"之选。所以在淳耀照金区七乡讨论参议员候选人时,是"比了又比,挑了又挑",最终就是以"和平、公道、腿勤、能干这四个条件来研究"。[②]由于民众的朴素价值观中内涵着这种对"好人"的寄望,所以一些地方在选举参议员时专门制定了适合本地区的"好人"标准。如延安市新市乡的"好人"标准是:必须具备"公正、和平、腿勤、能行"四条。米脂民丰区的"好人"条件是:(1)不偏二向四;(2)了解上下情;(3)能接受批评;(4)虚心细致;(5)有办事能力。吴旗的"好人"标准

---

① 谢觉哉:《一得书》,人民出版社1994年版,第18~19页。

② 《淳耀照金区七乡认真讨论代表候选人》,《解放日报》1946年1月8日。

是：(1)办事公正；(2)和平老实；(3)积极腿快；(4)过去办过好事；(5)脑筋明白敢说话；(6)年龄不太大太小，家中有劳动力，等等。①然而，对于不选的标准却有五：(1)"二流子"(好吃懒做的人)；(2)抗上压下；(3)木头人；(4)口是心非；(5)自私自利。②可以看出，在这些标准中，公平和公正几乎是所有选民最基本的评价标准。

乡村民众何以会对"公平"、"公正"如此看重？究其原因，一个至为重要的因素就在于民众在利益分配过程中非常渴望通过一种公平正义的伦理价值原则，来实现自我在社会交往和生活秩序中的和谐。

在中国乡村社会中，物质利益的公私划分始终是围绕着"正当"与"违背正当"的伦理价值观展开。正如一些学者所说："符合于社会伦理与国家法制的物质利益是公与私利益关系的本义。违背上述利益关系的欲望和行为是贪私与私害。这就是在论及公与私的概念范畴时，人们应该甄别下述两义：一是公与私表现国与家两大社会层阶实体。它们是社会生活实体的部类划分。在这个意义上说，公与私是社会生活系统中的两大利益关系主体，它们是国家基本法制和社会伦理认可与保护的客体。二是社会公义抵制的侵害上述客体的私利行为。侵害法制与伦理所保护客体是贪私和私害行径。"③据此反观陕甘宁边区的乡村民众，如果从"公"的层面来看，最重要的任务就是缴纳公粮，而且他们所缴的各种摊派和救国公粮是比较重的。但是出于保家卫国的需要，边区民众是愿意缴纳这些公粮的。

张国焘也曾回忆说："以抗日名义来征收救国公粮，在当时'有钱出钱，有力出力'的抗日口号感召之下，农民是特别踊跃缴纳这种公粮的。"④但是他们最关心的就是负担的公平问题，"只要负担'公平'，他们说，就是负担重些也是甘心的"⑤。可以说乡村农民的这种寄望公平的心理，也是数千年来"由均平

---

① 《陕甘宁边区1945—1946年乡选总结》，陕西省档案馆藏，卷宗号：2-2-1486。

② 谢孝思：《黄齐生诗文选》，贵州人民出版社1981年版，第162页。

③ 陆建猷：《公与私是中国传统社会运行的基本支点》，见刘泽华、张荣明等著：《公私观念与中国社会》，中国人民大学出版社2003年版，第318页。

④ 张国焘：《我的回忆》第3册，东方出版社1998年版，第398页。

⑤ 《张闻天晋陕调查文集》，中共党史出版社1994年版，第63页。

致太平"的千年之梦。特别是近代以来频繁的战乱与自然灾害,给边区人民的生产与生活带来了严重的威胁,田地荒芜,灾民流徙,农村萧条,成为灾害之下极其凄惨的现象。此情此景,对于长期处于被压迫之下的农民来讲,又是无法改变的现状,因此,也就只有通过均平的方式,依靠想象中的"差序和谐"来达到保护自己的目的。

与此同时,乡村民众对"公正"的看重,也是着眼于乡村纠纷的考虑而作出的选择。正所谓"讼事之起,多在乡村"。因此,如何解决这些乡村纠纷自然是基层民众关注的问题。然而,中国乡村社会向有无讼的社会心态,本分的劳动农民不愿到政府解决纠葛,更不愿意打官司,所谓"告人一状,十年不忘"就是这种心态的真实写照。正是由于如此,陕甘宁边区政府提出调解的方式,最主要的是群众自己调解,"因为他们对事情很清楚,利害关系很密切,谁也不能蒙哄谁,占便宜、让步、都在明处",同时还可以"增加农村和睦,节省劳力,以从事生产"。[1]另外,还可促使广大人民群众参加国家管理,锻炼自治能力,实践民主政治。群众的疙瘩群众解,因此一旦发生矛盾,民众就去找他信任的人出来主持公道。而基层参议员作为众多人中的优秀分子,往往是扮演群众调解员的角色。很显然,那些处事公道公正之人,自然会成为民众所推选的参议员人选。

基层参议员的选举过程,是参议员产生的关键一环。其中参议员的竞选是首当其冲。关于参议员的竞选,边区政府明确规定:"各抗日政党、抗日群众团体,可提出候选名单及竞选政纲,进行选举运动。……各级参议员候选人应参加竞选。竞选运动在不妨害选举秩序下,任何人不得加以干涉或阻止。"[2]谢觉哉也明确地指出:"参议员候选人应行竞选运动,否则选民不知其人,投票将流于形式。"那么,如何参加竞选呢?在陇东分区选举宣传委员会的《选举运动宣传大纲》中有着通俗的描述:"竞选就是各抗日党派、抗日团体,都想自

---

① 陕西省档案馆、陕西省社会科学院编:《陕甘宁边区政府文件选编》第 8 辑,中国档案出版社1988 年版,第 202 页。

② 陕西省档案馆、陕西省社会科学院编:《陕甘宁边区政府文件选编》第 8 辑,中国档案出版社1988 年版,第 476 页。

己提出的候选人当选，都向选民宣传要求选举他的人。怎样竞法，不是靠枪，也不是靠钱，而是要各抗日党派、抗日团体，各人把各人的货色摆出来，要老百姓来看来挑，谁的货好，谁就可以当选。……其他一切抗日党派，抗日团体，也可以这样竞选，我们也欢迎，只要你的货好，保证要当选。"①

通过广泛的宣传动员，由上层到基层，从城镇到乡村，从共产党到其他抗日党派，从干部到群众，都卷进了竞选的浪潮。各地候选人纷纷发表演说，参加参议员的竞选。在绥德县第四保展开竞选时，实行"三三制"的标语贴满县城、乡镇和村庄显眼的地方，参与选举工作的人跑遍每个角落，动员选民行使自己的光荣权利。于是各阶层的代表人物，各抗日民主党派都自由地参加了竞选。在各选区召开的选民大会上，候选人一个接着一个地登台发表竞选演说。有一个农民出身的候选人在竞选时说："我没有念过书，我啥也解不下，但我做事公道，公平……"也有的妇女候选人红着脸登台发言："妇女受封建势力的压迫，如果大家选了我，我一定为妇女办事……"有的候选人说："我没有什么长处，就是三多：1.穿鞋多。有事情就亲自跑腿。2.自我批评多。3.说话多。有事多同群众商量，有问题多做说服教育工作。"②在延安市南区召开参议员竞选大会时，到会选民有 2500 多人。曾留学日本，参加过辛亥革命，做过农校和师范学校校长的前清秀才汪雨相，通过刘景范以公民身份替他作了介绍，然后由他本人发表施政主张。另一个叫马小云，当一位女选民替她介绍施政主张后，她便沉着地说道："请你们对我来一个估计吧。如不相信，请把票投给别人，如相信，请投马小云一票。"最后一个竞选者是一位女青年贺茵，也由一位女选民替她作了介绍。接着她在竞选演说中说："如果选了我，我不仅能代表女同志的利益，而且也能代表男同志的利益。"竞选结果是马小云、汪雨相、贺茵等以多数票光荣当选延安市参议会参议员。③

如果说竞选是民主选举的前奏，那么选举方法就是体现民主选举的重要

---

① 中共庆阳地委党史资料征集办公室编：《陕甘宁边区时期陇东民主政权建设》，甘肃人民出版社 1990 年版，第 226~227 页。

② 张希波、韩延龙主编：《中国革命法制史》，中国社会科学出版社 2007 年版，第 152~153 页。

③ 参见杨永华：《陕甘宁边区法制史稿》，陕西人民出版社 1992 年版，第 217 页。

依靠。基于陕甘宁边区乡村民众大多是文盲这一现状，边区民众在选举参议员的过程中曾创造过众多世界选举史上闻所未闻的选举办法。这些办法除了最常见的投票法之外，还有"烧香法"，即每个选民，发给选票一张，香头一个，大会主席团主席详细介绍候选人，由选民自由选择，同意谁，就在其名字上烧一个洞，投入票箱。"投豆法"，就是选举委员会根据本选举单位有几个候选人，就准备几个碗，在每个碗上贴一个候选人的名字，司票员照选民名册顺序把每个选民叫到票桌前，按应投几票即交给选民几粒豆子，并同时告诉他某碗是某候选人的，愿选某人，投豆到某碗。这种办法尤其适合在基层选举。因为在基层选举中候选人一般是不会太多的，在这种情况下会发给选民几种颜色不同的豆子。比如：黑豆一颗，代表张；黄豆一颗，代表李；玉米一颗，代表赵等。另外，每个选民再发给小纸一张，如果想选谁，就把代表谁的豆子用纸包上，放在碗里，同时包几颗者作废。① 另外，还有"背箱法"、"举胳膊"等方法。"背箱法"就是选举委员会待选举之日，准备若干个箱子，上锁贴封，由司票员分途收票。这一方法同样适宜于基层参议员的选举。特别是对于那些地广人稀和国民党顽固派经常骚扰的边境地区比较适宜，另外，对于那些小脚妇女和老弱病残选民而言，也是非常可取的一种选举方法。

在众多的选举方法中，环县在参议员选举中创造出一种新颖独特的办法。其办法主要是：(1)在选民大会前把破碎报纸集中起来，裁成一寸长、半寸宽的纸条子，县参议员条子就印上"县"字，乡参议员条子上就印上"乡"字，条子头上写"1、2、3"数字作票的号数，其余什么都不写。(2)票(纸条子)做好后，就按应选参议员的数目订在一起。例如，一村选乡正式参议员5人，选县参议员10人，那就把有"乡"、"县"字的纸条子分别订在两起(乡一起5张，县一起10张)，同样的把乡、县票都一打一打地订起来。(3)选民大会上将到会的选民编成小组(5人至9人，男女分开)，每个监票员负责一个组。例如，第一个组是5人坐在一起，每人发乡、县票各一打，由甲监票员负责，其余的选民也同样的按照次序一组一组地坐好。(4)各选举小组坐好后，主席或监票员将台上的参议员候选人名单详细介绍一遍，然后一个一个地折票选举，同意李二麻子为

第二章

制度建构与权力重塑

---

① 力民：《人民文化水平低，就不能实行民选吗？》，《新华日报》1946年1月24日。

乡参议员的，就在有"乡"字的那一打票上折下一张交给监票员。例如：一组、二组 4 票，三组 3 票，四组 2 票，五组 1 票，总共 17 票，主席就在李二麻子的名字底下写上"17"。按照候选人名单一个一个地折下去，最后开票比条子，最多的就当选正式参议员，次多的就当选候补参议员，其余的人就落选了(县参议员的选举也是同样)。如果在边界选举时，就采用"集中战斗的办法"。(1)按集中的原则，把区乡级干部组成工作组，集中进行工作，避免干部的损失。(2)工作组集中搞甲村时，在离该村约二三里远可能发生土匪的地点，放 2 个至 3 个的哨(尖兵)，注意土匪的活动，保证选民大会胜利结束。(3)在进行甲村选民大会时，就要派人到乙村做准备工作和侦探消息；若不好，就马上回来报告，改变工作计划。这样的办法，在边界地区可以用，避免意外事件的发生。①

环县在选举参议员时所采取的上述选举办法，的确是根据实际情况因地制宜而创造出的好办法。它不仅可以实现无记名投票的选举原则，具有较强的可操作性，票数也不会出现错误，同时，利用破碎报纸也大大节省了经费。正是由于这种创新的选举办法，才最终使得真正成为民众喉舌的基层参议员脱颖而出，成为民众心目中真正的"好人"。参议员选举办法的创新，也再次说明"政治上的一切'创作'，不存在于领导者的脑子里，而存在于广大人民中"②。

在陕甘宁边区的基层民主实践中，随着乡村民众民主政治觉悟的不断提升，越来越多的"好人"需要充实到基层参议员队伍之中；另外，在现有的参议员队伍中，不可避免地也会出现一些工作不积极的怠工分子。与此同时，有一些参议员因离职、死亡等原因，会使基层参议会产生空缺。因此，对于基层参议员的候补改选，也就成为基层参议员选举中的另一重要内容。

关于候补参议员，他与正式参议员的主要区别就在于，候补参议员在出席参议会时，只有发言权，没有表决权。但是就基层参议员而言，边区政府在

---

① 中共庆阳地委党史资料征集办公室编：《陕甘宁边区时期陇东民主政权建设》，甘肃人民出版社 1990 年版，第 257~259 页。

② 谢觉哉：《谈谈选举训练班》，《新中华报》1941 年 1 月 31 日。

1942 年之前都规定在乡市设置候补参议员,但此后规定在基层不再设置候补参议员。主要是由于基层参议会的选举周期一般都较短,而且选举单位也较小,开会的频率相对较高,只要一有空缺就可以增补,故没有必要专门再选举候补参议员。而改选参议员则是确保陕甘宁边区参议会能够顺利运转的重要基础和保证。"改选是改进政治的活动"。尽管此前的参议会选得好,但是过一段时间之后,"居民中必有一些新的经验和意见,须要讲出来;必有一些新的积极分子,可以提拔"。①因此,通过改选,一方面可以淘汰那些不适应或不积极的参议员,以补充更能胜任参议会工作的参议员;另一方面,通过改选,可以进一步提升民众的政治觉悟和民主实践能力。根据陕甘宁边区各级参议会的选举条例的规定,基层参议员的改选频率如下表所示:

表 2.2　陕甘宁边区基层参议员改选时间表

参议会选举条例	乡市参议会	县参议会
1937 年选举条例	半年	2 年
1939 年选举条例	半年	1 年
1941 年选举条例	半年	2 年
1942 年选举条例	1 年	3 年
1944 年选举条例	1 年	3 年
1948 年选举条例	1 年	3 年

资料来源:据陕甘宁边区时期所制定的各级参议会选举条例的相关规定而制。

根据上表可以看出,陕甘宁边区基层参议员的改选周期,前半段时间的改选周期较为频繁,后半段时间的改选周期变得较长。主要原因是由于进入后半段时间之后,战时状况逐渐吃紧,边区生产生活较为困难,因此需要有较为稳定的时间加紧生产劳作。与此同时,频繁的改选周期也容易造成民众对政治的冷淡和厌恶,导致在改选时出现马虎应付的情形。事实上,在实际改选的

---

① 中国科学院历史研究所第三所编辑:《陕甘宁边区参议会文献汇辑》,科学出版社 1958 年版,第 188 页。

过程中，的确也出现了一些地方长期不改选的情形，有的地方只是为了选举而忽视了检查工作，于是马马虎虎进行选举了事。甚至在有些地方乡长和行政村主任的调动或撤换，并未经过乡参议会；有的地方在改选或辞退参议员时，未经过选民的罢免和改选而直接撤换。①

但是，从总体上来看，通过普遍、直接、平等、无记名的原则而选举产生的基层参议员，大多数是符合乡村民众心目中的"好人"标准的。根据1945年的乡选总结分析，"在代表中最大多数都是积极分子，农村的出色人物。其中平常的也都是该选举单位较好的人物"。即便是那些曾经不被看好的，"大多数都是因工作方式方法有缺点，已在选举中进行了深刻的反省，向群众承认缺点和错误，有了很大进步而被群众选上"。②

这样，陕甘宁边区的乡村民众不仅获得了前所未有的民主权利，而且也获得了平等参加政府事务和社会管理的政治权利。特别是当选举"好人"参议员已成为人们所热衷的话题之时，他们自然也就得出了这样的结论："民，就是咱一家；主，就是当家。民主就是由大家来当家。"③这也就意味着，在乡村民众的内心深处，已认识到自己已然成为基层社会的权力主体。

① 陕西省档案馆、陕西省社会科学院编:《陕甘宁边区政府文件选编》第9辑，中国档案出版社1990年版，第111页。

② 《一九四五年乡选工作总结》，陕西省档案馆藏，卷宗号:2-1-808。

③ [英]斯坦因著，李凤鸣译:《红色中国的挑战》，新华出版社1987年版，第144页。

第三章 CHAPTER THREE

基层参议员的社会结构
——基于社会成分与群体特征的分析

　　社会结构状况是构成一个社会的重要本质特征之一，而社会阶层结构又是构成社会结构的核心要素。因为"阶级阶层结构的社会意义，在于它是社会关系的基本分界线，是决定社会权力和社会资源分配的核心机制，是社会行动的基本组织原则，因而是决定社会结构其他方面的决定性因素"[①]。陕甘宁边区政府以参议会作为建构基层政权的重要制度原则，以一切支持抗日和民主的积极分子为依托，通过大规模的民主选举运动，在实现基层社会权力重塑的同时，也在重新建构着边区社会的阶级和阶层结构，并以参议员这一制度性载体，在新的社会结构体系和运行机制中，实现着新的社会流动，以此来实现陕甘宁边区基层社会更大范围内的结构性整合。

---

　　① 郑杭生：《减缩代价与增促进步：社会学及其深层理念》，北京师范大学出版社 2007 年版，第 331 页。

第一节　基层参议员的社会成分

ERSHI SHIJI ZHI ZHONGGUO

社会成分是构成一个社会结构的基本要素,但是同一社会结构之下,由于占有社会资源的不同,又会以不同的阶层结构而形成不同的社会群体。按照陕甘宁边区基层参议员的选举条例,由于是以直接、普遍的原则来选举参议员的,由此也就构成了参议员社会成分多样化的态势与特点。

一、参议员的整体规模及其特征

陕甘宁边区基层参议员,是按照边区所属各县、乡的自然村数或居民小组以及人口规模来选举的。根据 1941 年陕甘宁边区政府的第一次全面统计,边区直属 11 个县,共计有 450 个乡,1624 个行政村,75 793 户,人口为 384 149 人。绥德分区所属的 5 个县共计有 185 个乡,3185 个行政村,52 806 户,人口为 54 452 人;关中分区所属的 4 个县共计有 95 个乡,311 个行政村,16 175 户,人口为 115 091 人;三边分区所属的 2 个县共计有 80 个乡,318 个行政村,14 536 户,人口为 67 287 人;陇东分区所属的 6 个县共计有 217 个乡,1078 个行政村,35 927 户,人口为 204 768 人;神府县共计有 38 个乡,187 个行政村,7059 户,人口为 36 318 人。在 1941 所辖的 29 个县中共有 1065 个乡,6703 个行政村, 202 295 户, 人口为 1 332 175 人。及至 1946 年所辖的 32 个县当中, 共计有 1254 个乡, 4852 个行政村, 3 122 987 户, 人口为 1 595 065 人。①

　　根据陕甘宁边区在 1941 年制定的各级参议会选举条例的相关规定, 县参议会每 400 至 800 人选举 1 名参议员, 即人口在 15 000 人以下的县, 选举参议员的居民比例不得少于 400 人, 15 000 人以上的县, 选举参议员的居民比例不得多于 800 人。根据这一规定, 每届参议会所选举的县级参议员至少都在 1000 人以上。现据 1941—1942 年②各县参议员的资料统计情况如下:

表 3.1　陕甘宁边区 1941—1942 年县级参议员人数统计表

县　别	议　长	副议长	议员人数			总　计
			正式议员	候补议员	聘请议员	
延安县	姚安吉	周长安	25	6		31
安塞县	白宜彩	张爱民	62	14	1	77
靖边县	惠中权	白文焕	58	9		67
安定县	高朗亭	薛云昌	77	14	3	94
甘泉县	贾怀济	宗炳祥	21	4	3	28
延川县	高明卿	高敦泉	97	21	2	120
延长县	谭生晟	百荣亭	43	8	7	58
清涧县	王金璋	康光年	125	22	5	152
吴堡县	裴仰山	高锦花	48	11		59
米脂县	李鼎铭	贺秉章	172	36		208
绥德县	安文钦	惠碧海	164	61		225③
佳县	赵锦峰	苗乐山	139	28	13	180
鄜县	张自修	李荫文	58	8		66

　　①　马骥主编:《陕甘宁边区三边分区资料选编》(下), 中国人民政治协商会议定边县委员会, 2007 年编印, 第 249~257 页。

　　②　1941—1942 年正值陕甘宁边区第二届参议会选举期, 这届参议会由于实行"三三制"选举, 可谓是三届参议会中选举规模最大、人数最多的时期, 是极具代表性的。

　　③　原表为 206 人, 或为计算有误。

续表

县 别	议 长	副议长	议 员 人 数			总 计
			正式议员	候补议员	聘请议员	
固林(临)	冯成森	郝显德	27	5	1	33
志丹县	任志新	王海清	57	13	5	75
曲子县	苏耀亮	王世武				90
华池县	刘维舟	史九宫				61
环 县	白耀卿	杨志贤				90
庆阳县	孙君一	田玉亭				76
合水县	李子川	杨正甲				54
镇原县	陈智忠					49
合 计			1173	260①	40	1893②

资料来源:中央档案馆、陕西省档案馆编:《中共中央西北局文件汇集(1942年)》(内部资料),1994年编印,第65~85页。

从上述统计数据可以看出,陕甘宁边区县级参议员的人数分布,明显地体现出了大县参议员多、小县参议员少的特点。比如绥德和米脂两县,当初的人口可达14万人,自然参议员的人数要多于其他各县。而延安市当初的人口规模不足1万人,因此所选参议员也就相应要少很多。另外值得一提的是,尽管陕甘宁边区政府对参议员的改选有明确的规定与条件,但是在陕甘宁边区的三届参议会中,大多数县级参议员是连选连任,只有少数违法乱纪、未能切实履行职责的参议员被剔除出去。这可以从陕甘宁边区选委会的调查统计中清晰地表现出来。如在1945年,陕甘宁边区政府曾对县级参议员的选举情况做过调查统计,调查结果如下表所示:

---

① 原表合计人数为252人,或为计算有误。

② 总计数字为表中数据合计而成。

表 3.2　陕甘宁边区陇东关中分区第三届县级参议员选举连任统计表

选　区	县参议员总数	连任参议员人数	新选参议员人数
庆阳县	60	59	1
合水县	51	47	4
华池县	30	26	4
曲子县	50	50	
环　县	48	40	8
镇原县	45	38	7
新正县	37	32	5
新宁县	43	36	7
合　计	364	328	36

资料来源：中共庆阳地委党史资料征集办公室编：《陕甘宁边区时期陇东民主政权建设》，甘肃人民出版社 1990 年版，第 468 页。

之所以会出现大多数参议员连选连任的情形，其中一个重要的原因是由于县级参议员的选举是以乡为单位，所以一般民众对候选人的情况都是比较熟悉的。这样在选举的时候，也都能够坚持原有的判断和标准。根据对 1943 年新宁县参议员的统计分析可以看出，在 48 个县级参议员中，属于本地籍贯的有 41 人，外地籍贯的仅为 7 人。与此同时，对参议员本身而言，由于经过一段时间的参政实践，这些曾经的参议员逐渐熟悉和懂得参议会的基本运行模式，这样，又可以更好地履行自己的职责，因此也就更能被群众所认可。

关于乡（市）参议员，按照陕甘宁边区政府的规定，乡（市）参议会以 20 至 60 人选举一参议员，每年改选一次的原则测算，一般而言，大县的分布当在 2000~3000 人，小县或处在统一战线区内的参议员也在 300~400 人。就整个陕甘宁边区而言，从 1938 年到 1946 年的三届参议会期间，每届所选出的乡参议员至少应在 3 万 ~4 万名之间。尤其是在陕甘宁边区第二届参议会期间，仅乡（市）参议员就选出了 4 万多名，而且选民参加选举的百分比，平均达到了 80%，绥德、清涧、延川则在 95% 左右。根据选举结果，各抗日阶层、党派、各民族人士都参加了政权。[①]根据 1941 年对陕甘宁边区民主选举的 28 个县的乡(市)参议员统计,共有 28 217 名之多。具体分布如下表所示:

表 3.3　1941 年陕甘宁边区民主选举 28 个县的乡参议员人数统计表

县　别	乡(市)参议员数量	县　别	乡(市)参议员数量
延安县	1266	延安市	289
安塞县	1127	富　县	795
靖边县	1169	安定县	1181
延川县	1262	新正县	405
延长县	825	新宁县	586
清涧县	1334	赤水县	594
吴堡县	849	淳耀县	512
米脂县	2762	同宜耀	181
绥德县	2889	定边县	822
佳　县	2243	盐池县	519
固　临	346	华池县	961
志丹县	825	庆阳县	1061
曲子县	1170	合水县	769
环　县	936	镇原县	539
合　计			28 217[②]

资料来源:宋金寿、李忠全主编:《陕甘宁边区政权建设史》,陕西人民出版社 1990 年版,第 270 页。

很显然,在陕甘宁边区的基层参议员中,乡(市)参议员是构成边区参议员群体中的绝对主力。这是因为乡(市)作为抗日民主政权的基本单位,被认为是民主政治的堡垒。因此,广泛选举乡(市)参议员,通过他们代表民众行使权

---

① 中国科学院历史研究所第三所编辑:《陕甘宁边区参议会文献汇辑》,科学出版社 1958 年版,第 88 页。

② 原表为 29 460 人,或为计算有误。

利、检查政府工作,就成为边区政府践行民主政治的最基本原则。与此同时,边区政府根据广大农村极其分散、社会关系异常复杂的客观形势,在乡一级又实行"固定代表制",即按照代表与居民住所接近,将全体居民适当地分配于各个代表的领导之下,使各个代表对于其领导之下的居民发生固定的关系。这样,参议员就对自己所代表的居民的情况完全清楚,民众有事也可直接去找自己的代表,也可随时撤换自己的代表。由此也就决定了乡级参议员需要更大的规模,才能实现这种"固定代表制"的模式。另外,通过选举大量的乡级参议员,也有利于边区政府所倡行的乡村自治。有关这一点,边区政府曾明确指出,推行民主政治的"头一个重要任务,是加强乡村自治"。而实现乡村自治,首先就是要"发展以自然村为基础的代表制,通过代表的选举为乡村自治造成有利的条件"①。可见,由于广泛开展乡村自治之故,也就决定了在基层社会中需要产生为数众多的乡级参议员。

另外,从乡参议员的连任情况来看,由于乡(市)参议员的选举周期较县参议员短,而且又是直接面对群众的,所以他们在工作过程中会出现什么缺陷或不足,民众是很容易就能发现的。而一旦出现工作方面的失职或失误,民众就可随时罢免和重新选举乡(市)参议员。因此,乡(市)参议员的连选连任较县参议员要少很多。根据陕甘宁边区选委会对 1945 年普选统计可以看出,庆阳县的 1155 名乡代表中,连任代表为 461 人,而新选代表则达到 618 人;在合水县的 881 名乡代表中,连任代表为 171 人,新选代表为 134 人;镇原县的 845 名乡代表中,连任代表为 338 人,新选代表则为 507 人。②

同时,由于陕甘宁边区的乡(市)参议会实行的是议行合一制度,所以有不少乡参议员直接担任行政职务。根据对陇东分区新正县 10 个乡参议员的统计,呈现如下形态:

---

① 《林伯渠文集》,华艺出版社 1996 年版,第 492~493 页。

② 中共庆阳地委党史资料征集办公室编:《陕甘宁边区时期陇东民主政权建设》,甘肃人民出版社 1990 年版,第 467 页。

表 3.4　新正县 10 个乡参议员担任行政工作统计表①

区	乡	政府委员	小村长	自然村长	未任职者
一 区	三乡	5	2	1	10
	四乡	7	2	2	10
	八乡	4	3		10
	九乡	4		1	12
二 区	一乡	3	8		6
	二乡	5	2	1	9
	五乡	5	2		4
	六乡	5	2	2	14
	八乡	5	5	1	8
三 区	二乡	6			10
合　　计		49	26	8	93

资料来源:中共庆阳地委党史资料征集办公室编:《陕甘宁边区时期陇东民主政权建设》,甘肃人民出版社 1990 年版,第 643 页。

　　应该说乡参议员担任行政工作,不仅是乡级政权实行议行合一制度的具体体现,同时也是边区政府以此来实现乡村自治的重要举措。事实上,在乡级参议员中,除了那些直接担任乡级政府委员、行政村主任的参议员之外,大多数乡参议员实际上还是村长、村主任的顾问。一切决定,村长、村主任均需同乡参议员商量好,由乡参议员先对其所管理的各户居民解释,然后由村长、村主任召集村民大会通过执行。村民大会是村的最高权力机关,村中的一切大事均须经过村民大会讨论决定。

　　需要指出的是,无论是县参议员还是乡参议员,其文化水平都普遍较低。根据对 1943 年新宁县参议员的统计分析可以看出,在 48 个县级参议员中,具有初中文化程度的有 2 人,高小文化程度的 8 人,初小文化程度的 9 人,文盲则高达 29 人;从年龄分布情况来看,18 至 45 岁的占到 37 人,45 岁以上的有 11 人。②应该说新宁县参议员的情况,与其他地区的情况大体上是相吻合的。

①　原表中部分数据核算有误,本表作了更正。

②　中共庆阳地委党史资料征集办公室编:《陕甘宁边区时期陇东民主政权建设》,甘肃人民出版社 1990 年版,第 655 页。

至于乡参议员，由于陕甘宁边区整体文化水平的落后，所以其文化程度与水平就更低了，不少参议员几乎都是文盲。

二、参议员中的农民成分

从基层参议员的社会阶层及其出身来看，根据相关资料的统计表明，贫农和中农无疑是县级参议员的主体构成。这可以从 1941 年民主选举的 20 个县的参议员中明显地体现出来。

表 3.5　1941 年民主选举 20 个县的县参议员及其社会成分统计表①

县别	社会成分									合计
	工人	雇农	贫农	中农	富农	地主	商人	士绅	其他	
志丹	1	12	40	6	6	1			9	75
固临	1		6	16	4	1	2	3		33
富县	1	1	30	18	6	3	3		4	66
延安	1		7	10	1	6	6			31
延长	4		19	23	7			5		58
延川	2	3	52	36	17	2	1		7	120
甘泉		2	4	12	4	2	4			28
子长		6	43	14	9	2	1		5	80
安塞	5	5	49	11	3	1			3	77
曲子	1	2	33	25	2	13	2			78
环县			54	17	5	14				90
华池		5	39	12	1	4				61
庆阳	3		19	28	14	9	3			76
镇原		2	8	16	16	5	2			49
清涧		6	48	64	31	3				152
吴堡		7	31	16	5					59

① 本表数字重新进行了核算，原表或为计算有误。

续表

县别	社会成分									合计
	工人	雇农	贫农	中农	富农	地主	商人	士绅	其他	
米脂	5		105	59	19	15	5			208
绥德	2		79	63	38	18	5		1	206
佳县	2	4	77	55	24	8	4		5	179
靖边		3	34	18	10				1	67
总计	28	58	777	519	222	108	38	8	35	1793
%	1.6	3.2	43.3	28.9	12.6	6.0	2.1	0.5	1.9	100

资料来源:宋金寿、李忠全主编:《陕甘宁边区政权建设史》,陕西人民出版社1990年版,第272页。

从上表的统计可以看出,在陕甘宁边区的县级参议员中,仅贫农和中农就占据了72%的比例。之所以农民占据多数,客观原因是由于在中国社会里,农民本身占据着绝大多数的比例。而在陕甘宁边区,农民的比例更是高于全国,达到90%以上,因此自然农民所占据的比例就较大。有关这一点,李鼎铭先生在第三届边区参议会第一次大会上曾做过明确的解释。他指出:"各级议会里头农民代表占相对多数,有的占绝对多数。为什么呢? 因为全国农民占百分之八十以上,我们这个地方更占到百分之九十以上,在这种情况中,农民代表自然就多了,这是极其合理的。但这种合理的结果,如果没有选举制度上的这一特点,是不可能产生的。"①

与此同时,我们也注意到,除了农民阶层之外,公务人员在各县参议员中所占的比例也是非常高的。这是因为民众在选举参议员时,比较看重他们对边区政府的一些政策、法令的熟悉和了解程度。一般而言,对于政府政策能够较熟悉的,自然可以得到民众的认可,所以人们也就愿意将其选为参议员。另外作为公务人员,他们本身就是民众中间的积极分子,这样选举他们做参议员,也是符合民众的社会心理的。

---

① 甘肃省社会科学院历史研究室编:《陕甘宁革命根据地史料选辑》第3辑,甘肃人民出版社1983年版,第100页。

表 3.6 陕甘宁边区部分县级参议员职业比例

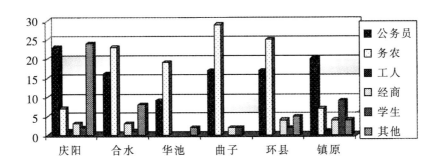

资料来源:中共庆阳地委党史资料征集办公室编:《陕甘宁边区时期陇东民
主政权建设》,甘肃人民出版社 1990 年版,第 468 页。

　　乡(市)参议员的社会成分,与县级参议员大体相同,贫农是构成乡级参议
员的主体。如在 1942 年的新宁县乡参议员中, 贫农占到所有乡参议员的
71.9%[①],而地主、富农、商人等阶层所占比例较小。根据对固临、延长、安定、曲
子等地的统计,其数量只占 5%。这种社会构成从陕甘宁边区第二届参议会时
期的部分区乡参议员成分比例表中明显地体现出来。

表 3.7 陕甘宁边区第二届参议会时期部分区乡参议员成分比例表[②]

县别区乡		议员人数	社　　会　　成　　分						
			工人	雇农	贫农	中农	富农	商人	地主、士绅
盐池县	第一区	113	5	7	62	21	2	16	
	第二区	82		11	55	11	4	1	
	第三区	132	6	7	60	44	15		
	第四区	80		1	49	23	7		
	第五区	112		4	73	31	4		
合　计		519	11	30	299	130	32	17	

---

　　① 中共庆阳地委党史资料征集办公室编:《陕甘宁边区时期陇东民主政权建设》,甘肃人民出版社
1990 年版,第 669 页。

　　② 本表重新根据数据进行核算,原表或为计算有误。

续表

县别区乡		议员人数	社 会 成 分						
			工人	雇农	贫农	中农	富农	商人	地主、士绅
环县	第一区	109		4	77	22	6		
	第二区	98	1		76	14	2		5
	第三区	108			92	14	1		1
	第四区	145		5	108	26	6		
	第五区	121		12	46	38	15		10
合　计		581	1	21	399	114	30		16
庆阳县	庆　市	96	6		25	26	6	32	1
	高迎乡	251		86	86	63	15		1
	赤城乡	163	1	1	102	47	11		1
	驿马乡	260	18	85	81	63	11	1	1
	桐川乡	181		13	85	61	19		3
	三十里铺	134			56	65	10		3
	新堡乡	132	3		79	50			
合　计		1217	28	185	514	375	72	33	10

资料来源:根据中共盐池县委党史办主编的《红色盐池》及《陕甘宁边区时期陇东民主政权建设》整理。

应该说在陕甘宁边区乡(市)参议员中,农民占据多数,除了本身所占的基数大这一客观原因之外,还有另一重要原因。按照李维汉的说法,是因为解放区主要在农村,乡参议会实质就是乡人民代表会,乡村的人民主要是农民和其他劳动人民,因此"农民由地主代表,于理不通,于情不合"。所以不宜吸收众多地主阶级的代表参加,而应由农民自己选择他们所信任的能不损害他们的根本利益的人参加。而且从根本上来讲,"乡村的选举运动也包含着阶级斗争",特别是在新市乡中,具体表现为店员、学徒和老板的斗争,小商人和大商人的斗争,农村中则是农民和地主的斗争。所以,即便是在大力开展"三三制"的情况下,也主要反映在边区、县两级政权机构上,而对于乡级则不必机械地实行"三三制",只照顾党和非党联盟就可以了。因为"三三制"不是一般意义上的党和非党联盟，"而是在我党占优势的情况下各革命阶级包括中间派在内的抗日联盟"。①可以说李维汉的观点，基本上是当初中共的一种共识。刘景范也曾对此有过说明。他指出："在基层政权中实行'三三制'，不能机械地凑数，必须从农村的实际出发，酌情变通，防止地主豪绅、不良分子混进政权组织中来。"②

三、参议员中的地主士绅

中国作为一个"士绅社会"，他们对乡村社会的影响是至为深刻的。那么，在基层参议员当中的地主与士绅又是呈现什么样的结构形态呢？

众所周知，由于晚清以来科举制度的变迁，导致绅士阶层的社会构成发生了结构性的变化。尽管地主绅士依然占据着主流，但是绅商、军绅、官绅等新的绅士阶层也大量出现。从一般意义上来讲，绅士即地主是一个最基本的前提。大多数关注绅士阶层的学者兼持此论。如有人就指出"绅士必然是地主"③。史靖也认为，"虽然所有的地主不一定都是绅士，不过绅士则一定都是地主"④。胡庆钧认为，"绅士的经济基础只有从他与地主的结合才能了解到，大多数绅士便是地主"⑤。对于中共而言，可以说从一开始就是从地主阶级的这一属性上来界定绅士的，并在抗战时期的特定时空下形成了一个特定概念——开明绅士。

之所以将开明绅士界定为抗战时期的特定概念，是因为无论是毛泽东等人的重要著作、讲话，还是中央指示以及党的重要会议决议中，一般也皆是以"开明绅士"来称谓的。如毛泽东的重要著作《中国革命和中国共产党》、1940年毛泽东在延安干部会议上的讲话等都是以"开明绅士"来称谓的。在解放战

---

① 李维汉：《回忆与研究》，中共党史资料出版社 1986 年版，第 517~518 页。

② 陕甘宁青新西北五省区领导小组、中央档案馆编：《陕甘宁边区抗日民主根据地·回忆录卷》，中共党史资料出版社 1990 年版，第 145 页。

③ 马�6麟：《绅士和绅士政治》，《贵州民意》1948 年第 4 期。

④ 史靖：《绅权的本质》，见费孝通等：《论皇权与绅权》，天津人民出版社 1988 年版，第 132 页。

⑤ 胡庆钧：《论绅权》，见费孝通等：《论皇权与绅权》，天津人民出版社 1988 年版，第 120 页。

争时期的讲话著述如《在晋绥干部会议上的讲话》、《论联合政府》、《关于民族资产阶级和开明绅士问题》以及《中共中央关于自由资产阶级和开明士绅问题的指示》都是如此。甚至新中国成立之后也不例外。如长期从事统战工作的李维汉在 1962 年的一篇文章中也明确指出："开明绅士在政治上没有民族资产阶级那么大的影响，在经济上和文化上没有民族资产阶级那样的作用。但是，他们在抗日战争时期，对于实行减租减息，曾经给过我们相当的帮助。"[①]

"开明绅士"作为抗战时期的特定时空下形成的一个特定概念，与以往所谓的"正绅"或"公正绅士"所蕴含的内容也明显不同。它既具有时代的内涵，而且也有着明确的指向性，是专指"地主和富农阶级中带有民主色彩的人士"。毛泽东指出："在抗日战争中，一部分大地主跟着一部分大资产阶级(投降派)已经投降日寇，变为汉奸了；另一部分大地主，跟着另一部分大资产阶级(顽固派)，虽然还留在抗战营垒内，亦已非常动摇。但是许多中小地主出身的开明绅士即带有若干资本主义色彩的地主们，还有抗日的积极性，还需要团结他们一致抗日。"[②]对此，陕甘宁边区政府主席林伯渠还专门做过详细的鉴定。他指出："什么是中间势力？一般地说，就是开明绅士，亦即地主阶级的左翼，中产阶级，亦即资产阶级的左翼，并还有地方实力派。在边区，主要的就是地主阶级左翼，其次为中产阶级。"[③]应该说到解放战争时期，开明绅士社会属性的认定完全形成，并以中央指示的形式发布。即开明绅士是指"地主富农阶级中带有民主色彩的个别分子，这些分子与帝国主义、官僚资本主义有矛盾，与地主富农的整体亦有某种矛盾"[④]。

从上不难看出，对于中共而言，将开明绅士的阶级基础定位为地主和富农，应该是其一贯的主张。而且在阶层位置上也将其列为中间势力。当然，由于开明绅士中既有为数较多的旧式官员，也有不少在国民党内任职的官员，他们也是构成开明绅士的重要组成部分。将这部分官员认定为开明绅士，不仅是基

---

① 李维汉：《新民主主义革命时期争取无产阶级领导权的斗争》，《人民日报》1962 年 2 月 11 日。

② 《毛泽东选集》第 2 卷，人民出版社 1991 年版，第 638 页。

③ 陕西省档案馆、陕西省社会科学院编：《陕甘宁边区政府文件选编》第 8 辑，中国档案出版社 1988 年版，第 106 页。

④ 《毛泽东选集》第 4 卷，人民出版社 1991 年版，第 1289 页。

于实现全民抗战的需要,而且也是绅士自身的特点所决定的。因为绅士与官僚之间原本也并不存在较大的鸿沟,他们之间"不过是在同一阶级内两个不同的名称"。尽管官吏在任职期间离开乡里,在职位上他们代表政府,并因为官员的资格与社会上所有人等截然不同,但是"在他们的家乡,他们仍属于士绅的一部分,无论他们实际上是住在家里还是在外地远处做官都是一样"①。

此外,一些曾参加过科举、具有功名的绅士以及从事商业的著名人士,都是开明绅士的组成部分。如陕甘宁边区延川绅士李丹生就是前清拔贡,由于他热心育才、捐资兴学,拥护民主、支持抗战,被人们誉为"老成持重的典型"而选为陕甘宁边区参议员,成为一名开明绅士。盐池县绅商靳体元经商出身,以创办元华工厂而闻名。因此,他被选为陕甘宁边区参议员,成为著名的开明人士。②

由此可见,在陕甘宁边区的基层参议员中的地主士绅,大多都是一些开明绅士抑或是不满于国民党统治而赋闲在家的旧式官员。根据对1941年边区20个县参议员的成分统计,地主士绅所占的比例约为10%左右。③特别是在新区,这种情况体现得更明显。具体情况如下表所示:

表3.8　1941年陕北部分县的地主绅士参议员统计表

县别	志丹	富县	延市	延长	延川	子长	安塞	佳县	清涧	米脂	绥德
人数	1	3	6	5	7	2	1	8	3	15	19
合计	70　(原表为73,或为计算有误)										

资料来源:陕西省档案馆馆藏档案,卷宗号:2-2-18250。

在乡参议员中,同样有不少的地主绅士被选为参议员。以绥德分区为例,在1941年当选的乡参议员数量如下表所示:

---

① 周荣德:《中国社会的阶层与流动——一个社区中士绅身份的研究》,学林出版社2000年版,第6页。

② 《中国共产党吴忠革命史》,宁夏人民出版社2008年版,第199~200页。

③ 宋金寿、李忠全:《陕甘宁边区政权建设史》,陕西人民出版社1990年版,第272页。

表 3.9　1941 年绥德分区乡参议员中的地主绅士统计表

绥德分区	绥德	子洲	佳县	清涧	米脂
乡参议员人数	46	12	19	5	51
合　　计	133				

资料来源:陕西省档案馆馆藏档案,卷宗号:2-1-83。

需要说明的是,如果按照县乡参议员的总数来看,实际上乡参议员中地主士绅所占的比例要明显小于县级参议员。主要原因是由于边区政府认为在乡村社会中,应该更多地体现农民的主动性和参与性,以便更好地实现对基层社会权力结构主体的塑造。

四、参议员中的基层妇女

在陕甘宁边区的基层参议员中,女参议员无疑是值得关注的另一参议员群体。客观地讲,女参议员作为民主宪政运动中产生的一个群体,并非始于抗战时期的陕甘宁边区。实际上,在 19 世纪末 20 世纪初,就出现了较有力的妇女参政呼声。特别是中华民国的肇造并在此基础上出台的一系列制度规章之后,更是形成了妇女参政的高潮。然而,陕甘宁边区的女参议员,无论是社会构成还是群体特征,都与此前的妇女议员大相径庭。

对于陕甘宁边区的妇女,特别是处于基层社会的农村妇女而言,开展民主选举是前所未有的事情。因此,为了提高妇女的政治认识和政治觉悟,使边区妇女更好地行使民主权利,陕甘宁边区政府向广大妇女群众进行了广泛深入的宣传教育工作,使她们认清选举的政治意义以及与妇女的关系,《解放日报》还专门发表社论指出:"我们号召全边区的妇女,鼓起她们的勇气!提高她们的信心,热烈地参加选举运动吧!""我们深深相信,经过这次的选举运动,边区妇女将会重新估计自己的力量,边区妇女将走上一个更新的阶段。"所以在民主选举的过程中,"应该提出妇女候选人,并且在群众中进行广泛的深入的宣传鼓动工作,帮助那些女候选人作竞选运动,保证那些精明能干、在群众中有威望、忠实于妇女切身利益的妇女们当选为参议员,并保证我们党所提出三三制政权在妇女选举方面也能实现"[1]。

于是从 1939 年 7 月的第一次普选到 1945 年的第三次普选中，众多的妇女被选为参议员。尤其是在 1941 年县、乡选举中，共有 167 名妇女当选为县参议会参议员，2005 名妇女当选为乡参议会参议员，17 名妇女当选为边区参议员。[2]可以说 1941 年的选举运动是在三次普选运动中妇女参议员最多的一次。女参议员在各地基层参议员中所占比例见下表：

表 3.10　陕甘宁边区部分县级女参议员统计表

县　名	女参议员数	占全体参议员百分比
延　安	18	22
赤　水	8	14
鄜　县	9	14
同宜耀	3	13
盐　池	4	10
固　临	3	9
淳　耀	4	9
靖　边	6	7
庆　阳	5	6
安　塞	4	5
绥　德	9	4
镇　原	2	4
甘　泉	1	4

资料来源：《陕西省志·妇女志》，陕西人民出版社 2001 年版，第 246 页。

从上表中可以看出，延安作为陕甘宁边区政府所在地，女参议员在全体县参议员中所占比例是比较高的。关于妇女参议员的社会构成，我们仍以延安县女参议员为例进行分析：

---

① 《动员边区妇女来参加选举运动》，《解放日报》1941 年 6 月 21 日。

② 《延安市妇女运动志》，陕西人民出版社 2001 年版，第 144 页。

表 3.11　延安县女参议员社会构成统计表

年　龄	阶级成分	个人出身	文化程度	党　派	所占比例
18~23 岁	工人 1 人	小学教师 3 人	文盲 9 人	无党派 9 人	22%
8 人	贫农 12 人	妇运干部 9 人	略识字 5 人		
24~44 岁	中农 3 人	公务员 2 人	师范 3 人	共产党员 9 人	
10 人	小资产阶级 2 人	农妇 4 人	大学 1 人		

资料来源:《陕西省志·妇女志》,陕西人民出版社 2001 年版,第 247 页。

从中可以看出，在陕甘宁边区的基层女参议员中，中青年妇女占绝大多数，由此也可以看出中青年妇女的政治觉悟明显高于其他年龄段的妇女,同时表现也是最为积极的。

就社会地位来讲，在基层女参议员中，农村妇女和妇运干部所占比例最高,这也是符合陕甘宁边区民主政治的实际特点的。在边区民主政治中,基层民主是民主政治的基础，所以边区政府非常重视基层民主的选举。正如谢觉哉所讲的那样:"民主政治的支柱,在于广泛的乡村下层。没有这,上层建筑是不会充实与巩固的。同样,正在崩溃的反民主政治,也想从下层找到他的基础。"①

另外,在女参议员中的党派关系,并非都是清一色的共产党员,其中无党派人士所占的比例也很高。这不仅是"三三制"政权的生动体现,而且同样体现了陕甘宁边区在妇女统一战线工作中的基本思路,即在不放弃上层妇女,不忽视上层妇女参加运动之积极性和统一战线的建立的同时,"应该注意下层妇女的思想上、组织上和实际工作上的统一战线之建立。因为只有深入广大的下层妇女群众,才能克服过去的弱点,才能为妇女运动打下巩固的基础"②。

当然,在当选的基层女参议员中,其文化水平同样较低。这是由于陕甘宁边区在很长一段时间里,因文化教育水平的落后,妇女受教育的机会是极少的,由此也造成了基层女参议员的文化程度普遍都很低。但是尽管如此,并不

---

① 《谢觉哉文集》,人民出版社 1989 年版,第 343 页。

② 陕西省妇联编:《陕甘宁边区妇女运动文献资料续集》(内部资料),1985 年编印,第 136 页。

影响基层女参议员行使民主权利和参政议政的开展。相反，由于边区民主所体现的彻底性与广泛性，使得陕甘宁边区基层妇女在参政议政的民主实践中，通过积极努力，不仅过上了穿暖吃饱的愉快生活，而且正在逐渐摆脱愚昧和不健康的状态而走向文明。

五、其他参议员群体

在陕甘宁边区的基层参议员中，还包括一些少数民族参议员[①]和工人参议员，他们同样是构成基层参议员的重要社会群体。

坚持民族平等与民族自治，是中共一贯的主张。中央红军到达陕北之后的1936 年 5 月，就发布了《中华苏维埃中央政府对回族人民的宣言》，并指出苏维埃政府和抗日红军"首先是联合西北的各民族的人民，以准备直接对日作战是更为重要的"。同时提出了实现民族自决的具体途径，"一是建立联合政权，争取少数民族在共产党和苏维埃政府领导之下，另一个途径是建立完全独立的少数民族政权，实现民族自决"[②]。并于同年 10 月 20 日，在豫旺地区成立了县级民族自治政权——豫海县回民自治政权。

抗日战争全面爆发之后，中国共产党又在 1937 年 8 月颁布《抗日救国十大纲领》，提出"动员蒙民回民及其他一切少数民族，在民族自决和民族自治的原则下，共同抗日"[③]。在此基础上，中共又进一步指出，少数民族在政治上应同汉族享有平等的权利，在共同抗日的原则下，允许少数民族有管理自己事务之权。同时规定，凡回、汉杂居的县、市、区地方政权机关，同样应有适当数目的少数民族参加；凡有回民聚居的地方，其省、市、县参议会，应有适当数目的回民参议员；凡回、汉杂居的地方，当地政府设置由当地回族人员组成委

---

① 在陕甘宁边区，少数民族主要以回族和蒙族较多，大多分布在关中分区、陇东分区、三边分区和延安等地。

② 中央统战部、中央档案馆编：《中共中央抗日民族统一战线文件选编》（中），中国档案出版社1985 年版，第 151 页。

③ 《中共中央文件选集》第 11 册，中共中央党校出版社 1991 年版，第 328 页。

员会,作为省、市、县政府的一个部门,管理和他们有关的事务,调解少数民族与汉民族之间的关系。

这样,各少数民族聚居地开始着手选举本地区的参议员。如镇原县三岔区29户回民在1941年6月成立了三岔回民自治乡之后,便由回民选举产生了5人组成的乡参议会,参议会推选3人组成乡政府(乡长、文书、自卫军排长)。1942年又改选乡参议会,由马有生、李庭荣、何晏平、李景财、马绪德、李民坚、金如禄7人组成,乡政府委员5人,何晏平任乡长。下属3个行政村,每村由村民大会选出村长一人,负责全村行政工作。①宁夏盐池县回六庄,同样被确定为民族自治乡,于1941年实行独立选举,共选出乡参议员5人,候补参议员2人。②当然还有一些与汉民族杂居在一起的少数民族,也有不少人被选为参议员。

除少数民族参议员外,在陕甘宁边区的基层参议员中,还有不少工人参议员。在陕甘宁边区,工人不仅可以自由组织工会,而且可以通过工会随时向政府提意见。边区还有许多优秀工人被选为参议员,直接管理国家大事。工人参议员一般是通过自下而上的民主选举产生的。工厂职工的选举由工会主持,农村的工人和农民一起选举。首先由大家选"参选委员会",然后编小组登记选民,提出候选人名单,讨论提案,最后召开选民大会,正式选出候选人。候选人在大会上要报告自己的政治主张和个人简历。根据对陕甘宁边区基层工人参议员的统计,延属分区有县参议员25名,乡参议员586名;缓德分区有乡参议员580名;陇东分区有县参议员13名,乡参议员176名;关中分区有县参议员7名,乡参议员114名;三边分区有县参议员4名,乡参议员15名;公营工厂有县参议员49名。③

值得一提的是,陕甘宁边区的工人参议员,不少都参加了政权工作。公营工厂的许多厂长和管理干部,都是从工人参议员中提拔的,他们为陕甘宁边区的工业发展和经济建设同样作出了重要贡献。

① 《镇原县志》(内部资料),1987年编印,第169页。

② 中共吴忠市委党史研究室编:《中国共产党吴忠革命史》,宁夏人民出版社2008年版,第110页。

③ 钟明主编:《中国工运大典》上卷,中国物资出版社1998年版,第567页。

第二节　基层参议员的政治成分

ERSHI SHIJI ZHI ZHONGGUO

　　按照陕甘宁边区参议会选举条例之规定：凡居住在边区境内的居民，年满18岁，不分阶级、党派，都有选举权与被选举权。因此在基层参议员中，其政治成分也体现出多样性的特征，既有共产党员，也有非共产党员。其中在非共产党员成分中，既包括国民党员、无党派人士，甚至也包括部分哥老会成员。

一、参议员的党派结构

　　基层参议员党派成分的多样性，首先是由战时条件和环境所决定的。正如《新华日报》社论所指出的那样："中国抗战的性质，就决定了它和动员全民族的人民，参加抗战是不可分离的。这就是说，它决定了和民主政治是不可分离的。没有民主权利，就失去了动员广大人民参加抗战的必要条件，就使这全民族全面的抗战，失去了偌大的力量。"而民主政治的主要内容，在于"加强战时政府，统一军政领导，容纳各党各派人才，提高战时行政机构效能"。①就县级参议员的党派成分关系来看，可从如下图表中明显地体现出来：

---

　　①　《新华日报》社论，1939年9月16日。

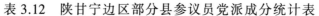

表3.12　陕甘宁边区部分县参议员党派成分统计表

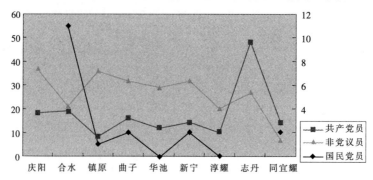

资料来源：根据《陕甘宁边区时期陇东民主政权建设》相关资料整理而成。

很显然，在县级参议员中，非党参议员的人数比例大大超过了共产党员的比例。特别是一些新区更是如此。比如陇东分区的合水县，在1941年选举的参议员中，共产党参议员仅占19名，而国民党参议员和其他无党派参议员则有29名。[①]应该说合水县作为当初新成立的抗日民主政府，其党派关系和阶级成分要远比老区复杂得多。为此，陕甘宁边区政府曾专门致信合水县长高朗亭指出："合水是边区新建立民主政权的区域，我们的方针是要在这些区域建立统一战线的模范政权。所谓模范，首先就要政府的组织是民主的，有各级的代表参加这个政府，并在这个政府中工作。合水现在的政府委员会，虽然有各阶层的人民委员，但其他阶层的人还是由我们请来的，好像我们是主人，他们是客人，他们被主人请来做客的。这样，政府要做什么，不做什么，做得好，做得坏，他们都可以不负责任。因为'我是客人'。因此，这种委员会，只能作为临时的、过渡的东西，将来一定要由各个阶级用平等的、直接的、不记名的、普遍的方式来选举出议员组织议会，由议会来选举政府委员会。"[②]

另外，由于新区过去是国民党的一统天下，他们推行一党专政，不允许别的党派合法存在并自由活动，因此一些中间势力受到压迫，无从抬头。随着陕甘宁边区政府"三三制"政权结构模式的推行，这些国民党员便通过参议会进

[①]　中共庆阳地委党史资料征集办公室编：《陕甘宁边区时期陇东民主政权建设》，甘肃人民出版社1990年版，第425页。

[②]　中共延安地委统战部、中共中央统战部研究所编：《抗日战争时期陕甘宁边区统一战线和三三制》，陕西人民出版社1989年版，第308页。

入陕甘宁边区的基层政权。一般来讲,国民党员进入基层参议会的渠道有三种形式:第一种是由群众自动选举。由于一些国民党员为人公正开明,积极抗日,热心公益事业,在群众中影响较好,因此在普选时人们自然便将其选举为参议员。如绥德县党外人士刘绍庭,原本是国民党第二十二军军长高双成和另一名国民党将领邓宝珊的高级参议,常驻绥德。由于受共产党抗日民族统一战线政策的影响,反对内战,赞成抗日,所以在“三三制”政权建立后,被绥德民众选举为参议员。第二种情况是在选举运动时,党组织指名保证一些有威信、有影响的国民党人士当选。如清涧县在1945年的参议员选举中,李兴参、师子民、惠仁斋等国民党员,就是以“威望人士”的名义被选为清涧县参议员的。[①]第三种情况是为了适应“三三制”政权模式,在改选时,原当选的共产党员大部分主动退出,进行调整递补时,一些国民党员往往被增补为参议员。

关于乡(市)参议员,根据对1942年11个县的乡参议员的统计,其党派成分结构比例体现了与县参议员大体一致的情形。根据对1942年边区所属的11个县的乡参议员的党派成分统计,呈现出如下的样态:

表3.13 1942年陕甘宁边区11个县的乡参议员党派成分统计表[②]

党派 \ 县别			延川	安塞	清涧	吴堡	曲子	华池	新宁	新正	赤水	淳耀	同宜耀	合计
党派关系	共产党员	人数	567	381	274	215	298	174	137	108	101	158	43	2456
		%	43	40	24	26	32	33	23	27	25	28	10	30
	国民党员	人数	2		31	72	9		10		5		11	140
		%	0.2		2.8	8.8	1		1.6		1.2		2.6	1.7
	哥老会分子	人数											9	9
		%											2.1	0.1
	无党派人士	人数	744	572	825	533	639	348	462	292	306	404	366	5491
		%	57	60	73	65	68	67	76	73	74	72	85	68
		合计	1313	953	1130	820	946	522	609	400	412	562	429	8096

资料来源:宋金寿、李忠全主编:《陕甘宁边区政权建设史》,陕西人民出版社1990年版,第274页。(注:本表百分比数已作四舍五入处理)

① 《清涧县参议员候选人履历表》,清涧县档案馆藏,档案号:Q002-018。

② 本表在制作时作了重新核算,原表或为计算有误。

从上不难看出,就党派成分而言,在乡(市)参议员中,非共产党员始终都是基层参议员中占据数量最多的群体。其中,国民党员是基层参议员中另一重要党派。在一些地区,国民党参议员的数量甚至超过了共产党员。根据相关资料的统计,在绥德县的第一届参议会时期,薛家坪区和沙滩坪区所选举的参议员中,其中共产党员只占 10 名,而国民党员却有 14 名;在绥德市参议员中,共产党员仅占 1 名,国民党员却占到 6 名。①同样,据 1941 年新正县的乡选结果统计,全县共有乡参议员 405 人,其中共产党员占 161 人,国民党员则达到 242 人。②

值得一提的是,在县、乡两级参议员中,共产党参议员所占的数额之比却是各不相同的。从总体上来看,县级参议员中的共产党参议员占有数量显然要高于乡(市)级的共产党参议员数量。如在陕甘宁边区第二届参议会时期,"延川县议员 99 人内共产党员 45 人,差不多一半;清涧县参议员 138 人内共产党员 54 人,超过 1/3"③。而在乡参议员中,共产党员所占的比例却明显少于其在县级参议员中的比例。根据对陕甘宁边区第二届参议会时期的统计,"延安 1291 个乡参议员共产党员 546,占 42%;延市 125 个乡参议员,共产党员 53,占 42%强;绥德乡参议员 2889 人,共产党员仅占 26%;清涧乡参议员中,共产党员平均只占 1/5"④。这种情况从 1942 年对部分乡参议员的统计中也有着明显的反映。

---

① 中共绥德县委组织部编:《中国共产党陕西省绥德县组织史资料》第 1 卷,陕西人民出版社 1998 年版,第 129 页。

② 中共庆阳地委党史资料征集办公室编:《陕甘宁边区时期陇东民主政权建设》,甘肃人民出版社 1990 年版,第 638 页。

③ 中国科学院历史研究所第三所编辑:《陕甘宁边区参议会文献汇辑》,科学出版社 1958 年版,第 201 页。

④ 中国科学院历史研究所第三所编辑:《陕甘宁边区参议会文献汇辑》,科学出版社 1958 年版,第 201 页。

表 3.14　1942 年陕甘宁边区部分乡级共产党参议员比例表

资料来源:《延安民主模式研究资料选编》, 西北大学出版社 2004 年版, 第
125 页。

　　从上述统计图表中可以看到, 共产党参议员在乡参议会中只占到近 20%
的席位,最高的也只占到 29.4%。如果按照"三三制"的政权结构体系,显然并
不与此相匹配,但是却符合"三三制"的精神实质。因为按照"三三制"的运行
机制,民众少选或不选共产党员,共产党员是不能干涉的。不仅如此,如果当
选的共产党员超过 1/3,还必须主动辞去。正如谢觉哉所说:"共产党占优势地
区可行三三制,国民党占优势地区可行三三制,两个党派以上势力平衡的地
区更需要行三三制。三三制实施的社会基础,一方面由于有共同敌人需要有
各个阶级共同出力;另一方面也由于各阶级都有力量,互相制约,不能不产生
各阶级的联合政权。"因此,"三三制不是法令上的制,人民要多选举你几个是
没有法的"。①

二、参议员中的哥老会成员

　　在陕甘宁边区基层参议员的党派成分中,除了共产党员和国民党员之外,

---

① 《延安民主模式研究资料选编》,西北大学出版社 2004 年版,第 142、144 页。

哥老会成员同样是一个值得关注的群体。①哥老会作为晚清以来就出现的秘密组织,及至整个民国时期都一直在各地活动。特别是从 20 年代末到 30 年代初的西北地区,由于国民政府在西北地区的纵容和支持,再加之肆虐的大饥荒,致使农村经济完全解体,村民们为了得到生存保障,便积极地加入哥老会。这样,就使得哥老会成为当时社会下影响很大的社会组织。到陕甘宁边区时期,哥老会依然是一个影响很大的社会组织。

但是,在抗日战争这一民族危亡之际,哥老会一般来讲还是支持共产党的。根据相关资料表明:"抗战以前,志丹县哥老会有 15％的成员为国民党(友方)服务,只有 7％的成员参加共产党的工作。抗战以后,哥老会对共产党的态度有了好转,持有好意(好态度)或中立(无所谓)态度的哥老会成员占 85％以上,持有不好(坏的)态度的哥老会成员只有 11％。"②正是在这种情况之下,抗战全面爆发后,随着中共"三三制"政权结构模式的推行,选举一些哥老会成员作为参议员似乎也就顺理成章了。而且在有的地区出现了将哥老会看作是一个党派的倾向,甚至有的地方党政干部中出现了将"三三制"直接解释为共产党 1/3,国民党 1/3,哥老会 1/3 的情况。③这种情况也能从当初留下来的档案资料中看出些许端倪。如当初各县在统计基层参议员报表时,许多地方明确地将哥老会参议员列为"其他党派"这一栏。如靖边县副议长白文焕,在统计参议员党派成分时就直接将其"哥老会"的身份置于"党派"一栏中,并在"备注"一栏中明确地将哥老会参议员列为"其他党派"。④

根据对 1942 年陕甘宁边区 10 个乡的乡参议员统计,计有哥老会参议员

① 关于哥老会与陕甘宁边区之间的关系,韩国高丽大学朴尚洙教授曾做过详细的研究。具体情况可参见朴尚洙:《20 世纪三四十年代中共在陕甘宁边区与哥老会关系论析》,《近代史研究》2005 年第 4 期。

② 朴尚洙:《20 世纪三四十年代中共在陕甘宁边区与哥老会关系论析》,《近代史研究》2005 年第 4 期。

③ 陕西省档案馆、陕西省社会科学院编:《陕甘宁边区政府文件选编》第 8 辑,中国档案出版社 1988 年版,第 99 页。

④ 《西北局组织部关于志丹等十六县市及陇东分区各县参议员党派成分统计表》,《陕西革命历史文件汇集:一九四二年》,中央档案馆,1994 年编印,第 66 页。

12 人,无党派人士 117 人。在陇东分区的参议员中,哥老会参议员所占比重最多。根据对陇东分区基层参议员中哥老会成员的比例统计,县参议员中的哥老会成员所占比例要低于乡参议员。如 1941 年新宁县的县参议员统计显示,共产党员 14 人(29.6%),国民党员 2 人(4%),哥老会成员 2 人(4%),无党派人士 30 人(62.5%)。而乡参议员中哥老会则占据了更大的比重:计有共产党员 111 人(18.9%),国民党员 10 人(1.64%),哥老会成员 25 人(4.1%),无党派人士 463 人(76%)。宜耀县 1942 年的选举结果显示,全县乡参议员中共产党员 43 名(10.02%),国民党员 11 名(2.56%),哥老会成员 9 名(2.10%),无党派人士 366 名(85.31%)。①可见在基层社会中,哥老会的影响还是很大的。

哥老会之所以在抗战时期给予被选举的权利,首先是基于抗战时期所面临的抗日救亡这一共同利益而作出的选择。正如中共在对哥老会宣言中所指出的那样:

"你们过去主张兴汉灭满,我们现在主张抗日救国;你们主张打富济贫,我们主张打土豪分田地;你们轻财仗义,结纳天下英雄好汉;我们舍身救中国、救世界,联络全世界被压迫、被剥削的民族与阶层。我们彼此之间的观点主张都相差不远,我们的敌人及我们的道路更完全相同。因此,我们现在都应该忘却抛弃,我们要在共同的抗日救国的要求下联合起来,结成亲密的、兄弟的团结,共抱义气,共赴国难。"②

其次则是由于在哥老会中,包含着农民、手工业者、士兵与游民等下层社会分子,因此在反对统治阶级的斗争时,"下层群众常能起着革命的作用"。同时,对于陕甘宁边区的哥老会分子,由于经过苏维埃的革命斗争,哥老会弟兄中的广大下层群众得到了政治的和经济的利益,解除了失业破产的痛苦,在政治上得到了自由,消除了一切官府的压迫。因此"他们大部分特别是其中工

---

① 参见朴尚洙:《20 世纪三四十年代中共在陕甘宁边区与哥老会关系论析》,《近代史研究》2005 年第 4 期。

② 陕甘宁青新西北五省区编纂领导小组、中央档案馆编:《陕甘宁边区抗日民主根据地·文献卷》(上),中共党史资料出版社 1990 年版,第 154 页。

农分子参加了各种进步的革命团体，无形中退出了封建的落后的哥老会的组织"[1]。这也就是说经过革命斗争的洗礼，一些哥老会分子已经出现了新的发展趋势，因此是可以给予其被选举的权利的，可以通过发动哥老会下层群众及个别先进的上层分子参加到民主运动中来。

最后，由于哥老会分子在乡村社会、在某些军队及地方武装中都有相当的力量。因此，"共产党在进行抗日的工人运动、农民运动及整个统一战线工作中，都不能不以最大的注意力来进行哥老会及清帮的工作"[2]。当然，中共对哥老会分子所实行的政策，终归只是一种策略，即通过对哥老会采取分化、瓦解同时并用的策略，最后达到无形中消灭哥老会组织的目的。

在中共看来，他们"坚信无产阶级也有力量去影响与领导哥老会清帮中贫苦破产失业的群众"。因此在抗日民主根据地内，对于哥老会及清帮的政策是"在政治上提高他们，以达到在组织上同化他们于革命进步团体之内的目的。因为在抗日民主政权之下，哥老会清帮群众在政治上经济上均与一般群众一样的获得了解放，一样的参加了各种群众组织及抗日工作，故哥老会清帮的封建性的组织即无存在的余地"。[3]由此可见，中共将哥老会纳入"三三制"政权结构体系之中，从根本上是实现基层社会权力结构变动的一种举措。通过"在这种具有忍耐性的系统构造框架之内，哥老会虽说可以在共产党统治地区内生存，但无法取得更大的扩大和发展。秘密结社并不是追求掌握权力的组织，而是以其与既存的权力或权力群谋求共生（symbiosis）的命运存在下来"[4]。事实上，也正是通过这种方式，中共很好地实现了对哥老会的改造，从而也在很大程度上实现了对边缘群体的改造。

① 陕甘宁青新西北五省区编纂领导小组、中央档案馆编：《陕甘宁边区抗日民主根据地·文献卷》（上），中共党史资料出版社 1990 年版，第 155~156 页。

② 中央档案馆编：《中共中央文件选集》第 12 册，中共中央党校出版社 1991 年版，第 584 页。

③ 中央档案馆编：《中共中央文件选集》第 12 册，中共中央党校出版社 1991 年版，第 584~585 页。

④ 朴尚洙：《20 世纪三四十年代中共在陕甘宁边区与哥老会关系论析》，《近代史研究》2005 年第 4 期。

三、参议员中的无党派人士

在陕甘宁边区的基层参议员群体中，占据比例最大的还是那些无党无派的中间阶层。对于这些无党无派人士，中共又根据其政治态度的不同，将其分为三类：即进步分子、中间分子和坏人特务分子。

所谓进步分子，就是他们能够“赞成彻底反帝反封建，奉公守法，勤于职务，对共产党信任、爱护”的一类人。因此，对于这类人，“不仅应该使其有职、有权，而且需要以对待同志的态度对待之。不然，他们会觉得不满足，但也不可以要求于党员的去苛求于他们”[①]。不过，在中共看来，进步分子所占的比例并不是很高。特别是经过土地革命的地区，由于民众的阶级意识是很深刻的，对于中间阶层特别是一些地主绅士始终抱有一种警惕心态。而一些地主绅士面对实行“三三制”选举的时候，他们“一方面表示了怀疑（因为受过革命的直接打击，以为是利用他们），一方面感到没有兴趣”[②]。由此也导致在确定进步分子的时候，往往会比较谨慎。

第二类是中间分子，这部分人占据大多数。根据他们的政治态度不同，又将其分为三类：

（1）政治上有见解，也有作为，大方向跟我们一致，并有决心一起干下去，希望“我们这集团兴旺”。但是这类人在遇到与本阶级利益有关的问题，如土地问题、租佃问题、负担问题时，就往往有所左袒。对于这类人，中共将其定义为中间分子左翼。因此，对他们要给予职权，让其担负领导责任，在具体问题上有时需要“让步”。倘若从我们方面获得有计划、有步骤的帮助，他们能够进步。所以“争取这类人最为重要”。同时由于这部分人“有的还是旧社会的正派人，地方上的宿望，对我同情，对群众有影响，但因年老体衰，或其他原因，而不愿或不能参加工作者，对于他们应该敬老尊贤，取得密切联系，听取意见，

---

① 中共中央党史资料征集委员会编：《中共党史资料》第18辑，中共党史资料出版社1986年版，第45页。

② 《陕西革命历史文件汇集·一九四二年》，中央档案馆，1994年编印，第139页。

并关心其生活"。

（2）典型的不左不右分子。即"政治上唯唯否否,态度中庸,不惹人,作为不大,工作平常,与其说是为了政治理想,不如说是为了生活出路"。这部分人之所以能与共产党合作,是因为"我们有力量能给他好处,所以跟我们走,并依靠我们"。由于这类人有他的社会基础,所以"应该争取他们,给以一定职务"。

（3）不顾大局,对一切事务都从本阶级利益和一己私利来衡量,对旧政权有不满也有留恋,对新政权有称赞也有怨言,参加进来,主要是为了取得地位,以达个人目的。这类人被划分为中间分子的右翼,但是对于这部分人也要争取,特别是在县以上参议会中,可以吸收这种政治态度较右但不是坚决反共分子的少数人（主要用聘请方法）。因为这样做"对于影响外面的地主、资本家,与安定本地富有阶层,都有作用"。所以对待他们的态度要团结和斗争并重,责之以大义,晓之以利害,可使其服从大局。应该给予适当的礼貌与尊重,团结他们,并利用其一技之长,但不可任以要职,更不可授以大权。

第三类是坏人、特务分子。这类参议员又可分为两种:顽固不化的职业特务和悔悟自新的失足分子。对后一种人,"如非罪大恶极,在群众面前完全失去信仰的,还应给以适当职务"。这样做,对于打击特务和争取社会上的失足分子有积极的影响。至于仅仅是隐瞒过党派问题的人,一般仍应保留其原任职务。在分别是非之后,对于戴错了帽子的人,应实行平反,在什么场合戴上的,在同样的场合取下来,例如由群众大会戴上的,仍然在群众大会上取下来,以服人心。总之,凡属参加政权机关(政府与参议会)的党外人员,"只要不是真正不可救药的,即坚决反动而不愿改悔的坏蛋,我们的方针总是争取他和团结他,诚恳地帮助他"。①

事实上,在乡村社会中,普通民众对基层参议员的政治态度的认知,并非严格按照中共的划分标准,甚至有的地方在选举之初也并没有对基层参议员的政治态度进行研究,因此在认识上不免有些模糊。赤水县就是如此,该县只有到1941年才有对当选县级参议员政治成分的统计。具体情况如下:

---

① 中共中央党史资料征集委员会编:《中共党史资料》第18辑,中共党史资料出版社1986年版,第45~47页。

表 3.15　赤水县 1941 年当选县级参议员政治成分统计表

成分 议员	共产 党员	国民 党员	进步 分子	中间 分子	落后 分子	自首 分子	无法 辨别	总计
正式议员	24	2	8	7	1	1	4	47[①]
候补议员	2	0	0	2	0	0	0	4
聘请议员	1						4	5
合　计	27	2	8	9	1	1	8	56

资料来源：中共延安地委统战部、中共中央统战部研究所编：《抗日战争时期陕甘宁边区统一战线和三三制》，陕西人民出版社 1989 年版，第 524 页。

事实上，关于对参议员政治态度无法辨知的情况，及至 1942 年的选举时也没有太大的改观。如赤水县在 1942 年补选参议员时，依然有 14 名参议员的政治态度无法辨知或者是划分不够明确。这种情况在乡级参议员中就更为明显。在赤水县，由于一些乡级干部调动频繁，导致他们对处在农村中的参议员多不熟悉，有的甚至从未参加参议会，连自己是否是参议员都不知道。最终只能笼统地将"贫农、中农估计为进步分子"。对于这种情况，赤水县政府自己也认为先前的统计"有出入"。究其原因，则是"对进步分子估计的标准提得过高所致，容易受去年抢救运动的影响"。[②]

还有的地区则是由于对"三三制"认识的不正确与不一致，导致大部分人认为"三三制"就是共产党员、国民党员、无党无派各占一份。由于这些错误认识，所以在选举中就未研究考察谁为进步分子，谁为中间分子，谁为顽固分子，只是凑数而已。有的地区则是把大多数中间阶层划归为落后分子，只将少数人划归为进步分子。如在庆阳县的赤城乡参议员中，进步分子只占 7 名，中间分子有 2 名，而落后分子则占到 42 名。[③]之所以出现这种情况，在很大程度

---

①　原表为 52 人，或为计算有误。

②　中共延安地委统战部、中共中央统战部研究所编：《抗日战争时期陕甘宁边区统一战线和三三制》，陕西人民出版社 1989 年版，第 529 页。

③　中共延安地委统战部、中共中央统战部研究所编：《抗日战争时期陕甘宁边区统一战线和三三制》，陕西人民出版社 1989 年版，第 505 页。

上同整风运动有关。如合水县不少干部在整风以后"不放心党外人士,认为不可靠,怀疑他们"。一部分干部在整风后又认为"土包子又吃开了,因此,'三三制'也吃不开了"。于是便把参议会丢在一边了,对一切人都怀疑。①

值得一提的是,对于基层参议员群体中的开明绅士,又是如何界定他们的政治成分呢?毋庸置疑,如果从政治态度来划分其政治成分,开明绅士自然属于中间分子中的左翼,也就是属于"政治上有见解,也有作为,大方向跟我们一致,并有决心一起干下去"的一类人。因为只有这类人才被称作是"开明绅士"。但是对于中共而言,他们认为开明绅士是地主阶级,在这一点上是不会改变的,故而所谓的"开明"也只是在严峻的抗战形势以及民众的翻身这一前提下才会出现的。因为"对地主来说,农民和日本都是害,两害相较取其轻。日本人要把地主一切都搞光,我们只割他一些肉,不会死,因此靠近我们。所以开明地主只有在基本群众真正抬头时才能出现。地主的开明不是他们的本质,而是群众抬头的结果,应归功于基本群众"②。

可见,中共与开明绅士的合作的前提始终是一种政治上的策略,也就是说,"我们团结他们,并不是因为他们在政治上有什么大的力量,也不是因为他们在经济上有什么重要性,而是因为他们在抗日战争时期,在反美蒋斗争时期,在政治上曾经给我们以相当的帮助"③。所以随着解放战争的节节胜利,特别是土地改革的渐次展开,这种认识上的差异基本上就不存在了。随之而来的,政策也发生了转向。对此,毛泽东指出:"抗日战争的阶段过去了,新的情况和任务是国内斗争。"④因此,随着客观形势的变化以及民族矛盾的缓和之后,特别是在土改阶段,情形就有了很大的改变。

① 中共庆阳地委党史资料征集办公室编:《陕甘宁边区时期陇东民主政权建设》,甘肃人民出版社 1990 年版,第 634~635 页。

② 《晋察冀抗日根据地文献选编》第 1 册,下册,中共党史资料出版社 1989 年版,第 984 页。

③ 《毛泽东选集》第 4 卷,人民出版社 1991 年版,第 1290 页。

④ 《毛泽东选集》第 4 卷,人民出版社 1991 年版,第 1130 页。

第三节　比较中审视基层
参议员的群体特征

ERSHI SHIJI ZHI ZHONGGUO

　　陕甘宁边区基层参议员构成要素的多样性，并在此基础上形成的社会结构形态，以路径依赖的方式建构和塑造着他们的群体特征。如果我们将陕甘宁边区的基层参议员置于整个民国时期的议会制度和议员群体当中，从比较中审视他们之间的社会阶层结构，这种特征就会更加鲜明地体现出来。

一、与民国时期的参议员比较

　　毫无疑问，无论是清末民初的地方自治还是国民政府的基层民意机关，都是近代以来民主化浪潮推动的结果。因此，对于基层参议员的职责权限，如果从法律条文上来看都体现出这一特点。如清末城镇乡议事会职权规定，议员职权主要有议决权、选举权、监察权。具体内容为：议决自治范围内应行兴革整理事宜，议决自治规约，议决自治经费岁出入预算、决算，议决自治经费筹集及处理方法，议决选举上之争议，议决自治职员之惩戒，议决全城镇乡诉讼及其和解之事，选举城镇董事会职员或乡董乡佐，监察董事会或乡董执行事务。南京国民政府规定，乡镇民代表会职权主要有：选举及罢免乡长或镇长及其他职员，制定或修正自治公约，议决单行规程，议决预算、决算，议决乡公所、镇公所交议事项,议决所属各邻间或公民提议事项。

但是,如果从基层参议员的选举资格与程序来看,显然是设置了层层"门槛"。如清末颁布的《城镇乡地方自治章程》规定:自治选民的资格包括"居本城镇乡接续三年以上"、"年纳正税或本地公益捐二元以上",各级自治机构首领人员从选民中产生。①正如有人指出的那样,清末民初的地方自治虽然成为一块装饰民主的广告牌,人人都想扛着它,但"谁也不肯去实行"②。因为"军阀政治根本不要人民自治,不过因世界潮流所趋,以及社会所需要,又不能完全置之不顾,才弄出一种非驴非马的自治制度,实行对人民的欺骗"③。

对于南京国民政府时期的参议员选举,尽管没有财产的相关规定,但是实际上占据较多财产的人依然是主要的构成部分。如根据行政院农村复兴委员会对陕西省渭南县的调查发现,"村长大都由村民推举或轮流,但并不挨户轮,有田产的方轮到。例如武朝家村规定须有一石粮(约二十亩)的人家,方有轮冲村长的资格;如果轮到了他不能办事的,可找人替,责任还是他负。"④同时,南京国民政府还规定了其他"条件"。如对县参议员的资格是这样规定的:年满25岁的公民,曾在初级中学以上学校毕业者,或经自治训练及格领有证书者,或曾在职业团体任职一年以上者,或曾办地方公益事务著有成绩者。参选乡镇长的候选资格是:候选公务员考试或普通高等考试及格者,或曾在国民党服务者,或曾任委任官以上者,或曾任小学教职员或在中学以上毕业者,或经自治训练及格者,或曾办地方公益事务著有成绩经县政府核定者。可以说这样的规定限制,无异于给普通民众的参选设置了难以逾越的障碍。特别是对于像陕甘宁边区这样 90%以上的都是文盲的乡村社会而言,事实上也就意味着将这部分乡村民众完全排除在外。

与此同时,即便是对于那些在财产方面占据较多的地主士绅而言,符合条件的在陕甘宁边区也并不是很多。根据行政院农村复兴委员会对渭南、凤翔、

---

① 《清末筹备立宪档案史料》下册,中华书局 1979 年版,第 730~731 页。

② 赵如珩:《地方自治之理论与实际》,上海:华通书店 1933 年版,第 52 页。

③ 冷隽:《地方自治述要》,南京:正中书局 1935 年版,第 77 页。

④ 行政院农村复兴委员会:《陕西省农村调查》,上海:商务印书馆 1934 年版,第 145 页。

绥德三县的调查，"三县都是贫农占绝大多数，地主很少，只是小地主，且日渐减少，贫农里的租种者以绥德为最多"①。可见，无论是民初的议员还是南京国民政府时期的参议员，都是很难觅寻到农民的踪影。不仅如此，国民政府还规定了《县参议员及乡镇民代表候选人考试暂行条例》，规定参议员必须通过国父遗教、国文、本国历史及地理、公民、地方自治法规概要等五科考试。这一规定，对于大多数普通农民来讲无疑是不可能实现的。

因此，在民国时期的基层参议员中，它的社会成分中是绝少能出现农民的身影。更多的是被地方豪强、土豪劣绅所充任。已有的相关资料一再表明，有的地方以"民众知识水准太低，对于会议不感兴趣，绝无认识。故甲长之产生仍沿用旧法轮流担任"②。有的地方则是"由县府遴选当地办事勤慎，素孚众望者充任之"③。由此而选出的各县参议员以及乡镇民代表"良莠不齐，程度不一，甚至有常识毫无者，只因凭借其恶势力，遂当选为人民代表"④。而且在有的地方，参议员完全被地方豪强势力包揽。如在四川，"其中90％以上是当地的土豪劣绅、袍哥大爷、党棍(指国民党党员)、团棍(指三民主义青年团团员)"⑤。

不仅如此，根据相关资料表明，许多地方的基层参议会并未如期举行。如陕西省截至1942年，各县临时参议会仍在"筹设中"，只有74个县举行了保民大会。⑥直到1945年底，陕西一些县也并未成立正式的县参议会。对于乡村社会的闾邻会议或居民会议，同样被一些大户宗族或乡绅所把持。事实上，国民政府在规划村庄行政区划时，往往以宗族或门股为基础，只有一两户的各姓

---

①　行政院农村复兴委员会：《陕西省农村调查》，上海：商务印书馆1934年版，第144页。

②　《高陵新县制》，陕西省民政厅，1943年编印，陕西省档案馆藏，档案号：9-2-427。

③　《咸阳、三原、永寿、旬邑、户县新县制》，陕西省民政厅，1943年编印，陕西省档案馆藏，档案号：9-2-423。

④　《本省实施新县制推行地方自治资料》，陕西省民政厅，1948年编印，陕西省档案馆藏，档案号：9-2-406。

⑤　政协文史资料委员会编辑部：《文史资料选辑》第29辑，文史资料出版社1995年版，第213页。

⑥　《南北区各县实施新县制解答》，陕西省民政厅，1943年编印，陕西省档案馆藏，档案号：9-2-2-447。

联合起来算作一组，每宗或每门派一会首进入村公会，所以村庄一级村公会的构成往往是由宗族势力来决定的。换句话说，血缘划分与政治领域相重合可谓是"同一乡村社会的两个侧面。它使宗族组织更为'正统化'、'官方化'"。尽管国民政府对宗族势力的膨胀曾进行过怀疑和打压，但是"从宗族势力的强盛及其与官方组织的历史关系来看，人们不难得出结论：闾邻或保甲组织取代宗族组织的时期不会持久。事实上，不少下层组织只是改头换面的宗族组织而已"。[①]因而这些所谓的基层民意机关基本上是被宗族势力和乡绅所把持。根据行政院农村复兴委员会对陕西省的调查发现，"现在陕西乡村中握有政治权的，还是比较年老的乡村士绅"[②]。何以会在基层参议员群体中出现如此多的士绅呢？一些学者指出："大部分议员由士绅当选，是为必然。在政党组织不发达的国家，有势力的阶级常为社会的精英分子。我国传统社会中，士绅阶级即属此类。"[③]

然而，与此相对的是，无论是选举条件还是社会成分，陕甘宁边区的基层参议员都与国民政府时期的参议员有着明显的不同。特别是在社会构成方面，陕甘宁边区基层参议员中农民占据绝大多数，一般都在80%以上，有的地方甚至超过了90%。即便是边区参议员中，农民成分也占据大多数比例。如在边区第三届第一次参议会时，在"一百七十位边区议员里头，有工人六、贫农十八、中农六十九、富农二十六、商人九、地主三十四、其他八人"[④]。可以说，陕甘宁边区基层参议员的最大特点就在于他的农民构成。

当然，与西方国家的参议员相比，抗日根据地的参议员更是有着显著的区别。正如边区政府副主席李鼎铭所说："人们常把边区同英美老牌民主比较，我想比较一下也好，看看究竟有什么不同。的确，在民主和选举问题上，他们是我们的先生，他们有许多年历史。然而'青出于蓝而胜于蓝'，我们学下他们

① [美]杜赞奇著，王福明译：《文化、权力与国家：1900—1942年的华北农村》，江苏人民出版社2004年版，第72、77页。

② 行政院农村复兴委员会：《陕西省农村调查》，上海：商务印书馆1934年版，第149页。

③ 张朋园：《中国民主政治的困境：1909—1949晚清以来历届议会选举述论》，吉林出版集团有限责任公司2008年版，第69页。

④ 李维汉：《回忆与研究》，中共党史资料出版社1986年版，第519页。

的,却超过了他们。他们不是完全搞直接选举,我们却是直接的,如乡、县、边区人民代表(参议员)都是由人民直接选举的。他们更不是完全普遍的和平等的,英、美两院一向都有民族、人种的限制,对其他民族、人种总不能一视同仁。还有社会地位、财产状况的限制,甚至如英国,一个人有几处财产,就有几个选举权,就能投几票。每个竞选人还要给选举事务机关缴一百五十镑押金,在美国,则大半数的州规定选举和竞选资格,要以缴纳一定税款为标准。还有居住年限的限制,如在美国,它本来是块新大陆,全靠移民移来,但不是所有移民都有选举权与被选举权的,众议员要居住七年以上才有被选举权,参议员要居住九年以上才有被选举权。还有文化程度的限制,要能读能写的才能选举和被选。我们有什么限制呢?我们限制汉奸卖国贼,限制经过司法机关判了罪剥夺了公民权的,限制神经病患者,如疯、痴、癫、狂,此外,什么限制也没有了。凡是十八岁以上的汉人、回民、蒙人,不论男女,都有选举权和被选举权,毫无限制。"①

二、与其他根据地的比较

毫无疑问,抗日根据地的参议员,是以基层政权建设为纽带,通过大规模的基层选举而成为新的社会历史条件下的新型权力主体。但是,由于各抗日根据地的地域环境、战争形势、社会生态的差异,又在很大程度上决定了根据地的参议员在社会成分和结构要素之间也存在着一些显著的差异。尽管各个根据地之间所实行的制度体制基本相同,但是由于各根据地之间不同的社会生态和战争局势,也导致不同的根据地之间参议员的社会成分也有一些明显的差别,即便是在农民成分的构成上,也体现出明显的差异。如果我们将陕甘宁边区和晋察冀边区所属的北岳区四分区参议员进行比较,就会清晰地体现出来。

---

① 甘肃省社会科学院历史研究室编:《陕甘宁革命根据地史料选辑》第 3 辑,甘肃人民出版社 1983 年版,第 99 页。

表 3.16　北岳区四分区部分参议员社会构成及职业情况统计表

议员＼类别	经济状况	职业情况	文化程度
张萝九	土地 30 亩,房子 5 间	商会主席,救济院长	中学毕业
韩瑛	田产 200 亩	商业务农	高小毕业
谢文义	土地 4.5 亩,房子 2 间	农民	没上过学
晋平	土地 200 多亩	高小教员	高级师范毕业
甄杰人	土地 33 亩,毛驴 3 头	小学教员	初中肄业
聂特如	土地 9 亩	小学校长	山西大学毕业
傅介	土地 20 亩	小学教员,师范校长	师范学校毕业
刘荣芳	土地 30 余亩	高小教员,教育局长	师范学校毕业
张泽民	土地 60 亩	小学教员	中学毕业
宋汉周		师范校长	北平民大教育科毕业
郝林春	土地约 100 亩,房子 30 亩	农民	略通文墨
陈值亭		小学教员	河北省立四师范毕业
檀育才	土地 20 余亩,房子 15 间	教书	师范毕业
檀纶	土地 20 余亩,房子 10 间	高小教员,校长	师范毕业
王日新	土地 30 余亩,房子 20 间	农民	师范毕业
李景源	土地 30 亩,房子 20 间	中学教员	北京大学经济系毕业
张文山	土地 400 亩,房子 40 间	高小、中学体育教员	保定讲武堂
陈尊业	土地 60 亩,房子 11 间	高小教员、教育局长	保定二师毕业
陈善元	土地 40 亩,房子 10 间	高小教员、教育局长	天津第一师范毕业
潘凤臣	土地 20 亩,房子 8 间	保安队长	县师范毕业

资料来源:《参议员调查表》,河北省档案馆藏,档案号:579-1-126-5。

　　很显然,在北岳区四分区的参议员当中,农民所占比例远没有陕甘宁边区基层参议员中农民所占的比例高。而 1941 年陕甘宁边区民主选举的 20 个县的 1798 个县参议员中,仅雇农、贫农和中农就占据 1354 名。①在乡参议员中,农民所占的比例就更高。如在 1941 年关中分区 5 个县的 2178 个乡参议员中,

---

　　① 宋金寿、李忠全主编:《陕甘宁边区政权建设史》,陕西人民出版社 1990 年版,第 272 页。

雇农(77 人)、佃农(206 人)、贫农(1467 人)和中农(137 人)就占到 1887 名。①

不仅如此，北岳区的参议员文化程度也远高于陕甘宁边区的参议员。从《县参议员调查表》中显示，绝大多数参议员的文化程度都在中学以上，且所从事的职业大多也都是教员。然而，与此形成鲜明对比的是，陕甘宁边区基层参议员的文化程度却很低，绝大多数是文盲。根据对陇东分区 6 个县的 376 名县参议员的文化程度统计，具有大学文化程度的仅有 3 人，高中文化程度的 9 人，初中文化程度的 29 人，师范类毕业的 7 人，完小毕业的 55 人，初小文化程度的 57 人，能够识字的 117 人，文盲则占到 113 人。②

何以会出现如此大的差别呢? 首先，由于陕甘宁边区地处偏僻、经济落后、交通不便的客观实际，致使这些地区的文化教育一直处于落后的状态，及至 20 世纪 30 年代，国民政府依然倡导陕西各县私塾的改进。究其原因，实乃"陕西各县小学，为数无多。以故学龄儿童就学私塾者，所在多有。当此尚未充裕之时，私塾实能补助小学之不逮"③。(只有绥德、米脂两县因人口较稠密，与北京、天津之间的交通较方便，读书人多，有不少人受过高等教育，人们对于读书比较重视。)据统计，边区旧社会时的学校教育，除几所师范、中学外，只有小学 120 所。社会教育更是一个荒地，文盲约占全区人口 99%，有些县，百人中难有一人识字。华池、盐池等县 200 人中才有一人识字。④即便是像绥德、米脂这样人口稠密的地区，入学率依然很低。如米脂县在 1928 年底，全县小学中 100 人以上的学校仅有 3 所(东街小学、女校、龙镇小学)，20~50 人的学校 42 所，20 人以下者 19 所。及至 1936 年，全县也仅有完小 5 处，初小及短期小学 37 处，教职工也只有 143 人，学生 3014 人。农村小学大多办学经费不足，设备简陋，有的利用寺庙做教室，有的用碑碣匾牌做黑板。学生自带书桌，用木盘装沙土或小石板代替笔墨纸张练字。课本缺乏的就由教师抄写在黑板上教

---

① 中共延安地委统战部、中共中央统战部研究所编：《抗日战争时期陕甘宁边区统一战线和三三制》，陕西人民出版社 1989 年版，第 523 页。

② 《中共中央西北局文件汇集(1942 年)》，中央档案馆、陕西省档案馆，1994 年编印，第 81 页。

③ 刘安国：《改进陕西各县私塾问题》，《陕西教育月刊》1935 年第 1 期。

④ 《陕西教育志·资料选编》卷 15，陕西省教育厅《陕西教育志》编纂办公室，1986 年编印，第 48 页。

学。①即便到陕甘宁边区成立之后,通过大力发展各类教育,及至 1944 年全边区完小学生总数也只有 18 161 人,其中高级生仅有 2683 人,占总数的 14.8%。如果与边区全体初小学生相较,更远在 1%以下。因而深感"高级小学之难以普及"②。正是由于如此,在陕甘宁边区基层参议员当中,文化程度自然就没有那么高,相应的农民参议员也就成为其主要的社会构成。

而华北地区的农村教育,自晚清以来就风气大开,得到了一定的发展。直隶宣化县从光绪二十八年至三十三年(1902~1907)的 5 年间,新建和改建中小学堂达 29 所。安平县尽管是一个中等县,但是仅初等小学学生就达到 4000 余人,高等小学报考,虽有年龄限制,"仍多达三百名以上,风气大开"。宣统元年(1909),直隶高等小学堂(即完全小学)有 162 所,学生有 9467 人;两等小学堂有 148 所,学生有 11 678 人;初等小学堂有 10 259 所,学生有 209 668 人。再加上半日学堂和女子学堂,共有学堂 10 740 所,学生 234 770 人,学堂数和学生人数在华北地区均遥遥领先,"其学堂数量居全国第一,学生人数居全国第二"③。南京国民政府成立之后, 华北地区的教育更是发生了巨大的变化。据统计,1928 年,河北省各县教育经费为 3 471 788 元,至 1931 年即增至 8 125 350 元,增加了 1.34 倍;入学儿童也从 1928 年的 717 145 人增至 1931 年的 1 089 227 人,增加了 0.52 倍。④正是华北地区与陕甘宁地区教育发展的不均衡性,决定了参议员的文化水准之间的这种差异。

其次,由于华北地区与陕甘宁边区所处的战争环境不同,在一定程度上也就决定了对参议员的要求也并不完全一致。华北地区属于敌人的后方, 日本侵略军为了巩固后方,经常不断地对根据地发动大规模的"扫荡",几次推行所谓"强化治安运动"。这种动荡的局势,决定了华北抗日根据地的参议员必须要具有一定的文化水平。如北岳区四分区参议员李景源, 之所以能被选为参议员, 就是由于他曾是井陉高小保定育清中学的教员和北京大学经济系毕

---

① 《米脂县志》,陕西人民出版社 1993 年版,第 514、511 页。

② 《新教育方针收获巨大》,《解放日报》1944 年 11 月 14 日。

③ 郑起东:《转型期的华北农村社会》,上海书店出版社 2004 年版,第 147 页。

④ 《河北省省政统计概要(民国十七年度)》卷 4,"教育",河北省政府秘书处,1930 年编印,第 26~29 页。

业这一背景,所以在登记表备注中专门备注他"对边区印象好,不断受敌伪侮辱,痛恨敌人,能帮助一些抗日工作"。同样,对于长期担任小学教员的参议员陈植亭备注为"对边区印象好,能在敌人的统治下帮助抗日工作"。[①]这也就意味着在华北抗日根据地,一般而言对于参议员的选举是比较注重他们的文化素质和较强的辨别能力的。

然而,就陕甘宁边区而言,由于处于相对稳定的环境,所以如何加强生产建设就成为参议员的重要任务。对此,毛泽东曾明确指出,就目前边区的条件来说,"确确实实的就是经济工作和教育工作"。于是,1942年12月3日至9日边区第二届政府委员会召开的第三次会议上,中共中央和西北局关于边区中心工作的指示中都认为,生产与教育是两大工作,而生产更具有决定性意义。因此,从工作的部署上说,应该是"生产第一,教育第二",并且把这个精神正式写进了《陕甘宁边区简政实施纲要》。即:"依据边区条件和抗战情势,目前政府工作必须集中力量于急要和首要的任务。第一,是发展生产,首先是农业生产,以保证军队和干部的给养,以进一步改善民生和培养民力。第二,是教育,首先是干部教育和军队教育的增强。这就是目前政府工作中两大急要和首要的任务,其他一切工作都要服从于这两大任务的需要。"[②]显然,正是这种不同的战争环境决定了参议员的不同要素特征。

此外,从家庭经济情况来看,华北抗日根据地参议员的家庭经济情况显然要好于陕甘宁边区的参议员。如前所述,由于陕甘宁边区参议员大多数都是贫农阶层,因此其家庭经济状况并不是很好。原因主要是陕甘宁边区地瘠民贫,人均占有耕地量普遍较少。即便是像绥德这样土地较为肥沃的地区,根据对抗战前4个村的调查统计,地主也只有1.5户,富农3.3户,中农11.4户,贫雇农则最多,占到79.8户。[③]从土地占有量来看,据农村复兴调查委员会对绥德4个典型村的调查,呈现如下的实态:

———————————

① 《参议员调查表》,河北省档案馆藏,档案号:579-1-126-5。

② 《中共中央文件选集》第13册,中共中央党校出版社1991年版,第540页。

③ 严中平等主编:《中国近代经济史统计资料选辑》第1辑,科学出版社1955年版,第261页。

表 3.17　绥德县四代表村各类村户每户所有田数五年间比较(1928—1933)

村 户	每户平均所有田数(单位:垧)		1933 年的指数 (1928 年 =100)
	1928 年	1933 年	
地　主	87.28	68.35	78.31
富　农	37.94	41.06	108.22
中　农	16.99	14.81	87.17
贫　农	3.07	2.37	77.20
其　他	0	0	—

资料来源：行政院农村复兴委员会:《陕西省农村调查》,商务印书馆 1934 年版,第 90 页。

　　根据调查,无论在 1928 年或 1933 年,无地的户数都在半数以上,即分别是 53.81%和 57.14%。1928 年贫农每户平均所有田数是 3.07 垧,但是有 69.54 户数在此数以下;1933 年每户平均所有田数是 2.37 垧,有 69.59 户数在此数以下。[1]而华北抗日根据地的参议员的家庭经济情况,特别是土地占有量要远高于陕甘宁边区的参议员群体。根据杨汝南先生对河北省部分农村的农地状况进行的调查,可以发现在华北地区,人均可耕地面积要远大于陕甘宁边区。

表 3.18　河北省部分村庄农地概括调查统计表

经 营 地 亩			养 骡 户 数	
地亩数	家 数	共亩数	户 数	养骡户占总户数之百分比
无地户	429			
未及 5 亩	382	1048.3	1	0.26
10~29.9 亩	589	3977.6	3	0.51
5~9.9 亩	1591	27 561.1	72	4.53
30~49.9 亩	930	22 820.3	104	16.51

----

　　①　行政院农村复兴委员会:《陕西省农村调查》,上海:商务印书馆 1934 年版,第 90 页。

经 营 地 亩			养 骡 户 数	
地亩数	家 数	共亩数	户 数	养骡户占总户数之百分比
50~66.9 亩	281	15 791.0	73	25.98
70~99.9 亩	224	17 971.0	87	38.84
100~199.9 亩	159	10 540.0	82	51.57
200~299.9 亩	22	5010.8	19	86.36
300~499.9 亩	4	1425.0	4	100.00
500 亩以上者	2	1055.0	2	100.00

资料来源：杨汝南：《河北二十六县五十一村农地概括调查》，《农学杂志》
1936 年第 5 期。

从上述调查统计表中，我们不难发现华北地区与陕甘宁边区土地占有情况之间的差异。正是土地占有情况的差异，也就从根本上决定了两个地区之间参议员家庭经济情况之间的不同。

最后,对于陕甘宁边区的基层女参议员，尽管在各级政府的积极动员和宣传之下,开始逐渐走出狭小的生活天地,积极参加参议员的选举活动,但是从总体上来看,妇女在基层参议员中所占的比例并不是很高。据统计,即便是到1941 年已经有相当选举基础的陕甘宁边区，在进行第二届各级参议会选举时，全边区也只有 30 % 的女性参加了选举，只有清涧县的选举比例达到了90 %。最终选出乡级女参议员 2005 人,县级女参议员 167 人,边区级女参议员7 人。[①]而根据 1939 年 4 月陕甘宁边区第一届参议会在《提高妇女政治经济文化地位案》中提出的要求，"各级参议会应有 25 % 的女参议员,各机关应大量吸收妇女工作"[②]。但是从1941 年的选举情况来看,占据比例最大的延安县,女参议员也只达到22%。[③]然而在其他抗日根据地,尤其是华北抗日根据地,

---

① 《新中国妇女参政的足迹》编写组:《新中国妇女参政的足迹》,中共党史出版社 1998 年版,第 14 页。

② 中华全国妇女联合会编:《中国妇女运动历史资料（1937—1945）》,中国妇女出版社 1991 年版,第 176 页。

③ 《延安市妇女运动志》,陕西人民出版社 2001 年版,第 144 页。

妇女参议员所占的比例却很高。

比如在 1940 年晋察冀边区进行民主政权选举的时候，据不完全统计，仅北岳区的 192 万女选民中，就有 135 万参加了选举，占 70%。其中三、四专区达到 80%~85% 的比例。最后选举的结果，仅北岳区就选出女村代表 5052 名，女村委员 1425 名，女正、副村长 139 名，女区代表 635 名，同时还选出 11 名女区长，陈舜玉被选为唐县的女县长。[①] 冀中区定南、深极等 7 县的女公民参加选举的比例在村选中也达到了 82.9%，在区选中为 80.89%，仅低于男子约 2%。女参议员在边区参议员中可以占到 1/5 的比例。另外还有女县长 1 人，女县参议员 140 人，女县参议会负责人 6 人，女区代表 635 人，女区长 7 人，女区代表会主席 19 人。[②] 晋察冀边区在 1938 年举行第一次村选时，女选民就达到了一半以上。第二年村选，参选妇女占全部女选民的比例就增加到了 80%。到 1940 年，据 10 个县的统计，参选妇女竟占到了 90%。如果我们再将全国各解放区妇女参选的百分比拿来比较，就可以明确地看出其中的差异。如在 1940 年，山东鲁中分区的村选竟能达到 95%，晋冀鲁豫有两个县的统计是 70%~80%，即便在晋绥的 8 个县的平均数字也在 65%，而陕甘宁边区则是 63%，只有延安达到 85%。[③]

造成上述差异的原因之一，是陕甘宁地区长期以来由于家庭和社会的束缚而形成的一种传统观念，使得大多数妇女都不愿意抛头露面，而是足不出户待在家里，即便是城镇妇女也是如此。可以说足不出户的妇女往往被当作女子的美德而受到褒扬。正所谓"妇女重节孝知廉耻，无事不出门，不游观赛会，偶过市廛，必以绤纱障面，犹遵礼经，出入必蔽其面之义"[④]，就清楚地说明了这一点。这种观念即便到抗战时期依然存在。张闻天在晋陕调查时就发现，这里的妇女"对党的生活与工作感觉到毫无兴趣。她们除生产之外，还有家庭

---

① 朱赤主编：《中国共产党保定地方史》，中央文献出版社 2000 年版，第 306 页。

② 中华全国妇女联合会编：《中国妇女运动历史资料（1937—1945）》，中国妇女出版社 1991 年版，第 176 页。

③ 《新华日报副刊·妇女之路（1940.5.16—1947.2.16）》（下），重庆市妇女联合会妇女运动史研究组编，第 481 页。

④ 光绪年间编《米脂县志》，卷四。

与孩子纠缠着。她们总说：'女人们不顶事！'"[1]

原因之二即是文化教育的落后。如前所述，在陕甘宁地区除了城镇有少数学校外，在分散的农村，方圆几十里找不到一所学校，穷人子弟入学无门。著名报人范长江在考察陕北之后指出，在此地"高等小学已为最高学府，主持高小之先生，必授'学而'、'先进'、'诗云'等科目，始受地方欢迎。如教'科书'（即教科书的俗称），则先生准有打破饭碗之危险"[2]。而对于妇女而言，受教育的机会就更少。在20世纪20年代以前，陕北地区没有女子教育，乡村不用说，就是城镇里屈指可数的几所私塾，也从不收女学生。再比如庆阳县，直到1924年才在西峰镇创办第一所女子初级小学校，直到1931年，才有女子高小。即便到陕甘宁边区成立之后，在校女学生也仅占总数的10%。[3]然而在华北地区，早在清末就有女子学堂，到民国初年，已有不少在校女学生在新式学堂就读。如在河北获鹿县，到1917年，在新式学堂就读的女学生就达到316人。[4]

除此之外，日军在华北地区的野蛮暴行以及民族危亡的加深，大大激起了广大妇女参与政权以改变自身处境的动力。据统计，仅在晋冀鲁豫、晋察冀、冀热辽、苏皖4个区，8年中被敌人强奸而致性病的妇女共691 429人；在晋冀鲁豫一地的1290万妇女中，被杀害的即达20万余人。[5]加之许多妇女的丈夫、儿子被日军枪毙、活埋，这种悲惨的情形促使她们积极参加各级政权工作，有的毅然决然地参加了抗日的战斗。可以说，客观的战争环境，不仅把广大的劳动妇女从家庭逼向了抗日前线，而且锻炼和造就了一大批优秀的妇女参议员和干部，成为华北抗日根据地的一支重要力量。

事实上，日军的大举侵华不仅在影响着华北地区的妇女，也在很大程度上影响着华北地区地主士绅们的选择。当自己曾经生活的故土逐渐沦丧，而国民党军队却又在战事中纷纷溃败，这一局面对于华北地区的地主士绅而言，

---

① 《张闻天晋陕调查文集》，中共党史出版社1994年版，第84页。

② 范长江：《中国的西北角》，天津：大公报馆1936年版，第117页。

③ 《庆阳县志》，甘肃人民出版社1993年版，第408页。

④ 李怀印：《华北村治——晚清与民国时期的国家与乡村》，中华书局2008年版，第199页。

⑤ 中华全国妇女联合会：《蔡畅邓颖超康克清妇女解放问题文选（1938—1987）》，人民出版社1983年版，第102~103页。

不仅打乱了他们原有的社会生活秩序，同时也使得一切变得不安定起来，于是他们不得不寻求在这一动荡的环境中最佳的生存位置。而中国共产党在此时适时地推出既有利于团结又有利于抗战的政策，终究使得不少地主士绅不仅接受了这些政策，而且积极参加到政权当中，成为众多参议员当中的一员。如河北行唐伏流一家大地主在 1940 年反"扫荡"的时候，曾自动组织伪组织要求敌人把南伏流圈在封锁沟内，他自任保长，找一个傀儡当村长，投靠敌人。可是日军对他并不客气，除每天打骂之外，还把他绑票勒索，妻女全被强奸，弄得人财两空，于是心灰意冷。后来，他看见了"双十纲领"才回过头来。有的逃亡地主"甚至拿了'双十纲领'到北平去动员留居北平市里的地主亲友回家"。于是他们转而衷心地拥护新政权，积极参加选举和竞选。比如在 1940 年晋察冀解放区的秋季大选中，根据定南、安平、深极、饶阳、博野、蠡县、清宛等 7 县的统计，占总人口 9.5% 的地主士绅参加选举的占他们总数的 72.4%~87.2%，占各村委员会主任的 6.8%，占村主席的 7.6%，占县参议员的 17.7%。①

　　应该说华北地区的地主士绅之所以能够积极参加政权，在很大程度上是基于他们直面残酷战争之后的一种自然选择。据一些学者研究指出，在华北抗日根据地中的很多地区，由于抗战开始后，旧农村政权的把持者绝大部分都站在抗日的一边。因此，"八路军、共产党在农村一发动抗日时，除极个别甘当汉奸的当权者被消除外，其他乡村政权基本没有触动"②。特别是当国民党政权中的一些官员在日军进攻之际纷纷逃散，致使不少地主士绅成为被国民党遗弃的"非正式权力"。而共产党所提出的抗日民族统一战线主张，无疑为这些地主士绅求得生存提供了机遇。如抗战时期的山西曾一度成为华北特别是京、津地区知识分子的汇集点。故而毛泽东在 1937 年 9 月 29 日给周恩来、朱德、彭德怀和任弼时等人的一份电报中写道："山西将成为华北的特殊局

---

　　① 李普：《我们的民主传统——抗日时期解放区政治生活风貌》，新华出版社 1980 年版，第 115~116 页。

　　② 田酉如：《论太行抗日根据地的社会经济变革》，见冯崇义、古德曼主编：《华北抗日根据地与社会生态》，当代中国出版社 1998 年版，第 145 页。

面。"①

正是由于如此，有学者指出："无论从任何角度来说，晋绥抗日根据地都不是由中国共产党独自建立起来的。它是中国共产党人、爱国知识分子、地方士绅、地方实力派以及部分国民党中央军共同努力的结果。"②同样，当晋冀豫区党委在山西沁县冀家洼民革中学成立文教训练班时，结果"成员都是青年学生、爱国知识分子"③。在冀南地区，当地大批的知识分子失学失业后，冀南行政主任公署杨秀峰通过动员冀南教育界名流孟夫唐、王振华、张化南等人参加抗日工作之后，影响所及保定二师、邢台四师、冀县六师、大名七师以及各地中学、各县简师等历届学生纷纷参军参政。平津等敌占城市的知识分子得知杨秀峰在冀西建立了抗日根据地，也携家带口前来投奔。④正是从这个意义上讲，华北士绅参与选举并成为根据地的参议员，是战争孕育出来的结果。

然而，对于陕甘宁边区的士绅参议员而言，似乎要更为复杂一些。如前所述，由于陕甘宁边区处于相对稳定的环境，所以对于地主士绅而言，并没有像华北根据地的士绅一样直接面临战争的威胁。所以他们能够参加选举，在很大程度上则是在对中共相关政策的理解与消化中才最终参加政府并被选为参议员的。如米脂士绅李鼎铭，曾经一直坚持一生不参加政治。他说："我不同意共产党意见，而且我也老了。"而最终促使他参加共产党政权的有三个重大理由："第一，我对于共产党的反对，因新民主主义的实行而克服了。这和我认为的中国人民的战时战后的需要相符合。""第二，当我把选举和旧日国民党统治之下的选举比较之后，我发现我们的选举绝对诚实、自由、平等，绝没有旧日的贿赂、强迫、暴行等现象。""第三，1941 年国民党反对边区、反对中共领导的军队的行动，使我相信，不管年老衰弱，必须参加政府，以便保持对日作战

① 中共山西省委党史研究室编：《中国共产党山西历史记述（1919—1949）》，中共党史出版社 1993 年版，第 187 页。

② 冯崇义：《农民、知识分子与晋绥抗日根据地的民主政权建设》，见冯崇义、古德曼主编：《华北抗日根据地与社会生态》，当代中国出版社 1998 年版，第 194 页。

③ 萧风：《八秩回顾》：人民日报出版社 1991 年版，第 268 页。

④ 刘连源主编：《冀南中共党史人物传》第 1 卷，河北人民出版社 1999 年版，第 72 页。

的影响力量,救老百姓"。①当然,对于陕甘宁边区的其他士绅参议员,同样是经历了怀疑、亲自考察、对比到最后的认可这些过程。这种情况在抗战时期的绥德这一统一战线的实验区体现得尤为明显。

如绥德士绅安文钦作为典型的老派乡绅,不仅有数百亩土地财产,同时还相继做过县长、民团司令、学校校董等职。但是,由于对国民党官员的一些所作所为深感不满,曾著有《满腹牢骚记》,以描叙 1912 年至 1929 年军阀混战、争夺地盘为内容,讽刺军阀官僚刮地皮、打内战,致使百姓不安、国家不宁的倒行逆施,以泄心中不满。②但是尽管如此,起初安文钦对共产党是怀有疑虑和恐惧的心理的。正如一位外国记者所讲,是"八路军接管绥德后的所作所为打消了他的疑惧"。而且安文钦一生都反对鸦片和赌博,而共产党"行政人员完全不沾染这种恶习,这一事实使他印象很深"。③不过此时的安文钦依然持观望的态度,真正使他态度发生改变的是随后绥米士绅赴延安代表团的访问。

1940 年 5 月,绥米士绅参观团到延安参观访问。他们特别关注了《陕甘宁边区施政纲领》在延安的讨论情况,结果令他们感慨万分。有的说:"共产党的政治远见和伟大气魄,值得钦佩。"有的说:"共产党的企图,决不是历史上某些'英雄豪杰'所追求的个人荣耀或个人功业,而是为子孙万世谋福利。他们所倡导的自由解放,才是他们真正的目的。"有的说:"治世之道不患寡而患不均,中国如能像延安所倡导的一切秉理法行事,困难无不迎刃而解。"士绅们回去以后,以自己亲身的感受畅谈了中共政策的正确,感召他们等一大批爱国民主人士参政议政。正是在这种情况下,才最终使得安文钦等一些持有疑虑的士绅的态度发生了转变,纷纷参加党的各级政权,为抗战尽心效力。④除了绥米士绅代表团之外,还有陇东士绅代表团和晋西北士绅代表团也曾相继

---

① 《李鼎铭文集·纪念·传略》,中共中央党校出版社 1991 年版,第 167~168 页。

② 《文史资料选辑》第 86 辑,文史资料出版社 1983 年版,第 58 页。

③ 《李鼎铭文集·纪念·传略》,中共中央党校出版社 1991 年版,第 167~168 页。

④ 师锐、李忠全主编:《延安时期统一战线问题研究》,陕西人民出版社 2000 年版,第 204~205 页。

到访延安,通过实地了解具体情况,最终消除了士绅们的疑虑,纷纷参选新政权的参议员,成为陕甘宁边区参议员中的一个重要群体。

　　综上比较分析可知,正是由于地域环境、战争形势、社会生态的差异,形成了陕甘宁边区参议员较为独特的群体特征。当然,如果说陕甘宁边区参议员与民国时期参议员的差异,是具有制度方面的本质区别,那么同其他抗日根据地议员的差异,却并不是结构性的本质差异。因为无论是民主选举还是参政议政,特别是在共同抵抗日本侵略、以达抗战建国这一目标上是完全一致的。

第四节 基层参议员的社会流动

ERSHI SHIJI ZHI ZHONGGUO

社会流动作为社会结构体系中普遍存在的一种社会现象,指的是"人们在社会关系空间中从一个地位向另一个地位的移动。由于社会关系空间与地理空间具有密切的联系,因此,一般人们把在地理空间的流动也归于社会流动"。因此,从较宽泛的意义上来讲,"社会流动就是个人社会地位结构的改变"[1]。可见社会流动实际上是包括了人们的身份、职业、阶级、阶层关系的变动以及人们在地理空间的流动,其实质是指人们在社会结构体系中社会地位和社会关系的变化。

一般来讲,在一个社会中,社会流动与社会结构之间的联系是非常紧密的相互因果关系。一方面,社会结构的性质——开放或封闭程度,决定着相对社会流动率,决定着上升流动机会在群体和个人之间的分布状况,同时还决定着不同群体的流动类型。另一方面,社会流动又是社会结构分层的一种过程,在阶级阶层结构变迁过程中,社会流动是定型新的结构的关键因素。"特别是在一个转型期的社会中,社会阶级阶层处于分化和重组的剧烈变动之中,这种变动既是转型过程的反映,又是深化转型的推动力,它将在决定未来社会

---

① 郑杭生主编:《社会学概论新编》,中国人民大学出版社 1987 年版,第 239 页。

结构特性中发挥关键作用"①。而就陕甘宁边区的基层参议员群体而言,他们的社会流动形态不仅与中国传统社会的流动形态大相径庭,而且在社会结构关系方面亦有着深刻的变动。②

一、农民参议员的社会流动

在传统中国社会里,以科举制度为媒介的社会流动,决定了其社会流动并非是处于完全封闭的状态,"中国对社会流动的认可,就其程度而言,实非任何其他前现代社会能与之相媲美。不管出身背景如何,一个男子只要肯下功夫,在颇为公平的科试中出众,就能在政府谋得官职。况且,政府竭力推崇万般皆下品、惟有读书高的思想,以至科举功名在任何地方都有巨大的分量。"③因此,从总体上来看,中国的农民和精英之间的跨阶级流动,从规模上来看要比同时代的其他国家大很多。但是从另一方面,传统中国社会中的流动速率却是较为迟缓的,有的即便皓首穷经数十年寒窗,也未必能实现实质性的跨越流动。

与此同时,从城乡之间的空间流动方面来看,尽管不存在法律障碍,乡村居民也并未大量涌入城市。这是因为 "继承习惯使每个儿子都能得到一份农

---

① 王先明:《走向社会的历史学:社会史理论问题研究》,河南大学出版社 2010 年版,第 187~188 页。

② 王先明教授认为,中国传统社会的流动模式是混合型的,是一种适度型封闭(而不是极度封闭)的社会流动。它既严格限制垂直流动在任何阶级、阶层间自由发生,同时又保证一定范围内的上升性流动。这种流动主要是通过旧式教育来实现的。旧式教育是以私塾和书院为主要教育场所,以儒家经典及封建伦理为重要教学内容,以科举制度为核心的传统教育体系。其特点主要体现在四个方面:首先,社会流动主要是士绅、地主与官僚阶层之间的竞争性流动;其次,社会流动的流向仅限于士绅、官僚阶层;再次,向上流动的社会集团主要限于地主阶层;其四,向城市的地域流动甚小。详见王先明著:《变动时代的乡绅:乡绅与乡村社会结构变迁(1901—1945)》,人民出版社 2009 年版,第 75~81 页。

③ [美]吉尔伯特·罗兹曼著,国家社会科学基金"比较现代化"课题组译:《中国的现代化》,江苏人民出版社 2003 年版,第 156 页。

村田产,在宗庙和牌位上都有一席之地,因而不难想象本土观念会如何限制了人们长期移居城市。农村广布精英分子的家宅以及农村型的铺张浪费,表示缺乏能推动那些有财产的人流向城市的强大动力"。再加之"中国乡下居民不仅享有广泛的集市贸易网络之便,而且流动在农村庙会的说书人、戏班子和行僧也可满足居民的各种需要"。①这也就决定了中国传统社会的开放性流动是有限的,而且其流动速率也是缓慢的。而在陕甘宁边区,无论是开放性还是流动速率,都大大超过了中国传统社会。

从制度层面来看,陕甘宁边区政府明确规定,凡居住在边区境内的居民,年满18岁,不分阶级、职业、党派、男女、民族、宗教、财产和文化程度的差别,都有选举权和被选举权。可以说这一制度为参议员的选举提供了前提和基础。

对于基层社会的农民参议员而言,他们的社会流动无论是从流源、流程还是流向而言,都可以称作是一种结构性的流动。就流向而论,大多数基层参议员基本上都成为基层政府委员、乡长或更高一级的参议员或政府委员、行政领导;就流程而论,一般而言都是通过被选举为参议员之后在体制之内的垂直流动。但是也有一些基层参议员却是在经历了非正常的社会流动——参议员——体制内垂直流动的环节。不过从根本上来看,农民参议员这一称谓本身,就体现了他们的身份和社会地位的变化。正如赤水县一位农民参议员深情地说道:"咱那哒自从变成边区,给人把福享昨啦。吃的也好,穿的也好,地方也平静。"同时他又说道:"边区是咱百姓的天下。百姓当家。……我兄弟六个都是扛长工出身,一个瞎字也不识,革命前受人家欺负,吃亏。迩刻民主啦,幸福啦,可就是没文化办不了大事。这两次来延安开会可给弄结实啦。人家问我'你到延安见过毛主席没有?'我说'见过啦。'人家说'他讲的什么?'我只觉调度好,主意好,话句可记不全啦。要是有文化呢,'你看记录去'!那多方便。回家去一定要娃好好念书,把学校办好。我家现有四个娃在小学,一个娃在完小,一个娃在黑牛窝师范。迩刻搬到马栏了。"②这位农民参议员的演说,

194

<hr>

① [美]吉尔伯特·罗兹曼著,国家社会科学基金"比较现代化"课题组译:《中国的现代化》,江苏人民出版社2003年版,第158~159页。

② 《吴伯箫文集》上卷,人民教育出版社1993年版,第728~730页。

真切地体现出他的身份和社会地位的变化。

事实上,对于为数众多的农民群体而言,能够被选举为参议员,本身已是在社会阶层结构和社会地位方面的重大变化。而这种身份和社会地位的变化,却是以往从未有过的事情。特别是对于那些长期处于饥饿和压迫状态下的贫农而言,则更是如此。比如陕甘宁边区的吴满有就是其中的典型代表。

吴满有(1893—1959),原籍陕西横山县石湾乡麻地沟村,是贫苦农民家庭出身。作为贫苦农民的吴满有,从小就给富家拦羊干活,并没有进过学堂的门。1928年横山大旱年馑,他携家眷逃荒来到延安吴家枣园,租地耕种、打柴佣工,勉强维持生存。1935年,陕北红军领导土地革命,吴满有分得了土地。他知恩图报,开荒种地越来越多,劳动积累也越来越多,生活逐步得到改善。经过两年劳动,吴满有就实现了温饱自足。到1938年,他已养2条牛、1头驴、50只羊,打粮20多石。1941年打粮34石,交公粮14.3石、公草1000斤,公债公盐代金815元。①

如果说解决温饱问题只是一种生计上的变化,那么在全边区和各抗日根据地的大力宣传以及随后被选为延安县正式参议员,则是体现一个贫农社会流动的重要表征。1942年初春,记者莫艾在柳林区采访中发现了吴满有的事迹,4月30日,《解放日报》发表了莫艾写的《劳动英雄吴满有是怎样发现的?》、《劳动英雄吴满有连年打粮特多》的新闻报道,引起了毛主席和边区政府的高度重视,由此引发出全边区以及各抗日根据地党政军民动员的大生产运动。此后,新闻报道、图画电影等不断介绍吴满有的事迹,学校课本也有吴满有的课文。诗人艾青采用陕北通俗口语写道:"你的名字,像一朵牵牛花,开在解放日报上";回到家,"你站在吴家枣园的坡坡上——你的脸像一朵向日葵,在明亮的天空下面,连影子都藏满欢喜"。②吴满有从一个贫苦农民,经过自己的辛勤劳动不仅实现了日常生活的盈余,而且相继被选为劳动英雄和参议员,并在政府中担任领导职务。可以说从一个贫苦农民身上所体现出来的

---

① 《横山文史资料》第8辑,中国人民政治协商会议横山县委员会学教文史委员会,2006年编印,第90页。

② 艾青:《吴满有》,《解放日报》1943年3月9日。

社会流动模式,是中国从来没有过的事情。

至此之后,在陕甘宁边区和各抗日根据地,贫苦农民吴满有成为一个家喻户晓的人物。他不仅是一个劳动英雄,而且还是一个乡参议员、优抗主任、延安南枣园乡乡长、延安县副议长、中共七大代表、全国国民大会的陕甘宁边区十人正式代表之一。同时在1944年春天,吴满有所在的延安县柳林区二乡,还被冠上了吴满有的名字,成为"吴满有乡"。作为一个从破产农民到参议员乃至于后来的各种头衔,从其身上所体现的社会流动模式,应该说是陕甘宁边区基层农民参议员的一个社会缩影。

尤其是对于那些具有一定文化水平、革命经历、社会斗争经验的共产党参议员而言,其流动速度更是异乎寻常。主要原因是在处于战时条件之下,一切工作都需要高速运转,这就需要大量有工作经验的干部来开展工作。正所谓"政策确定之后,干部就是决定性因素"。只有社会流动的加快,才能满足战时状态。因此,对于处在战时条件下的中共而言,干部匮乏的现实也就决定了参议员的社会流动速率是非常大的。如绥德县参议员高云屏曾有就读于米脂三民二中、天津河东中学、南开中学的经历,同时还曾与一部分高中同学到南京请愿,要求国民政府实行言论、出版自由,与同学组织进步文艺团体,主持编辑不定期刊物《野烟》。因此,在1941年他被选为绥德分区参议员、米脂县参议会常驻参议员等职。1945年之后,他先后担任陕甘宁边区政府教育厅中教科副科长,延安大学秘书长、校中共总支部书记。[1]子洲县参议员郭应明同样具有高中文化程度,曾先后在吴堡县、绥西办事处、子洲县等几个完小任教员、教导主任、校长。他于1944年9月任子洲县参议会参议员,1945年8月便调任鲁艺学院干部科科员,11月任中共鲁艺留守处总支组织委员并兼任鲁艺戏音系地干班党支部书记,1946年在延安大学干部教育处工作。[2]

紧张严峻的战争形势和干部匮乏的客观现实,使得参议员们的社会流动速率大大加快。这一流动格局既满足了战时的需要,又在很大程度上促进了基层社会权力结构的变迁。

① 《榆林人物志》,陕西人民出版社2007年版,第129~130页。

② 中共西安市委办公厅编:《中国共产党西安市委员会志(1925.10—2002.7)》,中国共产党西安市委员会,2002年编印,第746页。

二、边缘群体的社会流动

如果说从吴满有身上所体现的社会流动模式，还是一种体制内的正常流动，那么，对于另外一些参加秘密会社组织的破产农民而言，却是经历了一种从非正常社会流动——参议员——体制内社会流动这样的轨迹。其中非正常社会流动较典型的事例就是陕北地区的"挣功名"。

何谓"挣功名"？质言之，就是在军阀当道、土匪横行的现实状况下，因灾荒肆虐、经济贫困、教育艰阻、攀升无望而铤而走险加入兵匪之列，并在政府无法镇压的情况下，通过招安的形式而达到入仕升官的目的，进而获取"功名"的一种形式。①

据记载，在陕北乡村社会里，由于人们看到读书无望，即便出洋留学拿到的也是一纸空文，他们便认为在目前的情况下，读书绝不是一条出路，所以便出钱购买枪械，召集其他人员共同出道，去做所谓的"绿林豪杰"，及至"喽啰众多，声势浩大之后，政府无法剿减，只好去招安，委任各头目充当团长、营长。从此，土匪军队一变而为正式军队，土匪首领也做委任长官，升官发财了"②。在陕北民间，人们把这种社会流动模式叫做"挣功名"。无疑，这种现象与传统求取功名的途径大相径庭，实际上体现出来的却是社会流动的畸变。当传统的社会流动之路最终被堵塞，特别是社会持续动乱已成常态的情况下，于是从当匪进而获得政府认可的职业，就成为民众的一种选择。这种选择又可谓是两全其美，既能过一种相对稳定的生活，又能获得一官半职，于是怀有这种心理趋向自然也就不难理解了。所以，有人一针见血地指出："自陕局不靖以后，人人都存了一个当兵的念头，以为当了兵就可以使势，可以保家，可以升排长、连长、营长……甚且可以做镇守使、做督军、做巡阅使了。但是当兵比较上又很苦，只有当土匪容易得多。多因土匪胡闹几天，官兵马上就收

---

① 参见拙作《陕北乡村的"挣功名"与农村革命的关联》，《中国延安干部学院学报》2011 年第 1 期。

② 依萍：《陕北民间的"挣功名"》，《申报周刊》（合订本），1936 年第 1 卷，第 39 期。

复,可以为所欲为了。所以一般不安分的平民,常以当土匪为进身的捷径,因而土匪一天一天多了,好百姓一天一天少了。"①有关这一点,毛泽东也曾进行过阐述。他指出:"中国的殖民地和半殖民地的地位,造成了中国农村中和城市中的广大失业人群。在这个人群中,有许多人被迫到没有谋生的正当途径,不得不找寻不正当的职业过活,这就是土匪、流氓、乞丐、娼妓和许多迷信职业家的来源。"②

然而,随着陕甘宁边区参议会制度的建立和普选运动的推行,一些在非正常社会流动中的基层民众却在参议会制度和"三三制"政权机构体系中被选为参议员,并在这一制度之内实现了更为深刻的社会流动。如靖边县参议会副议长白文焕就是这方面的典型。

白文焕,字章甫,1883年出生在靖边县一个贫苦农民的家庭。11岁入私塾,半工半读。后被选到旧衙署当工役。因为他对工作尽职尽责,后被提拔为"户房",掌管粮食事宜。前后任职达10年。但是,由于县衙知县9年中换了8任,白文焕目睹了这8任知县的就离行径,经历了户房大进小出、贪污私分的可恶行为,因他不满县衙官署,不满朝廷圣上,便辞职还家。回乡后不久,便积极投身到乡里民间的"哥老会"行列,进行反清活动。因在"哥老会"的反清运动中劫富济贫,讲义气,被推举为西北"龙头大爷"。中央红军到达陕北之后,中共认为要在陕北立住脚、站稳脚跟,必须大胆起用陕北的优秀干部和群众中的能人,包括党外民主人士,以及各方面有影响的陕北人物。西安事变发生后,周恩来向毛泽东提出邀请与杨虎城是患难弟兄的白文焕这位西北哥老会"龙头大爷"去做宣传工作,最后他出色地完成了任务。陕甘宁边区参议会制度确立之后,白文焕被选为靖边县第一届参议会议长。但根据边区参议会的安排,县议长应由县委书记兼任。所以,1941年8月靖边县第二届第一次参议会上,白文焕被选为副议长。

在此期间,他积极向县委、县政府提出建议,在靖边应加强植树造林、发展畜牧、修水漫地等,加强县里基本建设。他的这些好建议都被县委书记采纳,

---

① 杨钟健:《陕西社会现状一瞥》,《少年世界》1920年第3期。

② 《毛泽东选集》第2卷,人民出版社1991年版,第645~646页。

诸如靖边县实施的修水漫地、发展水利、植树造林、养牛养羊等先进事例,在边区高干会上曾得到毛主席的肯定和赞扬。于是在 1941 年 11 月边区第二届第一次参议会上,白文焕当选为边区政府委员。这样,他参政议政有了更便利的条件,可以把议案直接提到边参会和边区政府委员会。

白文焕从一个西北哥老会"龙头大爷"到被选举为靖边县参议会议长、陕甘宁边区参议会参议员、陕甘宁边区政府委员,是中共将边缘群体纳入陕甘宁边区参议会的结构体系之内,实现从边缘群体向中心群体的回笼,并在体制之内实现他们社会流动的一种制度性安排。事实上,这种社会流动也是社会结构分层的一种过程。正是在阶级阶层结构变迁过程中,原有的哥老会身份在陕甘宁边区参议会这一制度之下,通过体制内的社会流动将其定型为新的阶层——民主人士。可以说这种制度安排不仅在很大程度上扭转了以往的非正常社会流动,而且也深刻地改变了基层社会的权力结构,从而也使得陕甘宁边区的基层社会流动适应了社会变动的时代要求和中共彻底改造基层社会的具体目标。

三、士绅群体的社会流动

对于陕甘宁边区的士绅参议员而言,他们是经历了从帝制时代的科举入仕到民国时期的委任授权,再到边区时期的选举任免,乃至随后进一步流动上升的复杂模式。

在传统基层社会里,以耕织相结合的封建农本经济为基础形成的"四民"等级身份结构,决定了中国传统社会流动的性质和状况。在"四民"结构中,"社会流动模式是混合型的,这是一种适度型封闭(而不是极度封闭)的社会流动。它既严格限制垂直流动在任何阶级、阶层间自由发生,同时又保证一定范围内的上升性流动"①。毫无疑问,这种流动主要是通过旧式教育来实现的。"在从前,士大夫是自有其康庄大道的。……由秀才而进士,由进士而官僚,这

---

① 王先明:《变动时代的乡绅:乡绅与乡村社会结构变迁(1901—1945)》,人民出版社 2009 年版,第 75 页。

是多便当的事。即不幸不得意于仕途,把酒吟诗,在本乡作为豪绅,以维持他的低度的物质生活,仍不失其山林文学家的风度。"①也就是说,以私塾和书院为主要教育场所,以儒家经典及封建伦理为重要教学内容,以科举制度为核心的传统教育体系,是传统士人实现社会流动的主要渠道。在这种旧式教育制度下,地主与庶民子弟可以通过科举考试取得秀才、举人这样的功名身份而成为士绅。同时,士绅又可以进一步通过更高层次的科举考试而成为官僚政治精英。而官僚精英则可以利用自己的权势与影响,通过授予的职分以及通过购置田产,进而在经济上成为士绅地主。当一个官僚在退出仕途以后,在传统中国约定俗成的财产继承方式的制约下,他的田产又在数个儿子中均分。这样,其后人则很容易在二三代以后又降为平民。而平民在理论上又可以通过科举考试进而取得功名,从而再次进入上述地主、士绅与官僚之间的精英循环过程,如此构成一种井然有序、流动不居的社会关系。②

然而,随着科举制度的废除,传统士绅的社会流动却出现了结构性、多向度的发展态势,其中具有新的资格和身份的地方权势阶层开始出现在基层社会之中,这就是在地方上有较大影响力的县议事会、参事会和区乡议事会、参事会的成员及乡董、乡长副以及县教育、警务、实业、财务等方面行政机关的首领和主要职员、各村村长、村副及其他村务主管人员和一些学界、实业界及其他社会各界的著名人士。不过从总体上来看,此时的社会流动的集团"依然是地主、士绅阶层"③。可以说这些新的权绅阶层,尽管与传统士绅一样发挥着主导地方公共事务的社会功能,但是,他们对于地方公共事务的主导却是直接通过国家行政来实现的。至此,传统士绅阶层便通过在新的社会结构体系内的社会流动而形成了一个新的地方精英阶层——官绅。但是,鉴于民国时期的政治腐败局面,一些开明正直的士绅因不愿意在黑暗官场随波逐流,于是便辞职还乡,不问政治。如盐池县惠安堡人刘炳,是清光绪年间贡生,曾出

---

① 天行:《学潮与出路》,《东方杂志》第 29 卷,1932 年第 6 号。

② 萧公秦:《从科举制度的废除看近代以来的文化断裂》,《战略与管理》1996 年第 4 期。

③ 王先明:《变动时代的乡绅:乡绅与乡村社会结构变迁(1901—1945)》,人民出版社 2009 年版,第 101 页。

任宁夏豫旺县县长,为人刚正不阿。他认为当官就得为民办事,如果做官对民不利,不如引退回乡。后辞职回家,专事医术治病救人,倡导办学不问政治。①但是,也有一些士绅因得到中共与民众的信任而被选为参议员,并在这一体制之内实现了更大范围的社会流动。如边区教育厅副厅长贺连城、建设厅副厅长霍子乐、绥德县县长霍祝三、米脂县务委员会主任马继棠等就是其中的代表。②而众所周知的李鼎铭先生,则更是其中的典型。

出生于陕北米脂县的李鼎铭,早年曾参加科举,因学有所长,在当地着力于地方教育事业,并于民国初年担任米脂县东区区长,后在米脂成了一名坐堂医生。作为一名爱国士绅,面对日本的大举侵华,李鼎铭与中共合作参事,尽抗战救国之职。1941 年 8 月,在米脂县的参议员选举中,李鼎铭先生不仅被选为米脂县参议会议长,而且还被选为陕甘宁边区参议会的参议员,出席陕甘宁边区第二届第一次参议会,并在此次会议上被选为陕甘宁边区副议长。1941 年 11 月,经毛泽东题名,李鼎铭又被选为陕甘宁边区政府副主席。在此期间,由他提出的"精兵简政"议案,被毛泽东认为是一个"极为重要的政策"而刊发在《解放日报》上。李鼎铭从一名地方士绅到参议员,再到陕甘宁边区副议长、副主席,成为"三三制"楷模和爱国典范,这一社会流动模式无疑是曲折复杂的。正如陕甘宁边区教育厅副厅长贺连城与陕甘宁边区副议长谢觉哉在后来悼念李鼎铭的挽词中所说:"少年乐育英才,中年解囊济世,晚年献身革命与时偕行公真健";"茹旧含新自来俊杰识时务,知微见著毕竟聪明属老成"。③这一结论可谓是李鼎铭一生社会流动的真实写照。更值得一提的是,由于担任陕甘宁边区政府副主席的经历以及自身的感悟,李鼎铭不仅自己有了加入中国共产党的打算,同时还催促小儿子李之纪入党,并说:"你们青年必须要求入党,更多地受党的教育,以求进步。可惜我老了,早没有提出,回政府后我一定要求入党。"④

---

① 《盐池文史资料》第 5 辑,中国人民政治协商会议盐池县文史资料委员会,1989 年编印,第177~178 页。

② 《一年来三三制实行的材料》,陕西省档案馆藏,卷宗号:2-1-83。

③ 《群众日报》1948 年 2 月 28 日。

④ 《家父鼎锦公简史》,陕西省档案馆藏,卷宗号:2-1591。

如果说作为参议员的李鼎铭在体制内的流动还始终是以党外人士的身份参与,那么,对于另外一些士绅参议员,他们通过体制内的社会流动,最终则成为一名共产党员。如绥德县参议员霍祝三即是如此。

霍祝三,原名居华,字祝三,1879年10月出生在陕西省绥德县义合镇楼沟村一户贫苦农民家庭。早年曾在家乡办私塾,在县纺织加工厂当办事员。抗日战争全面爆发后,霍祝三担任了义合区桥上乡征募委员会的委员,协助共产党做征兵、征粮、动员担架运输等支前工作。在绥德知名进步民主人士中,"霍祝三是第一个坚持抗战、坚持统战、坚决跟共产党走的'一边倒'人物"[1]。正是由于如此,霍祝三曾多次被选为绥德县参议员。1941年8月,陕甘宁边区开展了大规模普选运动,霍祝三再次被选举为陕甘宁边区参议会参议员。同年11月,他在延安参加了陕甘宁边区参议会第二届第一次会议。1942年8月,霍祝三又被选为绥德县政府县长。他团结各阶层抗日爱国力量,组织领导绥德人民开展减租、生产和拥政爱民运动。1944年,由杨和亭介绍,霍祝三加入了中国共产党。从此,他更自觉地领导绥德人民进行民主建设和经济建设。1948年1月,霍祝三升任为绥德专署副专员。随着全国的解放,霍祝三以更高的热情投身到绥德老区的战争创伤医治、恢复和发展生产等建设事业中。

四、参议员社会流动的评价

应该说无论是农民参议员还是地主士绅参议员,他们的社会流动模式所呈现的显然是一种垂直流动,是从基层参议员向更高级地位发生的自下而上的流动模式。这种流动模式不仅是基于陕甘宁边区的社会结构体系决定的,同时也是战时环境下的必然趋势。当然,就成千上万的基层参议员而言,这种垂直流动模式的规模又是极其有限的。

首先,从客观因素来看,由于陕甘宁边区地处极端分散的农村环境,文化水平是极其落后的。因此大多数基层参议员,由于自身的文化水平较低,就必

---

① 《榆林文史》第4辑,中国人民政治协商会议陕西省榆林市委员会文史资料委员会,2004年编印,第218页。

然会限制他们的社会流动。因为"我们所要求的政府不仅是人民的忠仆,而且它又须是人民的领导者;它一方面须要深刻了解人民的切身要求,它同时须要把握抗战建国的需要;它须要看清现在,同时又须要照顾将来。因此,我们所要求的政府人员不是唯唯诺诺、奉行公式的所谓混官饭的人,也不是粗枝大叶、操切从事的莽汉,而不能不是既能了解边区内外的情况,而又能把握政治方针;既能打好主意,而又能善用人才的政治家"①。很显然,对于基层参议员而言,恐怕能够达到这样要求的并不多见。

其次,参议员作为战时特定条件下形成的一个社会群体,他们的社会认知也会在很大程度上决定着他们的社会流动。按照中共的基本原则,能够参加边区政府工作的人员,首先就不是只看见一党一系、一阶层、一地方的局部利益,狭隘自私、不顾大局的人,而必须是能够忠实于整个民族抗战事业,能够照顾全体抗日人民的利益,善于团结一切抗战力量的人。"如果说边区是一个家,二百万家人是把管理家产的钥匙和责任付托给你们的;如果说边区是一只船,二百万同船的人是把驶船的舵轮交到你们手里的。而怎样在烽火遍地、恶浪滔天的中间,保障二百万人民的生命财产,带领二百万人冲破一切的危难达到更巩固更光明的境地,这便不能不要求我们的管家人,我们的掌舵师,看得更远,把得更稳,更熟练于自己的任务,更英勇地战胜困难。"②但是不可否认,在基层参议员中也有一些并非完全能够积极负责、刻苦耐劳、廉洁奉公。特别是长期以来形成的自由散漫的作风,也使得一些人员并不习惯于战时的复杂艰苦环境。这也就决定了基层参议员的社会流动,只是在一部分人中间产生。

最后,基层参议员的社会流动与中共的社会分层标准也是休戚相关的。尽管陕甘宁边区实行了不分性别、民族、阶层、党派、信仰的全体抗日人民的普选,在共产党领导下建立"三三制"政权,但是在中共的意识形态结构中,社会分层特别是以阶级、阶层和政治态度为标准的社会层次始终占据着重要地位。也就是说基层参议员的社会流动规模和速度,和中共的社会分层有着紧

---

① 《选贤任能》,《解放日报》社论,1941年11月18日。

② 《选贤任能》,《解放日报》社论,1941年11月18日。

密的关联。特别是对那些具有地主士绅身份的党外参议员而言则更是如此。因此,中共的社会分层标准曾一度受到质疑。赵超构就曾指出:"虽说三三制容许三分之一的党外人士参加,然而'党外人士'并不就等于'反对党'。这是很明白的;各党各派在边区还是有名无实的。至于边区的国民党员,即说是真有其人,也是脱离了国民党组织的党员,共产党倘要加强三三制的民主性,还必须进一步,在事实上容许各党各派有组织、宣传、公开竞争的自由,由各党派的组织来选举他们的代表,而不必出于共产党的恩赐。"①同样,英国著名记者斯坦因也曾"怀疑共产党把这位在本县声望极高的温和的老人(即李鼎铭——引者)挑选出来,作为赞美新民主主义的傀儡"②。

但是无论如何,陕甘宁边区基层参议员的社会流动,确是符合战时的实际情况的,同时也是符合民主实际的。正如斯坦因通过对李鼎铭的深刻采访之后指出:"我必须改变关于李鼎铭的见解,不是因为我听到农民、工人和大大小小的共产党都赞美他,主要是因为在长久的谈话中,我发现他诚实、聪明、积极、见解明确、意志坚定,出于自愿地拥护新民主主义。他是献身于本村的教育与社会改造工作的。"③即便对"三三制"持有不同看法的赵超构也指出:"三三制虽不足以代表完全的民主,却不失为聪明漂亮的办法。"对于那些地主士绅商人,"固然绝少反抗力量,尽可摒诸大门之外,可是拒绝究竟不如争取,拒绝的结果是不合作,争取得好却可以增加党策的便利。拒绝他们,只能强迫他们不动而不能推动他们服从共产党,争取他们则可以有机会领导他们到自己的方向来,这就是共产党'尊重多数,照顾少数'政策的动机。这动机看来民主,却是现实的"④。

更为重要的是,基层参议员的社会流动,在改变自身社会地位的同时,也为中国的抗战和解放事业做出了重要贡献。对于基层参议员而言,他们的社会流动无疑是改变了他们的命运。一个绥德参议员曾对女大选举团的丁雪松

---

① 赵超构:《延安一月》,上海书店 1992 年版,第 230 页。

② 《李鼎铭文集·纪念·传略》,中共中央党校出版社 1991 年版,第 167 页。

③ 《李鼎铭文集·纪念·传略》,中共中央党校出版社 1991 年版,第 167 页。

④ 赵超构:《延安一月》,上海书店 1992 年版,第 231 页。

说,当年绥德的参议员选举,改变了他的命运。他是因家贫不得不辍学当店员的,年薪仅两元大洋。以前他感到人生艰难,前途无望,可在选举中被群众投票选举为参议员后,他感到前途有望了,从而信心大增。特别是当他鼓起勇气登上讲台,表述他当家做主的喜悦之情,他的东家安文钦听了后也大感惊奇,竟起身坐到前排认真谛听。于是他从此决心参加革命,一扫过去悲观厌世的情绪。不久便入了党,又到延安中央党校学习。解放战争时他曾任江西省委书记陈正人的秘书,后来又担任北京化工局局长。[①]

同样作为参议员的李鼎铭,在被选为边区政府副主席之后,自认为是"一生中从来没有这样快乐过。因为自从辛亥革命以前我对社会改革发生兴趣以来,这是我第一次见到真实的进步"。很显然,在李鼎铭看来,它的个人命运自此已然发生了改变。故此他由衷地说道:"我希望重庆知道,为什么像我这样的绅士会与共产党的新民主主义休戚相关,并且以边区为骄傲。"也正是在他个人命运改变的同时,在边区第二届参议会第一次会议上,他提出了被誉为"一个极其重要的政策"的"精兵简政"提案,对抗日根据地战胜困难起了积极作用。他同时对边区消灭文盲、培养知识分子、普及卫生习惯等方面提出了许多有益的意见。抗日战争胜利后,他始终站在中共一边,坚决反对蒋介石反革命内战政策,呼吁全国人民团结起来,为和平民主而斗争。一个曾经绝不过问政治、也不同意共产党观点的地方士绅,却最终践行着他曾经发表的"在无党无派的地位,一方面对共产党进几句忠告,一方面奉劝我们无党无派、各党各派的人,大家都向一条大路前进"[②]的就职演说。

① 《中国第一位女大使丁雪松回忆录》,江苏人民出版社 2000 年版,第 298 页。

② 李鼎铭:《就职演说》,《解放日报》1941 年 11 月 21 日。

第四章 CHAPTER FOUR

基层权力的表达
——参议员的政治参与及其社会生活

　　"民主不是说说就够,不是做的事好就够,而是要真的由人民自己来做。人民感到政府好和人民自己来管理政府,味道完全两样。因为他不仅自己知道有了权力,而且知道自己有了责任。"①陕甘宁边区参议员的政治参与,就是对政府进行管理的重要政治实践,这种实践是代表社会各阶层的普通民众,以县乡参议会和乡民大会为平台,通过广泛的政治参与来实现的。当长期以来被压抑的参与意识通过强大的社会动员被激活之后,便会形成一股排山倒海之势汹涌而来,从而构成了基层社会亘古未有的场景。这种历史性的变迁,不仅深刻地促进了基层社会的革命性变迁,同时也深刻地影响了基层参议员的社会生活。

---

① 《谢觉哉文集》,人民出版社1989年版,第1156页。

第一节 基层参议员的 政治参与形式

ERSHI SHIJI ZHI ZHONGGUO

政治参与,简而言之,就是指"平民试图影响政府决策的活动"①。就陕甘宁边区的基层参议员而言,所谓的政治参与,不仅体现为对政府决策的影响,而且还体现为对政府的管理。因为按照陕甘宁边区各级参议会的组织条例,参议会不仅是民意机关,更是权力机关。因此,陕甘宁边区基层参议员的政治参与,就是代表社会各阶层通过各级参议会、乡民大会和各种类型的座谈会等形式,实现对基层政府的有效监督和管理,从而达到影响或改变政府的决策的过程。

一、政治参与的主要形式

参议会作为边区民主政治的主要组织形式,是参议员实现政治参与的最重要形式。对于县级参议员,在正式开会前一般要召开预备会议,由筹备会报告筹备经过,确定议事日程,拟定参议员分组以及提案审查分组。同时要将政府工作报告先行印好发给参议员研究讨论,以便提前做好讨论准备。政府工

---

① [美]塞缪尔·P.亨廷顿、琼·纳尔逊著,汪晓寿、吴志华等译:《难以抉择——发展中国家的政治参与》,华夏出版社 1989 年版,第 3 页。

作报告的作用就是"使居民们明白政府为人民做了些什么事,有什么成绩、困难和缺点,以便求得人民对政府工作的批评和检查"①。

参议会正式召开期间,参议员要针对县级政府报告充分开展质问、讨论、批评、建议等重要环节。但是,鉴于县参议员的实际情况,他们的讨论形式可以不拘一格,既可以小组讨论,也可以大会讨论,三五成群随意讨论也可以。通过讨论,最终要形成成熟的意见。为了体现民主议政的氛围,边区政府要求特别注意启发非党人士发表意见。"要知道,共产党的意见,不一定面面俱到;共产党员也很有些不满人意的。"②但是,在县级参议会中,由于一直存在不注重非党人士意见的情形,为此,中共中央西北局专门通知要求"放手发扬民主,启发党外人士踊跃发言,共产党员均应虚心倾听与仔细考虑党外人士的意见,对于正确的意见应当诚恳接受,不正确的意见亦应慎重研究,然后加以适当解释"③。

对于乡参议会的工作报告,由于群众所关心的问题"不是全年全乡做了些什么事的一般报告,而是他们当前的切身事情是怎样做的,应该怎样做"。因此边区政府规定,不必规定乡长一定要向居民做报告,如果报告,"则应以行政村或自然村为单位,其内容则为该村居民当前与切身的一些问题,由乡长、村主任或村长报告均可,而以能引起群众热烈讨论为目的"。④

在参议会召开的过程中,提案议案可谓是参议员的一件重要事项。因为召开参议会的目的就是要针对所提的议案进行审议。对于政府而言,要广泛搜集好提案。一般来讲,所谓好的提案,不仅内容要好,而且能使参加讨论的参议员们都有深刻的印象,以便由参议员讨论决议,更好地督促政府执行。另外,县党部、各群众团体要有提案,经过参议会讨论后形成决议。特别是对于非党人士的好的提案必须采用。与此同时,边区政府还规定县参议员,作为人

---

① 甘肃省社会科学院历史研究室编:《陕甘宁革命根据地史料选辑》第3辑,甘肃人民出版社1983年版,第15页。

② 《谢觉哉文集》,人民出版社1989年版,第521页。

③ 《中共中央西北局文件汇集(一九四五年)》,中央档案馆,1994年编印,第173页。

④ 陕西省档案馆、陕西省社会科学院编:《陕甘宁边区政府文件选编》第9辑,中国档案出版社1990年版,第261页。

民的代表,不仅来自乡(市),而且多是乡(市)工作人员,因此其责任不止到会而已,也要经常反映人民的意见,有针对性地提出议案。同时,基于抗战的严重局势,边区政府明确提出在参议会期间也要注重讨论学习、生产、武装等事宜。因为"我们处在亡国亡家的严重威胁前面:急要建设抗日的新政权,然而我们的知识不够;急要充足的军需军粮供给前线部队,然而我们的生产很落后;急要时刻防备敌人来犯,然而我们并未全民皆兵"。同时特别强调加强生产,"首先就是议员们本身,要做学习、生产、武装工作的模范"。①

另外,边区政府还规定在县一级设置县参议会常驻委员会。战时的客观情况和基层社会的具体实际决定了县参议会不可能常开,因此,在此期间就需要有个机关代表县参议会执行任务,故此边区政府在县级参议会中设置了常驻委员会。值得一提的是,县参议会常驻委员会并非是直接对全体人民负责,而是对参议会大会负责。也就是说县参议会常驻委员会是参议会闭会期间的唯一民意机关,县参议会闭幕之后所形成的大会决议案以及具体的实施,就是通过常驻委员会来监督实行,以免发生决而不行的情况。其具体职权是:监督县级政府对参议会决议之执行,听取县级政府之按期工作报告,向县级政府提出建议和询问,派代表出席县级政府委员会会议等。②依据这个规定,县参议会常驻委员会的工作应该是处理会内日常事务及大会未竟的工作,大会授权给常驻委员会完成的事项,经常与非常驻议员的联系,也就是说常驻委员会要经常把政治情况及会内工作告诉各参议员,各参议员要把自己活动及所看到、听到的有关政治的事情告诉常驻委员会,以便经过常驻委员会建议政府。另外,根据规定,县参议会常驻委员会有"追认闭会期间常驻会及政府关于紧急措置之事项"的规定。也就是说县参议会允许常驻委员会在来不及开大会时有权决定应该经过大会的事。比如关于政府送请复议的事、关于政府送请审核某种条例草案的事、关于战时采取某种非常措置的事,等等。同时

①　中国科学院历史研究所第三所编辑:《陕甘宁边区参议会文献汇辑》,科学出版社 1958 年版,第 178 页。

②　甘肃省社会科学院历史研究室编:《陕甘宁革命根据地史料选辑》第 1 辑,甘肃人民出版社 1981 年版,第 175 页。

常驻委员会如有某种重大事件必须召开大会时,有权决定召开临时大会。

　　乡参议会是乡参议员政治参与的主要场所,对于上级各种重要的法令、设施,本乡的各种抗战动员、文化经济建设,都要经过参议会讨论决定与实行。所以,乡参议会应经常按期开会,并在参议会上讨论提案议案与检查工作。但是,乡参议会与县参议会也有区别。乡参议会是基层直接民主的重要体现。"越下层越要民主,下面的基础打得广大而且结实,民主政治的力量与成绩才能出人测度地发展起来。反之,下层没有民主,或虽有民主而没把它开展起来,法定起来,那上面尽管有些民主,也许是装样骗人的,即使不是骗人,而没有设施,一下去就走了样,有民主也等于不民主。"①所以,为了使乡参议员更好地开展政治参与实践,在乡级参议会中,依照代表与居民住所的远近,在3~7个参议员之中选举1人为代表主任,其任务是在乡(市)政府主席团指导之下,分配和指导其领导下各代表的工作,传达主席团的通知于各个代表,召集其领导下的居民开会,解决其领导下居民中的较小问题。一村之内,还须有一个总的代表主任,并使村的工作得到有力的领导。这样,就把基层工作组织成了网,使广大民众直接参加政府的工作。此外,在召开参议会和乡民大会之外,还开展"斗争会"。所谓"斗争会",就是向那些办事不好的、做坏事的人作斗争的村民大会。这个斗争会是群众斗争的一个有力的武器。如在开展减租减息的时候,村民即根据有关规定,进行减租、勾账、换约的斗争。

　　可见,乡参议会实行的是"一面是议会主义,一面是直接民权"的议行合一的办法。②也就是说在乡参议会中事实上也等于是全乡(市)居民来开会。具体而言,就是民众选出参议员,参议会选出乡长及乡政府委员。参议会决定的事,乡(市)政府领导做,各参议员也在做;村民大会决定的事,村负责人领导做,人民也参加做。可见乡参议会与县级参议会不同,它是议事的,同时又是做事的,它监督人,同时也被人监督。实际上,乡民大会是该乡的最高政权机关,而乡参议会是乡民大会闭幕时的最高政权机关。同时,乡参议会也等于扩

---

　　① 《谢觉哉文集》,人民出版社1989年版,第414页。

　　② 陕西省档案馆、陕西省社会科学院编:《陕甘宁边区政府文件选编》第3辑,中国档案出版社1987年版,第171页。

大的乡政府委员会。之所以这样安排,是因为"乡市工作,不是上级命令要居民直接做的,就是居民本身直接感到要兴要革的事"。而且从实际情况来看,乡的管辖范围并不大,且人力有限,所以"议事的应该就是做事的。如果要划分为一个机关的人在议,另一个机关的人在做,老百姓将不懂得为什么要多此一套麻烦,事实上也没有这么多人来分配"。①

乡参议会闭幕之后,乡政府委员会便成为乡参议会的最高政权机关,执行参议会的决议以及上级政府的命令与指示,积极领导全乡工作。一般而言,乡政府委员会每星期或10天开一次会,针对参议会所决定的事情展开讨论。对于乡政府委员会,其工作重心应放在村,特别是在地广人稀的地区更应该如此。所以,行政村主任应经常召集全村的参议员开会,检查工作,讨论怎样完成乡参议会给予本行政村的任务,及解决本行政村居民中间的问题。村长同样应督促该村,各参议员应督促所领导的居民完成工作。

二、政治参与的其他形式

为了更好地发挥参议员的作用,陕甘宁边区基层参议员在政治参与的方式上还创造性地开展符合实际情况的政治参与形式。如乡"一揽子会"、"党外人士座谈会"和"群英会"等就是典型的政治参与形式。

1."一揽子会"

"一揽子会"是在战时特定条件下,基层民众基于"三三制"的精神,将生产、征粮、防奸等工作集中召开,共同参与的模式。"一揽子会"一般有大"一揽子会"和小"一揽子会"之分。所谓大"一揽子会",就是以乡参议会为主体,同时乡政府委员、行政村主任、自然村村长以及共产党支部的干事都参加。这种不分党员与非党员、参议员与非参议员的"大家议、大家决、大家分工、大家去做"的办法,既民主又集中,不仅能解决问题,能办好事情,而且没有形式主义,也没有教条主义,可谓是"群众的马克思主义的创造"。②但是,边区政府对

---

① 谢觉哉:《论乡市民主民主制度的重要及其实施》,《共产党人》1940年第12期。

② 《林伯渠文集》,华艺出版社1996年版,第384页。

于这种参与形式也给予具体规定：(1)用乡参议会的名义。(2)除参议员、村主任、村长、自卫军连长、支部干事外，还可吸收党小组长、劳动英雄、防奸英雄等参加。(3)保持大家议、大家决的习惯(已成习惯法)，不必搬用有表决权与无表决权的教条。(4)提倡大家分工负责、人人执行决议的精神。(5)建立领导会议的党的核心，3~5个人就可以，或由支干会担任，或另行组成，以保证党的领导，但必须是群众中有威信的党员，这样才便于随时影响非党群众。①

不过，尽管全乡群众召开的"一揽子会"是最好的形式，但不能所有事情都开大"一揽子会"，有些事情可以开乡政府委员会的小"一揽子会"。例如生产、征粮等大事，经过参议会布置下去之后需要检查，某些临时重要任务，需要布置或传达下去的，或某些比较重要且需要做决定的事情，就应该开小"一揽子会"。也就是说这种小"一揽子会"，参加的人数少，活动灵活，更便于执行。不过这种政治参与形式，有人也曾疑虑"三三制"将被它破坏，因为参加"一揽子会"的成员，未必是共产党员只占1/3。针对这种情况，边区政府规定，在小"一揽子会"上"同样要形成党的领导核心"②。事实上，"一揽子会"并不是一个常设的权力机关，并不能代替民意机关和政府机关，也并不能干涉这些机关的一切职权。不论共产党员是否占1/3，对于"三三制"是没有多大影响的。而且被邀来参加"一揽子会"的都是工作最积极、成绩最好、对人民最有信誉的人。因此让这样的人来参加会议，"正是说明那里的民主更是切实，正是说明那里更是以人民为主"③。有关这一点，当年赵超构曾记录下延安裴庄乡召开"一揽子会"的生动情景：

"我们到裴庄去旁听一揽子会。在枣林中的一所失掉了房顶围墙的屋基上，我们见到这些乡长，乡参议员，乡政府委员，自卫队长，变工队长，妇纺组长，劳动英雄们，罗汉似的席地而坐，要不是我们先已知道他们在开会，一定

---

① 陕西省档案馆、陕西省社会科学院编：《陕甘宁边区政府文件选编》第8辑，中国档案出版社1988年版，第110页。

② 陕西省档案馆、陕西省社会科学院编：《陕甘宁边区政府文件选编》第8辑，中国档案出版社1988年版，第110页。

③ 《张友渔文选》上卷，法律出版社1997年版，第379页。

会以为他们是拳师带着他的徒弟们在那里练把式呢！我们到会时，似乎稍稍引起这些参议员的局促，但是这种局促的空气，马上就解消了，主席已从毛主席的组织起来讲到本乡锄草变工的计划，参议员们聚精会神的听，来不及顾视我们了。站在那里说话的主席和地上的参议员们，都是典型的赤足农民，但有一位劳动英雄田二鸿，他不仅衣服齐整，并且还穿着布袜布鞋，远远地避开参议员们独个儿坐在树根上，很自然的表示他是受过毛主席招待的身份。有两位穿学生装的，大概是自卫队长和政治指导员，也是另外坐在凳子上，不和这些农民一起。一位青年少妇，怀里抱着吃奶的婴儿，据说是妇纺组长。再有一位女性，在记录着主席的讲话，那是裴庄小学的教师。"[1]

2.党外人士座谈会

在陕甘宁边区的基层参议员中，还有为数不少的党外人士。边区政府要求除召开参议会之外，还要充分注意党外人士的意见，积极召开党外人士座谈会。为此，《解放日报》曾专门发表社论指出："我们这里是还有缺点的,还必须改正这些缺点，才能使工作做得更好，才能使各阶层的抗日人民更加团结，才能使行政更有效力，才能把建设做得更好。"故此，"我们在政权机关工作的党员和非党员，要仔细倾听各阶层抗日人民的意见。脸要天天洗，地要天天扫，我们的缺点也要天天努力去改正，许许多多新的问题也要天天努力去求得实事求是的解决"。[2]于是，各县相继组织形式多样的座谈会。在座谈会上有检查和批评政府的工作，也有提出各种建议的，有讨论政治形势，等等。具体情况如下：

---

① 赵超构:《延安一月》,上海书店 1992 年版,第 185 页。

② 《党外人士座谈会的意见》,《解放日报》社论,1941 年 8 月 21 日。

表 4.1　陕甘宁边区部分县党外人士座谈会情况

县　　别	召开时间	座　谈　会　意　见
陇东公署	1944 年 6 月	发扬民主,广征民意
富　　县	1944 年 8 月	5 年内消灭 30 岁以下文盲,制止国民党军队掳掠人民
延属分区	1944 年 8 月	批评政府工作中缺点,发扬民主,发动打狼打豹运动
绥德分区	1944 年 9 月	批评政府工作
延　　县	1944 年 9 月	商讨推进"十一运动",区乡各级将召开"一揽子会"
米　　脂	1944 年 9 月	批评政府军队
子　　洲	1944 年 9 月	号召旅外人士还乡
安　　塞	1944 年 10 月	讨论开展"十一运动",建议改进农村工作教育干部
富　　县	1944 年 11 月	党外人士提出宝贵意见,组织生产要灵活运用
延　　川	1944 年 11 月	在各区修水地堰地,改造"瞎子"说新书
赤　　水	1944 年 11 月	批评棉贷大部未放给贫农,有的村长耍私情
延　　川	1944 年 12 月	建议认真修桥补路

资料来源:根据《解放日报》1944 年 6 月~12 月相关报道资料整理而成。

　　从这些报道中可以看到,在党外人士座谈会意见中,对政府的建议和批评占较大的比例。如在 1944 年 8 月延属分区召开的非党民主人士座谈会上,共有 32 名非党民主人士参加。这次座谈会专就民主问题征询非党人士的意见。大体来讲,这次座谈会的意见主要有:第一,不重视参议员的作用。延川县政府委员李世发提出,经过 1942 年的工作检查,发现个别参议员"耍私情",此后处理各种事情,只有工作人员开会,再不召集参议员讨论,降低了民主的意义。第二,不尊重民意。延长县副议长白云亭提出,乡长由县上随意调动。如一区三乡选出的乡长,调到区上当助理员;四乡的乡长又调去受训,也换了人,都未经选举。第三,应该坚持乡级一年改选一次的制度。子长县参议员雷云亭和白云亭等提出,还是一年改选一次好。好的乡长可以连选连任,不好的乡长改选掉。子长县的乡长从 1940 年以来未换的很多。县上说:"不换老练些";老百姓却说:"做上五六年,就染成坏坏了"。[①]应该说这样的政治参与形

────────────

① 宋金寿、李忠全:《陕甘宁边区政权建设史》,陕西人民出版社 1990 年版,第 250 页。

式,不仅目的很明确,而且议题也很集中,会期短,收效大,比起定期召开的各级参议会具有诸多的优越性。

3．"群英会"

在陕甘宁边区基层参议员的政治参与形式中,还有一种被称作"群英会"的模式。所谓的"群英",就是指在各行各业中涌现出来的劳动英雄。这种模式发端于以吴满有为代表的劳动英雄大会。1942年5月,边区政府通令表彰边区著名的劳动英雄吴满有,号召全边区群众向吴满有学习。随后又在工人中开展"赵占魁运动",学习模范工人赵占魁。这种表彰先进的做法,在劳动群众中掀起了学习劳动英雄的热潮和生产竞赛运动。在生产竞赛运动中,涌现出大批的劳动英雄。边区政府决定召开劳动英雄表彰大会。同年11月26日~12月16日,在各县召开劳动英雄大会的基础上,在延安召开了边区劳动英雄大会,185名劳动英雄出席了大会,受到了边区政府的表彰,政府在中央大礼堂宴请了这些劳动英雄。毛泽东称赞劳动英雄是"人民的领袖",并希望这些劳动英雄"回到关中去,回到陇东去,回到三边去,回到绥德去,回到延属各县去,回到机关学校部队去,领导人民,领导群众,把工作做得更好"。①此后,吸收劳动英雄和模范工作者参政议政成为一种惯例。边区各级参议会和政府在召开会议决定群众性的重大事情时,大都邀请当地的劳动英雄参加,或让其列席会议参政议政,并且形成了一种制度。

这种政治参与形式的作用,其主要意图是实现示范效应。正如毛泽东在接见劳动英雄和模范工作者时指出的:"你们有三种长处,起了三个作用。第一个,带头作用。这就是因为你们特别努力,有许多创造,你们的工作成了一般人的模范,提高了工作标准,引起了大家向你们学习。第二个,骨干作用。你们的大多数现在还不是干部,但是你们已经是群众中的骨干,群众中的核心,有了你们,工作就好推动了。到了将来,你们可能成为干部,你们现在是干部的后备军。第三个,桥梁作用。你们是上面的领导人员和下面的广大群众之间的桥梁,群众的意见经过你们传上来,上面的意见经过你们传下去。"②毛泽东指

---

① 《毛泽东选集》第3卷,人民出版社1991年版,第935页。

② 《毛泽东选集》第3卷,人民出版社1991年版,第1014页。

出的劳动英雄和模范工作者这三种长处和作用，也说明了他们在边区政权建设中的地位和作用。他们是群众中的先进分子、进步势力，是边区政权的基本力量，对他们加以奖励和帮助，倾听他们的意见，吸取他们的经验和创造，提拔他们中的一部分参加各级政权机关的工作，作为政府与广大群众之间的纽带，并通过他们去团结更广大的劳动群众。

事实上，这些劳动英雄绝大多数都是基层参议员和政府工作人员。让劳动英雄参政议政，确如人们所说："事有大小，人没有大小，好比一架钟表，大针转，小针也转。"①如定边县在 1944 年召开的定边县第二届参议会上，各行各业的劳动英雄 46 人、模范工作者 19 人。最后会议选举了出席分区"群英会"的模范参议员、劳动英雄和模范工作者。②应该说通过这种形式，不仅使基层民众政治参与的热情有极大的提高，而且可以在很大程度上实现了对基层社会的整合。

三、政治参与的特点

陕甘宁边区基层参议员的政治参与形式，是在战时条件下，在经济、文化都比较落后的情况下展开的。因此，参议员的政治参与也体现出当时形势下的一些特点。

首先，按照政治参与的基本理论，"政治参与是指平民的政治活动，或者更确切地说，是指充当平民角色的那些人的活动。"所以那些专门从事职业政治的人，就不属于政治参与者。也就是说"政治职业者是指从事政治或政府职业工作的人，我们确定的政治参与概念，不包括作为角色行为的政府官员、政党骨干、政治候选人和职业之外活动分子的活动"。③但是，从参议员的社会成分来看，尽管普通民众和党外民主人士占据较大的比例，是政治参与的主体，但

———————————

① 《吴伯箫文集》上卷，人民教育出版社 1993 年版，第 757 页。

② 中共盐池县委党史办公室编：《陕甘宁边区概述》，宁夏人民出版社 1988 年版，第 292 页。

③ [美]塞缪尔·P.亨廷顿、琼·纳尔逊著，汪晓寿等译：《难以抉择——发展中国家的政治参与》，华夏出版社 1989 年版，第 5 页。

是在参议员群体中也有一些政府公务员。如根据对清涧县 1945 年参议员情况的统计发现,在正式参议员中包括县级干部 8 名、区干部 10 名、教育干部 5 名。在候补参议员中,有县级干部 3 名、区级干部 3 名。①

之所以出现这种情况,是因为在战时的陕甘宁边区,其主要任务是如何促进生产。所谓的政治参与,在很大程度上就是如何更好地调动民众的积极性而进行生产建设。正如任弼时所说:"必须认识,今天边区民主政治的中心问题,不是'选举第一',而是如何组织人民的经济生活和文化生活,特别是经济生活。这就是说,今天边区的中心任务,不是选举,而是建设,尤其是经济建设。在经济建设的事业中,发动人民大众的积极性,使每户每人都积极地劳动,参加生产,以改善人民生活,解决战争需要,造成行动的民主,这便是边区民主政治中的中心任务。如果有人问,在边区党和政府最中心的工作是什么? 我们答复应当是:如何组织每户每人的劳动生产,定出他们的生产计划,使男女老幼都来参加生产事业。"②应该说任弼时的这一论述很明确地阐明了其中的原因。

其次,陕甘宁边区基层参议员,大多数都经历了从动员参与到自动参与的共同心理转变。按照政治参与的基本理论,政治参与"不仅包括行动者本人自发的影响政府决策的活动,而且包括行动者受他人策动而发生的影响政府决策的活动。前者可以称之为自动参与,后者称之为动员参与"③。毫无疑问,在陕甘宁边区的初期选举中,参议员的参与热情是被动的。为此,边区政府曾进行了广泛的社会动员。这些动员既有物质利益方面的动员,也有精神文化和教育方面的动员。尤其是大规模的社会教育,不仅使广大民众的文化水平有了较大的提高,而且也更多地接受了关于"政治权力"、"民主选举"等新鲜词汇,极大地改变了基层民众的观念。正如马克·赛尔登所说,边区的社会教育"使无数偏远的农村尝到了教育的甜头。在那种年头,新的观念和技能对农村

---

① 《清涧县参议员候选人履历表》,清涧县档案馆藏,档案号:Q002-018。

② 《任弼时选集》,人民出版社 1987 年版,第 265 页。

③ [美]塞缪尔·P.亨廷顿、琼·纳尔逊著,汪晓寿等译:《难以抉择——发展中国家的政治参与》,华夏出版社 1989 年版,第 7 页。

社会的改造收到立竿见影之效"①。可见,正是通过广泛的社会动员,大多数参议员不仅对这一身份有了很大的认同,而且也从原有的被动性的参与转向了自动参与。事实上,这一点不仅体现在普通农民身上,更是体现在一些地主士绅身上。

不过,需要指出的是,这种动员参与和自动参与之间的界限并不是十分分明的。正如亨廷顿所说的那样,动员参与和自动参与并不是界限分明的两种参与类别,"所有政治系统的政治参与,实际上都是动员和自动参与的混合。"②特别是对一些曾在国民党内任职的人而言,最终被选为边区参议员,尽管在起初也曾有些犹豫,但是由于本身已对国民党的所作所为深感不满,所以他们在基层参议会中的政治参与,显然就是一种混合体。如绥德士绅安文钦,由于对国民党的统治深感不满,曾著有《满腹牢骚记》以描述 1912~1929 年军阀混战、争夺地盘的情形,通过讽刺军阀官僚刮地皮、打内战,致使百姓不安、国家不宁的倒行逆施,以泄心中不满。③

最后,陕甘宁边区基层参议员的政治参与也体现着较强的基层自治色彩。应该说地方自治是中共自成立以来就提倡的一贯主张。抗战时期,随着陕甘宁边区政权建设的逐步开展,地方自治进入了真正的实施阶段。陕甘宁边区基层自治的具体形式如下:(1)发展以自然村为基础的代表制,通过代表的选举为乡村自治造成有利的条件。(2)改进乡政府的工作方式,具体帮助村主任、村代表进行工作,解决实际问题,去掉简单命令的办法。(3)用乡村公产及人民乐意的办法筹集一定的自治经费。(4)上级领导必须符合加强乡村自治的精神,关键在于县,县政府必须与乡政府保持密切的联系。④

同时,为了保证参议员更有效地通过积极的政治参与以实现基层自治,边区政府先后制定和颁布了《陕甘宁边区各级参议会选举条例》、《陕甘宁边区

---

① [美]马克·赛尔登著,魏晓明、冯崇义译:《革命中的中国:延安道路》,社会科学文献出版社 2002 年版,第 257 页。

② [美]塞缪尔·P.亨廷顿、琼·纳尔逊著,汪晓寿等译:《难以抉择——发展中国家的政治参与》,华夏出版社 1989 年版,第 3 页。

③ 《文史资料选辑》第 86 辑,中国文史出版社 1983 年版,第 50 页。

④ 《林伯渠文集》,华艺出版社 1996 年版,第 493~494 页。

各级参议会组织条例》、《陕甘宁边区乡市政府组织条例》等法规章程，以更好地实现地方自治。特别是对于各级政府公务员在参加参议会时明确规定："各级参议会开会时，各级行政及司法首长，均得列席，有发言权，无表决权。"①对于"边区县参议员被选为政府委员者，不退出参议会，但讨论关于其本身问题时，只有发言权，无表决权"②。可以说这些制度章程的制定，是参议员开展政治参与的有力保障。

当然，由于传统的惯性思维，基层参议员在具体的政治参与过程中依然会受到局限，尤其是在处理政府与参议会之间的关系上，会经常出现政府与参议会之间不太协调的现象。如在参议会成立之初，有些政府并不太尊重参议会，所以，他们在制订计划或法令时并没有主动召集参议会，对一些重大问题的处理也并没有经过参议会决策，导致参议会一度出现了"政府的配像"。甚至一些政府工作人员提出"议不议由你，行不行由我"的论调，从而损害了参议会的权力地位。事实上，出现这种情况的主要原因是忽视了参议会与政府之间的关系。所以，有人认为"参议会领导政府"，有人说"政府与参议会的工作是平等的"，还有些人说"参议会就是政府"，等等。其结果便是当政府人员能力较弱时，凡事向参议会一推，不敢负责，而参议会又无实际执行权力；当政府人员能力强时，又不免发生对参议会"敬而远之"的毛病。或者是干脆在工作中互不来往，形成"政府是政府，参议会是参议会"的毛病。结果便是在县级参议会的常驻委员会没有经常工作，定期会议也常不召集，甚至连会址也没有。同样，在县政府方面不给参议会做定期的工作报告，"有的县府将参议会交办的议决案也忙丢了"。乡市级参议会，一些参议员领导的居民小组很多没有建立起来，起不了领导作用。③

针对上述情况，谢觉哉曾形象地指出："打个比方：议会是人民直接选的，

① 陕甘宁边区政权建设编辑组：《陕甘宁边区参议会(资料选辑)》，中共中央党校科研办公室，1985年编印，第162页。

② 陕甘宁边区政权建设编辑组：《陕甘宁边区参议会(资料选辑)》，中共中央党校科研办公室，1985年编印，第288~289页。

③ 涅夫：《政府与参议会群众团体的关系》，《解放日报》1942年7月1日。

是主人;政府是议会选的,是佣人。主人对佣人有监督指挥的权利,佣人应接受主人的监督和指挥。"这也就意味着参议会作出的决议体现了民意,具有普遍的强制力和约束力。与此同时, 针对有些政府机关不执行参议会议案的情况,谢觉哉强调,"参议会议案一经决定,就得执行,我们的议会,不是'请客',不是'议而不决,决而不行',一切对议案怠工及不依法定手续变更议案或另颁新案的习惯,应根本扫除。"①特别是边区政府相继制定和颁布了《陕甘宁边区各级参议会选举条例》、《陕甘宁边区各级参议会组织条例》、《陕甘宁边区乡市政府组织条例》等制度法规。这些条例对于基层政府机关的产生、选举原则、选举资格、选举机构和经费,对于基层参议会和参议员、政府人员、职权、会议、任期、改选等均作了明确的规定,并依据边区实际情形和条例实施情况作了修正。同时,在 1946 年边区又通过了《陕甘宁边区宪法原则》,以根本大法的形式把边区的政权组织(包括基层政权组织)以及人民权利确定下来。这样,就不仅从法律上使得基层参议会的地位有了基本保障,而且对参议员的权利和义务也作了明确的规定,从而有力地保证了参议员政治参与的积极性和参政议政的热情。

---

① 《谢觉哉文集》,人民出版社 1989 年版,第 362 页。

第二节　政治参与的具体实践

ERSHI SHIJI ZHI ZHONGGUO

　　陕甘宁边区基层参议员的政治参与实践,最主要的内容就是选举、罢免、创制、复决。具体而言,就是选举或罢免县长和乡长,创制本地区的单行法规,决议政府和其他团体的议案,监督政府机关工作人员等。与此同时,一些有条件和能力的参议员还积极开展调查研究,为基层政府提供翔实的决策资料。还有一些参议员则身体力行,积极从事基层社会的各项建设。

一、对基层政府人员的选举与监督

　　对基层政府人员的选举是参议员政治参与实践中的重要内容。根据《陕甘宁边区各级政府干部任免暂行条例》规定,边区县长是经过同级参议会的选举,由边区政府任命,而乡长则是乡参议会选举之后由县长委任。对于政府干部的任用,边区政府规定了具体的标准:(1)拥护并忠实于边区施政纲领;(2)德才资望与其所负职务相称;(3)关心群众利益;(4)积极负责,廉洁奉公。同时规定有下列事情之一者,不得任用为政府干部:(1)有汉奸行为者;(2)有反对边区施政纲领或破坏抗日政府、抗日军队、抗日人民与抗日政党之行为者;(3)有破坏政府法令,危害群众利益以及贪污、腐化、营私、舞弊、处罪有案,未能改过自新者;(4)褫夺公权尚未恢复者;(5)患精神病者。[①]应该说参议员在选举基层政府人员时大体坚持了这样的标准。

在具体的执行过程中,一般是召开数日的参议会,由县、乡政府向参议会做工作报告,参议员们针对政府工作报告展开讨论,然后在参议会闭幕之前选举县长或乡长。对此,边区政府明确规定:"在各级参议会改选的整个过程中,最重要的事情,是各级政府工作报告,政府替老百(姓)作事的,作了一些时期,究竟作的如何?作了些什么?作到的有多少?没作到有多少?按本处的情形,以后应该怎样作才更好些。凡此种种主人有权过问,政府有义务向老百姓诚恳的报告……报告时要求内容实在,又要简单明了,使报告后老百姓了解政府的工作,启发他们积极的提意见,主动的批评工作,造成很热烈空气,无论是质问或批评,要诚恳的接受及耐心的解答。"[②]

从总体上来看,参议员们大都是批评意见和建议较多。例如在 1941 年志丹县的参议会上,参议员们讨论县长工作报告时竞相发言,而且都敢于说心里话,对干部提出批评。不少参议员给县长提了意见。有人说"县长回家太多","县长和老百姓不接近,我看是脱离群众"。有个叫吕迎祥的妇女说:"我也发表一下意见,第一要批评县长和保安科秘书一样,常和婆姨闹矛盾,婆姨汉不讲亲爱,我看这真麻达,没有起模范。还有第二是县长的婆姨和保安科秘书的婆姨,一天到晚酸醋样骂架子,和老百姓婆姨发生无原则纠纷,我看这也没起模范。我建议我们妇女议员要提一条夫妻亲爱、妇女团结的提案才好。"[③]在陇东分区,各县群众所提之意见,共有 87 347 件,仅曲子县天子区 900 多户人家,提意见的就有 378 户,占总户数的 40%,共提意见 377 件,重复的意见尚未计内。具体情况如下:

---

① 甘肃省社会科学院历史研究室编:《陕甘宁革命根据地史料选辑》第 1 辑,甘肃人民出版社 1981 年版,第 304 页。

② 陕西省档案馆、陕西省社会科学院编:《陕甘宁边区政府文件选编》第 3 辑,中国档案出版社 1987 年版,第 134 页。

③ 《陕甘宁边区妇女运动专题选编》,陕西省妇联妇运史小组,1984 年编印,第 33 页。

表 4.2　陇东分区各县群众意见统计表①

类　别	件　数	庆　阳	合　水	镇　原	曲　子	环　县	华　池
干部意见	684	331			353		
负担	627	363			264		
军民	239	181			58		
合作社	158	91			67		
税收	245	191			54		
婚姻	47	18			29		
土地	219				219		
租佃	130	130					
对政府	189				189		
债务	20				20		
优抗	71	48			23		
文教	18				18		
社会治安	115	69			46		
其他	5				5		
总件数	8655	1422	833	966	1345	790	2672

资料来源:《陕甘宁边区时期陇东民主政权建设》,甘肃人民出版社 1990 年版,第 422 页。

通过充分发表意见,不仅提升了民众对民主的认识,而且在最终选举时也非常严肃认真,选谁不选谁,都经过了仔细的斟酌。由于他们认真慎重地选举,大多数县长都能任劳任怨,获得了民众的认可。如绥德县第二届第一次参议会上,在选县长时并未提候选人,结果在到会的 62 名参议员中,有 60 名参议员选举霍祝三为绥德县长。②陕甘宁边区第一位女县长邵清华,由于她在安塞工作出色,老百姓对她有口皆碑,所以在 1941 年 7 月被选为安塞县县长,当时年仅 25 岁。《解放日报》报道说:"该县县政府在她的主持下,一切均井井有条,成绩斐然,深受该县民众之欢迎。"重庆的《新华日报》也说:"年轻的女县长邵清华女士,到任之后,处理了几个案件,在市镇向群众讲了一两次话,不

① 本表重新对数据进行了核算,原表或为计算有误。

② 《绥德县第二届第一次参议会会议记录》,绥德县档案馆藏,档案号:15-2。

久就声威大震,在老百姓心目中成了真正的民之父母官了。"①除此之外,还有众多县长受到毛泽东的题词和嘉奖。如毛泽东给华池县长李培福题词为"面向群众",给延安县长刘秉温题词为"善于领导群众",给清涧县长黄静波题词为"坚决执行党的路线",给富县县长罗成德题词为"不怕困难",给环县县长陈玉山题词为"模范县级干部"等等。1944 年 7 月,陕甘宁边区政府为一年来在生产、教育、拥军、防奸运动中有贡献的干部实施嘉奖,其中县长就有 11 人,他们分别是:刘秉温(延安县长)、黄静波(前清涧县长)、刘永培(淳耀县长)、苏耀亮(庆阳县长)、王恩惠(吴堡县长)、陈玉山(环县县长)、逯月喜(曲子县长)、霍祝三(绥德县长)、王明远(吴旗县长)、谢怀德(富县县长)、贺兴旺(安塞县长)。②

对于乡长的选举和对乡政权工作人员的监督,同样采取自我批评和民主评议的方法。如清延区五乡乡长在干部会上及群众会上反省,自称打骂人、发脾气都是不对的。对此,一些群众说:"如今世事大不同,乡长做错了事情都在老百姓面前承认过错,从前棒打绳捆绑,作了那样恶劣之事情,除了不承认,老百姓哪个敢说?"永远区三乡雷克剑和张玉华因一块地的事发生了争执。起因是过去乡长耍私情,将地认给了雷克剑。这次经过直接检验与调查研究,此地本是张玉华的,不是雷克剑的。后才在村民会上调解给予张玉华,使得张本人及一般的人说:"如今世事果然好,耍了私情仍是不得过去。"

在对政府的批评和建议中,参议员们更是主动向各级政府机关提出自己的意见和建议。如延川县在召开参议会期间,参议员们共向政府及军队提出了1473 条意见,内有民事方面的问题 482 件,刑事问题 111 件,另在负担方面有179 件,对各级政府的有 661 条意见,对军队的有 40 条意见。③最后在选举时,延川全县落选的乡长有 13 人(东阳两个乡长因调工作之故,实际只落选 11人)。乡长落选的原因也是由于工作消极、耍私情,害怕做工作,思想落后,态度

① 《陕甘宁边区妇女运动大事记述》,陕甘宁三省区妇联,1987 年编印,第 104 页。

② 陕西省档案馆、陕西省社会科学院编:《陕甘宁边区政府文件选编》第 8 辑,中国档案出版社1988 年版,第 319 页。

③ 《延川县志》,陕西人民出版社 1999 年版,第 808 页。

不好。如东阳区三乡乡长，因吃洋烟，耍私情，解决问题慢，生产又不好，对违犯政府法令的不管（离乡政府两里路有赌博、吃洋烟的）等，所以落选了。全县新选乡长 13 人，连任 37 人。此外，落选村长 382 人，原因是不负责、耍私情，故老百姓不再选他们了。如永远区胡家河的梁原是村长，因屡次对摊派分配不公道，给他自己分得少并爱斗争别人，故落选。全县新选的村长 420 人，连选的 457 人。全县共落选的行政主任 87 人，落选原因多因做事不公、对工作消极、耍私情。①

参议员除在选举县长、乡长时积极议政，更重要的是在整个参议会期间要根据县长、乡长的政府工作报告进行分组讨论。而在讨论时，参议员们一般都很积极。如在绥德县第二届第一次参议会上展开讨论时，参议员们"讨论情绪很高"，针对县长的工作报告，参议员们更是发言踊跃，有 10 人登台讲话。②实际上，参议员讨论酝酿选举的过程，也是在检查政府工作的过程。特别是在边区第三次普选的时候，是比"以前任何一次更强调检查工作"③。边区政府规定："政府工作人员不仅向人民报告工作就完了，还要自我批评，自己说出自从被选举以来做过的种种事情中有什么缺点，人民不仅听取工作人员的报告，并且可以亲自动手检查政府工作，发现问题。"④可以说，这些规定为参议员的政治参与实践提供了重要保障。如在绥德县第二届第一次参议会上，参议员马有鳌说："政府领导生产，改善人民生活，这是很好的，但还有些好吃懒做的二流子抽烟赌博甚至偷人，政府近来抓得不紧，今后应该注意改进这些人。"参议员陈学礼说："旧政府和新政府就不能相比，旧政府好比一堆粪，新政府好比一顿面，但我们所能比较的是白面上还有点灰尘。一仓库保管粮食，窗子上不留气眼，使粮食发热吃起来不好吃。廿十铺的菜豆虫吃了不少，老百姓很不满意。二是婚姻问题，我认为现在走了极端。一个是农村提出离婚的，

① 《延川县志》，陕西人民出版社 1999 年版，第 808 页。

② 《绥德县第二届第一次参议会会议记录》，绥德县档案馆藏，档案号：15-2。

③ 陕西省档案馆、陕西省社会科学院编：《陕甘宁边区政府文件选编》第 10 辑，中国档案出版社 1991 年版，第 33 页。

④ 甘肃省社会科学院历史研究室编：《陕甘宁革命根据地史料选辑》第 3 辑，甘肃人民出版社 1983 年版，第 101 页。

多是女方嫌男方穷，一个是城市提出离婚的，多是男方嫌女方落后、不认字。我认为这两个极端解决婚姻问题注意。"①可见，从选举中检查政府工作，已经成为参议员们参政议政的一个重要方式。这种方式不仅在绥德有体现，在其他地方同样明显地体现出来。

镇原县第二届第一次参议会上，39名参议员分开小组讨论政府工作报告，最后提出的意见有：(1)对军民关系提出军队打老百姓，也有老百姓打军队的现象。(2)对司法提出办案不快，延长时间，审判不严，引起一些顽皮人故意捣乱。(3)对税收提出铁铜竹器等农具不应收税，个别干部没收迷信用品，作风不好。(4)对租佃关系提出政府检查不够，有明减暗不减的，还有故意不交的。(5)对卫生工作检查不彻底。(6)改造"二流子"不严格。有些"二流子"偷吃大烟，不生产，等等。②特别是一些妇女不仅能够参加选举活动，而且在选民大会上同样敢于议政，大胆地对政府工作提出批评和建议。如庆阳市第六乡的选民大会妇女占半数多，妇女提了许多意见，包括反对买卖婚姻、反对童养媳、反对男人打骂女人、反对公婆苛待媳妇、反对男人吸烟赌博。镇原县三岔一乡四村在乡选会上，妇女代表批评政府对督促妇女放足的事做得不够，一些已放足的妇女反被顽固的婆婆歧视。她们"建议政府要贯彻停止缠足的法令，必须认真放足，并定期检查"。会后，三岔一乡乡政府根据选民建议，由乡参议员定期到各村检查放足情况。③

通过检查政府工作，不仅发现了问题，同时又识别了政府工作人员。对政府工作人员，某某好，某某不好，过去只是议论，经过检查后人们就认清了谁真是好的，谁真是不好的，因为要选举好人，就要认识好人，检查工作就为认识好人打下了基础。可以说许多参议员就是在这个基础上进行"并获得良好结果的"。"他们从自己的经验中证明坏人可以去掉，不要怕，好人会有缺点的，但好人的缺点确实是在诚心诚意地改进。所以他们就大胆地批评坏人，不给他投豆子，善意的批评好人的短处和赞扬他的长处，仍然选举了他，又新选

① 《绥德县第二届第一次参议会会议记录》，绥德县档案馆藏，档案号：15-2。

② 《陕甘宁边区时期陇东民主政权建设》，甘肃人民出版社1990年版，第464页。

③ 郭永发：《镇原县三岔一乡妇女要求认真放足》，《解放日报》1945年11月14日。

出许多新的好人。"①在此情况下,参议员的发言也就更加积极踊跃了。绥德县参议员陈老婆说:"我没想到这次有那些人讲话,初来时我就不打算讲话,后来看见人家讲,我也就讲了几句。"②同样在乡参议会上也是如此。由于参议员们积极议政,在延安县李家渠乡代表会上第一次开会时就通过了三个提案,一个是在一条要路上修座桥,一个是要立个市场,一个是要建立治安小组。这些提案在乡政府领导下很快就实现了。③

基层参议员积极地参政议政,不仅增强了自治积极性,而且也使得原来不积极的干部更加提高了自己的上进心和工作积极性。特别是参议员们对他们的建议和批评,使得他们也从自己的经验中证明群众的眼睛是公正的,群众合在一块,并没有偏三向四,营私舞弊,或存心报复。"他们了解了只有他们自我批评是诚恳的,并且能接受群众正确的批评,群众才会拥护他们,而且一定拥护他们,这样他们就有进步了。"如绥德县政府工作人员王增祥说:"我的工作作风如同一个蜂,头大腰细钩子硬,对工作发生应付现象。另外我对卫生工作轻视,去年新店区一家死了三个小孩,哭的怨命不好,现在我想到这是我对卫生工作没做好。"马学文也检讨说:"我在掌握民主原则上不够,区上曾押过二十多个人,我说的有个老婆告她儿子不好,要求把他押起,结果我们就押起来了,今天检讨起来是不对的。"④由于工作人员认真检讨,所以在选举时这些政府工作人员继续得到认可。比如延安李家渠乡长卜清旺,这个人本质上是个好的,但是群众对他有些不满意,觉得他态度有些不好,而且懒于下乡。可是经过这次选举运动的教育,他改正了。在一天李家渠集市上,他解决了十多件案子,一概是平平和和解决的,没有发过一点脾气,这是他的态度改正了。

---

① 甘肃省社会科学院历史研究室编:《陕甘宁革命根据地史料选辑》第3辑,甘肃人民出版社1983年版,第102页。

② 《绥德县第二届第一次参议会会议记录》,绥德县档案馆藏,档案号:15-2。

③ 甘肃省社会科学院历史研究室编:《陕甘宁革命根据地史料选辑》第3辑,甘肃人民出版社1983年版,第103页。

④ 《绥德县第二届第一次参议会会议记录》,绥德县档案馆藏,档案号:15-2。

并在选举后经常下乡,布置秋翻地、冬学等。[①]

通过参议员们积极参政议政,及至陕甘宁边区第三次普选时,参议员提出的一些问题和建议绝大多数都得到了解决。根据1945年选举中的相关统计,曾经在延安、鄜县、延川、志丹、曲子、合水、镇原、新正、新宁、赤水、吴旗等县提出的21 385件问题,除一些较为复杂需要仔细研究的之外,已经解决了的问题就达17 507件,占总数的81.9%,未解决的3875件,占18.1%。[②]特别是一些较难处理的问题如土地租佃、债务关系或家庭纠纷等,有的甚至是存在多年的问题,都认真研究并予以解决。

二、制定法律法规,积极调查研究

参议员在参政议政的同时,还根据群众所提意见和本地区实际,研究制定关于本地区的一些制度法规。诸如确立兵役制度、劳资关系,加强卫生保健,保护森林,禁止贩卖、吸食鸦片等等。如在陇东分区,由于居住着不少回民,故此有参议员就提出"加强回、汉民族团结,帮助回民政治、经济、文化发展"、"调整劳资关系,确保顾主利益"、"加强学校教育,提高人民文化水平"、"巩固边区内外各抗日党派、各阶层的团结"等制度法规。[③]有的地方为确保粮食供给,制定禁止酿酒的法令。如在绥德县第二届第一次参议会上,一些参议员就提出严禁蒸酒令的提案。提案指出:"近几年来年成薄收,粮价甚贵,政府告令保存粮食,而政府早已颁布严禁蒸酒令,但迄今个别地方仍有偷蒸现象,致引起群众之不满,政府即应注意。"[④]同样在乡参议会上,参议员们也会根据实际情况制定相关法律规章。例如米脂民丰区二乡、合水二区一乡在代表会上分别通过关于减租优抗或整顿自卫军等具体办法。[⑤]

当然,作为参议员,广泛征求民众意见,开展实地调查,同样是其参政议政

---

① 《延川高副议长深入民间,搜集民意,提供政府参考》,《解放日报》1942年5月24日。

② 《一九四五年乡选工作总结》,陕西省档案馆藏,卷宗号:2-1-808。

③ 《陇东革命史料选辑》(2),中共庆阳地委党史资料征集办公室,1985年编印,第235页。

④ 《绥德县第二届第一次参议会会议记录》,绥德县档案馆藏,档案号:15-2。

⑤ 《一九四五年乡选工作总结》,陕西省档案馆藏,卷宗号:2-1-808。

二十世纪之中国——乡村与城市社会的历史变迁

230

的重要内容。边区政府明确提出,参议员要"经常搜集民意。提出关于政府工作的意见,向参议会常驻议员反映。常驻会亦可召集由议员小组选出的代表开会,收集民意"①。为此,不少参议员特别是一些有一定知识背景的参议员都通过不同形式开展调查,在获得大量资料的基础上有针对性地提出议案。如延川县参议会副议长高敦泉及县参议员梁涵川,不辞辛苦深入民间,搜集民意,然后列为8项,提供给政府采择施行。由于这项调查提案资料非常翔实,具有很强的针对性,故不妨将其具体内容罗列如下:

(1)司法主旨在于教育人民,根据法令处理,当无不适。惟值农民耕种之际,似可以从轻处理。关于人犯能改悔者,或减期开释,或计日折算,以金代工,于罚民之中存一番恤民之意。(2)乡级工作人员,最接近人民,对于工作有很多人云亦云之现象,不能尽遵照县政府之方针执行。有的只求完成个人任务,不经详察是否秉公,以致事后多起纠纷。今后应请政府指示下级任事者,务须察看当地情形,可免则免,不宜一律负担,用(以)示区别。(3)植树为当今之急务,原有者应加以保护,令其成材。请负责市政者将本城南北两苗圃所植之树株,通知樵夫、牧童、附近居民,勿再伤毁,以期发育。(4)拐峁石桥,为商旅来往之要道。创建之初颇为不易,桥顶刻已损坏,请政府继续补修,庶期永固。(5)关于去年所收之公草,顷闻有的区尚有未加整理,现值夏令雷雨时行,若不盖藏,势必腐烂,应请政府再行令各区管草员加以保护。(6)人力动员、牲畜运输,时值春耕应使及时播种,凡属不关紧要过往差务,可暂行停止,爱惜民力,总以不违农时为主要。(7)革命时,习惯行窃者皆畏罪而远避,革命后,游手好闲者咸舍旧以图新,近数年来尚称安静。今有不正者故能复萌,盗窃旅店农村,月有数次。推厥原因,悉由稽查松懈所致。应请政府转达区、乡各村严行考察,使此辈早日知觉,革面洗心,成为善良,以安乡里为切要。(8)夫妻反目不能正室,古今同样。关于妇女离婚事件,应具体考查,万勿轻令离异。如有特殊情形,不得不离者,只可分其动产,不应分给不动产。分给动产亦须据实调查,要视其于夫家共经几载,劳积若何。如过门未久,只可带其原有衣物,不应分之未来财物,为平衡。何以言不应分给不动产,离婚之后势必再醮,所觅

① 《边区参议会常驻会决定秋季开参议员代表会》,《解放日报》1942年5月10日。

对象当有土地,若分去前夫之土地,是一人而得两份,使前夫再娶,无地给养。似觉未合,请酌裁定。①

这份调查资料不仅客观翔实,而且内容丰富,针对性极强。因此,当以参议会咨文的形式转给县政府之后,延川县政府亦立即加以讨论,并付诸实行,从而极大地提高了参议员政治参与的效率和热情。

事实上,这些积极从事实地调查的参议员,大多都是有相当文化水平的士绅参议员。由于他们的政治参与得到了政府的认可,所以也在很大程度上提高了他们对政治体制的归属感。从某种意义上说,"政治参与反映出公民的意愿。当政府顺应民意,而且当公民通过政治参与同国家保持一体感时,其政治体制是稳定的。反之,当政府违背民意,公民对政府怀有明显的不信任感时,政府和公民间的关系将日趋紧张。政府的统治能力愈低,愈不能顺应政治参与反映出的民意,因而便强烈地压制政治参与。倘若实际的强制力十分巨大,在一定的时期内是可以抑制国民的要求的"②。

正是由于他们的政治参与得到了政府的认可,所以才使得越来越多的曾经游离于体制之外的士绅,成为陕甘宁边区参议员当中积极的政治参与者。当然,从另一方面来看,这些参议员积极参政议政,也是由于传统制度的解体以及国民党体制的不得人心,导致他们在心理上的涣散和沉沦颓废,而这种涣散和沉沦颓废又反过来形成对新的制度的认同和忠诚的要求。正如赤水县参议员杨本荣先生说:"我们无党派人士在会上发言受到共产党的悉心听取,毛主席及其他首长的作风更是令人钦佩莫名,希望国民党与国民政府也实行。"③

---

① 《延川县志》,陕西人民出版社 1999 年版,第 813~814 页。

② [日]猪口孝:《政治参与》,经济日报出版社 1989 年版,第 5 页。

③ 张希贤、王宪明、张伟良编:《毛泽东在延安——关于确立毛泽东领导地位的组织人事、理论宣传和外交统战活动实录》,警官教育出版社 1993 年版,第 89 页。

三、身体力行，主动参与各项事务

如果说选举基层政府人员、批评监督政府、广泛调查提供建议是一些参议员们积极开展政治参与的重要形式，那么，对于另一些参议员而言则是身体力行，在各条战线上以实际行动参与边区的各种建设。如定边县参议员高崇山[①]，不仅热心公益，关怀群众，努力为政权工作，而且积极主动地参与各项活动。在边区大生产运动中，高崇山不仅能率先响应，动员母亲、妻子、儿媳和同院妇女，组织纺线组，而且之后不久便停止经商，以全部资金转办油坊，解决军民食油困难，并捐边币 30 万元，帮助抗属、工属发展生产。与此同时，为教育"二流子"改掉从旧社会带来的恶习，他再次捐资边币 2000 元、麻油 20 斤，协助政府开办生产训练班。每逢星期三早晨，他还亲临讲课，促"二流子"早日转变。为了进一步改变定边县的教育事业，在 1942 年县参议会上，高崇山与参议员武绍文等联合提出 5 项建议：(1)教育和生产结合；(2)政府酌情补贴贫寒子弟学费；(3)教写教算，讲求实用；(4)学生要有礼节；(5)学生毕业后，自己选择职业。[②]由于高崇山的热心教育，被选为定边完全小学董事会主任，并担任民教馆主办的妇女半日班校长兼教员，且亲自劝学，动员家长送子女上学。

还有一些参议员更是担负起法律调解的重任，从事基层社会的民事调解工作。众所周知，中国的乡土社会所向往的是"无讼"秩序，而维持这一秩序的就是费孝通先生所说的"礼治"传统。所谓的"礼治"，就是"对传统规则的服膺。生活各方面，人和人的关系都有着一定的规则。行为者对于这些规则从小

---

① 高崇山(1896—1980)，祖籍神木县乔岔滩乡贺家峁村，1896 年出生于定边县城。幼入私塾，后为谋生计租姜姓 20 余亩土地耕种。5 年后返祖籍神木乔岔滩教书。后调定边盐局，任司秤员。1923 年，杨虎城部在定边开设盐务保运局，高崇山被聘任为司书，后调任定边县公安局巡官。1931 年，国民党军八十六师驻定边任和亭团发生兵变，崇山即辞去公职，转而经商。1936 年定边解放后，仍做小本生意。1941 年，被选为定边县参议员。详见《榆林人物志》，陕西人民出版社 2007 年版，第 861 页。

② 《榆林人物志》，陕西人民出版社 2007 年版，第 861 页。

就熟悉，不问理由而认为是当然的"①。因此，所谓的法律在乡土社会中实际上是没有效率的。故此，即便在乡村社会中产生纠纷，一般而言都是找寻一些德高望重的公正人士来调解，因为本分的劳动农民不愿到政府解决纠葛，更不愿到法院打官司。因此，一旦发生矛盾，就去找他们信任的人出来主持公道。所以，在中国农村几乎乡乡都有这种"和事佬"，这是推行民间调解的条件和群众基础。马锡五在《答考察边区司法者问》中说："在社会习惯上，千百年来早已存在着张三失手打坏李四，王大出来和解的习惯，这是良好的习惯，叫做息事宁人，排难解纷。"②因此，边区调解条例第一条就肯定了民间调解这种形式。正是在这种情况之下，边区政府提出在群众中有信仰的人物，如劳动英雄、公正士绅等去推广民间调解工作。而大凡这些公正人士却多又是基层参议员。如淳耀县参议员房文礼就是一个公正士绅，他不仅努力为群众服务，而且积极为群众调解纠纷。据《解放日报》的相关报道，他每年调解的数目就达数百件之多，即便是"友区"的脚户都知道他是一个"公正人"。③

　　由于在基层社会中颇有威望的参议员积极参与基层社会的民事调解工作，到1945年形成了调解运动的高潮，同时涌现了一些民间调解模范和受人称颂的调解范例。其中有定边的白玉堂，曲子的朱启明，镇原的安兆甲，延川的张竹山，富县的吴殿富，淳耀的房殿有、房文礼，延安的申长林、吴满有、刘志厚、王德彪，绥德的郭维德，子洲的杜良依，佳县的高加绍，绥德分区的曹自让、马相明和王信志等。特别是郭维德，能根据调解条例的和解精神合理解决纠纷，没有形成一件诉诸法庭的官司，使落后村一举变成了先进模范村，而郭维德也迅速成长为一名民间调解模范。1944年6月6日，陕甘宁边区政府指示信说："绥德西直沟主任郭维德会调解，几年来没有人向政府打过官司，成为民间调解的模范村。这样的村子不仅没有为争讼而费钱费时，而且大家必然和睦，肯互助，坏人坏事自然少，生产可以提高，各地要学习西直沟，学习郭

---

① 费孝通：《乡土中国》，上海人民出版社2006年版，第46页。

② 马锡五：《答考察边区司法者问》，陕西省档案馆档案，全宗号15。转自侯欣一：《从司法为民到人民司法——陕甘宁边区大众化司法制度研究》，中国政法大学出版社2007年版，第273页。

③ 《"老区长"——介绍房参议员文礼》，《解放日报》1944年12月9日。

维德。"①同年 12 月,在边区政府召开的劳动英雄和模范工作者大会上,郭维德被选为民间调解英雄,受到了政府的嘉奖。

当然,这里必须指出的是,陕甘宁边区基层参议员的政治参与,尽管从总体上来看体现出基层社会权力结构主体变迁之后的新型参与模式,但是对于一些基层参议员,特别是一些农村参议员而言,依然在参政议政的过程中体现出传统社会的一些惯性特征。正所谓"权力决不能超出社会的经济结构以及由经济结构所制约的社会的文化发展"②。比如在参议会召开之际,不少地方总会出现参议员未能及时报到的情形。曲子县在召开第二届第二次参议会时,结果"参议员到会不足,将近缺席三分之一,一部分是由于有病、春荒等原因没有到会,另一部分还怪我们干部没有殷勤邀请他们来"③。华池县第二届第一次参议会原定于 9 月 28 日在县府召开,但因是日尚有温台区之参议员未到,故决定延期一日,至 29 日温台区之参议员还未到来,因边府召集之县长联席会日期紧迫,不能再缓,故于早 9 时正式开幕。④同样,绥德县第二届第一次参议会原定于旧历二月初一日开幕,后因各区参议员先后报到不齐,始于初二日正式开幕。⑤

在参议员进行质询和选举时,消极被动的局面也时有发生。华池县第二届第一次参议会上在通过提案时,大家均没有发表意见。原因是当通过提案时,有参议员就说:"同意者举手,不同意者发表自己不同的意见。"因此就没有人发表意见。这并不是真正没有,在最后通过锄奸保卫工作案时,有参议员不同意,起立发言,于是相继发言有数人之多,就是证明。⑥

① 陕西省档案馆、陕西省社会科学院编:《陕甘宁边区政府文件选编》第 8 辑,中国档案出版社 1988 年版,第 202 页。

② 《马克思恩格斯选集》第 3 卷,人民出版社 1995 年版,第 305 页。

③ 中共庆阳地委党史资料征集办公室编:《陕甘宁边区时期陇东民主政权建设》,甘肃人民出版社 1990 年版,第 331 页。

④ 中共庆阳地委党史资料征集办公室编:《陕甘宁边区时期陇东民主政权建设》,甘肃人民出版社 1990 年版,第 238 页。

⑤ 《绥德县第二届第一次参议会会议记录》,绥德县档案馆藏,档案号:15-2。

⑥ 中共庆阳地委党史资料征集办公室编:《陕甘宁边区时期陇东民主政权建设》,甘肃人民出版社 1990 年版,第 241 页。

还有的地方,在选举乡长时,不仅参议员人数偏少,而且在选举时照顾私情。如在固临某乡选举时,全村选民男 24 人,女 29 人,参加选举者男只有 12 人(占男选民人数 50％),女 9 人(占女选民人数 31％)。男女合计选民 53 人,参加选举者 21 人,占选民人数 39.6％。选举乡长时,本村参议员会与本行政村各村参议员联合,与张家行政村进行竞选,"企图选举本村刘德明为乡长,这样可以减少今后的负担(他们认为如果张家行政村的人当选乡长,那今后的负担就会给他们多摊一些)。在刘本人来说,他也极想做乡长,因为他脱离生产以后,就可以叫他儿子安心回家,他的儿子因为逃避兵役跑到宜川已经几个月了,他家里只有他父子两个成年男人,如果他脱离生产担负工作,儿子就可免除兵役"[1]。甚至有的地方的乡参议会从未召开,有的乡长对本乡有多少参议员都不清楚,有的"连议员名册也烧了"[2]。

可见,从基层参议员的政治参与实践和参政议政的热情上来看,的确还存在着这样或那样的问题。但是,这种现象的产生与其说是民主的局限,毋宁说是传统中国乡村社会既有的痼疾。因此,那种就此而否定陕甘宁边区基层民主的认识显然是不符合历史实际的。因为仅从参议员的一些典型而重大的提案议案中,就有力地说明了这一点。

---

[1] 《李卓然文集》,湖南人民出版社 2000 年版,第 137~138 页。

[2] 《延长干训班讨论如何选好人为群众办事》,《解放日报》1945 年 1 月 28 日。

第三节 重要提案议案解析

ERSHI SHIJI ZHI ZHONGGUO

基层参议员的政治参与和参政议政最重要的成果，就是在具体实践中提出的一些重要且具有推广价值的议案提案。在陕甘宁边区时期的三届参议会中，参议员们集思广益、深入讨论，形成了一批颇具战时特色的典型提案议案。这些案例，不仅成为边区制定各项政策的重要依据，更是促成边区社会发展并最终实现中国革命胜利的有力保证。

一、提案议案概览

基层参议员的提案所包含的内容比较广泛，既涉及政治、经济、军事、文化、教育等领域，也涉及婚姻、赌博、吸毒、偷盗、灾荒等方面，可谓包罗万象，无所不有。如新正县第二届第一次参议会共通过的 21 件提案计有：加强兵役制度；调整劳资关系，确保雇主利益；加强回汉团结，帮助回民区政治、经济、文化之发展；加强学校教育，提高人民文化、政治水平；普遍推行新文字以扫除文盲；成立国医研究会，加强卫生保健工作；保护森林，严禁砍伐；禁止贩卖、吸食鸦片；反对顽军进攻边区，保卫新正安全；加强群众武装，开展锄奸保卫工作；加强青年工作；彻底解决土地纠纷；进一步巩固军民团结；拥护边币，平抑物价；发动人民大量运盐，帮助友区度过盐荒；更进一步提高妇女政治、经济、文化地位；加强优抚工作；拥护陕甘宁边区施政纲领；救济难民，保障物质生活；加强经济建设；统一抗战动员，减轻人民不必要的负担等。[①]就提案数量而言，每次参议会少则十几件，多则几百件都有。如1946年1月在佳县召开的第二届县参议会上，出席参议员为62名，收到的提案竟达到888件。[②]由此足见参议员和民众对提案的重视程度。

就提案的种类来分，根据分组讨论的情况，一般是将所有的提案进行归类，统分为特种提案、财经提案、政法提案、军事提案、文教提案（包括医药卫生）等类型。所谓特种提案，就是直接针对国民政府和友区所提的议案。如在绥德县第二届第一次参议会上所提的特种提案案由："为促进和平民主建国纲领彻底实现反对特务破坏由。"[③]但是，对于基层参议员而言，更多的提案还是集中在本地区的各项建设事业。绥德县第二届第一次参议会上所提的提案数量是这样的：特种提案共收到2案整理为2案，财经类共44案整理为24案，文教类共22案整理为11案，政法类28案整理为16案，治安类共1案。[④]

从绥德县的提案可以看出，政法和财经类提案占据的比例较大。而从总体上来看，根据陕甘宁边区各地参议会的提案统计，政府公务人员的工作作风、社会生产建设、灾荒救济、妇女地位与婚姻等方面的提案议案最多。如在华池县第二届参议会上通过的案件就包括：发扬民主案3件，关于经建案3件，关于救灾案3件，关于动员群众拥护军队案2件，关于优待抗工属案2件，关于婚姻问题案2件，关于禁烟案2件，关于禁赌案2件，关于卫生工作案1件，关于统一税收案1件，关于加强司法、保护人权案2件，关于教育工作案3件，关于锄奸保卫工作案2件，关于整理自卫军工作案1件，关于严惩公务员贪污案1件，关于工人生活改善案1件，关于保护青年案1件，关于开展妇女工作案1件。[⑤]从这些案件中可以明显地体现出参议员所关注的重要议题。

---

① 《正宁文史资料选辑》第1辑，中国人民政治协商会议正宁县委员会，1997年编印，第81~82页。

② 《佳县志》，陕西旅游出版社2008年版，第610页。

③ 《绥德县第二届第一次参议会会议记录》，绥德县档案馆藏，档案号：15-2。

④ 《绥德县第二届第一次参议会会议记录》，绥德县档案馆藏，档案号：15-2。

⑤ 陕西省档案馆、陕西省社会科学院编：《陕甘宁边区政府文件选编》第4辑，中国档案出版社1988年版，第331~332页。

当然,对于基层参议员而言,除了关注如何促进边区经济社会发展的同时,对于一些不良的社会陋习和行为,如赌博、抽大烟和农村"二流子"也是为民众所深恶痛绝,故而在他们的提案议案中也不乏对这些问题的关注。尤其是对"二流子"的改造,更是他们关注的重点对象。一般来讲,在农村中人们把那些不事生产、不务正业、好吃懒做、烟鬼、赌徒、偷盗的人称作"二流子"。由于他们不仅危害农村社会秩序,而且影响民众的社会生产,所以人们都对这些不务正业的人非常痛恨。

如在绥德县第二届第一次参议会上,就有不少参议员提出"继续改造二流子"的提案。这些提案指出:"政府提出改造二流子后,收效不小,但是还有些二流子没有完全改造过来,有碍生产建设,所以继续改造旧有二流子,以防止新二流子的产生和发展。"针对这一情况,绥德县政府提出了具体办法:(1)由政府负责找职业;(2)由大家注意抓紧督促,并帮助建立家务;(3)各级政府应严格禁赌,抓紧教育"二流子",自卫军应经常检查。①在延安县,首先通过乡参议会制定村民公约,通过互督互助的办法动员"二流子"参加生产。具体办法是全村合吃一羊或一猪,当场规定若干公约,例如生产、禁赌、禁嫖、禁窃、保禾、治安等等,共同遵守,违者除须罚出羊畜或猪资外,另并接受公约的处罚——这是一种带有耻辱性的处罚。按此约精神,"乃政府当局利用民间惯例,督促二流子参加生产的一个办法"②。通过这种办法,使得"二流子"成为了"坏人"和可耻的一个代名词。如果谁被称作是"二流子",成了"一顶十分肮脏的帽子,谁也不愿戴它"。所以,当听说政府要登记他,给他挂"二流子"牌的时候,"就马上具结找报,上山劳动了"。③

二、关于互助合作的提案

互助合作问题,在陕甘宁边区政府成立之前,民间就有各种劳动互助形

---

① 《绥德县第二届第一次参议会会议记录》,绥德县档案馆藏,档案号:15-2。

② 王丕年:《延水东流——王丕年同志革命回忆录》,黑龙江《晚霞》编辑部,1997 年编印,第 80 页。

③ 王丕年:《延水东流——王丕年同志革命回忆录》,黑龙江《晚霞》编辑部,1997 年编印,第 74 页。

式,如变工、扎工和唐将班子等。变工是一种相互调剂、相互调换劳动力和畜力的办法,有些也包括农具和土地的调剂。变工是当初的农村最流行的一种劳动互助形式。扎工,是一种集体雇工的组织,一般是由土地不足的农民集体出雇于需要劳动力的农户,可见它是一种纯劳动力的集体组合。这种形式在延属分区、三边分区和吴旗县的部分地区比较流行。唐将班子则是在关中山川地区较为流行的劳动互助组织,人数一般在 15 人左右,它和扎工相类似。陕甘宁边区的互助合作正如毛泽东所说,"是群众自己发明出来的"[1]。因此在陕甘宁边区时期,关于劳动互助的提案议案自然也就成为参议员关注的重要议题。

如在 1937 年 9 月召开的延安县参议会上,经一些参议员提案,最后确定的"延安议员大会决定今后县政方针"和"延安党在民主普选运动中所提出的民主政府纲领"中都明确提出"救济延安境内灾民","责成互济会切实救济难民"的方针。[2]之后,延安各地普遍建立"互救会"组织,经常进行募捐活动,救济贫困抗工属。对于从沦陷区逃来的难民,也由互救会借给农具、种籽帮助其开荒生产。

值得一提的是,陕甘宁边区的互助合作不仅体现在农业生产方面,也涉及其他方面。如靖边县参议员田宝霖,曾在参议会上提案建议设立运输合作社,在促进运输业发展的同时,改变乡民的日常生活。这个提案不仅在靖边县得到了响应,在定边县也产生了积极影响。经过宣传动员,定边县不到两个月,就组织了 262 头牲畜,集股 482.5 万元,通过运盐实现了发家致富。[3]由于办理合作社所产生的经济和社会效益,1943 年 1 月,《解放日报》发表了《把劳动力组织起来》的社论,不仅肯定了变工和扎工在农业生产中的作用,提出在边区推广这种互助合作。社论指出:"在边区农村中,历来就存在着各式各种的调剂劳动力的方式,如'变工'和'扎工',就是流行较广的方式。自发的'变工'和'扎

① 《毛泽东选集》第 3 卷,人民出版社 1991 年版,第 931 页。

② 《延安市志》,陕西人民出版社 1994 年版,第 493 页。

③ 马骥主编:《陕甘宁边区三边分区史料选编》(上),中国人民政治协商会议定边县委员会,2007 年编印,第 259 页。

工',其范围虽然较小,仅限于亲戚、朋友、邻舍等关系,可是它适合于边区农村的实际情况,如果能因势利导,有计划的组织领导,便可以使它成为发挥劳动力、提高生产的组织。"①

在这种情况下,劳动互助合作被充分调动起来。随着劳动互助组织的不断发展,陕甘宁边区的农业生产有了大幅度的增长,耕地从1937年的826万亩增加到了1945年的1425万亩,而且粮食总产量也从1937年的126万石增加到1944年的175万石。②特别是1943年,全年开垦土地976 224亩,这样,边区耕地总面积达到1338万亩,粮食总产量也相应提高,达到181万石。除了满足基本消费之外,还有21万石余粮。棉花种植面积也达到150 287亩,产棉173万斤,达到边区棉花需求量的一半以上。耕牛发展到220 781头,驴共计167 691头,羊有2 033 271只。③

可见,到1943年陕甘宁边区的农业经济得到飞跃的发展。正如有人所指出的那样,"作为其发展中心的关键就是利用劳动互助,组织了广大的劳动力"④。而劳动互助的发展,又促进了农业生产合作社的发展。陕西省安塞县苗店子村,就成立了全国解放区第一个具有较高组织形式的农业生产合作社,即苗店子合作农场。合作农场成立以后,引起了各方面的关注。当时中央政策研究室的丁冬放、党务研究室的詹武、《解放日报》社的张沛、安塞县委宣传部的孙力等同志,分别对农场进行了调查研究和采访。中共中央当时的机关报《解放日报》,从1944年3月至1945年3月,先后刊登了4篇文章进行报道。

毫无疑问,参议员的互助合作提案,在促进边区农业发展和经济建设方面做出了重要贡献。事实上还不仅如此,这种劳动互助还体现在边区群众的防灾备荒上。

---

① 《把劳动力组织起来》,《解放日报》1943年1月25日。

② 《抗日战争时期陕甘宁边区财政经济史料摘编》第2编,陕西人民出版社1981年版,第85~86页。

③ 《抗日战争时期陕甘宁边区财政经济史料摘编》第2编,陕西人民出版社1981年版,第76~84页。

④ 黎华:《陕甘宁边区的劳动互助》,《群众》1944年第16、17期。

三、关于防灾备荒的提案

众所周知,由于陕甘宁边区地形复杂、沟壑纵横,大陆性、高原性的干燥寒冷气候,导致的春季多风、夏季多雹、秋季霜降就成为灾害频发的主要原因。而且这种独特的气候往往变幻无常,会使灾害进一步加重。特别是旱灾是边区出现最多的自然灾害,所谓"五年一小旱,十年一大旱,二十年一特旱",就是边区旱灾频繁的真实写照。

例如地处最北端的府谷县,因自然灾害频繁,素称"多灾之县"。在该县所有的自然灾害之中,其中以旱灾为最多,占灾害总次数的80%以上。据统计,在整个民国时期,发生旱灾11次,水涝灾3次,雹灾6次,风灾1次,虫灾1次,其中灾情严重的4次。1928年,大旱井枯,水地谷子浇了十八水,山地粪堆未撒,一元白洋仅买20斤干草(谷草),次年又旱,一元白洋仅买一斗七升米。1930年,府谷塞内外120余村受雹灾。1933年入夏以来,大风怒号,迭降巨雹,山水暴发,田野多成泽国,230余村遭灾。l947年,先旱后涝,秋禾未熟被冻死,有草无粮。①

特别是有时会出现并发性的自然灾害,其危害性就更为巨大。1939年10月21日,安塞县县长石子珍呈文边区政府指出:"自阴(历)二月间落好雨后,数月内再无好雨,造成极大的灾馑,如玉米、荞麦、洋芋、瓜菜等类一无可收,籽种无回,只能收获些高粱、糜谷,每垧一二斗的收获而已(每垧五亩,每斗以小斗计)。尤其该地区处于高山峻岭,当阴(历)八月间落雨后,遂于初八日稍冻,一些渠条湾塌较好的庄稼均已冻死,又在阴(历)八月十三日严霜满地,将庄稼全数冻死,更受损失有如(民国)十七年之灾情。11村之户数78家,人口321名,人心甚为恐惶,饥饿难忍,几有饿毙之景,哀声遍地,乞望赈济,实属真情。"②面对频繁的自然灾害,政府实施赈济措施固然重要,但仅凭赈济的确是

---

① 《府谷县志》,陕西人民出版社1997年版,第37~38页。

② 陕西省档案馆、陕西省社会科学院编:《陕甘宁边区文件选编》第1辑,中国档案出版社1986年版,第411页。

一种治标不治本的缓急举措，最根本的办法仍需依靠群众的预防和自救。对此，陕甘宁边区民政厅指出："救济的对象是灾民、难民和移民，即是赈济饥无食寒无衣，老弱零丁，及无法解决生产工具之移民贫民。"另外，"放赈是消极的一个办法，积极的办法是以工代赈，是帮助生产，扩大生产，是动员广大人民互相调节救济，少数救济粮款是解决不了根本问题的"。①

为此，边区政府主席林伯渠在 1945 年灾情严重之际专门致信参议员、劳动英雄和模范工作者指出："现在我们不能再让灾荒来饿死人，我们必须和灾荒斗争，我们有战胜它的条件，因为有了民主政府，且有了自人民中产生的又为人民做事的你们。……防荒要深入到每个角落、靠你们！你们在每一个村庄、每一个市镇、每一个机关、每一个学校、每一个部队，你们要号召你们能号召的人，开会研究、听取老人们的经验，定出办法，然后深入到每一家，男女老幼，都努力执行。……我们写信给你们，请你们在每一个村庄、每一个市镇、每一个机关、每一个学校、每一个部队里做，和荒灾斗争，到处都做，到处都做得好，灾荒就不能为我们的害了。"②

于是，一些参议员纷纷提案建议。有的参议员提出建立"互救会"组织，还有不少地方创办义仓。创办义仓以备灾荒，是由关中新正三区张益清首创的。由于这种办法可以很好地应对灾荒，于是受到庆阳县副议长任绍亭、合水县副议长杨正甲以及定边县白文焕、高崇珊等人的鼎力推荐。他们分别提出议案指出，创办义仓可"防患未然，以备荒年救灾之用"。陕甘宁边区政府据此发布命令，要求"积极劝导人民普遍创立义仓，加紧备荒"③。具体办法就是通过平时开荒增加粮食储备，灾荒之年发放给无粮之人来实现互济互助。这种办法一经提出，就得到群众的普遍欢迎，于是义仓在边区各地普遍建立起来。靖边县参议员田保霖听到边区特等劳动英雄张清益在关中办义仓之后，也着手采用这一形式。他说："咱靖边跌年成更多，年年防荒旱，这是一件大好事，咱

---

① 《陕甘宁边区民政工作资料选编》，陕西人民出版社 1981 年版，第 274~275 页。

② 陕西省档案馆、陕西省社会科学院编：《陕甘宁边区政府文件选编》第 9 辑，中国档案出版社 1990 年版，第 147~148 页。

③ 《抗日战争时期陕甘宁边区财政经济史料摘编》第 7 编，陕西人民出版社 1981 年版，第 356 页。

合作社也办了吧。"于是他召集众人开了115亩荒,又租了185亩,一共有300亩,每亩收2斗,共可收60石。通过自己的实践,他提出"这个义仓还可推广,还可发展,要是每乡都有一个,那就不怕天灾了"①。志丹县五区部分村庄甚至发展到集体存粮备荒,就连"二流子薛炳华也存了糜子一大斗,所存粮食够全村人渡三四个月的荒年"②。除了创办义仓之外,安塞合作英雄樊彦旺还创办了粮食信用合作社,规定每人可存粮1斗到5斗,每年由合作社付给三分利息,平时除红利可取一部分外,其余须至灾荒到来时才能领取。此外,边区群众还发展了其他的一些互助形式,如干部、劳动英雄、积极分子、进步人士开展借粮措施,利用亲朋好友关系实施借贷等各种措施。这些互济互助措施为民众顺利渡过灾荒起了积极作用。

与此同时,一些参议员还专门提案指出要实行灾荒报告制度。如镇原县的陈致中、杜云程、刘平海等参议员,针对镇原灾情严重的情况,专门提案指出,要求政府对灾情存案备查。他们说:"镇原全境自去岁八月至今,未落甘雨,全境麦苗已枯死过半……多数灾民全赖油渣苜蓿暂以充饥,欲求救济,恐难可必,我议员等为人民代表,遇此饥荒,理应提交县府以便转呈边府,存案备查。"针对这一提案,边区政府主席林伯渠专门为此批答镇原县政府并嘉许镇原县参议员陈致中的提案。他指出:"你县参议员陈致中、杜云程等关心人民疾苦,殊堪嘉许,本府已令民厅特别注意,希转你县各参议员知照。"③应该说陈致中参议员的提案,无疑是极其重要的,它为边区政府和人民开展防灾备荒提供了重要的基础。

另外,针对灾荒肆虐的客观实际,一些参议员还提出了兴修水利、植树造林的提案。如定边县在1941年召开的第二届第一次参议会上,全体参议员决议通过"大力发动修水路、城门、公房、树林,改善气候案"④。在绥德县,一些参

---

① 丁玲:《延安集》,人民文学出版社1954年版,第59页。

② 《实行集体存粮备荒》,《解放日报》1945年6月27日。

③ 陕西省档案馆、陕西省社会科学院编:《陕甘宁边区政府文件选编》第6辑,中国档案出版社1988年版,第226~227页。

④ 马骥主编:《陕甘宁边区三边分区史料选编》(上),中国人民政治协商会议定边县委员会,2007年编印,第173页。

议员提案指出:"植树造林是边府之重要号召,近年来木材之支用日甚一日,而保护树木成绩异常不够。植树既能发展农村经济,又能减少水旱灾荒风沙侵袭。种柠条可解决部分缺乏炭烧及铺瓦屋顶。"针对参议员的提案,绥德县政府提出具体解决办法:(1)由政府设苗圃,广植各种树苗,分售各区乡或自由出售于人民以作提倡。(2)男女老少每人于两年内至少植树一株,多者更好。(3)无地可栽与人伙栽,得利均分。(4)公家在公路旁有计划地植树,各机关尽量植各样树木。(5)各村制定村民公约,不许羊啃,禁止砍柴娃砍树。(6)军队和公家的牲口,不能再在树上拴,如有啃坏者,应由各单位负责赔偿。(7)在乡村多做宣传,尤其应以牧童为对象,使人人明了植树造林之利益,不在一人一家,乃是全社会的利益,也是政府的政策。①子洲县则是积极兴修水地,拔野菜、种秋菜,以进一步展开备荒运动。与此同时,人们还提出反对下列浪费:"一、庙会唱戏。二、无事赶集。三、迷信费用。四、办事待客。五、胡嫖滥赌。六、大吃大喝。七、蒸酒蒸糖等。现老君殿区已有廿五个村子根据不同情况订出反浪费公约,三处粉坊亦已停止。"②

不仅如此,还有一些参议员主动接济受灾群众。如华池县在1941年遭受雹、风灾,新堡区二乡参议会全体参议员主动捐款边币20余万元救济灾民。③通过参议员们的积极努力,边区人民在各种灾荒面前不再像以前那样束手无策了。

四、关于政治作风的提案

基层参议员除了在互助合作和灾荒救济方面提出了一些重要提案,在对政府工作人员的工作作风方面,不仅有深刻的质询,而且同样提出了一些重要议案。

尽管陕甘宁边区是以廉洁自律的作风而为人们所称道,但是根据相关资料显示,政府工作人员的工作作风问题始终是基层参议员的重要议题,也是

---

① 《绥德县第二届第一次参议会会议记录》,绥德县档案馆藏,档案号:15-2。

② 《抗日战争时期陕甘宁边区财政经济史料摘编》第7编,陕西人民出版社1981年版,第356页。

③ 《华池县志》,甘肃人民出版社2003年版,第1007页。

基层民众反映最多的一个问题。如在陇东分区，各县群众仅对政府工作人员的意见就达到 684 条。[1]在庆阳县参议会上，参议员就干部作风、领导作风和税收的意见有 64 件之多。[2]在子长县第二届第二次参议会上，与会参议员对政府常驻参议员、合作社入股、干部作风等问题上同样提出了深刻的批评。在定边县的 3 届参议会上，每次都有关于政府工作人员的议案。诸如"乡级干部应加强政治教育"、"政府要保持严肃之仪表，工作人员之生活应正规化"、"加强干部教育，贯彻政策法令"、"加强合作社领导，改进合作社干部作风案"等。[3]在绥德县第二届第一次参议会上，参议员们专门就政府工作作风提出"改进公务员作风"的提案。提案指出："有些好干部能和群众生活在一起，宣传酝酿征求群众意见，为群众解除实际困难。也有一些不好的干部，如乡长乔登高，怕惹人不负责任，对赌博案子不处理，有些干部下乡吃饭不给钱，致使许多乡级干部家庭穷管不起饭，管起饭的吃不下亏。"[4]

　　有些参议员甚至径直向边区政府直接提案控告。如甘泉县参议员高向秀就甘泉县裁判处书记员强租县府二科赵科员(现已调)油房向边区政府直接提案控告。具体情况如下：油房原由 7 股组成，定约 7 年，今始 1 年，如有所变动，须得 7 家同意。赵科员是股东之一，其出卖他的 1 股时，如其他股东表示欲购时，应有优先权。如其他股东都表示不要时，则其他非股东始有权购买。今契约既不满期，又有 3 个股东表示不要的意思，县政府遂判决赁给书记员之父袁志刚，价则与 7 股要时相同，所不同者是袁志刚答应赵科员有几分之几的股分，并强制执行，正因为袁书记员之父要了，群众更加不满。这一问题后来边区政府经过调查作出如下处理："令县府切实调查清楚，是否七股都有意思表示不购买此油房后另行改判。如原告人再不服，可上诉高等法院。"除

---

　　① 中共庆阳地委党史资料征集办公室编：《陕甘宁边区时期陇东民主政权建设》，甘肃人民出版社 1990 年版，第 422 页。

　　② 中共庆阳地委党史资料征集办公室编：《陕甘宁边区时期陇东民主政权建设》，甘肃人民出版社 1990 年版，第 460 页。

　　③ 马骥主编：《陕甘宁边区三边分区史料选编》(上)，中国人民政治协商会议定边县委员会，2007 年编印，第 170~178 页。

　　④ 《绥德县第二届第一次参议会会议记录》，绥德县档案馆藏，档案号：15-2。

此之外,高向秀参议员还就甘泉县府对冯金怀买孙众秀马付法币处罚不公提出控告。经边区政府派专人调查显示:买主在边区境内买卖马以法币作价1200元是事实(并有人证);买马人冯金怀口供则为以20日为期(事实),在洛川买回物品或在洛川付款给孙,在甘泉付款则为3200元(无其他证据),款未付即被政府将马没收,并令冯给孙洋一半,并禁闭冯7日;买马时依边币上了税(见税局),认为处罚太重(减半没收)。边区政府处理意见:"以法币为标准买马,只触犯金融法令第二条,而后半段,究竟该买马人是在洛川或甘泉付款,以法币还是以边币,尚无事实根据即已被破获,并未完全完成交易过程,共处罚可酌予减轻至20%以上的罚金(马应交还原主,双方各罚款320元以上边币),本府已令县府查明改判。"①

应该说参议员针对基层政府工作人员的工作作风和工作方式的议案与批评,不仅使得一些问题得到了应有的解决,而且也促使边区政府认真考虑其中的缘由。正所谓"问题在区乡,责任在上级",就是边区政府经过认真调查之后做出的结论。从基层选举的情况来看,民众要求区乡干部的标准就是所谓的公道、腿勤(积极)、平和、有办法。大多数区乡干部可以做到前两条,但对于后两条却是不平和、少办法。他们在执行上级任务的时候,容易发生"生硬"、"瞪眼睛"、"耍态度"的毛病。而在接受群众的要求时,却容易发生"拖拉"、"不顶事"的毛病。因此,政府人员遇事大多依靠命令、摊派。因之,在很长的一段时间内,民众对政府工作人员不满。据当时李维汉的分析,主要是由于上级本身存在主观主义、命令主义和官僚主义的毛病。

具体来讲,这种毛病的表现是:第一,布置工作倾盆大雨。只知道往下交任务,不讲政策,不问情况,不看对象,不给措施,不教办法。而且要求很高,操之很急。由此导致一些区乡干部对此是很有意见的,他们说:"乡下工作多,生产任务重,上面笔杆子摇一摇,我们就得一阵跑。跑一天回来,还得自己做饭。误工,得罪人,上下批评,左右为难。"②第二,对待下级的困难麻木不仁。不知道

① 陕西省档案馆、陕西省社会科学院编:《陕甘宁边区政府文件选编》第6辑,中国档案出版社1988年版,第148页。

② 李维汉:《回忆与研究》,中共党史资料出版社1986年版,第528页。

农村特点,不倾听群众呼声,不照顾干部困难。区乡干部的困难是很多的,一是山村环境,交通十分不便。二是干部农民出身,文化低,能力弱,很难独立掌握政策法令。部分地区还不适当地要求他们生产自给,生活负担很大。三是内战时期的战争动员作风一般未作必要改变。在这种主观、客观都有困难的情况下,亟须上级加以支持和帮助,要多做典型调查,开会推广。但上级对此体会不深,支持不够,帮助不力。这说明区乡干部有作风问题,实质上反映了我们上级机关的作风问题,反映了我们整个政权机关的作风问题。于是西北局高干会经过讨论,认为区乡干部的作风问题,主要是思想方法问题,缺乏文化也是一个原因,但主要责任在上级,上级的关键问题在于不了解农村和农民,不善于根据这些实际情况采取相应措施。针对这种情况,边区参议员霍祝三提出了训练区乡干部的建议。于是在 1944 年冬至 1945 年初办了一期区乡干部训练班,由于效果很好,至此之后乡村干部训练成为了一项制度。

从基层参议员对政府工作人员作风的议案,到最终形成训练区乡干部的一项制度,体现了基层参议员在参政议政方面所体现的重要作用。关于参议员的这一作用,李鼎铭将其称作是"人民的镜子"。在他看来,政府工作人员做事为的是人民,在边区尤其为的是农民。所以领导正确或不正确,好或坏,"要照镜子,在哪里照,就要在农村和农民中照。他们要兴的利兴了,要除的弊除了,这就是领导的好;要不然,哪怕你表面说得怎么好,也是领导得不好。"同时,村乡干部是不是真正在替人民兴利除弊,或者他们里头是否还有乱没收老百姓的东西,乱罚人、耍态度、耍私情等情形,也都要在村乡中才能发现出来。因此,政府上级机关的人员要有计划地下乡,"只有到乡上去照,才能照见哪里还有些灰尘,才能赶快把它洗掉;也只有到乡上去挖,才能发现问题的关键在哪里,马上解决它。这样,下情了解了,领导的正确性了解了,工作检查了,问题就解决了,并且由此取得了经验,作为领导和推动全局的根据。这是医治今天我们政府领导人员的毛病的良方。"正是由于如此,李鼎铭指出:"参议员都是从人民中来的,这就是人民的镜子呀!各地各级政府的好坏,是瞒不过诸位的,因之,我希望诸位把意见多多的讲出来。"因为最能反映民情和下情的就是基层参议员,这不仅是因为参议员是"受人民的委托,反映民情和下情是责无旁贷的,是最适当不过的了",而且参议员也是"政府工作的监督人……只要确实为人民兴利除弊,那一切工作的缺点是可以克服的。因为我们的缺点是同成绩分不开的,是成绩里头的缺点,是在真正为群众服务这个主义下的缺点,这样的缺点是一定会克服的"。①

五、关于妇女与婚姻的提案

在基层参议员的众多议案提案中,妇女地位和婚姻问题同样是他们关注的重点领域。

众所周知,在陕甘宁边区成立之前,基层妇女由于长期生活在被欺压、被奴役的环境之下,由此形成的尊卑秩序观念,致使人们"总仿佛觉得我们人人之间隔有一道高墙,将各个分离"。即便"其名目现在虽然不用了,但那鬼魂却依然存在,并且,变本加厉,连一个人的身体也有了等差,使手对于足也不免视为下等的异类"②。由此造成的后果,不仅仅阻碍了人们进行积极的生产劳动,更重要的是对自己失去了信心,认为自己天生就是这种命,一辈子也不会有抬头的机会。在这种思想意识的支配下,最终也就泯灭了自我认同。然而,正如毛泽东所说:"世界上的任何事情,要是没有女子参加,就做不成气,我们打日本,没有女子参加,就打不成;生产运动,没有女子参加,也不行。无论什么事情,没有女子,就绝不能成功。"③

陕甘宁边区政府成立之后,随着各级参议会的相继建立,一些关于妇女问题的提案议案被广泛提出来,诸如提高妇女社会地位、保护妇女切身利益、改善妇女生活、严禁缠足和买卖婚姻的提案,在各级参议会上都被频繁提及。特别是一些基层女参议员,更是在维护妇女地位和权益方面不遗余力地提出议案。如米脂县女参议员在参议会上就提议指出:(1)政府应在保障人权的原则下,限定结婚年龄,女子不过 16 岁,不得出嫁。(2)政府应多设法教育这些人,

---

① 甘肃省社会科学院历史研究室编:《陕甘宁革命根据地史料选辑》第 3 辑,甘肃人民出版社1983 年版,第 106~107 页。

② 《鲁迅全集》第 7 卷,人民文学出版社 1981 年版,第 77 页。

③ 《毛泽东文集》第 2 卷,人民出版社 1993 年版,第 167 页。

叫他不要专为利,而妨碍子孙后代。(3)如果由父母包办订婚于两家者,应由女子选择,父母依法处办,如有聘礼,根据双方情况酌量办理。(4)寡妇改嫁时,娘夫两家不得干涉及从中卖钱,他人更不能收受贿赂,违者依法处办。①

必须指出的是,由于长期以来形成的对妇女歧视的局面,导致在基层社会里依然出现干涉妇女婚姻的案例。如甘泉县参议员高向秀就专门向边区政府反映第四区区委宣传科长吴廷杰挑拨他人夫妇关系的案件。后经边区政府调查指出:(1)提出离婚者是刘润月(原李兰英之夫),并非女方,彼因其妻到县妇联工作,怕以后靠不住,而请区政府允其离婚,未得女方(李兰英)同意,区政府即给予了双方离婚证。(2)区宣传科长在李兰英离婚前是否与其有关系,既无人证又无物证,不能如控告人所说挑拨人之夫妇关系。边区政府最后的处理情况是:"令县府今后处理同类性质问题时,须事先周全其家庭(因女方并未表示离婚,且与其夫感情还好),并且注意今后凡女干部走出家庭者,不轻易离婚结婚,以免对群众影响太坏。"②

同时,一些女参议员在经过实地调查之后,在边区参议会上对妇女问题又做了进一步的提议。如边区参议员曹相如在提议米脂妇女财产继承权问题时就指出:"米脂的男女不平等现象,是相当严重的。去年有一个女孩的父亲死了,家里的人不想给她分家产。后来经过我们解决,才分得一半。这种事情,在各地是非常多的,希望这次参议会,更能具体解决这个问题。"在边区第二届第一次参议会上,边区女参议员张琴秋针对当时边区存在的诸多婚姻矛盾,提出修正婚姻条例的议案。指出:"男女之一方要求离婚者,应由司法机关核定之;抗日军人外出四年不通音讯者,其妻可向当地政府提出离婚;禁止童养媳、蓄婢,如原有童养媳,有虐待及不情愿者,得向政府提出解除婚约;确定少数民族有特殊习惯者,不受条例限制;男女干部有违反法令者得加倍处罚;以区为单位进行婚姻法宣传。"③上述这些提案对保护妇女利益、改善妇女生活、促进边区

① 陕西省档案馆、陕西省社会科学院编:《陕甘宁边区政府文件选编》第10辑,中国档案出版社1991年版,第40页。

② 陕西省档案馆、陕西省社会科学院编:《陕甘宁边区政府文件选编》第6辑,中国档案出版社1988年版,第149页。

③ 《陕西省志·妇女志》,陕西人民出版社2001年版,第247页。

发展起重要作用。

但是，值得注意的是，边区在改善妇女地位和提倡自主婚姻的同时，有时也会出现一些矛盾和纠纷。如绥德县参议员延学礼说："婚姻问题我认为现在走了两个极端，一个是农村提出要离婚的，多是女方嫌男方穷；一个是城市提出离婚的，多是男方嫌女方落后不识字。"①事实上，在基层社会里，因婚姻问题产生的矛盾纠纷，随着时间的推移而渐成上升趋势。

据边区高等法院 1945 年 10 月的统计，边区各地发生的婚姻案件，1940 年 77 件，1941 年 125 件，1942 年 242 件，1943 年 203 件，1944 年 172 件，1945 年上半年 133 件。②这些逐年上升的婚姻案件，固然体现出边区妇女地位的提升和对自主婚姻的追求，但是也有一部分妇女对婚姻自由这一问题存在不正确的看法。如在富县参议会上，城关区二乡妇女主任王育英就曾向妇女提议"不要误解自由，胡闹离婚"③。另外一个重要原因则是因抗日军人家属(简称抗属)而出现的一些较为复杂的甚至是畸形的婚姻问题。由于抗战期间大量青年男子参军走上前线，许多军人多年与家人音讯不通。根据边区政府颁布的婚姻条例规定，抗日军人 5 年不通音讯者，依具体情况可以离婚；订婚后如女方已超过法定结婚年龄 5 年亦可退婚。在此种情况下，有的军人家属提出离婚要求，有的军人未婚妻要求解除婚约。但是为了巩固部队，加强抗战力量，1942年边区政府又制定了《陕甘宁边区抗属离婚处理办法》，对抗属离婚问题做了严格的限制。但实际上，抗属婚姻问题仍出现许多复杂的情况。具体表现为以下几个方面：

（1）另嫁。由于抗日军人长期不回，于是一些抗属便自行改嫁。如遭反对则采取哭闹、寻死等方法，有的甚至患精神病、自杀。还有的抗属由婆家或娘家主持另嫁，有的结婚后原夫(抗日军人)又归来，这样又产生了新的矛盾。

（2）招夫。有的抗属及其双方家庭均不同意离婚，但为暂时解决问题，他们并不通过任何法律手续，便为抗属在家中新招一丈夫，并给招夫说清楚，如

---

① 《绥德县第二届第一次参议会会议记录》，绥德县档案馆藏，档案号：15-2。

② 《陕西省志·妇女志》，陕西人民出版社 2001 年版，第 253 页。

③ 《富县参议会胜利闭幕，检讨政府工作发言踊跃》，《解放日报》1941 年 10 月 8 日。

果原夫(抗日军人)归来之后,招夫就必须离去。如果抗属与招夫生有孩子,则归招夫。

（3）改嫁。这种情况是在抗属娘家、婆家均同意的情况下女方就可以改嫁,同时与其新夫家三方订立规约,如抗日军人回来,则由三家负责为之另娶。

很显然,上述婚姻无论是从法律章程还是情理规则来看,显然并不属于正常的婚姻模式。但是,当各级参议员对提高妇女地位的提案议案不断出现在各种会场上,当一些社会团体组织大张旗鼓地进行妇女解放的宣传之时,特别是"动员与组织更广大的妇女参加抗战建国各方面的工作"已经成为革命性口号的时候,长期被压抑的妇女终于觉醒而起,活跃在各条战线上。然而与此同时,边区政府在制定抗属离婚处理办法时,却在实际执行过程中大都不允许离婚或退婚,因而也就不可避免地发生了上述这些畸形的婚姻问题。结果导致一些抗日军人回家后,"却发现家中变故,极为不满,有的坚持要回原来的妻子,引起家庭纠纷,使得政府也极为难"[①]。

总之,参议员们在政治参与的过程中,充分发挥他们的参政议政的作用,积极提案议案,从而形成一些颇具特色的典型提案。而且这些提案最大的特点就是实践性。因此在基层参议员的提案中,很少看到有一些原则性的提案,几乎都是和基层民众生活息息相关的提案。这些提案议案,不仅促进了当地的社会发展,而且又成为边区政府大面积推广的重要案例来源。可以说,通过提案议案开展政治参与,不仅使得他们变得更加关心政治,增强对政治的信赖感,而且也使他们深切感受到自己是社会当中的一员,正在发挥着积极的政治作用,从而得到一种满足感。进而言之,这种政治参与,也在很大程度上改变了他们的社会生活和精神世界。

---

① 《陕西省志·妇女志》,陕西人民出版社 2001 年版,第 253 页。

第四节　参议员的日常工作与生活

ERSHI SHIJI ZHI ZHONGGUO

如果说参议员的政治参与是为了有效地影响政府,是一种"议"的活动,那么依据"议"的结果具体执行相应的任务,即所谓的"行",就成为基层参议员的日常工作。特别是当"议行合一"成为基层参议会运行的基本轨迹之时,他们的日常工作也就显得更为纷繁复杂。可以说处于战时状态下的参议员群体,工作即是生活。正如有人所说:"日常生活固然可狭义地解释为吃饭穿衣和像穿衣吃饭那一类天天所遇到的物事。但广义地讲,农人的耕耘、播种、收获五谷;士兵的操枪、布阵、冲锋杀敌;政治家的总结经验,分析情况,决定政策,又何尝不是各种人各自不同的日常生活呢? 不同处:千差万别,一人一样;相同处:都无非是行动、思维,向更进一步的行动啊。"①

一、参议员的日常工作

为了更好地开展工作,基层参议员首先要研究边区施政纲领,把施政纲领与本地的具体实际密切地联系起来, 在群众中展开热烈讨论。在此基础上,"把过去、现在所发生的实际问题,都在讨论中密切地联系起来,参议员应该

---

① 《吴伯箫文集》上卷,人民教育出版社 1993 年版,第 495 页。

勤劳不懈地把一件一件同自己管理的居民切实商讨，使人民希冀的一切宝贵新鲜的理想，在新民主主义政权下，都能够变为现实"①。这也就要求参议员必须"对于该属的小组即每人的生活、行为，应无不熟悉"②。每个参议员要对自己管理的居民了如指掌，哪家穷，哪家富，哪家有多少人口、牲畜和地亩，哪家有些什么苦难问题，甚至哪家人的性格如何，都得非常熟悉。同时还要善于传达参议会的各项决议，善于倾听群众的意见和建议，努力做到公正无私，照顾每个居民的利益。可以说基层参议员的工作不仅事无巨细、非常庞杂，而且任务也是极其繁重的。如在安塞四区二乡，区政府在 1943 年全年共给乡政府发出指示 74 件，平均 5 天就有一件，分类计算，属于动员工作性质的就有 35 件，属于布置经济建设工作的有 26 件，属于执行政策法令的 4 件，属于指示学习的 2 件，其他 5 件。③

　　由此可见，基层参议员的日常工作是非常繁忙的。事实上，"忙"实在是陕甘宁边区的生活特征。正如一些考察过延安的人所说："因为过于忙，空气也似乎过于紧张。紧张的情绪还不止于生产忙，而在'计划'的严格，在机关学校部队工厂工作的人，差不多每人都有一个计划。毛泽东、朱德诸氏，也每年在报上宣布他们的生产计划；不识字的乡农，也会有地方的劳动英雄替他们拟定计划。计划的结果，就是一年到头的紧张。赶不上计划的被评判，'加油'、'超过'的被鼓励，人类的好胜心被发挥到极点。劳动力的利用也达到了极点。"④应该说包括参议员在内的民众的忙碌景象，凸显的正是一幅在战争、在建设的过程中，充满兴家立业、勤劳紧张的景象。因为随着战争的责任在一天天加重，这就要求他们必须紧张地工作，把工作能力提高。如果说边区的人们，大家太一模一样了，那是由于"大家有一个共同的理想与目标，就是'解决群众的问题，使群众得到解放与幸福'。也只有群众动员起来才有战胜敌人的

---

① 河上：《新乡市参议员怎样工作》，《解放日报》1941 年 10 月 22 日。

② 中国科学院历史研究所第三所编辑：《陕甘宁边区参议会文献汇辑》，科学出版社 1958 年版，第 184 页。

③ 鲁直：《关于乡长工作》，《解放日报》1944 年 3 月 5 日。

④ 任宏、高梅主编：《精神魅力：延安时期生活往事》，济南出版社 2005 年版，第 47 页。

保证,因此谁为群众做得更好些谁就光荣些。'群众的利益'是一个尺度,每人用它来检查自己,发现自己不够的地方,来克服它"。故而参议员的工作,"如同一架钢琴的每一个音键,如同一架机器的每个杠杆,——每一个动作,然后合成全部的推动"。①质言之,用工作来实现边区的解放与幸福,这就是陕甘宁边区的全部生活。

也就是说在陕甘宁边区大家是一样的,只有工作的区别,所谓"众人一条心,黄土变成金"。大家都在用心思,让土地如何丰富地生产,人们从这上面得到无穷的富源。对于参议员则更是如此。由于他们是被群众认可的"好人",他们的工作并不是简单的分配任务和摊派公粮,而是带领民众积极抓建设促生产,要走在群众的前面,也就是要在各个方面都要做"学习、生产、武装工作的模范"②。而这一点本身又是参议员日常工作的应有之义。因此,当甘泉县二行政村的民众认为不将会议作为真正征集民意的方式,而是总要先由支部会议上"秘密固定",然后开大会向群众"宣传","选举参议员是公家要粮,要草,他们就开会分摊"之时,自然受到批评。③淳耀乡参议员王贵发主动要求自己多出救国公粮之时,自然就会受到民众的赞赏。④对于普通民众而言,究竟什么样的参议员是好参议员,淳耀县的群众答复:"像房文礼老先生那样的,就是一个好参议员。"因为"房老先生有积极为群众服务的精神,柳林区一乡有一条沟,从前是水田,后来被水冲坏,多年无人去管。去年,在房老先生的领导下,动员了群众修起了一条大水堤。因之,三百余亩的水浇地成功了。柳林镇上的民教馆房子,也是老先生亲自领导修建起来的。在房老先生的影响下,他的家庭是一个模范家庭,儿子房殿有,是调解民事的模范,媳妇勤劳刻苦,孙子在学校读书,是个好学生"⑤。

很显然,如何帮助民众发展生产,如何提高边区民众的生活水平,公道、腿

---

① 《延安文艺丛书·报告文学卷》,湖南人民出版社 1984 年版,第 73 页。

② 谢觉哉:《县参议会怎样开会》,《解放日报》1942 年 3 月 6 日。

③ 蕴辉:《在农村里》,《解放日报》1942 年 4 月 5 日。

④ 《淳耀乡参议员王贵发要求多出救国公粮》,《解放日报》1944 年 2 月 2 日。

⑤ 《"老区长"——介绍房参议员文礼》,《解放日报》1944 年 12 月 9 日。

勤、办事迅捷,无疑是构成参议员日常工作的重要内容。乃至于如子洲县董家湾参议员"领导防荒小组,组织儿童上山拔苦菜和在稀饭里吃,担水浇瓜菜和部分粮地,号召各家每顿少下半合米"①等等,都是他们的工作。实际上,这与其说是工作,还不如说这就是他们的生活,而且是一种愉快的生活。正如有人所说的那样:"我开始工作的时候,不像这样积极,人们选我做,我就糊里糊涂做。那时候不清楚我为什么要做工作,给什么人做工作。后来我发现我办的事是为老百姓好的,老百姓也很高兴,我才明白了我是为谋好处,才热火朝天的干开了。"②靖边县参议员田宝霖被选为参议员后,感觉"他们要做事太多,简直忙不过来"③。但是尽管忙,却是快乐的。

应该说从一般的印象来看,边区工作的忙碌是比较容易理解的,而真正理解边区生活的愉快却较难。"因为对于愉快的理解有的人是有些差别的,然而只有二者合一,才真能深刻懂得边区,却是无疑的。延安是很快乐的地方,我不仅看到它丰衣足食的今日, 就是在它最苦的时候, 那时几乎没衣穿, 没菜吃,可是也没压倒过这种快乐。"④而这种快乐的根源,则是来源于对这种新的生活的切身体验。无论是参议员还是普通民众,他们都是用一种新的眼光来看待这个政权, 用一种新的态度来对待劳动, 用一种新的关系来代替过去人与人之间的那种残酷的关系。正如当年惠中权对田宝霖所说的那样:"你要是能在你五乡办好一个合作社,咱们的经济就有办法。"于是一个曾经流浪在安定、宁夏、洛川等地的小商贩,却"踏上了一条新道路,为建设新民主主义的新靖边而工作了"。特别是当他的忙碌得到人们的认可,"一下便吃开了。他又被选为模范工作者,他出席劳动英雄大会,政府送了匾给他,老百姓也慰劳他"。⑤可以说这种快乐是作为参议员的田宝霖在以往从没有体验过的。特别是在参议会召开之际,民众更是通过各种形式庆贺和慰劳参议员。

---

① 《子洲董家湾参议员领导放荒小组》,《解放日报》1945 年 6 月 14 日。

② 刘白羽:《延安生活》,东北画报社 1947 年版,第 6 页。

③ 丁玲:《延安集》,人民文学出版社 1954 年版,第 55 页。

④ 《延安文艺丛书·报告文学卷》,湖南人民出版社 1984 年版,第 75 页。

⑤ 丁玲:《延安集》,人民文学出版社 1954 年版,第 56~57 页。

256

二、参议员的社会生活

参议员作为民众的代表,在很大程度上寄托着民众对他们的希望。所以只要召开参议会,民众都会敲锣打鼓庆祝游行,以各种不同形式慰问参议员。这种形式在边区各地随处都可见到。如延安东市区参议会召开之际,"从早晨到中午,村民锣鼓喧天的先后送来许多彩绸匾帐,庆贺参议会的开幕。他们将匾帐悬上会场的四壁后,兴奋的走出了会场,期待着参议会带给他们好的消息。"①1941 年定边县召开参议会时,数千群众高举火炬游行,真可谓"火树银花,万人空巷"②。绥德县选举县参议员时,有人还曾专门作诗表达他们的心情:"红枣、瓜子摆出来,慰劳议员把心思表一表。参议员来哟,真光荣,他是人民的好代表。国家大事咱要管,国家大事咱要管。"③延长县在选举参议员时,群众不仅热烈庆祝,吹音乐,送旗匾,还送酒食给大会。有的群众"给大会慰劳了米五斗三升,白面八十四斤,洋芋百八十斤,糜子面二十二斤,柴二千二百三十五斤,草二百二十斤,南瓜八个,枣子二升,梨子六百个,各地送给大会匾额二十二块,旗子十二块。二十日上午各地群众吹喇叭来欢送,非常热闹"④。肩负民众期望的基层参议员到边区政府参加会议时,在临行前民众都会召开欢送大会,贴标语,喊口号,表明对他们的希望。在行程中,沿途居民在参议员路过时也会欢迎,民众都要送茶水、留吃饭,让出窑洞住宿,招抚马匹。另外,在参议员开会时还要发动慰劳,送匾彩,送猪、羊、鸡,送蔬菜或其他慰劳品。

应该说能够参加边区参议会,是基层参议员的荣光,特别是能够聆听毛主席的讲话,更是他们的期望。绥德分区参议员高愉庭、李至善诸先生,就非常

---

① 方午田、蒙人方:《延安记者》,陕西人民教育出版社 1993 年版,第 403 页。

② 马骥主编:《陕甘宁边区三边分区史料选编》(上),中国人民政治协商会议定边县委员会,2007 年编印,第 316 页。

③ 《中国第一位女大使丁雪松回忆录》,江苏人民出版社 2000 年版,第 298 页。

④ 鲁芒:《陕甘宁边区的民众运动》,汉口:大众出版社 1938 年版,第 54 页。

关心毛主席讲话的消息。他们说："上次听说主席在大会上演说,没有到会的参议员非常懊悔。这次他们来时,乡里亲友托付他们,一定要见见毛主席,回来告诉大家毛主席是什么样子,讲了些甚么话。"①而对于那些被评为劳动英雄的基层参议员而言,能够去边区开会,特别是能够得到毛泽东、朱德等领导人的接见,更使得他们光彩照人。

能够成为劳动英雄的参议员,他们的日常生活无疑也发生了重大的变化。因为陕甘宁边区的劳动英雄,大多都是经历过相当磨难的农民,而此时却能受到从未有过的尊重,正所谓胸前一朵大红花接受所有人的道贺,从未见过世面的农民可以试坐他们几乎不敢想象的小汽车,当从未接受过教育的农民如今却可以认真说出"组织"、"批评"、"决一个定"、"发展"、"转变"、"斗争"、"法西斯"这一套的新名词的时候,特别是一个名不见经传的名字却被放到《解放日报》头版报道,而民众整天高喊要向他们学习、要与他们展开劳动竞赛的时候,的确如一位劳动英雄所说:"真个把咱们庄稼汉抬到半天空了,咱觉得当了英雄比中状元还强"②。当然,对于那些普通的参议员,只要工作积极努力,同样会受到人们的尊重和嘉奖。米脂县参议员杜聿成先生,因一贯热心公益,被授以"模范公民"称号。③而对于那些德高望重、年龄较大的参议员,由于他们所起的独特作用同样受到人们的尊崇。如绥德县会在新年之际专门组织为"各机关及边县参议员五十岁以上人员祝寿"④。

如果说日常工作的忙碌和民众对他们的尊崇,是参议员社会生活中的一幅图景,那么,日常生活中的学习与识字,则是众多没有文化根底的参议员的另一幅生活之景。

鉴于陕甘宁边区文化水平普遍较低的现状,政府通过各种方式来提高他们的文化水平。在陕甘宁边区,学习与识字的场景是随时随地都可以看到的。当年斯诺曾有过这样的描述,这里"到处有夜校,村庄的街道上设立着识字

---

① 《会议以外——参议员生活琐记》,《解放日报》1944 年 12 月 21 日。

② 赵超构:《延安一月》,上海书店 1992 年版,第 212 页。

③ 《米脂民丰区三乡代表会上奖励常荣山等六同志》,《解放日报》1946 年 1 月 8 日。

④ 《绥德清涧各界欢度新年》,《解放日报》1946 年 1 月 13 日。

牌,牌上的字句每日调换。教师在村子里巡回,教民众读书"①。同样,对于参议员而言,为了能更好地了解边区施政纲领和各项具体政策,学习也就自然成为他们日常生活中的重要任务。对于那些不识字的参议员,入冬学受教育,开展学习识字运动,就成为一项日常工作。而对于那些有相当文化基础的人,则是更高层次的学习,即进入相关学校具体开展学习活动。另外,阅读《解放日报》等报纸杂志,同样是他们日常生活中必不可少的内容。关中分区参议员张治平老先生"屡屡说到要订阅解放日报,虽然自己老了,难看小字,但可找人读,能知天下国家大事"②。陇东分区的杨正甲、杜洪源参议员更是"关心世界大势,国家局势,对《解放日报》很重视。他们常和马锡五专员一起讨论各种问题"③。

　　关于参议员的生活待遇问题,按照边区政府的规定,只有县议长和常驻参议员有一定的津贴,具体标准为议长、常驻参议员,同县长、科长待遇一样,其余费用"各县政府应尽量设法,解决议会困难,给予议会便利,使大会完满成成"。而参议员一般是不发津贴的,只有路远的老年参议员"酌发旅费"。④同时,对于县级参议会的经费,由民政厅编好预算,参议会粮食、伙食、办公费用,按照财政厅统筹统支办法发放。实际上,选举经费一般都是比较拮据的。如陇东分区在选举的过程中各县均感选举经费困难,一般的解决办法是:"一方面尽量节省,减少一切不必要的用途。另一方面万一不够时,各县自力更生,一般的应造预算由地方收入开支。"⑤在乡(市)一级,只有乡政府每月发放办公费一元,而且整个乡政府,"只有乡长一人脱离生产,并无薪金,每月仅得津贴一元五角,每天公粮一斤四两,菜钱四分。……乡长而外,其他委员、行政

---

①　斯诺:《西北特区特写》,每日译报社1938年版,第32页。

②　萧三:《赠别参议员们》,《解放日报》1944年12月22日。

③　《会议以外——参议员生活琐记》,《解放日报》1944年12月21日。

④　甘肃省社会科学院历史研究室编:《陕甘宁革命根据地史料选辑》第1辑,甘肃人民出版社1981年版,第159页。

⑤　中共庆阳地委党史资料征集办公室编:《陕甘宁边区陇东民主政权建设》,甘肃人民出版社1990年版,第235页。

村主任、村长，都是吃自己的，穿自己的，没有公粮，也没有津贴"①。

可见，无论是县参议员还是乡参议员，他们都是没有津贴的。只有那些兼具政府公务人员身份的参议员，会以公务人员的身份发放津贴。如一些从事教育工作的参议员，他们的待遇相对要高一些。根据盐池县参议员张光祖回忆，尽管盐池地广人稀，文化落后，但教师政治待遇高。"区、乡政府和群众对教师是比较信任的。教师一般参加区、乡会议，帮助区、乡开展一些行政工作。乡、区、县党政领导还常常请教师商量工作，给教师拜年、贺节等"。同时教师的生活待遇也比较高。据张光祖回忆说，在1938年，头一个月发津贴是一元现洋，第二月是五角现洋，从第三个月以后就没有了。后来，我当了教员，政府每月给50~100斤小米（包括吃饭、买毛巾、鞋袜等）。每年发一套单衣，两年发一套棉衣。"而这样的物质待遇，行政干部是没有的"。②

这一点可以从米脂县参议员李善英的回忆中得到证实。据李善英讲，边区对文教工作都是比较重视的，在抗战初期，党政干部是实行供给制，另外给每人每月发一元生活补贴，"教师比一般干部多发五角。当时边区待遇比较好的有教师、医生、保育员、小孩和各种技术专家"。以后由于国民党的封锁，边区财政更困难了，教师和政府工作人员的待遇才一样了。但在政治待遇方面还是受到尊重。一些农村教师被选为人民代表，在召开代表大会时，教师和乡的领导干部都坐在主席台上。当她被选为米脂县参议员时，曾出席过县上的各种大会，每次都和各领导同志在一起共商县里的大事。边区的群众，对教师也很尊重，农村的小学教师，在政治上、生活上都能得到农民群众的关心和帮助。逢年过节群众还请教师吃饭。有些小学，学生们把女教师亲切地称作"姐姐"。③

值得一提的是，陕甘宁边区政府除了规定一般的津贴之外，对于在政府中工作的妇女参议员和党外人士参议员还给予了其他相应的生活待遇。如对于

---

① 左键之：《陕甘宁边区民主政治的特点及其在乡的具体实施》，《解放》1940年4月20日，第104期。

② 《盐池县文史资料》第1辑，中国人民政治协商会议盐池县委员会，1983年编印，第5~6页。

③ 《延安文史资料》第1辑，中国人民政治协商会议延安市文史资料研究委员会，1984年编印，第98~99页。

妇女在怀孕分娩时均可获得免费检查和接生,孕妇生产时发生产费50元,小产35元,生产前后休养两个月,休养期发休养费20元,女公务员每月发生理纸15张,给生理假3天,带有婴儿及孕妇之女工作人员,每日工作时间至多6小时,不能妨碍其喂乳时间,有小孩或怀孕妇女,不得借口简政整编,不管其生活。①

对于非党参议员,特别是在政府工作的非党参议员,边区政府也作出了特别的规定。主要原因是由于一些党外人士在不发津贴的情况下,家庭生活较难保障,从而出现了"愿在政府工作而家庭问题解决不了的各界人士,就无法参加。即已参加的,也几次三番的要求脱离"的现象。有鉴于此,绥德县在第三十八次政务会上作出如下规定:"一、科长每月小米二斗五升(同高小校长),薪金五十到六十元。二、科员每月小米二斗二升(同保小教员),薪金二十到五十元。三、不再另发衣服。"②同样,陇东分区也在县长联席会议上确定了党外人士的每月津贴数目。具体为:"科长四十元,一等科员三十五元,二等科员三十元,区长四十元,助理员三十元,乡长不论是否党员均十元,其他供给仍按规定"③。与此同时,边区政府于1943年4月发出了关于党外人士待遇补助办法的通知,规定党外人士"除粮食、菜金、服物、旅费及使用勤务、马匹、住宿等,均按照边区政府统一干部待遇暂行办法之规定办理外,其每月之津贴数额提高发给,数目暂以实物(小米)为标准每月领米一斗"④。

此外,一些参议员在日常生活中,还与中央和边区各级政府之间的领导都有着深厚的感情交往。如靖边县参议员田宝霖,就与靖边县委书记惠中权之间交情甚密。当田宝霖被选为参议员后,惠中权告诉他:"你是顶能干的,为大

① 中华全国妇女联合会编:《中国妇女运动历史资料(1937—1945)》,中国妇女出版社1991年版,第612页。

② 陕西省档案馆、陕西省社会科学院编:《陕甘宁边区政府文件选编》第6辑,中国档案出版社1988年版,第217页。

③ 陕西省档案馆、陕西省社会科学院编:《陕甘宁边区政府文件选编》第6辑,中国档案出版社1988年版,第109页。

④ 陕西省档案馆、陕西省社会科学院编:《陕甘宁边区政府文件选编》第7辑,中国档案出版社1988年版,第172~173页。

伙做点事吧,咱们把靖边搞得美美的。"①在工作过程中二人密切配合,不仅在靖边创办了运输合作社,而且由他们创新的水漫地经验还曾受到毛泽东的高度赞赏。与此同时,不少参议员和中共的领导人也有着很好的社会交往关系。如靖边县议长白文焕就和毛泽东之间有着很好的交往关系。1939 年 1 月,白文焕作为边区参议员、靖边县议长参加了大会。在大会休息时,毛主席对白文焕说:"文焕先生,欢迎,欢迎!不作共产党的官,做人民政府的参议,专给共产党提意见、提批评,很好嘛!"②毛泽东风趣幽默的谈话,使白文焕不仅与毛泽东之间的关系拉近了许多,而且在日后二人成为很好的朋友。

在参议员的社会交往关系中,不少人都与林伯渠、谢觉哉之间保持着深厚的友谊。正如林伯渠所说:"我们做事如同作战,每人都有一个岗位,职务不同,都是战友关系,要水乳交融,互不脱节。"③谢觉哉作为边区副议长,更是与众多的参议员有着深厚的交情。如延川县参议员李丹生,与谢觉哉之间可谓是朝夕相处、情同手足。1945 年初,李丹生病危之际,把两个不满 10 岁的女儿叫到病榻前,紧紧握住谢老的手,说:"她俩是我的女儿,也是您的女儿,我死后就交托给您了!"谢老含泪答道:"您放心吧!她们会长大成人的。"此后,谢老及其夫人把她们视同亲生,抚养成人,其中大女儿一直在他身边,直到大学毕业,成家立业。④

当然,也有一些基层社会的中间人士,在一段时间内因关系处理得不好出现了一些偏差。如镇原县一参议员,在下乡处理土地纠纷时,因把农民土地退还给地主,回到县府会议上,受到公开批评,"使他过不去,长久放在心里"⑤。还有些人因看不惯党外人员的生活习惯,就不愿同他们接近。如某县姓唐的

① 丁玲:《延安集》,人民文学出版社 1954 年版,第 55 页。

② 姚勤镇:《三边情愫》,宁夏人民出版社 2006 年版,第 31~32 页。

③ 陕甘宁青新西北五省区编纂领导小组、中央档案馆编:《陕甘宁边区抗日民主根据地·回忆录卷》,中共党史资料出版社 1990 年版,第 487 页。

④ 陕甘宁青新西北五省区编纂领导小组、中央档案馆编:《陕甘宁边区抗日民主根据地·回忆录卷》,中共党史资料出版社 1990 年版,第 496~497 页。

⑤ 中共延安地委统战部、中共中央统战部研究所编:《抗日战争时期陕甘宁边区统一战线和三三制》,陕西人民出版社 1989 年版,第 499 页。

参议员兼副科长，生活习惯不大好，有人就取笑他，甚至勤务员也"糖儿，糖儿"地对待他。①对此，边区政府指出，由于党外人士尤其是中间人士，特别爱惜自己的面子和自尊心，因此除坏人外，一般要避免当众批评和当场批评，而多用个别谈话方式，婉转说理的方式，并出于诚恳帮助的态度，"一面批评错误，促其改正；一面顾全面子，使之感激"。同时，边区政府还于 1941 年 5 月专门就非党干部工作干事的问题发出联合通知，具体规定了几点注意事项：（1）积极地争取与组织非党干部参加抗战建设事业；（2）反映非党干部的意见，有要求各个机关、学校之行政负责人解决非党干部工作问题之权利，不能采取和行政对立的态度；（3）各非党干事，要有诚恳、坦白、热情、谦虚、耐心的态度；（4）对非党干部要清除命令式、情报式、党内斗争式的错误态度，应采取商量、婉转、劝说的方式。同时，对于非党干部的工作困难，要设法帮助解决。②

但是，对于那些违反纪律或刑法的参议员则要受到惩罚。如陇东分区参议员李向荣拒交营业税，仅将 300 万元欠条打给税务局，不付现款，在催交过程中因无理谩骂而受到处罚。③安塞县参议员贺麟图利用自己的地位两次为儿侄抢婚，并在群众中活动做反对政府的行为。抢婚事件发生之后，五区政府从各方搜集了群众意见，群众说："贺麟图过去是地主，文秀才，有财有势，新社会当上参议员，横霸欺压人，吹牛皮，希望政府好好处理他。"④而对于那些严重违反边区法律甚至成为汉奸的参议员，则会受到法律的严惩。

总之，通过民主的方式参政议政，实现基层参议员的政治参与，不仅在深刻地改变着边区的面貌，也在深刻地改变着参议员的社会生活。对于农民参议员，长期以来受压迫而无处申诉的日子已一去不复返，代之而起的是大胆的建议和对政府的批评，以实现他们的基本诉求和主张。对于不少的地主士绅而言，更是在改变自己生活轨迹的同时，也深刻地改变着自己的家庭生活。

---

① 《中共党史资料》第 18 辑，中共党史资料出版社 1986 年版，第 49~51 页。

② 中共延安市委统战部编：《延安时期统一战线史料选编》，华文出版社 2010 年版，第301~302 页。

③ 陕西省档案馆、陕西省社会科学院编：《陕甘宁边区政府文件选编》第 9 辑，中国档案出版社1990 年版，第 145~146 页。

④ 《安塞参议员贺麟图利用参议员的地位两次为儿侄抢婚》，《解放日报》1945 年 4 月 24 日。

据相关资料显示,在陕甘宁边区的众多中间人士参议员中,相当多的参议员不仅自己积极参政议政,而且也影响和促成自己家庭成员生活轨迹的变化。如新正县参议员张治平,他的子孙有 8 人参加政府或部队工作。尽管家中缺少劳动力,以致有时吃粮都接不上。但是,正如参议员张治平所说:"他们 8 个人,有一个临走的时候,我都把他叫到面前,告诉他有国而后有家的道理,使他有了为国保民的决心才放他走。"张老先生说:"只要国能保住,我的家就是苦些也不算什么"。①靖边县议长白文焕,他的长子白鸿魁、大女儿和大女婿,及四女儿白敏继其之后都相继参加了革命工作。

"人世间天上掉下来的奇迹是没有的,奇迹就发生在日常生活里;正像没有天生的英雄,真的英雄多是生长在平凡的群众当中。"②陕甘宁边区基层参议员的社会生活,固然缺少那种五彩斑斓的绚丽场景,但是所有日常工作和生活的积累却是由低至高的层递,当最低的价值递升至最高的价值之时,革命性的社会变革便会随之而来。

---

① 《保中国,救万民——访新正参议员张治平》,《解放日报》1944 年 12 月 9 日。

② 《吴伯箫文集》上卷,人民教育出版社 1993 年版,第 495 页。

第五章 CHAPTER FIVE

乡村建设实践
——基层参议员与陕甘宁边区的乡村建设

　　20世纪二三十年代，以梁漱溟等为代表的知识分子本着"乡村工作搞好了，宪政的基础就有了，全国就会有一个坚强稳固的基础，就可以建立一个进步的新中国"①的理想，曾在全国不少地方开展过声势浩大的乡村建设运动。②但是，由于种种原因，结果只能以失败收场。然而，中国共产党以革命根据地为基础，在重新塑造基层社会权力结构的基础上，充分依靠革命根据地的乡村民众，从政治、经济、文化、社会等方面开展全方位的乡村建设。其中陕甘宁边区时期的基层参议员，作为基层民众的代表，在乡村建设中同样作出了重要贡献。

　　①　梁漱溟：《忆往谈旧录》，金城出版社2006年版，第168页。

　　②　据南京国民政府实业部的调查，20年代末30年代初全国从事乡村建设工作的团体和机构有600多个，先后设立的各种实(试)验区有1000多处。参见郑大华：《民国乡村建设运动》，社会科学文献出版社2000年版，第456页。

第一节　中共关于乡村建设的基本主张

ERSHI SHIJI ZHI ZHONGGUO

　　如果说 20 世纪二三十年代兴起的乡村建设运动，大都集中在地势平坦、信息相对畅通的东部和中部地区，是由一些有相当文化素养和水准的知识分子群体发起的声势较大的社会改革运动，那么，中共在革命根据地的乡村建设，则是在经济文化相当落后的农村地区展开的。为此，中共依据革命根据地极端分散、落后的农村环境这些特点，提出了关于乡村建设的一些基本思路和主张。

一、乡村建设应以基层政权建设为旨归

　　基层政权建设作为现代民族—国家的建构过程，其主要目标就是要造就一个有明确边界、社会控制严密、国家行政力量对社会进行全面渗透的社会，它的形成基础是国家对社区的全面监控。[①]应该说关于基层社会的组织建构，在 20 世纪二三十年代的乡村建设实践中，同样有着类似的表达。

　　方显廷就曾指出："农村社会为一有机的结构，建设农村社会，绝非头痛医

---

　　①　[美]吉登斯著，胡宗泽等译：《民族—国家与暴力》，生活·读书·新知三联书店 1998 年版，第 147 页。

头脚痛医脚之枝节的办法所能收效。整个农村生活之各方面，必须同时改进。"①梁漱溟更是明确地认为，乡村建设运动是起于中国社会积极建设之要求，在于重建一新社会构造的要求。"今日中国问题在其千年相沿袭之社会组织构造既已崩溃，而新者未立；乡村建设运动，实为吾民族社会重建一新组织构造之运动。——这最末一层，乃乡村建设真意义所在。"因此，梁漱溟直言，"乡村建设，实非建设乡村，而意在中国整个社会之建设，或可云一种建国运动"。②而对于处在现代革命中的中国共产党，开展基层政权建设的重要意义同样是不言而喻的。

中国共产党从成立之日起，就将其所领导的革命视为一场现代革命。这不仅是由于中共所领导的革命是辛亥革命之后中国资产阶级革命的继续，而且也是世界无产阶级领导的社会主义革命的一部分。但是，随着中共革命的渐次展开以及革命实践的不断反馈，中共开始逐渐认识到农民问题在革命中的重要地位。正所谓"农民问题乃国民革命的中心问题；农民不起来参加并拥护国民革命，国民革命不会成功；农民运动不赶速的做起来，农民问题不会解决；农民问题不在现在的革命运动中得到相当的解决，农民不会拥护这个革命"。与此同时，中共也清晰地认识到"乡村的农民，则一起来便碰着那土豪劣绅大地主几千年来持以压榨农民的政权（这个地主政权即军阀政权的真正基础），非推翻这个压榨的政权，便不能有农民的地位，这是现时中国农民运动的一个最大的特色③。可见，如果说"乡村之于革命，是革命的基础和动力；而革命之于乡村，则是千年乡村秩序和乡村生活的大颠覆"④。

如果就现代革命的历史逻辑来看，这种颠覆应该是历史的必然，但是在中国传统农民生活的逻辑中，则是意味着对现有的信仰、原则和传统的背离或放弃。也就是说，"革命农民对于传统的价值判断和道义准则仍在考虑之列，

① 方显廷：《农村建设与抗战》，《农村建设》创刊号，1938 年 9 月 1 日。

② 《梁漱溟全集》第 2 卷，山东人民出版社 1990 年版，第 161 页。

③ 顾龙生编：《毛泽东经济年谱》，中共中央党校出版社 1993 年版，第 34 页。

④ 林尚立：《革命与乡村：中国的逻辑》，《中共党史研究》2008 年第 1 期。

革命所面临的风险也常使他们迈不出革命的脚步"①。因此,这就需要中共在开展乡村建设的同时,通过基层政权建设来巩固和深化农民革命。也就是说,中共在乡村领导土地革命,始终与农民的革命动员紧密结合的同时,也与农村政权的建设紧密结合。政权问题是中国革命的基本问题,乡村建设与基层政权建设互相联动,通过乡村建设达到国家政权建设的目的,无疑也就成为中共革命的基本逻辑。

因此,当乡村革命逐渐成为中共的中心工作之时,中共就对传统社会的基层组织结构进行了分析。毛泽东在分析中国社会性质时,就将"家族系统"与封建的"国家系统"、"鬼怪系统"等同,将其视为社会发展的绳索。②这一分析既是中共对传统社会基层组织结构的不满,也是在以后的革命过程中,中共开展基层政权建设的重要理论依据。于是在 1927 年 5 月《中国共产党第五次全国代表大会关于土地问题决议案》中,就对宗族提出了一些解决方案,"要破灭乡村宗法社会的政权,必须取缔绅士对于所谓公有的祠堂寺庙的田产的管理权","使农民群众从封建宗法的剥削下解放出来"。③在土地革命时期,中共进一步认识到因为宗族观念、宗族组织的存在,使社会革命出现了很大的阻碍,"人们聚族而居,死地主(祠堂、庙宇、会社)占有很大部分土地,族绅、头人可以利用这部分土地为所欲为,在'有事不离祖'的宗法幌子下笼络群众,树立门户,党同伐异,寻找借口,挑起氏族或地方械斗。这种械斗有的连年累月,甚至结成世代冤仇"④,"村的支部会议简直是家族会议"⑤。

认识到这一点,将乡村建设与基层政权建设结合起来,就成为中共迫切需要做的工作。土地革命时期的苏维埃便成为中共展开乡村建设与基层政

---

① 黄琨:《从暴动到乡村割据:1927—1929——中国共产党革命根据地是怎样建立起来的》,上海社会科学院出版社 2006 年版,第 2 页。

② 《毛泽东选集》第 1 卷,人民出版社 1991 年版,第 31 页。

③ 中国社会科学院经济研究所中国现代经济史组编:《第一、二次国内革命战争时期土地斗争史料选编》,人民出版社 1981 年版,第 92 页。

④ 陈奇涵:《兴国的初期革命斗争》,见《星火燎原》(2),中国人民解放军战士出版社 1979 年版,第 8~9 页。

⑤ 《毛泽东选集》第 1 卷,人民出版社 1991 年版,第 71 页。

权建设的基本制度。"乡苏维埃(与市苏维埃)是苏维埃的基本组织,是苏维埃最接近群众的一级,是直接领导群众执行苏维埃各种革命任务的机关。"①因此,"我们要建立坚固的苏维埃,也要打下坚固的苏维埃脚,这就是城乡代表苏维埃。"②随着各项制度的建立和完善,苏区乡村苏维埃政权建设逐渐走上正轨。在苏维埃中央政府的领导下,乡村苏维埃政府领导和组织群众参加革命战争,开展经济建设,全面加强社会建设和实行妇女解放运动等,在其活动的数年里做了大量的工作,充分体现出基层政权建设的巨大能量,为苏区的巩固和发展起了巨大作用。

抗日战争初期,抗日根据地的社会问题依然极其严重。在陕甘宁边区,土匪、鸦片、"二流子"成为乡村社会严重的三大问题。在边区最困难的1941—1942年,土匪蜂起,少则数人一股,多则上百人一股,或残杀基层乡村干部,或抢劫枪支、合作社、商店、粮店、税务所和村民的粮食、牲畜。如1942年9月以来,绥德分区一带4个月内就发生匪情40余起。③除此之外,作为占全国人口绝大多数的农民,"分散在960万平方公里的山山水水之间,完全靠自家的体力,从事着几乎不求人的生产,过着最高愿望无非温饱的苟安生活,除亲戚邻里之外几乎没有也无须交往,没有独立思维,除亲属网络之外没有任何组织可资利用","这是一群被割断精神和社会联系的生灵"。④甚至抗日战争爆发时,有的地方的人们连社会已经进入民国都不知道。这种无准备无号召也无组织的散乱状态,陈毅深有感触:"今天在全国之大患是工农组训不足。"⑤

基于上述情形,中共采取各种措施在促进乡村社会建设的同时,也在着力开展乡村组织建设。在毛泽东看来,"民众如果没有组织,是不能表现其抗日力量的"。因此,他要求全党行动起来,"无论是工人、农民、青年、妇女、儿童、商人、自由职业者都要依据他们的政治觉悟和斗争情绪提高的程度,将其组

---

① 《毛泽东文集》第1卷,人民出版社1993年版,第345页。

② 毛泽东:《今年的选举》,《红色中华》1933年9月6日。

③ 赵文:《试述抗战时期陕甘宁边区的土匪问题》,《宁夏大学学报》1999年第3期。

④ 孙达人:《中国农民变迁论》,中央编译出版社1999年版,第156页。

⑤ 中共江苏省委党史工作办公室、江苏省档案馆编:《苏北抗日根据地》,中共党史资料出版社1989年版,第195页。

织在各种必要的抗日团体之内,并逐渐地发展这些团体。"①不仅如此,在中共看来,在改造乡村的过程中不仅可以全面掌握乡村社会,而且在乡村建设与基层政权建设互相联动的基础上,能够将国家政权全面有效地深入到中国社会的最广大、最基层的乡村社会,以便快速地实现国家政权的全面巩固。与此同时,借助国家政权对整个乡村社会的全面把握,中共又可以在革命后迅速启动经济与现代化发展所需要的社会生产和生活条件。

有关这一点,毛泽东在《新民主主义论》中有过完整的阐述。他指出:"我们共产党人,多年以来,不但为中国的政治革命和经济革命而奋斗,而且为中国的文化革命而奋斗;一切这些的目的,在于建设一个中华民族的新社会和新国家。在这个新社会和新国家中,不但有新政治、新经济,而且有新文化。这就是说,我们不但要把一个政治上受压迫、经济上受剥削的中国,变为一个政治上自由和经济上繁荣的中国,而且要把一个被旧文化统治因而愚昧落后的中国,变为一个被新文化统治因而文明先进的中国。一句话,我们要建立一个新中国。"②

很显然,毛泽东的这一论述可谓是对中共革命的政治逻辑所作的精辟阐释。如果说中国革命的中心问题是政权问题,那么,中共在革命时期所领导的土地革命和乡村建设,首先是以基层政权建设为旨归的。通过基层政权建设,"在战时,动员人民参战,保卫家乡;在平时,组织人民生活,为人民谋经济、政治、文化的福利"③。将农民的革命动员与农村政权的建设紧密结合起来,通过乡村建设达到国家政权建设的目的,最终建立一个"新中国",就成为中共革命的基本逻辑。

二、乡村建设应以民主自治为基础

地方自治作为晚清以来就出现的一种社会思潮,随着被越来越多的人所

① 《毛泽东选集》第 2 卷,人民出版社 1991 年版,第 424 页。

② 《毛泽东选集》第 2 卷,人民出版社 1991 年版,第 663 页。

③ 陕甘宁青新西北五省区编纂领导小组、中央档案馆编:《陕甘宁边区抗日民主根据地·文献卷》(下),中共党史资料出版社 1990 年版,第 108 页。

认可和推崇，"在今日几乎人人会说，人人爱说。当局者尤其亟亟从事，国民政府督促于上，各省政府赶办于下，即要'克期完成'"①。因此，地方自治自然也就和民国时期的乡村建设运动联系起来。

实际上，在民国初年直隶定县(今河北省定州市)的翟城村，就通过创办模范村建立正式的自治组织，以实现村民村务参与的制度化转变。故此，该村一度被誉为乡村自治的模范，被公认为是中国近代乡村自治的发源地。②之后，阎锡山在山西推行的"村治"，主张"全民政治"，宣称村治是全体村民的自治，村民大会是全村最高的机关，一切自治机关的组成，均由村民选举产生。山西村治从 1917 年开始实施到 1928 年以后，被国民政府确立为全国乡村自治制度的蓝本。关于阎锡山的村治实践，吕振羽在其《北方自治考察记》中对山西村治的"楷模"作用作了总结。他认为，山西村制开创了中国下层政治重心之先河，其"可备训政之楷模，而为宪政之基础者"殊多。主要体现在：(1)"集散漫之民众，为政治活体之组织"。(2)"由政治力量提倡民治"。(3)"置人情于法律之上"。(4)"村民自决之精神"。(5)"村民负担平均"。③

除此之外，还有不少乡建团体和实(试)验区(县)根据国民党有关自治事务的规定，开展过调查户口(如定县、邹平、无锡、徐公桥、清和、镇平、龙山、江宁、兰溪)、测量土地(如邹平、无锡、镇子、江宁、兰溪)、整顿税收(如镇平、江宁、兰溪)、修筑道路(如无锡、徐公桥、镇平、江宁、兰溪)、改革政制(如江宁、兰溪、邹平、菏泽)、编制保甲(如定县、无锡、徐公桥、镇平)、办理民团或警察局(如邹平、徐公桥、镇平、江宁、兰溪)及成立自治团体组织(如东乡的自治会、定县的公民服务团、徐公桥和无锡的乡村改进会、乌江的乌江农会)等工作。④

需要指出的是，尽管上述乡村建设实验由于种种原因存在着这样或那样的问题，但是将乡村建设与地方自治联系起来，都在相当程度上促进了乡村建设的顺利开展。一些乡建团体在开展乡村建设之时实行的诸如"调查户口，使不少实(试)验区(县)的人口数量第一次有了较为精确的统计；修筑道路，一

---

① 《梁漱溟全集》第 5 卷，山东人民出版社 2005 年版，第 240 页。

② 冷隽：《地方自治述要》，南京：正中书局 1935 年版，第 79 页。

③ 吕振羽：《北方自治考察记》，《村治月刊》1929 年第 1 卷第 1 期。

④ 参见郑大华：《民国乡村建设运动》，社会科学文献出版社 2000 年版，第 514 页。

定程度上解决了当地农民行路难的问题；尤其是定县的公民教育，定县、徐公桥、无锡和乌江的自治团体，对于培养农民的公民和团体意识，激发他们投身乡村建设，还是起了一定的作用的"①。更为重要的是，作为地方自治本身，其最大效用，"是在建立宪政的基础。我国政治应以民主为目的，已属确定不移的事实，而地方自治的实施，实为民主政治必具的根本条件。地方自治一面为民治制度的学校，同时亦为民治制度的基础。国民运用立宪政治所具备的能力，可于地方自治中得到实际的训练"。因此，"倘若利用这种地方事务的兴趣，使之参加地方自治，鼓励他们关于政治的责任心，启发他们关于创造进取的能力，则以后关于参与范围较大，内容较复杂的国家政治，亦有参加的兴趣和能力。必如是，民主政治才能够完善的运用"。②

对于中共而言，从陕甘宁边区成立之日起，就将民主自治作为乡村建设的重要基础。一如毛泽东所说："新民主主义的政治，实质是授权给农民。"③这也就是说陕甘宁边区的乡村建设要充分发挥村民的自主参与力量，通过充满活力的村民自治机制，"采用直接，普遍，平等，不记名的选举制，健全民主集中制的政治机构，以增强人民的自治能力"④，让民众真正享有参与权、管理权、监督权。于是，为了更好地推动乡村民主建设，边区政府于 1942 年 1 月颁布了《陕甘宁边区各乡市政府组织条例》。条例明确规定："（一）甲等乡纵横不逾十里，人口至多不得逾一千五百人。（二）乙等乡纵横不逾二十里，人口至多不得逾一千人。（三）丙等乡纵横不逾三十里，人口不得逾一千人。""乡市政府管辖下设行政村（或南关，北关……），行政村下设自然村（或坊甲），行政村（或南关，北关……）设村主任一人，自然村（或坊甲）设村长（或坊长、甲长）一人，均由村民大会选举之。"且"每半年改选一次"。⑤陕甘宁边区政府的这一规定，其主要

---

①　郑大华：《民国乡村建设运动》，社会科学文献出版社 2000 年版，第 518 页。

②　叶春：《地方自治》，福州：教育图书出版社 1946 年版，第 5 页。

③　《毛泽东选集》第 2 卷，人民出版社 1991 年版，第 692 页。

④　陕西省档案馆、陕西省社会科学院编：《陕甘宁边区政府文件选编》第 1 辑，中国档案出版社 1986 年版，第 210 页。

⑤　陕西省档案馆、陕西省社会科学院编：《陕甘宁边区政府文件选编》第 5 辑，中国档案出版社 1988 年版，第 14~15 页。

目的就是为了更好地推动乡村社会的民主自治。因为"上级政权机关,只是计划与传达。乡村市基础不好,上面纵有好设施,沿途打折扣,到直接执行的乡村市,就没有了或走样了,又人民直接感到要兴要革的,是他切身的利害。离开这,再转几个弯子才能联系他的切身利害的事,他是不感到兴味的。也只有从他切身的事的经验,才能使他懂得他切身有关系的大者、远者。所以直接民主的单位,应该是乡村与市"①。

从根本上来说,乡村建设本身就具有民主运动的色彩,甚至可以说没有民主自治就没有真正的乡村建设。因为"在农村中随时随地可以看到,少数人的利益,妨碍多数人的利益,这样求建设,如果不是替少数人建设,必然是句空话。民主政治是以多数人的意志为力量,有利于多数人的建设,在半封建政治之下,绝对不能实现,可是在民主政治之下就很容易实现"②。同时,从陕甘宁边区先前的情况来看,积极起来议事管事最先而且最多的也是基层民众。因此,只有积极开展民主自治,才能充分调动乡村民众的积极参与,乡村建设才能顺利开展起来。正所谓"边区是边区人民的,边区政府要边区人民来议、来管,只有边区人民真正来议、来管,才能发挥出无限力量"③。这一论述无疑是深刻而有见地的,同时也是中共开展乡村建设的主要制度措施。

三、乡村建设需要互助合作

在漫长的中国历史长河中,互助合作思想一直都是乡村社会存续的一种价值理念。特别是以伦理本位和血缘宗法为特征的中国乡村社会,互助合作在很大程度上成为维系中国传统农业文明发展延续的纽带。

不可否认的是,旧有的民间互助合作,无疑也存在着一些缺陷。由于传统的互助合作大多都是一种民间自发行为,因此短期性和不固定性是传统互助合作的一个主要特点。不少互助合作组织尽管能够组织起来,但是很难持久,

① 《谢觉哉文集》,人民出版社 1989 年版,第 342 页。

② 薛暮桥、冯和法主编:《解放前的中国农村》第 2 辑,中国展望出版社 1987 年版,第 248 页。

③ 《谢觉哉在县长联席会议闭幕会上的讲话》,《新中华报》1941 年 3 月 9 日。

往往会因为一点小小的纠纷而最终解散。而且好多互助合作组织所涉及的范围仅限于宗族和亲友之间，所以其规模是很狭小的。与此同时，传统的互助合作没有固定的领导者，也没有大家必须要遵守的专门的纪律和严密的规则。[①]此外，传统的互助合作很多都是在家庭较为富裕的农户之间展开的，而那些家境贫寒的农民很少能加入到这种互助合作当中。

进入 20 世纪 20 年代以来，现代意义上的农村合作社组织开始出现。其中 1923 年 6 月在香河县成立的第一个信用合作社就是其中的代表。随后伴随着乡村建设运动的渐次展开，农村互助合作自然也就成为乡村建设运动的应有之义。对此，晏阳初曾指出，中国农村"合作事业突飞猛进，是近十年来的事，与乡村建设运动有密切关系"[②]。于是各实验区和乡建团体都把提倡合作、组织农民成立合作社作为乡村建设的主要内容之一。其时的合作社依其性质而分，有信用合作社、运销合作社、生产合作社、购买合作社和兼营合作社等。而信用合作社在当时各类合作社中数量最多。如 1935 年 4 月，定县合作社约 90 个，其中信用合作社就有 78 个。1934 年度，无锡北夏实验区有合作社 18 个，其中 12 个是信用和信用兼营合作社；这一年乌江 36 个合作社中，信用合作社占了 33 个。其他除邹平以外的各实验区，信用合作社占合作社总数的比例也多在 70%~80%，有的甚至达到 90% 以上。[③]

应该说民国时期乡建派对互助合作的提倡与实施，充分说明了在乡村建设运动中互助合作的重要性。正如梁漱溟所说："农民散漫的时候，农业推广实不好做。乡村有了组织，大家聚合成一气，农业改良推广的工夫才好做。举凡品种的改良，病虫害的防除，水利工程新农具的利用，等等，一切莫不如是。有的需要大家一齐动手；有的是一家两家就不能办，必得联合举办它；有的或者无妨各自进行。然新事业的创新需要勇气，也必须人多了互相鼓舞，兴趣才浓，勇气才有。"[④]但是，从另一方面来看，乡建派的互助合作也存在着严重的缺陷。

① 传统社会的互助合作之所以没有严密的规则，主要是由于传统的互助合作大多都是由本族和亲友组成的小规模组织，而且都是相互较为熟悉的亲友，所以自然也就缺乏较为严密的纪律和规则。

② 《晏阳初全集》第 1 卷，湖南教育出版社 1989 年版，第 567 页。

③ 郑大华：《民国乡村建设运动》，社会科学文献出版社 2000 年版，第 506 页。

④ 《梁漱溟全集》第 2 卷，山东人民出版社 2005 年版，第 426 页。

对于民国时期的乡村社会而言，首先要解决的是农业生产问题。但是乡建派所倡导的互助合作却把更多的精力放在了信用合作社上。而生产合作社所占比例却很小，多数实验区生产合作社不到合作社总数的 10%。更重要的是，乡建派的互助合作成员中，只有很少一部分是农民，绝大多数农民则被关在了合作社大门之外。如定县人口总数 40 万，1935 年 4 月，合作社社员 2814 人，为人口总数的 0.7%；邹平人口总数 16 万，1936 年底，合作社社员 8828 人，为人口总数的 5.5%。①其结果正如曾主持邹平合作事业的张国维所说："现在合作社似乎不能解决贫农的痛苦，因为组织合作社的，天然即为中农分子，贫农根本没有资格加入的，他们自然享受不到合作社的利益。"②实际上，合作社中的领袖有相当一部分是土豪劣绅。乡建派在组织农民成立合作社时，原本是希望那些能识字读书、家庭富裕、在本地有一定的威望(或势力)的"乡村领袖"担任合作社的理、监事，但是实际上却事与愿违。"我们所希望的，本来是好人出来做合作社的中坚分子，但……出头的，反而是以剥削好人为职业的土豪劣绅。"③

由上可见，在乡村建设运动中，尽管乡建派业已认识到互助合作的重要性，但是由于并没有将乡村农民完全纳入互助合作的框架体系之内，因此其结果是可想而知的。而对于中共而言，不仅认识到互助合作在乡村建设当中的重要作用，而且还通过对传统乡村社会互助合作形式的改造，依靠广大基层参议员群体和乡村民众，使其能够在新的环境和条件下，发挥出更为重要的作用。

在乡村建设中注重互助合作，是中共基于陕甘宁边区乡村社会的客观形势而做出的基本判断。由于陕甘宁边区的乡村社会是处于个体经济基础上的、被敌人分割的，因而又是游击战争的农村环境中。而在农民群众方面，"几千年来都是个体经济，一家一户就是一个生产单位，这种分散的个体生产，就是封建统治的经济基础，而使农民自己陷于永远的穷苦。克服这种状况的唯

---

① 郑大华：《民国乡村建设运动》，社会科学文献出版社 2000 年版，第 509 页。

② 千家驹：《我所见的邹平》，《月报》1937 年第 4 期。

③ 章元善：《中国合作实际问题》，《乡村建设》1936 年第 1 期。

一办法,就是逐渐地集体化;而达到集体化的唯一道路,依据列宁所说,就是经过合作社"①。因为"如果不从个体劳动转到集体劳动的生产关系,即生产方式的改革,则生产力还不能获得进一步的发展,因此建设在以个体经济为基础(不破坏个体的私有生产基础)的劳动互助组织即农民的农业生产合作社,就是非常重要了"②。与此同时,国民党在皖南事变之后开始加紧对陕甘宁边区的经济封锁,也使得边区经济受到了更为严峻的挑战。在这种情况下,毛泽东在边区西北局高干会议上强调指出:"各县应以大力组织劳动互助,大大地发展农民的集体劳动。"③这些鲜明的论述,是对陕甘宁边区乡村建设过程中加强互助合作的强有力的说明,也是陕甘宁边区开展乡村建设的重要举措和基本思路。

四、乡村建设应是全方位的建设

"乡村建设"一如梁漱溟所说,以前从来没有见人用过,也没有听人说过,这是从民国 20 年本院(山东乡村建设研究院)成立时才标出来的。以前虽也有人做过类似这样的事,但没有明白标出"乡村建设"这个名词。自从本院标出之后,国内乡村建设的风气亦日渐开展,"乡村建设"一词,才不断为大家所引用。④但是,这些团体和机构却非常复杂,"各有各的来历,各有各的背景。有的是社会团体,有的是政府机关,有的是教育机关,其思想有的左倾,有的右倾,其主张有的如此,有的如彼"⑤。尽管这些乡村建设的机构和团体其目的是以复兴日趋衰落的农村经济,实现所谓的"民族再造"或"民族自救",但是由于各自所实行的方式不同,实际上,此时的乡村建设并非完全是一种全方位的

① 《毛泽东选集》第 3 卷,人民出版社 1991 年版,第 931 页。

② 史敬棠等编:《中国农业合作化运动史料》(下),北京:生活·读书·新知三联书店 1959 年版,第 373 页。

③ 史敬棠等编:《中国农业合作化运动史料》(上),北京:生活·读书·新知三联书店 1957 年版,第 214 页。

④ 《梁漱溟全集》第 1 卷,山东人民出版社 2005 年版,第 602 页。

⑤ 《梁漱溟全集》第 2 卷,山东人民出版社 2005 年版,第 582 页。

乡村建设。

正如有人曾对民国时期各实(试)验区的乡村建设实验的特征进行过这样的描述:就"事业中心"而言,定县实验区偏重教育,乌江实验区偏重生产,江宁实验区偏重自治,无锡实验区农业与教育并重,邹平实验区偏重文化。从"建设方式"来看,定县实验区是从教育观点出发,以实际的社会教育的方法改造农民的生活;乌江实验区是用研究方法作为改进乡村事业的起点;无锡实验区是以民众教育、农事教育作为发展乡村事业的工具;邹平实验区是用教育的方法,发扬固有礼教的精华,培养农民内在的能力,而将自治与教育打成一片,目的在于实现"政、教、卫"的合一;江宁实验区是从改良县政人手,彻底建设新的社会;清和实验区是以社会教育的方法为基础,发展农村经济及建设乡村卫生事宜;辉县实验区是以"卫、养、教"三者作为建设乡村社会的手段。[1]陈序经也曾对中华平民教育促进会的定县实验、山东乡村建设研究院的邹平实验和青岛市政府在其郊区进行的乡村建设的不同特征做过一番比较研究。最后指出"邹平模式"为"孔家店式","定县模式"为"青年会式","青岛模式"为"都市化式"。[2]

上述分析一方面说明民国时期乡村建设的模式的确呈现出多样化的特征,但是另一方面也说明,由于乡村建设运动领导人的教育背景以及他们对中国乡村社会认识的差异,特别是他们往往会把中国农民"愚"、"穷"、"弱"、"私"的表面现象看作是事物矛盾的内核,而没有注意到中国社会性质发生的变化。由此而开展的乡村建设只是注重教育和技术的一些局部的改良,而并非是一种全方位的乡村建设。其结果正如孙冶方所指出的那样:"在现存社会秩序下,教育和技术是不可能发展的。退一步说,即使农民们识得字,能够读书看报了,也不能解除他们的痛苦;即使农民们能够相当改良技术,使农民的每亩田能够多产一石谷,多结几十斤棉花了,然而帝国主义的一场倾销,就可以使你的农产物跌去一半价钱,两次兵差一派,就可以吞食了你的全部收入。所以要发展教育改良技术,就应该从铲除那些阻碍教育发展和技术改良的原

① 苗俊长:《中国乡村建设运动鸟瞰》,《乡村改造》1937 年第 6 卷。

② 陈序经:《乡村建设运动》,上海:大东书局 1946 年版,第 26~27 页。

因——帝国主义侵略和封建残余势力——着手。"①正是乡村建设运动的这种局部的改良性质,导致乡村建设运动的彻底失败。

而对于中共而言,在这一点上应该是有着清晰的认识的。正如任弼时所说:"建设工作是一种细致科学的事业,在某种意义上说,它比破坏旧的更为复杂困难。"②这也就意味着陕甘宁边区的乡村建设,必须是一种全方位的乡村建设。也就是一切从人民的生活和实际利益出发,只要不符合民众的生活和实际利益的都要进行改造和建设。特别是要对乡村社会旧有的政治和经济体制进行改造和建设,以实行新民主主义的政治和经济政策。事实上,梁漱溟在 1935 年 1 月的一次讲演中也承认,乡村建设"从根本上说是要完成社会大改造,而非枝枝节节的做好事"③。所以,开展陕甘宁边区全方位的乡村建设,自然也就成为基层参议员必须要坚持的重要原则。

除此之外,陕甘宁边区乡村社会的现实境况,决定了乡村建设必须是全方位的建设。抗战之前陕甘宁边区的乡村社会,由于在封建地主经济的压迫下,乡村的许多农民家徒四壁,"一家人住在一个窑洞里,睡在一个炕上,全部家具财产有两个毛驴可以载完,有了病只能听天由命,一遇天灾人祸则流离饥饿"④。与此同时,教育文化的落后也是当时乡村社会一个严重的社会问题,"简直可说是一块文化教育的荒漠"⑤。而且卫生条件极差,缺医少药,人畜死亡率很高,婴儿死亡率达 60%,成人达 3%;全区巫神多达 2000 人,招摇撞骗,为害甚烈。人民不仅备受封建的经济压迫,而且吃尽了文盲、迷信、不卫生的苦头,人民的健康和生命得不到保障。⑥而贫穷落后和饥饿的境况又成为滋生土匪的沃土。在二三十年代,陕甘两省交界处的黄土高原的腹部可谓是土匪出没的地方。他们经常剽掠于陕甘乡村社会,所谓"司令庄庄有,副官满院走,

---

① 孙冶方:《为什么要批评农村改良主义工作》,《中国农村》第 2 卷第 5 期。

② 《任弼时选集》,人民出版社 1987 年版,第 391 页。

③ 《梁漱溟全集》第 2 卷,山东人民出版社 2005 年版,第 573 页。

④ 《抗日战争时期陕甘宁边区财政经济史料摘编》第 9 编,陕西人民出版社 1981 年版,第 2 页。

⑤ 《陕甘宁边区教育资料·教育方针政策部分》(上),教育科学出版社 1981 年版,第 18 页。

⑥ 李维汉:《回忆与研究》(下),中共党史资料出版社 1986 年版,第 566 页。

官长多如狗"就是这种情形的真实写照。①尤其是陕甘宁三省区曾一直是我国生产鸦片的主要地区之一。及至20世纪二三十年代,鸦片的种植面积远远超过了粮食的种植面积。据有关资料记载,陕甘两省的罂粟种植面积分别占农田面积的90％和75％。②因此,吸食鸦片也就成为边区许多老百姓的恶习,结果使得不少人由此而变成"二流子"。另外,一些帮会、会道门组织也在宣传和从事迷信活动,愚弄乡民。这样,"有的入帮会,有的拜把子,甚至互相交织,内外联接,成为风气"③。

上述现状决定了陕甘宁边区的乡村建设必须是全方位的建设。中共正是认识到了这一点,通过减租减息和土地改革,在土地问题上逐步实现了"耕者有其田"的土地制度,变封建地主经济为农民经济。在政治上,通过大规模的基层选举和基层政权建设,实行由人民选举产生基层民主政权,使政府成为人民利益的代表者。在文化教育上,充分发挥基层参议员的独特作用,普及基础教育,开展社会教育,以提升乡村民众的社会意识和文化水平。同时,积极开展乡村文化建设,实现新民主主义的民族的、科学的、大众的文化。在社会建设方面,通过充分发动基层参议员的桥梁纽带作用,深入改造乡村社会一些不务正业的"二流子",提倡科学,反对迷信,废除缠足陋习,以此来促进陕甘宁边区的社会建设。这是边区乡村社会改造与乡村建设派的根本不同之处,也是陕甘宁边区乡村社会改造的最基本的思路和主张。

可见,在乡村建设方面,中共的认识与实践要远比乡村建设派深刻得多。在中共看来,造成中国农村经济落后和破产的根本原因,是帝国主义、封建主义长期剥削和压迫的结果。毛泽东指出:"由于帝国主义和封建主义的双重压迫……中国的广大人民,尤其是农民,日益贫困化以至大批地破产,他们过着饥寒交迫的和毫无政治权利的生活。"④所以,要解决农村问题,就必须先解决帝国主义与封建主义的剥削与压迫;而要解决这些问题,就必须进行彻底的反帝反封建的民族民主革命。而这些,又远非乡村建设派所能做到。因此,如

---

① 《华池县志》,甘肃人民出版社1984年版,第48页。

② 齐霁:《陕甘宁边区禁烟禁毒运动初探》,《甘肃社会科学》1999年第4期。

③ 黄正林:《1937—1945年陕甘宁边区的乡村社会改造》,《抗日战争研究》2006年第2期。

④ 《毛泽东选集》第2卷,人民出版社1991年版,第631页。

果说风靡一时的乡村建设运动，是一批知识分子出身的社会活动家企图在现存阶级关系下,用和平的方法整顿农村,通过局部改造以实现改造农村、挽救国家的改良主义活动,那么,对于陕甘宁边区的乡村建设而言,则是依靠包括基层参议员在内的根据地民众而发动的一场全方位的乡村建设运动。

正是由于它是全方位的乡村建设运动,所以1941年陕甘宁边区在召开参议会之际,《解放日报》专门为此发表社论指出:"边区的政权是人民的政权,它的力量存在于广大人民中间。……这就是说边区参议会的中心工作是决定怎样拥护军队加强军队,进行战争动员,更加密切军民关系,来支持长期的战争;是决定怎样发展边区经济建设,提高文化教育的质量,改善人民的生活,来巩固战争的物质基础;是决定怎样发扬人民的参政热忱,监督与批评政府,健全各级的民意机关,使得人民的力量经过政权表现出来,成为战胜敌人的武器。"①可见,开展全方位的乡村建设,是中共基于战时的严峻形势,根据陕甘宁边区乡村社会的客观情况而作出的一个基本思路和主张。

---

① 《庆祝边区参议会开幕》,《解放日报》1941年11月16日。

第二节 参议员与乡村社会的经济文化建设

ERSHI SHIJI ZHI ZHONGGUO

在抗战前的陕甘宁边区,由于长期遭受战争及水旱灾荒,致使耕地面积缩小,畜牧业衰敝,农村副业如植棉、纺织、食盐运销亦大部停顿;工商业衰落,称得上公营工业的只有修械所、被服厂、印刷厂和石油厂,职工总数仅 270 人。[①]陕甘宁边区政府成立之后,就将组织大规模的经济建设、恢复和发展经济作为"全部工作链子的一个特别的环节"[②]。而基层参议员作为边区社会的积极分子,就是乡村社会经济与文化建设战线上的一支重要力量。

一、参议员与乡村经济建设

关于边区的经济建设,毛泽东在与谢觉哉的通信中明确指出,边区的经济政策,"首先是根据革命与战争两个基本的特点,其次才是根据边区的其他特点(地广,人稀,贫乏,经济落后,文化落后等)"[③]。根据这一指示和原则,参议

---

① 《抗日战争时期陕甘宁边区财政经济史料摘编》第 1 编,陕西人民出版社 1981 年版,第284~285 页。

② 《抗日战争时期陕甘宁边区财政经济史料摘编》第 1 编,陕西人民出版社 1981 年版,第 58 页。

③ 中共中央文献研究室编:《毛泽东书信选集》,人民出版社 1983 年版,第 186 页。

员在乡村社会经济建设中主要在以下几个方面开展工作:

1.组织变工,开垦荒地,促进乡村社会农业的发展。1939 年 2 月 4 日,陕甘宁边区政府曾发出《关于发展生产运动的紧急通知》,号召全边区人民大力发展生产运动,以达到财政经济上的自给自足。与此同时,边区政府又相继颁布了《陕甘宁边区人民生产奖励条例》和《陕甘宁边区督导民众生产运动奖励办法》,具体规定每户居民一年中增加耕地面积 12 亩以上,发展牛和驴 2 头以上,发展羊 15 只以上,开辟水田 10 亩以上,在原有耕地上增加收成 20%,植树60 株以上,参加合作社股金 20 元以上。①为了响应这些号召,参议员们积极行动起来,展开垦荒和农业生产建设运动。

如延安县裴庄乡参议员田二鸿通过组织变工和开荒除草运动,不仅比去年多收 20%,而且在副业方面的收入折合粮食 140 石。在开展除草的过程中,王二鸿组织了 5 个变工队、7 个扎工队,共 95 人,占全体劳动力的 52%强;秋收时组织了 7 个扎工队,41 人参加,占全体劳力的 22%强。与此同时,还发展了牛 43 头,驴子 1 头,马 4 头,羊 86 双,鸭 3 双,安置了移民难民 26 户,除把窑洞、土地、农具等解决外,还借给粮食 5 石。②为了将裴庄乡建成模范乡,王二鸿参议员还与村民制定了裴庄乡村规民约:(1)家家户户都要劳动生产,真正做到早起晚归,家家变成勤劳家庭。(2)彻底改造所有的"二流子"。(3)要真正实行储蓄,节约,保证不浪费一粒一粟粮食,做到家家"耕二余一"。(4)改良牲畜饲养,做到经常垫圈,按时喂饮,确实减少牲畜死亡率。(5)禁烟绝赌,取缔小偷。(6)确定帮助移难民,负责解决他们的一切困难。(7)遵守政府法令,响应政府号召。(8)拥护军队,优待抗属,帮助附近机关部队。(9)加强自卫军训练,保卫丰衣足食的家乡。(10)肃清汉奸特务,严密地方治安。(11)踊跃负担,不落人后。(12)如有违犯上项公约者,交乡政府或乡民大会酌情处罚。③通过王二鸿的积极努力,不仅实现了大生产运动的既定目标,使得裴庄乡成为边区的模范村,而且极大地促进了农村各项事业的发展。

---

① 陕西省档案馆、陕西省社会科学院编:《陕甘宁边区政府文件选编》第 1 辑,中国档案出版社1986 年版,第 206~208 页。

② 《陕甘宁边区的劳动英雄》,大众书店印行,1946 年版,第 54~55 页。

③ 《陕甘宁边区的劳动英雄》,大众书店印行,1946 年版,第 59 页。

2.兴修水利,植树造林,实现良好的经济效益与社会效益。陕甘宁边区尽管干旱少雨,但是在一些参议员的积极努力之下,通过兴修水利、植树造林,同样获得了较大的收益。如定边县参议员马海旺就是其中的代表。1940年,马海旺从一位四川人那里学到了修水利的技术,随即开始修水地。随着自己修水地的经验日趋成熟,他便开始注意帮助别人兴修水地。在他的指导和帮助下,本村及定边渠两个村子16户人家修水地试种稻谷,5年共修水地60亩,其中他一家就修18亩,产稻谷1600余斤。不仅有效地抵御了干旱灾害,而且极大地提高了农业生产。与此同时,马海旺积极响应边区政府"自己动手,丰衣足食"的号召,到1943年,累计新开荒地150多亩,生产粮食120多石,交爱国粮3万多斤。马海旺经常将自家耕牛和土地让给其他农户使用,从不收地租,先后无偿送给当地困难户及移难民200多亩地和10头耕牛,发展生产。①

靖边县参议员田宝霖,在县委书记惠中权的支持下,积极开展水利建设,试办水漫地,不仅实现了粮食的增产,而且也极大地保护了水土的流失,受到了毛泽东的高度赞赏。在植树造林方面,安塞县马家沟陈德发,积极组织村民发展农业生产,大力开展植树造林,发展农村副业。在陈德发的带领下,1943年,全村原计划植树500株,实际植树1500株。"全村出产的梨果,就够有水果树的9家人买布交公盐代金而有余。"②定边县张成仁不仅自己努力植树,同样也在积极推动全村人植树。他有一套植树必活法,3年来自己栽活130株,收到实利。村人看他的样子,也开始学他的办法植树。③

3.创办合作社,实现了农民的增收。1939年,中共中央颁布了《各抗日根据地合作社暂行条例示范草案》,之后边区逐渐出现了粮食合作社、消费合作社、信用合作社、运输合作社等各种合作社组织。如靖边县,由于驮盐是仅次于农业的一项重要收入,于是田宝霖便在惠中权的支持下,办起了运输合作社。田保霖回到了乡上,10余天就收到了740 400元的股金,有241户都把公盐代金入了股。仅开始的第一次驮盐除去了运费,就替合作社赚了一万余

---

① 《志丹县志》,陕西人民出版社1996年版,第796页。

② 《陕甘宁边区的劳动英雄》,大众书店印行,1946年版,第15页。

③ 《陕甘宁边区的劳动英雄》,大众书店印行,1946年版,第4页。

元,而他们回来的时候,牲口背上又驮了布匹,又赚一万多。半年的时间赚了969 000多元。①而在陕甘宁边区的合作社中,最著名的当属延安县参议员刘建章所办的南区合作社。

延安南区在抗战前曾试办过合作社,但当初创办的合作社面临着诸多的困难。陕甘宁边区政府成立之后,延安县参议员、合作社主任刘建章提出了"民办公助"的主张,使得业务获得了长足的发展。可以说南区合作社不仅促进了农业经济的发展,而且极大地改善了农民生活。由于合作社的服务对象就是普通民众,其目的是以解决群众困难、改善群众生活为目标,因此在业务经营中,合作社始终坚持服务民众的理念,注重调查群众日常生活中需要解决的困难,从南区人民生产生活的实际需求出发来开展业务活动。因此,南区合作社经营的几十种业务,都是围绕群众的需要开展的。诸如帮助有困难的抗工属,医治生病的人或者牲口,扶助变工、扎工,甚至还调解邻里纠纷,植树造林,代笔写书信对联,办黑板报,办学校等等。由于"合作社都替群众打算,都为群众服务,把合作社利益和群众利益真正结合起来了"②。

由于南区合作社的成功经验,延安县参议员刘建章也因此获得了陕甘宁边区"特等劳动英雄"的称号。与此同时,南区合作社的示范效应被边区广泛认可,于是全边区开始推广南区合作社的经验。正如《解放日报》社论所指出的:

"现在,我们的方针,不是希望一般的增加社数,而是推广南区合作社的模式,改进和提高现在的工作,壮大合作社的力量,提高合作社作用的发挥程度,使合作社真正能够帮助农民发展生产,发展妇纺,组织驮盐,扩大营业,更加便利人民交换与抗战动员等。只要每个县抓住一个基础好的合作社为对象,切实彻底总结过去的工作,发扬成绩,纠正缺点,向南区合作社学习,并依据当地的具体情况,造就各个县的南区合作社,以影响其他。只要党政重视合作社工作的改进,认真的加以领导和帮助,不久的将来,一定会有更多的南区合作社。"③

---

① 丁玲:《延安集》,人民文学出版社1954年版,第49页。

② 《陕甘宁边区合作社联席会议决议》,《解放日报》1944年7月15日。

③ 《向南区合作社学习》,《解放日报》1943年2月20日。

更为重要的是,劳动合作社的建立,使得长期以来"各人自扫门前雪,休管他人瓦上霜"的陈腐观念发生了变化,个人和社会的关系也就变得愈益密切,人们都在适应现存的制度,把自己融入其中。可以说这种组织不仅满足了民众自身的需求,而且也形成了一种新的生产关系。正是从这个意义上讲,合作组织是农业生产关系上的新转变和新纪元。农民由于组织起来成为集体劳动的合作社,这样就大大地节省了人力、畜力和工具,特别是在合作社内部和外部掀起的生产竞赛,由于大大提高了劳动生产率,民众就能有时间、有兴趣集思广益地改进生产技术。从而不仅改变了农民的生产关系,而且能提高他们的政治觉悟,改进他们的文化生活。正如毛泽东所说:"在农民群众方面,几千年来都是个体经济,一家一户就是一个生产单位,这种分散的个体生产,就是封建统治的经济基础,而使农民自己陷于永远的穷苦。克服这种状况的唯一办法,就是逐渐地集体化;而达到集体化的唯一道路,就是经过合作社。"这是"在经济上组织群众最重要的形式"。①

4.创办民营工业,促进当地社会经济的发展。鼓励地主、商人、资本家在边区内投资兴办工业,积极发展民营经济,是边区政府的一项重要经济政策。"凡私人资本经营工业,只要他不违反政策法令及劳动政策,政府应予以协助,并对其企业的发展予以法律上的保障。为了解决技术上的困难,各工业机关及各工厂应给予帮助,并派出一定技术人员指导民营工业的发展。"②而在陕甘宁边区的基层参议员当中,不乏一些热衷于民营工业的参议员群体,他们积极响应和遵循边区政府的号召与政策,创办当地的民营工业。

如米脂县参议员姬伯雄、姬旭昌、李旺荣创办的米脂万合毛纺工厂,就是其中的代表。万合工厂"除了让工人入股,实行分红工资,目前为计件制,明年即实行全面工资制外,从今年起还对工人进行了文化教育工作。全厂现有四十余个工人,每天至少有一小时的学习,由厂方指定文化高的人担任教员,并由厂方供给课本、笔墨、纸张"。在他们看来,"我们不应该和旧的商人一样,光为自己打算,我们应该站在发展边区经济的立场上来办工厂,要公私兼顾,照

① 《毛泽东选集》第3卷,人民出版社1991年版,第931页。

② 《争取边区工业全部自给》,《解放日报》1944年7月30日。

顾老百姓的利益,特别要照顾工人的利益,不断改善工人的待遇和生活"。①盐池县议长靳体元所创办的元华工厂,仅 1943 年"就完成了衣胎一万两千套,被胎四千床,毡帽一万顶,保证了供给,同时工厂尚制成了群众的需用品若干。去年又大大地吸收了群众的股金,年底获得了两千六百万元的红利。今年,整个业务更走向群众的合作,股金又大增加。现在,工厂计有十架织毛布机,一部织毯机及其他赶毡织毛口袋等工具,总资金约两千万元"②。

从上不难看出,基层参议员在促进陕甘宁边区乡村社会经济建设方面,的确做出了重要贡献。特别是随着边区开展劳模运动以来,参议员们更是全身心地投入到边区经济与生产建设的洪流当中。其作用正如刘景范在边区劳动英雄和模范工作者代表大会上的报告中指出的那样:"边区生产的发展及其他各项工作的进步,是同劳动英雄和模范工作者运动不能分开的。劳动英雄和模范工作者运动是边区发展生产和各项建设工作的一种新的组织形式和工作方法。"③

二、参议员与乡村文化建设

对中国农民进行文化与教育的启蒙,是中共自大革命以来就有的基本主张。陕甘宁边区政府成立之后,改造教育落后的面貌,重塑乡村农民的社会文化,使之成为真正意义上的革命主体,就成为边区政府的一项极其重要的任务。而在这一过程中,基层参议员同样扮演着重要角色。

在陕甘宁边区的众多基层参议员当中,有着不少的民间艺人,这些民间艺人在乡村社会文化中同样起着重要的作用。对于乡村中国而言,一如费孝通先生所说:"中国传统乡土社会基本上是一个有语言而无'文字',甚至几乎

---

① 《抗日战争时期陕甘宁边区财政经济史料摘编》第 3 编,"工业交通",陕西人民出版社 1981 年版,第 651 页。

② 刘漠冰:《靳参议员兴办实业与地方公益》,《解放日报》1944 年 12 月 6 日。

③ 《抗日战争时期陕甘宁边区财政经济史料摘编》第 8 编,"生产自给",陕西人民出版社 1981 年版,第 738 页。

不需要'文字'的社会。"①因为民间艺人所塑造的艺术形象,传播历史知识、文化传统,灌输道德主题,对乡村民众价值观的形成起到了单纯的说教和文字所无法比拟的作用。因此,在某种意义上可以说,真正对乡村民众世界观起架构作用的就是这些民间艺人所传承的乡间戏曲、故事、传说、说唱等民间艺术。但是,正如丁玲所说,尽管"这些人对旧社会生活相当熟悉,对民间形式掌握得很好,有技术、有创造才能。他们缺乏的是新的观点,对新生活新人物不熟悉,他们却拥有听众、读者,时代变了,人民虽然不能需要那旧内容,但他们却喜欢这种形式,习惯这种形式,所以我们要从积极方面,从思想上改造这些人,帮助他们创作,使他们能很好地为人民服务"②。随着延安文艺运动的逐渐展开,毛泽东明确地提出:"我们的任务是联合一切可以利用的旧知识分子、旧艺人、旧医生,而帮助、感化和改造他们。"③于是,经过对民间艺人的改造,大批适应新形势的民间艺人重新出现在乡村社会的文化舞台上。如曲子县参议员、农民诗人孙万福和新宁乡参议员、南仓社火艺人刘志仁就是其中的代表。

孙万福作为一名县参议员,尽管一字不识,但是聪慧过人,好歌善吟,出口成章。这一点正是他与众不同的地方。他非常善于把一些思想和情绪化为活泼的、丰富多彩的语言,不但个别的句子带有诗意,而且通篇语言带有诗的结构和风格。由于他没有读过书,也不识一个字,所以完全凭着他的好记性,说话时常用一些成语和比喻,使旧的成语获得了新的内容和生命。这些成语原本多为有韵的句子,但是不管有韵无韵,他讲出来都完全是自然的节奏,没有一点矫揉造作的痕迹。正如周扬所说:"他是个健谈家,虽然已经上了年纪,在旧社会受过苦难和折磨,但他显得很年轻,朝气勃勃,全身心浸沉在乐观里,在他的身上体现出了中国农民坚韧的生活意义和革命乐观主义精神。孙万福算得上一个优秀的诗人。"④由于其吟唱诙谐幽默,语言质朴,比喻形象,深为

---

① 费孝通:《乡土中国》,上海人民出版社 2006 年版,第 16 页。

② 《丁玲全集》第 7 卷,河北人民出版社 2001 年版,第 115 页。

③ 《毛泽东选集》第 3 卷,人民出版社 1991 年版,第 1012 页。

④ 《甘肃革命文化史料选粹》,甘肃文化出版社 2000 年版,第 267 页。

群众所喜闻，方圆数十里皆知其名。尤其是他创作的《高楼万丈平地起》，经音乐工作者谱曲后，在边区广为传唱。与此同时，孙万福还用诗歌的形式自编了《二流子要转变》，来教育人们：

"二流子，馋又懒，东游西逛吃洋烟，把好人吃成瘦人，瘦人吃成病人，病人吃成坏人。吃得腿长脖子细，家里没有二亩地。公家听着要反对，邻家骂你没志气，婆娘骂你没脸皮。又没面又没米，娃娃扯住你的衣，因此一心要转变，葫芦、烟灯一齐拌，受奖励、勤生产，多开荒地多种田。"①

在孙万福的帮助和教育下，许多懒汉"二流子"都变成了自食其力的劳动者。不久，这首脍炙人口的诗歌也传遍了边区。

至于新宁县乡参议员刘志仁，在当地几乎人人都知道他是有名的南仓社火好手。在关中盘克有一首民谣："南仓社火耍得红，区里县里真有名。里头有个刘志仁，离了刘志仁，新故事就耍不成。"由于刘志仁对旧有的社火秧歌进行吸收改造，所以反映的都是当地群众亲身经历的事。如1939年演出的《新开荒》、《新小放牛》、《九一八》和《卢沟桥》等，1940年演出的《新阶段》、《自卫军受训》、《救国公粮》、《放脚》、《新十绣》等，1941年演出的《百团大战》、《读书识字》等，1943、1944年演出的《反特务》、《新三恨》、《边区好政府》、《十二月忙》、《二流子》等。群众在新秧歌中听到了他们熟悉的和想知道的事迹，看到了他们自己的形象，听到了自己心里要说的话，这就是他们喜欢刘志仁秧歌的最根本的原因。他们说："把现在的实情用新曲子唱出来，真比听讲还美着哩！"又说："刘志仁的新社火咋日鬼的，把咱们做庄稼的那一行也编了故事。"由于他每年都有新创作、新演出，他的社火越闹越红，越闹越美，以至当地群众说："宁听刘志仁的新秧歌，不看×××的大戏。"②

不仅如此，刘志仁同样针对乡村社会的不良习气，从文艺方面给予改造。当他看到村里有个青年小伙子整天游游逛逛，不劳动生产，刘志仁就编了个《二流子》秧歌剧。那个青年看了演出后说："我要学好哩，不然大家都说演的是我。"南仓有个大地主在秋收时挨门挨户去催租子，逼着佃户王步荣给他买

① 高文、巩世锋、高寒编：《陇东革命歌谣》，甘肃人民出版社1982年版，第132页。

② 《甘肃革命文化史料选粹》，甘肃文化出版社2000年版，第291页。

玫瑰酒。刘志仁又根据这个真人真事编了《逼租子》秧歌戏,叫王步荣扮演他自己,到台上一演出,一下子就轰动了整个村子。关于妇女解放问题,刘志仁想到眼下政府正教育妇女解放思想,开展一个放脚的运动,于是他就编了个《放脚歌》来教育妇女:"妇女们快放脚,缠脚真糟糕,走起路来摇摇摆,你看多不好。"[1]为了把社火办得更好,刘志仁以参议员和村长的身份,带上大伙开荒40亩,用生产的粮食解决了社火的经费。之后,把社火队由19人扩大到60人,并组织他们学政治、学文化,把纯娱乐的班子变成了奋发向上的文艺团体。在他们的带动下,南仓村执行政策、开展生产、交售爱国公粮、讲究卫生、拥军优属,样样工作走在前列。

更为重要的是,南仓民众大半参加了耍社火,所以几年来消灭了抽烟、酗酒、赌博等不良现象。正如周扬所说,如果"老刘仅仅作为一个群众艺术家,也许还不会得到群众像今天这样对他的爱戴。老刘除了作为一个优秀的群众艺术家以外,同时更重要的,他也是一个很好的边区公民,他心中充满了对于边区的热爱、对于党和政府的拥戴,时时刻刻记着为群众服务,为大家谋利益。不仅通过耍社火的艺术活动方式,也通过他能力所及的一切方式。他积极推动南仓村的生产运动,他教过妇女半日校,是最受欢迎的一个教员,他为群众编对联、写对联,也进行卫生放足、破除迷信等教育活动。同时发动了南仓群众办起民办小学和黑板报。在艺术活动上他也不是狭隘的只看重本位利益的。比如他们开了十五亩义田作为耍社火的经费"[2]。正是由于如此,刘志仁成为被群众衷心拥护的连选连任的乡参议员。

除了一些农民参议员积极参与乡村文化建设,一些被选为参议员的知名人士也热衷于乡村文化事业。如陇东分区著名开明士绅徐廷昌热心文化娱乐,活跃农村文化生活。他组办的社火队,班底就设在自己家里,由于内容丰富,颇受群众的喜爱。合水县肖嘴乡铁赵村人赵宗普,作为一名有社会影响的知名人士及参议员,在肖嘴区区长胡宗彦的组织之下办起了社火队。赵宗普白天组织排练节目,晚上秉烛编写歌词小曲,由他指导排练的社火歌词新颖,

① 中共庆阳地委编:《南梁曙光》,甘肃人民出版社1983年版,第351页。

② 周扬等著:《民间艺人和艺术》,新华书店晋察冀分店,1946年编印,第9页。

对民众的教育性强,又为群众所喜闻乐见。1943 年,赵宗普受命编出一首快板《说老蒋》,博得观众掌声雷动,喝彩叫绝。一时,铁赵村社火队轰动庆阳城。①

　　基层参议员的文化活动,作为在传统民间文化改造的基础上形成的新型文化,既符合乡村民众的基本习惯,又增添了新的时代内容。在参议员们的积极组织参与之下,乡村社会的文化活力开始被充分激发出来。特别是一些符合乡村民众大众化的美妙的韵律节拍,成为"大众情绪的食粮,它甚至含着习惯上的道德规范,在我们民族大众中形成了一种支配的势力"②。

---

　　① 《合水文史资料》第 1 辑,中国人民政治协商会议合水县委员会,1997 年编印,第 235~236 页。

　　② 《陕甘宁边区民众娱乐改进会征求各地歌谣》,《新华日报》1938 年 7 月 17 日。

第三节　参议员与乡村
教育卫生建设

ERSHI SHIJI ZHI ZHONGGUO

基层参议员在促进乡村社会经济文化发展的同时，还通过积极提倡创办和参与乡村学校来促进乡村教育的发展。与此同时，他们还通过积极创办医药卫生合作社等形式开展乡村卫生建设，从而极大地促进了乡村社会教育与医药卫生事业的发展。

一、参议员与乡村教育建设

基层参议员在乡村教育建设方面,同样是不遗余力地积极参与。他们一方面在参议会上呼吁建立乡村学校,一方面主动参与到乡村教育当中。如定边县参议员高崇山就在1942年县参议会上与参议员武绍文等联合提出5项建议:(1)教育要和生产结合;(2)对寒门子弟政府要酌情补贴学费;(3)教写教算,讲求实用;(4)学生要有礼节;(5)学生毕业后,自己选择职业。[①]同时,高崇山还被选为定边完全小学董事会主任,并担任民教馆主办的妇女半日班校长兼教员。他亲自劝学,动员家长送子女上学。再比如曲子县参议员李秀如,为

---

① 《榆林人物志》,陕西人民出版社2007年版,第861页。

了让回民子弟接受学校教育，在他的倡议下创办了曲子回民小学，共有学生20余人。[1]更为重要的是，不少参议员积极参与到乡村教育建设当中，或捐资赞助或亲自执教，在乡村教育方面做出了重要贡献。

镇原县参议员张彦儒，曾于1940年初任陕甘宁边区镇原县马渠区小学校长。1941年10月选为镇原县参议员之后，他被任命为镇原县政府三科科长兼完小校长。在此期间，他改革私学，实施国防教育；大办夜校、冬学，开展扫盲活动。《解放日报》曾以《镇原县教育事业有了较大发展》为题，介绍了他的办学事迹。杨正甲先生在担任合水县参议员期间，为了发展地方教育事业，他将政府发给的薪银分文不受，全部捐献给政府和学校，还经常捐款捐物，解决学校困难。1944年，杨正甲先生带头捐款5000元，并说服公、私商户集资47万元，为学校添置桌凳，维修房屋，解决了当时学生上学难的问题。同时，他动员民众响应边区政府开展文化建设运动的号召，很快在西华池一带办起了7所农民夜校，当年冬天又转为冬学，组织群众掀起了识字学文化热潮，使不少"睁眼瞎"粗识了文字，有的人还脱了盲。[2]靖边县参议员高吉祥在1938年被选为县参议员之后，不仅在靖边县第一届参议会上提出了"大力兴办学校，动员学生入学"的提案，受到了县参议会的重视和采纳，同时于1941年11月在参加了陕甘宁边区第二届参议会第一次会议由延安回来后，受县参议会委托，他一村一庄不顾疲劳地传达，详细地介绍了延安的建设成就，特别是对延安的学校多、学生入学多的情况，讲得栩栩如生，"对家长学生入学有很大的感召力，一时学生入学猛增"[3]。

由延安县参议员田二鸿发起创办的裴庄小学，更是在乡村教育和文化方面起了积极作用。当学校创办之后，田二鸿亲自担任校长，对学生提出的要求是：勤劳动、守纪律、讲卫生。在教学上密切和实际结合，使小学生达到会记账，会打算盘，会写对联，会写信，会算账等。同时，裴庄小学还办夜校，组织变工队的识字组，帮助社员做好事。由于这所学校是一所民办公助学校，这样就

---

① 《庆阳地区中共党史大事记》，中共庆阳地委党史资料征集办公室编，1990年编印，第402页。

② 《合水文史资料》第1辑，中国人民政治协商会议合水县委员会，1997年编印，第191页。

③ 姚勤镇：《三边情愫》，宁夏人民出版社2006年版，第12页。

使乡村的小学，不再是完全悬空孤立的一个教育机关，而是在行政组织上与乡村的组织机构有了血肉的关联，因此也就更能和老百姓密切结合起来。

田二鸿作为裴庄小学最积极的发起人，他说："裴庄要搞模范乡，模范乡就非有一个学校不可。"所以，他热心负责地解决学校的许多困难，甚至自己拿出粮食来帮助本村的一个穷学生。由于"实行了因地制宜、从老百姓的实际需要出发的教育方针，完全打破了国民教育上传统的形式主义"。[①]因为农村的群众并不需要一般儿童都升学，而需要他们学会了识字、算账就回家劳动，所以学校都没有什么预定的学制和班次，而是实行了村塾式的个别教授法。学生随到随教，在开学之前，教员就开始教先期到校的学生认字，并不等到正式开学后才正式教书，每天也没有刻板的上课下课，而以教会一定的内容为标准。又因为程度不齐，采行了"小先生制"，把学生分成几个小组，挑选较大的学生当组长，帮助管教更小的学生。这样，既使教员克服了照顾不过来的困难，又培养了儿童们的组织性。同时，在教育内容上，也没有完全依据一种固定的课本，开始就只是认字，由近及远，先教每个学生从认识自己的姓名、村名、家长名、村乡区长名，直到乡村市县及边区的名称等。这样，也使得这个"民办小学成了文化活动的核心"[②]。

除此之外，还有不少参议员亲自执教，以促进乡村教育质量的提升。如吴堡县参议员高荣卿积极从事教育事业，先后在上高家庄、于家沟任教，博得群众的好评。1943年，他调太平寺完小任校长，除主持全校的工作外，还代高年级班的语文、历史等课程。同时，积极贯彻勤俭办学方针，组织师生大搞勤工俭学，努力减轻学生经济负担，减少政府补助经费。他还提倡新文化、新思想，号召师生勤动脑、勤革新。由于该校教学质量甚佳，所以该校在当年考绥德师范、米脂中学时，录取名额领先，为绥师、米中输送了一批优秀学生，不少人后来成为党政领导部门的骨干，有的是中、高级领导干部。再比如绥德县参议员张敬斋在担任绥德县立女子小学校长期间，积极整顿校风，废除体罚学生的旧制度，想方设法筹集资金，购置教学设备，努力提高教学质量。同时，不辞劳

① 《陕甘宁边区教育资料·小学部分》，教育科学出版社1981年版，第150~151页。

② 《延安文史资料》第7辑，政协延安市委员会文史资料委员会，2004年编印，第341页。

苦地跋山涉水,走遍全县各学校,摸清了全县的教育现状,为指导全盘工作提供了可靠的依据。除此之外,张敬斋还积极探索教学方法,交流教学心得。如在 1946 年 3 月,张敬斋曾就"怎样教学生写日记"这一问题提出了自己的观点。他指出"出题必须要照顾学生的实际生活",同时要"善于启发学生的学习兴趣",并在学生现有的基础上,"启发学生的写作能力"。①由于这一经验值得推广,而被《边区教育通讯》刊发。

综上不难看出,基层参议员在乡村建设各项事业方面,无疑起了积极而重要的作用。由于长期以来被束缚的个性在新的社会历史条件下获得了张扬,使得他们原有的才能得到了充分的发挥,再加之参议员参政议政的这一身份,更使得他们可以畅谈自己的各种见解和主张,从而极大地提升了他们参与的热情。一旦这种热情被激发出来,便会形成一种排山倒海的气势,成为推动乡村社会变迁的巨大动因。

对于基层社会权力结构变动下的参议员,在政府激励政策的大力推动之下,充分发挥自己的优势,积极从事乡村社会的各项建设,在很大程度上已然变成了他们的一种生活方式。正如新宁县参议员刘志仁,尽管在边区政府成立之前就热衷于秧歌社火,但是由于动乱不安的社会环境,并不能充分地施展他的兴趣和才能,所以只能成为一名"歌手"。而伴随着基层社会权力结构主体的建构,刘志仁不仅可以自由地创造秧歌社火,而且能摒弃旧的形式,开创崭新的表现形式,使他的兴趣和爱好极大地发挥了出来。自此以后参加闹社火的人紧紧地团结起来,每逢过年他们就不约而同地集合起来闹社火,仿佛这就是每个人的光荣使命和义务。正所谓"戏剧是社教的最好工具,不论抗战动员、改良社会风俗、提倡教育,它都是最有力的宣传武器"②。从一定意义上可以说,这种转变也在很大程度上促进了陕甘宁边区乡村民众社会心理结构的变迁,由此也使得中国最荒僻的内陆乡村终于打破了千年沉寂,边区农民开始了"人的现代化"的艰难历程。

---

① 《陕甘宁边区教育资料·小学部分》(下),教育科学出版社 1981 年版,第 80~83 页。
② 《陕甘宁边区教育资料·教育方针政策部分》(上),教育科学出版社 1981 年版,第 30 页。

二、参议员与乡村医药卫生建设

曾经的陕甘宁地区,由于天灾人祸和医药卫生长期落后,边区民众的社会生活状态是不难想象的。由于广大群众生病后无法求医取药,就只能去求神拜佛,请巫神和法师去看病,结果造成人畜死亡严重。所谓"小病养,大病扛,重病等着见阎王",便是当时农村病人的真实写照。

特别是在发生烈性传染病时,由于生活习惯不好和卫生条件差,更使其势如洪水猛兽,无法阻挡,造成一些地方人口死亡惨重。据有关资料统计,当时在陕北常见的疫病有:伤寒、天花、猩红热、白喉、鼠疫、赤痢、霍乱等。由于医药卫生条件所限,这些疫病一旦发生,传染很快,死亡率极高。特别是鼠疫、霍乱、天花烈性传染病,根本无法医治。比如 1929 年在安定、横山发生鼠疫,1931年 8 月便蔓延到定边、靖边、米脂、府谷、佳县、绥德、榆林等县。据统计,截至 1931 年 11 月 24 日,安定县死亡 3000 多人,横山 2000 多人,绥德 1000 多人,米脂两个区就达 300 多人,佳县南后木头峪一带 100 多人,吴旗庙沟一带 47 人,上述 6 县共死亡 6000 余人。①

陕甘宁边区政府成立之后,便积极着手开展卫生运动。"边区人民在政治上经济上获得解放,在支援战争发展生产的运动普遍展开以后,卫生运动就成为群众文化运动中的第一等任务。"为此,边区政府要求"严重唤起全边区各方负责同志的切实注意,要求他们迅速动员一切力量,为扑灭边区大量的疾病死亡而斗争"②。于是,一场大规模的改善医药卫生条件和社会生活习惯的运动便展开了。

对于参议员而言,他们一方面积极推动乡村民众养成良好的生活卫生习惯,同时也在创办乡村卫生委员会和医药卫生合作社事业。如延安北区的刘老参议员及阎家塔卫生小组长王立功,不仅把文化乡的井掏了,而且还建立了北区卫生模范村阎家塔。在医药合作社方面,参议员们同样积极参与创建。

---

① 《陕西省志·卫生志》,陕西人民出版社 1996 年版,第 77~78 页。

② 陕甘宁青新西北五省区编纂领导小组、中央档案馆编:《陕甘宁边区抗日民主根据地·文献卷》(下),中共党史资料出版社 1990 年版,第 479 页。

如刘建章创办的南区卫生合作社，李常春创办的保健社，周岐山创办的医药合作社等等。这些合作社都极大地改善了乡村社会的医药卫生事业。志丹县三区医生周岐山及其创办的医药合作社，由于热心治病，有请必到，经常送诊下乡。群众说周医生有4个好处：（1）有请必到，不摆架子；（2）看病认真，不分贫富；（3）吃苦负责，不管下雨天黑，下乡治病；（4）不为赚钱，谢礼多少不嫌。医药合作社有3个好处：（1）药味齐全；（2）质量好；（3）卖药比市价便宜1/2。①

清涧县人民保健药社自1944年春转为民办公助后，社务大为发展。由各医生轮流到门诊部应诊。一年来治疗病人达6000人，群众自动入股200万元。该社并帮助石嘴驿区及折家坪区建立药社，向区社投资并供给药材，又为抗大治疗所投资10万元。一年中自制土产药材百余斤，价值13万元，全年除开支外，获净利650余万元。②尤其是清涧县参议员、著名中医霍静堂，于1942年毅然将其药铺过半数之多的中药材投入到公私合营性质的清涧县人民保健药社。他一方面在家和他人经营药铺，一方面在保健药社坐堂义务应诊。从1944年至1947年1月止，霍静堂在人民保健药社应分股金500多银元，但他想到保健药社底子薄，资金不足，分文未拿，将这笔款存在县人民政府一科的资金账上，作为保健药社的发展基金。③

除创办合作社开展坐诊之外，一些参议员还奔波于各地乡村主动送诊。如赤水县参议员任和平，就经常为了医治群众的疾病长年累月地背着药包走遍无数村庄。"不论白天黑夜，或下雨刮风，甚至在大年初二，只要群众有病他便前往诊治。"他任参议员有一原则："自己不能治的病，他从来不乱治，但自己有把握治好的病，他却非医治痊愈不止。"与此同时，任和平还领导和号召东奉岭寺和南新庄共同集股成立了一个文化药社。通过这个文化药社，领导全村82户的文化和卫生工作，并发动群众进行采药，自己炮制。同时，带徒弟培养小先生传授其学。任和平尽管家庭贫寒，但他却从来没想到靠行医赚钱。相

① 《医药卫生的模范》，陕甘宁边区政府办公厅，1944年编印，第74页。

② 卢希谦、李忠全：《陕甘宁边区医药卫生史稿》，陕西人民出版社1994年版，第80页。

③ 《清涧文史资料》第2辑，中国人民政治协商会议清涧县委员会，1990年编印，第126页。

反，在他初行医时，还把自己的麦子卖了 3 石。他看病用药都是自己配制的药末子、药捻子，很少用不值钱、不生效的草药。无论公家和群众，一概不要钱。据不完全统计，仅 1944 年前半年他就治好了 300 多个病人，每天至少要看七八个病人，有时一天看十二三个病人，在他家门口常常有牵着牲口请先生治病的人。①

然而，一些参议员在推动乡村卫生工作的过程中，总会遇到形形色色的巫神(神官)。由于长期以来的文化落后状况，致使边区巫神十分盛行，他们利用迷信欺诈群众，图财害命。据统计，全边区巫神竟高达 2000 余人，可谓"招摇撞骗，危害甚烈"②。其中延安县就有巫神 200 余人，根据"对其中 59 个巫神致死人命进行调查，共治死 278 人。华池温台区一个行政村 49 户 300 多人，每年每人迷信消耗粮食达 3 斗零 8 合"③。基于这种情况，一些参议员在积极为乡村民众治病的同时，也在努力与巫神作斗争。定边县参议员崔岳瑞堪称其中的典型代表。

崔岳瑞是定边县二区四乡卜掌村人，在其年轻时亲眼目睹自己的嫂嫂患病之后，因多次请阴阳和神官来治，治了 3 年花了不少钱，病人却越治越重，最后死去。通过这一事实，崔岳瑞更加识破了巫神和神官骗人的把戏，于是自己便决心努力学医，以作为和巫神、阴阳斗争的武器。1935 年，定边县流行小儿惊风病，乡俗都迷信是"夜魅子"作祟，人们便请巫神用清油炸盐往病孩身上及四周乱撒乱打。而崔岳瑞建议照惊风症治疗，就这样，他先后治好了三四十个惊风病，"夜魅子"的迷信也就逐渐消灭。根据崔岳瑞的经验，用事实教育群众，反对迷信是一个最好的办法，医治好了一个人，首先这个人不再信鬼神，然后又影响到全家人不迷信，一家又影响一村，就这样，他看好了不少的病人，这些病人几乎全是先经过巫神、阴阳看不好的。经过实际的比较，再配合医治加以宣传，群众自然相信了医药。崔岳瑞这种反迷信的方法，不但改变了一般群众，也改变了巫神和阴阳自己。

---

① 《张铁夫诗文集》上册，北京出版社 2003 年版，第 194~196 页。

② 李维汉：《回忆与研究》，中共党史资料出版社 1986 年版，第 566 页。

③ 《巫神罪恶小统计》，《解放日报》1944 年 8 月 11 日。

崔岳瑞是一个反迷信斗争的实际工作者,也是一个实际的宣传家。经过自己的宣传和实际治疗效果,在陕甘宁边区这一落后地区出现了一个什么神都不敬的村子——卜掌村。由于崔岳瑞反迷信的大胜利,全村没有人再去请巫神、阴阳,而是掀起了烧神像、开会讨论反迷信运动。与此同时,周边的一些地区如靖边、吴旗、盐池等地都传开了崔岳瑞反迷信的故事,纷纷展开了"崔岳瑞运动"。1944 年 4 月 2 日,《解放日报》介绍了他任定边县参议员以来同巫神斗争的典型事例。同年 7 月,三边专署授予他"反迷信的模范"称号,专员罗成德、定边县县长孙润华等一行来到卜掌村,为他举行了隆重的颁奖仪式,为其佩戴有毛主席像的模范奖章,并赠送了题有"破除迷信,治病救人"的锦旗和"三边人瑞"光荣匾。1944 年冬,在三边分区和定边县广泛开展了"崔岳瑞运动",群众纷纷开始烧"神",梁圈村不到 10 天即有 32 户把"神"烧掉了。①这个运动更激励了他的热情,崔岳瑞亲自倡导在当时二区红柳沟组建了医药研究会,成立药社,他号召群众入股 200 余万元,并计划以后自己采制药材。

与此同时,作为参议员的崔岳瑞,利用其在县参议会上的地位进一步提议指出:过去群众婚丧事必请阴阳,一方面不能破除迷信,另一方面耗费太大。现在提出反对阴阳,但群众死了人总觉得应好好葬埋。因此他提出:老人死了要红红火火地葬埋,但不要请阴阳,可由干部或群众中有威望的人来代替抬埋,禁止过大消耗,可以用送挽联、花圈及开追悼会等代替。要取缔买卖婚姻,因为这样穷人娶不到媳妇。可以规定:订婚时由男方买纺车一把、棉花二斤送给女家,既做了婚礼,同时又发展了妇纺。娶嫁时可由男方买四身衣裳、一对箱子、一对匣子送给女家,再请六桌客。②

由于崔岳瑞的模范事迹,他不仅被选为定边县模范参议员、边区医药模范,更重要的是,通过他的实际行动,使得卜掌村成为陕甘宁边区的"一个特殊的村子"。据 1943 年调查,"在卜掌村里,只有一家有宗牌。各家梁上,都没有神符,都没有神位,都不信神,过年不烧香,有事不请阴阳,不念经"③。为此,

---

① 《崔岳瑞和崔岳瑞运动》,《解放日报》1944 年 10 月 21 日。

② 《张铁夫诗文集》上册,北京出版社 2003 年版,第 192 页。

③ 《医药卫生的模范》,陕甘宁边区政府办公厅,1944 年编印,第 37 页。

著名作家李季还专门创作了《卜掌村演艺》这一文学作品,以彰显崔岳瑞参议员的模范事迹。可以说陕甘宁边区乡村社会医药卫生事业的发展，与这些参议员们的辛勤努力是分不开的。正是在他们的努力之下，在陕甘宁边区的卫生运动中涌现出一大批卫生模范村和卫生模范家庭，从而有力地促进了陕甘宁边区乡村社会医药卫生和社会生活习惯的变迁。

第四节　参议员乡村建设的成效

ERSHI SHIJI ZHI ZHONGGUO

马克·赛尔登在阐述"延安模式"时曾指出:"延安时期的一大创造,是发现了将广大民众参与的抗战活动与广泛的乡村改造运动紧密连接起来的具体办法。社区的集体行动深入每个村庄,以至于家家户户的男女老少。"①实际上,从基层参议员的乡村建设实践来看,在很大程度上正是体现了这一原则。他们在开展乡村建设的过程中,通过积极参与乡村社会的各项事业,不仅涌现出大量的模范乡村,更是推动了乡村民众的社会观念与思想意识的变迁。由此也形成了陕甘宁边区乡村建设别具一格的模式。

一、模范乡村大量涌现

"模范乡,是要该乡的一切工作——政治、文化、生产、抗战动员……都做得很好,能引起其他的乡来学习,并在这里取得经验。"②模范乡的建设,首先必有健全的民意组织,即乡参议会。由于它比区县参议会要更接近人民,所以

---

① [美]马克·赛尔登著,魏晓明、冯崇义译:《革命中的中国:延安道路》,社会科学文献出版社 2002 年版,第 260 页。

② 《模范乡与民主》,《新中华报》1940 年 6 月 14 日。

更能代表人民的切身需要。如果乡里经常不开乡参议会,或虽然开而只是形式,只是由领导的人包办,民众还不知道自己的事可以而且应该自己来管,民众自认是被治者,闹模范乡的也以治者自居,"那末,尽管你的能力强,彻夜不睡觉,你的成绩,一定不会大"。因此,模范乡必须从此着手,"发动民众自己出来议事管事的工作做得怎样,即是模范乡模范的尺度"。如果只求好看,在报告上写得天花乱坠,实际是"瞒上不瞒下"。即使埋头苦干,脚踏实地,但若不着重民意组织,发扬民众力量,处处靠自己,靠几个干部,那是不会做得好的。[①]可见,在创建模范乡的过程中,参议会与参议员起着至为重要的作用。

随着乡参议会逐渐走上制度化的轨道以及基层民主自治的逐渐展开,乡村民众以基层参议会和村民大会为依托,积极发表自己的意见,行使自己的权利。特别是在乡村社会中特创的"一揽子会",更是给乡村民众提供了民主自治的舞台。因为它更"能够集合各阶层代表和各种积极分子,大家议、大家决,各抒己见,各尽其能,既能解决问题,又能一致实行决议,完成任务"[②]。如新正县二区六乡在 1943 年冬季扩游击队的时候召开的"一揽子会",参加人就有乡参议员 12 人,村民约 100 余人,行政主任 5 人全到,小村长 7 人,政府委员 4 人,同时还有小组长、干事、支书党员等 12 人。在会上讨论扩兵的对象,最终通过大家讨论,共有 8 人成为扩兵的对象,另外又讨论了如何欢送这 8 人。最后讨论的结果是全乡筹备 17 000 余元,给去参军之人买了 8 条手巾、8 条肥皂。[③]

应该说这种民主讨论的形式,不仅使群众中各阶层代表及各种积极分子都有机会提出意见,也能够集合各阶层代表和各种积极分子,大家议、大家决,各抒己见,各尽其能,可谓是当初环境下符合自治精神的合理方式。如绥德县吉镇王家坪村在抗战之前曾是一个村风不正、村誉很坏的一个自然村。后在边区一系列政策的指引下,通过乡村民主自治,不仅土地问题基本上得到了解决,"二流子"得到彻底改造,而且在创办义仓、打井、识字、卫生以至负担等各项具体工作,都能集体行动并切实地完成。同时,拥军工作也搞得好。

---

① 《谢觉哉文集》,人民出版社 1989 年版,第 366 页。

② 陕西省档案馆、陕西省社会科学院编:《陕甘宁边区政府文件选编》第 8 辑,中国档案出版社 1988 年版,第 454 页。

③ 《新正县二区六乡民主调查材料》,陕西省档案馆藏,档案号:2-1-800。

尤其是在村民关系上,更是体现出团结互助、和谐相处的新氛围,而且也从未发生过涉讼事件。

这表明,通过民主自治运动的开展,王家坪村在政治上、经济上,乃至在社会意识上都有了很大转变。为了进一步发展和扩大乡村自治,边区政府办公厅又专门颁布了《陕甘宁边区政府关于发现培养和提高自治村乡问题的通知》。通知强调,各分区、各县负责同志一方面要注意发现这种已有高度自治能力的模范村乡,有计划地搜集它们具体生动的自治事实,写成材料,供各地加强村乡自治参考;另一方面注意培养和提高尚无自治能力或自治能力尚属不足的村乡,帮助其建立村的领导核心和工作制度,使自治工作真正生根。①

通过基层参议员和广大民众的积极努力和民主自治的深入实践,陕甘宁边区各地开始涌现出大量的模范村。其中既有为数较多的生产模范村,也有在乡村社会教育推动下出现的文化模范村;既有边区卫生运动推动下出现的卫生模范村,也有运输过程中产生的运盐模范村;既有在开展妇女运动过程中形成的纺织模范村,更有妥善安置难民的移民模范村和调解纠纷的调解模范村。具体情况如下表所示:

表 5.1　陕甘宁边区模范乡村一览表

分区名称	模范乡村	荣誉称号
直属县市	延安县吴家枣园	边区第一模范村、卫生模范村
	延长县贺家庄寨	生产模范村
	延安市北区杨家湾	运盐模范乡
	延川县刘家河	丰衣足食的模范乡
	安塞县陈家洼	安塞第一模范村
	延安县马布塔河	清洁卫生模范村
	延长县李家圪垯	生产模范村
	固临县南庄村	卫生模范村
	吴旗县梁显荣	纺织模范村

---

① 陕西省档案馆、陕西省社会科学院编:《陕甘宁边区政府文件选编》第 10 辑,中国档案出版社 1991 年版,第 259 页。

分区名称	模 范 乡 村	荣 誉 称 号
关中分区	淳耀县白塬村	劳动模范村
	新宁县辛家沟	生产模范村
	赤水县孟家湾	模范移民新村
	新宁县窦家湾	读报识字模范村
绥德分区	绥德县郝家桥	生产模范村
	绥德县四直沟	调解模范村
	吴堡县刘家沟六乡	区模范乡
陇东分区	华池县城壕村	生产模范村
三边分区	定边县马坊掌村	生产模范村

资料来源：根据延安《解放日报》相关文章整理而成。

陕甘宁边区大量模范村的出现，不仅实现了对乡村社会的改造与整合，而且这种模范村已然成为全边区乡村效仿的榜样。"模范乡村应是一般乡村群众生产的榜样，在质量上一定要求得比一般乡村强、精、有突出的地方。"[1]为此，边区政府又进一步提出了乡村民主自治应该坚持的方向，即发展以自然村为基础的代表制，通过代表的选举为乡村自治造成有利的条件，同时通过改进乡政府的工作方式，具体帮助村主任、村代表进行工作。可以说陕甘宁边区的乡村建设，正是在这些参议员和劳动模范以民主自治为依托，通过积极开展乡村建设运动的背景之下而建立起来的。

由于大量模范村的出现，又大大促进了乡村社会风气的变迁。尤其是对"二流子"的改造，成绩尤为显著。在一些模范村，为了配合对"二流子"的改造，一些参议员和近邻亲朋主动给予劝导。如清涧县折家坪村主任，每天一大早起来就跑到呼呼大睡的"二流子"家里将其叫醒起来干活。[2]鄜县张村驿有一个嗜好很大的"二流子"，"他的孙子一见他时就跪在他跟前劝他戒绝嗜好，

---

① 《关于创造模范村的几个问题——介绍甘泉的点滴经验》，《解放日报》1944 年 5 月 14 日。

② 《警区二流子的改造》，《解放日报》1943 年 7 月 12 日。

直到他答应才站起来"①。还有一些村庄，群众通过自创自编黑板报、歌谣、民间小调等形式，劝导"二流子"改邪归正。如绥德市七区就有这样的歌谣："二流子，李克明，好吃懒做不务正，嫖赌抽都干，不管家小与亲邻。七区人人个个讨厌他，全市二流子挂牌，他是第一名。"②有些"二流子"在看到自己被登上了黑板报之后，跑到编委会请求免登，并保证"立即改邪归正"③。在这些模范乡村的感召之下，"二流子"的数量大大减少，"自觉的变成了好的劳动者"④。甚至在有些乡村如延安县柳林区沟门村，在劳动英雄的帮助下，全村没有一个"二流子"。⑤

二、互助合作效果显著

由于参议员将众多的农民组织起来开展互助合作，这就大大突破了旧有的只在本族范围内开展互助合作的习惯。如在陇东发动的"集体开荒队"就有1365个劳动力和1000多头牛。赤水县四区三乡共有全劳动力153人，有111人参加，在15个变工队和唐将班子中，占73%。⑥绥德分区模范村郝家桥在边区劳动英雄刘玉厚的带领下，全村男劳动力中88%参加了长年变工。⑦

据统计，1943年全边区在春耕期间有10%~15%，在夏耘期间约有40%，在秋收期30%左右的劳动力参加了各种劳动互助组织。若去掉一部分不起作用的互助组织，那么可以估计，1943年在全边区有25%的劳动力被真正地吸收

---

① 《抗日战争时期陕甘宁边区财政经济史料摘编》第2编，陕西人民出版社1981年版，第695页。

② 《警区二流子的改造》，《解放日报》1943年7月12日。

③ 甘棠寿等：《陕甘宁革命根据地史研究》，三秦出版社1988年版，第157页。

④ 《抗日战争时期陕甘宁边区财政经济史料摘编》第2编，陕西人民出版社1981年版，第696页。

⑤ 《劳动英雄作用大》，《解放日报》1944年6月3日。

⑥ 《赤水四区三乡劳动力十分之七组织起来》，《解放日报》1944年3月12日。

⑦ 《绥德郝家桥大变工》，《解放日报》1944年3月13日。

到劳动互助组织中。①随着参加范围的扩大，边区的互助合作也形成了较为严密的组织。有的是一个自然村(或行政村)组成一个变工队，其下再按不同的农业劳动和户外不同的条件，灵活编成小组，在小组之间的劳动力可以互相调剂。而且小组或队又是通过民主选举领导人，这样改掉了过去一些不合理的习惯。有的变工队还规定了必须要遵守的劳动纪律，要求"按时到工，不到必须向组长请假批准；作息必须服从组长指挥；先给谁做由组长分配；自己怎做给人怎做；不半途退出等"②。

陕甘宁边区的互助合作运动，不仅把分散的农民组织起来，而且极大地促进了边区的乡村建设事业。如延安县念庄，"变工的农户十二个全劳动力六头牛，收粮一百二十五石四斗，未变工的农户二十三个全劳动力十头牛收粮一百五十八石，按劳动力平均相差百分之六十多。再根据延安县南区区长估计，去年全区收获为二万零九百石，其中因为组织变工、扎工多收了五千二百九十石粮食。"③可以说凡是成立了劳动互助的村庄，农民已不是一户一户各不相关地各自劳动，而是成了一个有组织的劳动队伍，为着一个确定的生产任务而奋斗。特别是一些曾经不务正业的"二流子"，在互助合作的影响之下也主动参加劳动。如延川县"四百五十六个二流子中参加变工的八十三人，参加扎工的二十三人；同宜耀衣食村的一个二流子班子开荒四十七亩，并不比一般的劳动力差。有的把甲村的二流子编到乙村的变工队，把乙村的编到甲村，以免他们偷懒"④。与此同时，一些新的互助合作形式还解除了封建迷信的束缚，取消了各种剥削问题。如关中的唐将班子就通过改造而取消了包头抽短工的钱，抽空工和高价出赁出卖工具等不合理的制度，从而在农业生产中以集体互助的形式发挥了积极作用。

随着边区劳动互助内容的日益丰富，互助合作已不仅体现在开荒、锄草、

① 史敬棠等编：《中国农业合作化运动史料》(上)，北京：生活·读书·新知三联书店1957年版，第216页。

② 《边区的劳动互助——陕甘宁边区生产运动介绍》，晋察冀新华书店1945年印行，第29页。

③ 《边区的劳动互助——陕甘宁边区生产运动介绍》，晋察冀新华书店1945年印行，第35页。

④ 《边区的劳动互助——陕甘宁边区生产运动介绍》，晋察冀新华书店1945年印行，第39页。

耕种、运粪、收获等农业生产中,而且在生产渡灾、开渠、修滩、筑坝、纺织、运输、家务劳动、副业生产等方面也广泛实行了互助合作。有的劳动互助组发展成了劳动合作社,这种合作社对于陕甘宁边区的乡村建设同样发挥了重要作用。可以说陕甘宁边区的合作社在乡村建设过程中 "在发展生产上又来了一个革命"①。

除了集体互助的农业生产合作社以外,在陕甘宁边区还有三种形式的合作社,这就是延安南区合作社式的包括生产合作、消费合作、运输合作(运盐)、信用合作的综合性合作社,运输合作社(运盐队)以及手工业合作社。通过组建合作社的方式,不仅把公私劳动力组织起来,激发了群众生产的积极性,提高了劳动生产率,并大大发展了生产,而且也极大地促进了乡村民众的参与意识和积极性。一些曾到访陕甘宁边区的中外记者也认为互助合作形式"使农活干得更愉快,更有效率,同时由于创造了新的集体主义精神,使他们对克服众所周知的农民的个人主义和氏族性质的思想起了很大作用"②。毛泽东这样评论:"这种生产团体,一经成为习惯,不但生产量大增,各种创造都出来了,政治也会提高,文化也会进步,卫生也会讲究,流氓也会改造,风俗也会改变。"③

另外,在陕甘宁边区乡村建设的过程中,互助合作运动实际上业已成为边区乡村社会生活的枢纽,具有重要的社会服务功能。尤其是一些较大的综合性合作社,由于承担起包括教育、医疗在内的各种公益事业,更是成为"当地农村的核心"④。可以说此时的合作社,突破了原本作为经济组织的局限,通过其公共服务职能的发挥,成为乡村建设的积极推动力量。如延安大众合作社,就经常有老百姓来找。纺织的来找它要棉花、要纺车,有病的来找它医病,丢了牲口的来找它写招贴寻找牲口,流动工人找它写家信,打官司的找它写状纸,等等。这种广泛合作,不仅加强了群众之间的社会联系,拓展了群众的公共生活空间,而且公共生活空间的开辟又反过来进一步增强了群众的合作参

---

① 《毛泽东选集》卷 5,东北书店 1948 年版,第 889 页。

② [英]斯坦因著,李凤鸣译:《红色中国的挑战》,新华出版社 1987 年版,第 156 页。

③ 《中共党史参考资料》第 9 册,中国人民解放军政治学院党史教研室,1979 年编印,第 263 页。

④ 《抗日战争时期陕甘宁边区财政经济史料摘编》第 7 编,陕西人民出版社 1981 年版,第 369 页。

与和互助意识，产生了改变乡村社会生活的愿望，从而极大地提升了民众参与乡村建设的意识和积极性。

综上可见，在陕甘宁边区的乡村建设中，互助合作无疑是促进乡村社会变革的重要推动力。毛泽东曾预言，通过"组织变工队，组织运盐队，组织综合性合作社，发动群众的创造力和积极性，加上旁的各项本领，我们就一定可以把日本帝国主义打出去，一定可以协同全国人民，把一个新国家建立起来"[1]。毛泽东的这一论断，显然是对互助合作在乡村建设运动以及中国革命最终取得胜利过程中的重要性的一种生动表述。因为历史一再证明，中共在革命根据地通过互助合作组织而展开的乡村建设，不仅造就了新型的乡村社会运行结构模式，而且也造就了一大批"把自己的命运和共产党、八路军、边区政府联系在一起"的新型的农民。"这是一种新型的人民，是中国历史上从来没有过的。"[2]正是这些新型的农民，成为乡村建设的主力，成为中国革命最终取得胜利的依靠力量。

三、社会观念明显提升

基层参议员的乡村建设，在促进民众社会观念方面同样可圈可点，特别是他们在乡村文化教育方面所做的工作，更是在很大程度上促进了乡村民众社会观念的变化和民族意识的增强。

由于不少参议员积极参加乡村文化教育建设，通过创办学校、夜校、识字班等各种措施，乡村民众的学习求知欲望也愈来愈浓厚。曾亲往延安访问的英国记者斯坦因就这样描述，学习认字"在边区成为疯狂，第一个目的是去阅读一千字编印的《边区群众报》，这已经成了一切渴求知识的老小的理想"。为了能够更方便地认字，"农民把字写在板子上，放在田地的一端，一边耕作，一边就记字。因此，百分之八十的老百姓现在至少认识三百个到四百个字。而一年以前不认字的各处的活动分子，现在都能读《边区群众报》，甚至快能读《解

---

① 《毛泽东选集》第 3 卷，人民出版社 1991 年版，第 932~933 页。

② 《边区劳动英雄代表大会给我们指出了什么》，《解放日报》1943 年 12 月 26 日。

放日报》了。"①斯诺也曾指出："只要有机会给农民，他们是非常愿意学习的，他们并不愚蠢，他们学习起来非常快，只需用好的理由给他们解说，他们那种不健全的迷信习俗，立刻就会改变。教育本身就担当起这任务来。当成年的农民们，像他们子女一样，学完了五六百字的第一册书以后，是不愿意就此停止学习的。他们很清楚：谁在教育他们，和为什么教育他们。"②

当然，作为基层参议员，他们是不可能真正完全实现扫盲这一重任的。但是通过他们的积极努力，乡村文盲数量的减少却是一个不争的事实。与此同时，在参议员们着手开展乡村文化教育的同时，也在很大程度上促进了乡村民众民族意识的逐渐增强。如延川县参议员李丹生，不仅热心教育，兴学育才，而且经常对民众进行民族意识教育。他对老百姓说："现在国难当头，咱们有人的出人，有力的出力，抗日救国，人人有责，只有打败日本帝国主义，才能保家保国。"每逢春节之际，上门求写春联者纷纷而来，李丹生便借写对联的机会进行抗日宣传。例如他曾给村民写过这样的对联："出粮出钱助抗日，为子为孙救中国。"写好后，还叫人家记熟背下。在粮囤、碾磨上写"积粮为抗日"、"积粮救中国"、"还我河山"等。在李丹生的积极宣传倡导和带动下，全村救国公粮年年超额完成任务。③事实上，这种现象在别处也有。当年陈学昭访问延安时就发现，"老百姓过年的对联没有一副不是有救国抗敌意义的"。如"拥护蒋委员长，实行建国纲领"，"打日本为子为孙，除倭寇救国救民"，有的甚至写"过年敌机又来了，惊得同志东西跑"。④

"教育本身是一种很有力量的宣传组织的手段"⑤。随着乡村民众文化教育水平的提升，他们的政治归属感和民族意识也在不断增强。曾经长期游离于政治之外的乡村民众，开始感觉到他们距离这个社会是如此之近，这是从未有过的感受。曾经与民众隔阂的政府不再被人们极端冷漠与仇视，"我们的

---

① [英]斯坦因著，李凤鸣译：《红色中国的挑战》，新华出版社 1987 年版，第 15 页。

② [美]斯诺：《西北特区特写》，每日译报社 1939 年版，第 29 页。

③ 《延安文史》第 10 辑，见《延安岁月》(中)，中国人民政治协商会议延安文史资料委员会，2007 年编印，第 428 页。

④ 陈学昭：《延安访问记》，北极书局 1940 年版，第 307 页。

⑤ 舒湮：《战斗中的陕北》，文缘出版社 1939 年版，第 15 页。

政府"、"我们的红军"成为民众日常交流中的真实表达。斯诺曾这样描述道："凡和我交谈过的农民，多半是拥护苏维埃和红军的。当然也有很多农民对红军自由的做出种种批评和指责。但是假如问他们：'你现在过的日子是否比以前好呢？'那么，他们的答复几乎都是肯定的：'是！'我并且很注意到：大多数的农民，当他们提到'苏维埃'时，总（将）它称作'我们的政府'。在中国农村里居然有这种现象，无疑的是很使我感到惊奇的。"①正如有的学者所说："共产党已经成功地在根据地的农民心目中确立了自己牢不可破的正统感，等于是瓦解了当时还是正统国家政权的代表者国民党政府的权威，到了1945年抗战胜利时，在根据地农民心目中，蒋委员长的地位已经被毛主席完全取代了。更重要的是，落后、分散而且自治力很强的根据地农村，就此被注入了人类现代的民族国家意识，甚至建立了对中国共产党和国家政权的某种崇拜，如果说在此之前，国家政权的强化与下移，乡村组织还可以而且能够组织抵制的话，那么从这以后，再也没有可能了。"②

一旦增强了这种认同感，农民便意识到自己的命运已与"我们的政府"的命运休戚相关，会使乡村民众的民族自信心、政治归属感和民族向心力大大增强。广大农民开始走出家庭的小天地，摆脱狭隘的地域观念，现代国家观念与民族意识开始逐渐在他们心底生根。于是在有力出力、有钱出钱、有枪出枪、有知识出知识的抗日救国纲领的感召下，在民主选举、减租减息政策的鼓励下，"农民对保全并增加从未有过的幸福有了决心，便生长了一种极明显的自觉的抗日爱国主义"③。这样，在陕甘宁边区"队伍里、乡村里、城市里、机关里，男女老幼，讲的是抗日话，做的是抗日事，大家都晓得大祸临头，要'纾难'就顾不得'毁家'"④。在这种抗日气氛之下，积极支持抗战就成为他们评价政府好坏的一个基本的认知与取向。当他们碰到"穿国民党军官服的人，虽然似

① [美]斯诺：《西北特区特写》，每日译报社1939年版，第21页。

② 张鸣：《乡村社会权利和文化结构的变迁》，广西人民出版社2001年版，第223~224页。

③ [英]爱泼斯坦：《我所看到的陕甘宁边区》，见齐文编译：《外国记者眼中的延安及解放区》，历史资料供应社1946年版，第8页。

④ 甘肃省社会科学院历史所：《陕甘宁革命根据地史料选辑》第2辑，甘肃人民出版社1983年版，第5页。

乎有点隔膜,但还是很友好的,还给我们讲全国人民应该团结抗日的道理"①。如果有顽固分子蓄意破坏,民众的立场就是"要坚决的帮助八路军,帮助咱们的政府,把那些混蛋东西,打得抱头鼠窜……咱们的八路军没粮,就不能打仗! 不能保护咱们这块自由、幸福的地方"②!

如果说积极参加生产劳动与抗日救国是乡村民众民族意识显著提升的结果,那么,反映在乡村民众日常社会观念方面的变化,就是"劳动光荣,懒惰可耻"。特别是当众多参议员被选为劳动英雄而成为人们竞相追捧的对象之时,我们会发现人们的劳动观念与社会意识正在发生革命性的变化。乡村民众开始"用一种新的态度来对待劳动,用一种新的关系来代替过去人与人之间的残酷关系"③。

几千年来受到鄙视的乡村民众,现在却得到了尊敬和光荣,显然劳动不再下贱。事实上,其重要性还远不止这一点。一旦把劳动和光荣联结起来,把劳动与英雄相提并论,便成为民众争相比照的对象。于是便会出现这种现象:只要劳动英雄做什么,周围的人就跟着做什么。举凡办义仓,办合作社,办学校,办识字班,办黑板报,发动妇女纺线……只要劳动英雄号召得好,马上就会得到大众的拥护。很明显,劳动英雄已发展成为群众的领袖。正如一些外国记者的观察,假若把劳动英雄的名字和某些新的事物联结在一起,并且在他的田地里试种,"农民就更乐于接受,他是教育运动后面的推动力量之一,他虽然既不能读也不能写,他却要把本村学校变成其他学校的模范"④。正是由于如此,在边区的市镇和村庄,"劳动的呼声波动了整个边区,人民和军队,从乡村和城市,男的女的,老的少的,都卷入了劳动战场"⑤。很显然,在此情形之下,"劳动光荣、懒惰可耻"也就成为乡村民众评价"好"与"坏"的一个重要标准。

另外,基层参议员在参议会上关于婚姻家庭的众多提案议案,也在很大程

---

① 《内蒙古文史资料》第 37 辑,政协内蒙古文史资料委员会,1991 年编印,第 31 页。

② 《关中民众热烈动员,赶送公粮,积极参加自卫军、运输队,保卫家乡》,《解放日报》1945 年 12 月 29 日。

③ 《林伯渠文集》,华艺出版社 1996 年版,第 230 页。

④ [英]斯坦因著,赵凤鸣译:《红色中国的挑战》,新华出版社 1987 年版,第 76 页。

⑤ 阿光:《来到延安之后》,《解放日报》1943 年 9 月 3 日。

度上影响和改变着乡村民众的婚姻观念和家庭生活。"婚姻自由"、"男女平等"等名词业已成为乡村民众的日常表达。正所谓"过去买卖婚姻,现在婚姻自由,这是我们妇女出了头的世界"①。与此同时,原有的家长制作风受到摒弃,越来越多的家庭生活中开始出现了民主作风。一个叫李来成的家庭,"过去李来成是当然的领导,现在要全家选举,家里有会议制度,家长决定家务事,必须征求全家人同意,大大促进了全家人的团结亲密"②。绥德县郝家桥村农民李树厚召集的家庭会议,有他大哥、四弟、侄儿和他的婆姨、兄嫂、弟媳七个人。李树厚做主席,他们在这会议上都热烈地发言,讨论今年的生产计划,当场就具体地分了工。③

由上不难看出,在改变边区民众社会意识与思想观念,推动他们从"私人世界"向"公共世界"的转变进而产生对中共的认同,在很大程度上是从这些基层参议员的互动中形成的。可以说基层参议员不仅是乡村民众改变社会意识的一个重要信息源,而且也是形成新的社会观念的积极推动者。

---

① 陕西省档案馆、陕西省社会科学院编:《陕甘宁边区政府文件选编》第 3 辑,中国档案出版社 1987 年版,第 193 页。

② 《发扬根据地式家庭》,《解放日报》1944 年 8 月 25 日。

③ 刘白羽:《延安生活》,东北画报社 1947 年版,第 11 页。

第六章 CHAPTER SIX

从参议员到人民代表

—— 基层参议员的历史演变及其地位

　　"中国现阶段的历史将形成中国现阶段的制度,在一个长时期中,将产生一个对于我们是完全必要和完全合理同时又区别于俄国制度的特殊形态,即几个民主阶级联盟的新民主主义的国家形态和政权形态。"①抗战时期的参议会制度,就是在特定历史条件下形成的特殊民主制度模式和政权组织形式。随着国内政治形势和社会格局的变动,抗战时期的参议会制度也开始逐渐向人民代表会议制度转变,此前的参议员也相应地被人民代表所取代。这一制度性的变革,既是社会局势变动下的必然因应,也是中共贯彻以工农为主的权力结构主体这一既定模式的进一步演绎。随着人民解放军战略反攻的到来,中共所倡行的地方自治主张与基层参议员,也最终完成了其在特定历史条件下的角色任务。

---

① 《毛泽东选集》第 3 卷,人民出版社 1991 年版,第 1062 页。

314

第一节 从参议员到人民代表的转轨

ERSHI SHIJI ZHI ZHONGGUO

随着抗战形势的变化以及国内政治格局和阶级关系的变化,这些都明确地显示着中国的时局将要发展到一个新的阶段。这个新的阶段诚如毛泽东所说:"即是全国范围的反帝反封建斗争发展到新的人民大革命的阶段"①。因此,这也就意味着先前作为抗日民主根据地的政权组织形式——参议会制度,既不适应解放区的政权建设需要,不能体现解放区的社会性质,也不能实现反帝反封建的客观要求。时局的变动要求必须要以一种新的政权结构形式来取代之,于是人民代表会议制度便应运而生了。②

一、参议会转轨的主因

中共为何要提出"人民代表会议"这一制度模式呢?在笔者看来,建构人民

---

① 《毛泽东选集》第 4 卷,人民出版社 1991 年版,第 1211 页。

② 关于"人民代表大会"最早提出的时间,学术界存有争议。有人认为 1940 年毛泽东在《新民主主义论》中第一次提出"人民代表大会"。另一种观点则认为"人民代表大会"并不是毛泽东于 1940 年 1 月《新民主主义论》中首先提出的,而是在中共七大毛泽东同志发表《论联合政府》的演说中提出的。分别参见蒲兴祖主编:《当代中国政治制度》,复旦大学出版社 2010 年版,第 11 页;杨建党:《〈新民主主义论〉并未形成理论形态的人民代表大会制度》,《人大研究》2007 年第 9 期。

代表会议制度可谓是中共的一贯主张。毛泽东曾明确指出："我们不采取资产阶级共和国的国会制度，而采取无产阶级共和国的苏维埃制度。代表会议就是苏维埃。自然,在内容上我们和苏联的无产阶级专政的苏维埃是有区别的,我们是以工农联盟为基础的人民苏维埃,'苏维埃'这个外来语我们不用,而叫做人民代表会议。苏维埃是俄国人民创造的,列宁加以发扬。在中国,因为资产阶级共和国的国会制度在人民中已经臭了,我们不采用它,而采用社会主义国家的政权制度。"①

　　这也就是说,建构人民代表会议制度,是中共在长期革命斗争过程中形成的基本制度。在抗战初期,中共就曾提出过"人民代表大会"的概念。如在1937年11月10日,陕甘宁边区政府就曾发出《陕甘宁特区政府通令——关于统一政府名称问题》的通令,规定："各级议会统称为各级人民代表大会。(甲)乡代表会改称乡民代表大会,简称乡民大会,不再称乡代表会。(乙)区议会改称区民代表大会,简称区民大会,不再称区议会,区议员改称区代表。(丙)县议会改称县民代表大会,简称县民大会,不再称县议会,县议员改称县代表。(丁)特区议会改称特区人民代表大会,简称特区大会,不再称特区议会,特区议员改称特区代表。"②

　　1937年11月22日,陕甘宁特区党委又进一步指出："特区政府的组织原则仍应保持民主集中的制度,没有必要完全采用资产阶级把行政、立法、司法三权分离的议会制度,并且在名称上也决定将各级议会改称为各级人民代表大会,各级人民代表大会主席及政府首长统称主席,废除其历史上带有腐朽意味的议会、议员、乡长、区长、县长等名称。"③1940年1月,毛泽东在《新民主主义论》这一论著中,同样提到了"人民代表大会"这一概念。他说："中国现在可以采取全国人民代表大会、省人民代表大会、县人民代表大会、区人民代表大会直到乡人民代表大会的系统,并由各级代表大会选举政府。但必须实行

　　① 《毛泽东文集》第5卷,人民出版社1996年版,第265页。

　　② 陕西省档案馆、陕西省社会科学院编:《陕甘宁边区政府文件选编》第1辑,中国档案出版社1986年版,第30页。

　　③ 陕甘宁青新西北五省区编纂领导小组、中央档案馆编:《陕甘宁边区抗日民主根据地·文献卷》(下),中共党史资料出版社1990年版,第7页。

无男女、信仰、财产、教育等差别的真正普遍平等的选举制，才能适合于各革命阶级在国家中的地位，适合于表现民意和指挥革命斗争，适合于新民主主义的精神。这种制度即是民主集中制。"①

由上可见，建构人民代表会议制度可谓是中共一贯的主张，只是在抗战这一特定历史条件下，人民代表大会只能在国共合作的框架之内，以参议会这一变通的形式来体现。所谓的变通，一方面是使其符合国民党的政权组织形式，"使边区能应付困难环境，造成对外好的影响"②；另一方面，陕甘宁边区的参议会，和国民党统治区域所谓的参议会，却有性质上的区别，它有选举政府和决定一切重要问题的权力。所以在不少人看来，参议会的实质就是人民代表大会。如李维汉就曾指出："边区民主制度是由下而上，少数服从多数与下级服从上级的人民大众的民主集中制。参议会即人民代表大会，为最高权力机关。"③在这里我们可以看出，李维汉把参议会等同于人民代表大会，这表明我们党虽然在边区实行参议会制度，但是其实质内容与人民代表大会是一致的，它们都是按照民主集中制原则运行的。

随着社会时局的变动，将参议会改为人民代表会议自然就是顺理成章的事情。1944年下半年战争局势逐渐明朗，作为陕甘宁边区参议会副议长的谢觉哉在边区二届二次参议会上就指出："新民主主义还在开始做，才摸到门径，做得很不充分，很不普遍，缺点很多。只就民主制度实施中的缺点说吧，各级民意机关、政权机关，没有按期改选，群众中新涌现出的人才，没能及时地选到民意机关和政权机关中来。各级参议会，很多没有如期开会。某些政权机关中的民主作风，还很不够。"为此，我们要"运用民主到人民大众的各个生活部分里去，不只是说人民选举的政府是为人民服务的，而是说人民自己有权管理自己的生活和创造自己的生活"。④与此同时，谢觉哉在他精心起草的《参议会发言提纲》中明确提出将参议会正式改为人民代表会议的意见，并全面论述了自己对民主选举、人民代表会议制度和民主政府的认识。毛泽东看到

---

① 《毛泽东选集》第2卷，人民出版社1991年版，第677页。

② 《毛泽东年谱（1893—1949）》（中），中央文献出版社2005年版，第103页。

③ 李维汉：《回忆与研究》（下），中共党史资料出版社1986年版，第610页。

④ 《谢觉哉杂文选》，人民文学出版社1980年版，第80~81页。

这一提议之后,随即致信谢觉哉指出:"关于参议会改为人民代表会议,我想对内对外都是会有好影响的。"①尽管在 1944 年 12 月毛泽东又指出"参议会改名,关涉各解放区,中央尚未讨论,请暂不提"的意见,但是在随后的历史发展过程中却被认为"是一个具有历史意义的创议"②。

1945 年中国共产党召开的第七次全国代表大会上,这一"创议"得到了正式的应用。同时,由毛泽东所作的《论联合政府》的报告,也吸收了谢觉哉改参议会为人民代表会议的"创议",对于新民主主义的政权组织作出了科学的表述。同年 6 月,中央决定召开中国解放区人民代表大会,谢觉哉受中央委托起草了发给各解放区参议会、政府的通电,正式使用了"人民代表大会"这一表述,于是人民代表大会这一新的民主制度开始付诸实施。

陕甘宁边区是第一个实现从参议会到人民代表会议制度转轨的革命根据地。1945 年 2 月 28 日,边区政府召开政务会议,讨论筹备边区第三次选举工作。1945 年 8 月 27 日,边区政府修正颁布《陕甘宁边区选举委员会组织规程》。9 月 6 日发布《陕甘宁边区政府关于今年选举工作的训令》,指出:"现在抗日战争已经胜利的结束,新的历史时期已经到来,全国人民已经进入和平、民主、团结奋斗的时期。我们更要全心全力地继续提高边区的建设,在政治、经济、军事、文化各方面建设上作出更好的榜样。"③11 月 5 日,陕甘宁边区选举委员会发出《关于今年乡选工作致各专员县市长的信》,对选举方针、检查工作、选举代表、开好代表会、宣传鼓动、加强选举工作的领导等 7 个方面作了具体布置。其中首先规定将乡议会改为乡人民代表会议。

之所以如此,一方面是因为抗战以来,通过生产运动的积极开展,不仅使人民生活得到进一步改善, 人民的财富有了增加,而且人民的觉悟性和组织性更表现出空前的高涨, 同时劳动英雄和模范工作者成百地涌出,更为边区的政治、军事、经济、文化的建设提供了新的力量和新的人才,客观现实需要将这部分人补充到人民代表的队伍当中;另一方面也是由于乡政权是人民的

---

① 《毛泽东文集》第 2 卷,人民出版社 1993 年版,第 232 页。

② 薄一波:《青少师表,党员楷模》,《人民日报》1984 年 4 月 26 日。

③ 甘肃省社会科学院历史研究室编:《陕甘宁革命根据地史料选辑》第 3 辑,甘肃人民出版社 1983 年版,第 9 页。

直接政权,它的立法与行政合一,更能发挥乡村自治的能力。而在此前乡参议会采取的议行合一制,参议员直接由人民选举,直接向人民负责的运行模式,由于在行政制度上仍然另设行政村主任与自然村长,负行政之实际责任,结果却导致不少乡参议员多只管议事,不管执行,仍然是议行并立。所以,边区政府决定改乡参议会制为乡人民代表会议制,就是为了纠正这个缺点。为此,边区政府规定:"代表会制是乡人民直接选举能对他们直接负责的代表,组成代表会,为乡政权的最高权力机关。各代表既是由人民直接选举并对人民直接负责,因之,他们一方面代表一定的居民意见集中到代表会,另一方面又将代表会的决议在他们所代表的居民中执行。每个代表由一定范围的选民选出,又管理一定范围的居民。"①

可见,陕甘宁边区政府首先将乡参议会改为乡代表会议,是有着极强的针对性的。因为在此前,尽管乡政权改造以后实行了议行合一制,但是到底如何去执行,又如何去加强乡村政权机构的工作效能问题,事实上在很多地方均未引起注意。这从陕甘宁边区各地的政府工作报告中明显地体现出来。如华池县政府的工作报告指出,我们的"民主实质虽然高,而民主制度却未正规化。比如县乡参议会,并未按照法定如期开会和改选县参议会的常驻议员;(有的)虽然选完了,但没有常驻办公,有(的)乡议员自己认不清自己责任,不能起议员应有的责任,不能起议员应有的作用"②。有的地方还是乡长一人包办一切,没有遇到大动员工作一般都不开参议会,甚至一些干部还存在着一意孤行的作风。如曲子区各乡不知道乡政府委员会的委员是谁。曲子区第一乡四村在征收公粮时,一天绑了 5 个群众。这些都是违背民主政治精神的严重缺点。③特别是由于乡(市)参议会参议员只管议事,不管执行,逢开会时提提意见讨论一下。既

① 陕西省档案馆、陕西省社会科学院编:《陕甘宁边区政府文件选编》第 9 辑,中国档案出版社 1990 年版,第 263 页。

② 中共庆阳地委党史资料征集办公室编:《陕甘宁边区时期陇东民主政权建设》,甘肃人民出版社 1990 年版,第 285 页。

③ 中共庆阳地委党史资料征集办公室编:《陕甘宁边区时期陇东民主政权建设》,甘肃人民出版社 1990 年版,第 342 页。

经决定之工作,不自己亲手去做,而都交给乡级政府(村主任、村长)去执行。执行得好坏,结果如何,乡参议会又未能起督促政府的作用,因之,所谓参议会便成了空架子,实际上已逐渐取消了参议会。还有些乡"把过去的议员到底是谁都记不准了。由于议员不直接管理居民,就和群众的关系不太密切"①。

而改参议会制为人民代表会议制,便纠正了上述毛病。根据庆阳县的经验,"由于代表会制是由人民直接选出,能对他们直接办事负责任的代表组(成)。代表会为乡政权的最高权力机关,代表直接管理一定范围的居民,代表一定范围居民的意见,集中到代表会中,同时又将代表会的决议在他所代表的居民中执行。这样的代表就成为能议能行的人民代表,加重了本身的责任,直接和人民联系,直接获得人民意见,反映到乡代表会上,经过讨论决定后,又到居民中去执行。这样的代表会就成了真正代表人民的强有力机关,更易发挥乡村自治力量,各项工作更能迅速的向前推进。"②

二、基层人民代表制度的建构

通过陕甘宁边区选举运动的普遍展开以及在此过程中的经验总结,到1946年4月23日颁布的《陕甘宁边区宪法原则》,明确规定:陕甘宁边区、县、乡人民代表会议为人民管理政权机关和各级政权的最高权力机关。各级人民代表会议闭会期间,选出各级常务委员会,负责日常会务工作。常务委员会对代表会议负责并报告工作。乡的代表会议及其常务委员会,本着"加强乡村自治"的精神,亲自处理乡政府工作,为直接执行政务的机关。各级人民代表会议的代表均由人民普遍、直接、平等、无记名投票选举产生。关于代表的选举对象,宪法原则规定凡居住在边区境内人民(包括军事服务人员),除有卖国行为经政府缉办在案、法院或军法判决褫夺公权尚未复权以及精神病者外,年

---

① 中共庆阳地委党史资料征集办公室编:《陕甘宁边区时期陇东民主政权建设》,甘肃人民出版社1990年版,第431页。

② 中共庆阳地委党史资料征集办公室编:《陕甘宁边区时期陇东民主政权建设》,甘肃人民出版社1990年版,第431~433页。

满 18 岁者,不分阶级、党派、男女、宗教、民族、财产及文化程度之差别,均有选举权与被选举权。蒙回少数民族还可单独进行民族选举,减低居民人数比额及扩大选举单位的照顾和优待。各级人民代表会议,乡一年改选一次,县两年改选一次,边区三年改选一次。①

《陕甘宁边区宪法原则》的通过,标志着陕甘宁边区政权组织形式已由先前的参议会制度向人民代表会议制度的全面转轨,原来的参议员也相应地成为人民代表。不过须指出的是,对于县级人民代表而言,并非与乡代表同步实施,而是在解放战争后期才逐渐开始实行的。这是由于县级政权组织形式的变更,在当初条件下还不具备建立人民代表会议制度的基础。关于这一点,毛泽东在给谢觉哉的信中清楚地表明:"政治民主有其自己的内容,经济是其物质基础,而不就是政治民主的内容。文化是精神的东西,它有助于政治民主,也不就是政治的内容。这些请考虑。"此外,"人民各项权利,在我们这里,只能说实现了几个重要部分"。②因此,及至 1947 年,伴随着解放战争已发生战略转折以及土地改革运动如火如荼的展开,县级人民代表的选举才正式开始。

1947 年 8 月,刘少奇建议"建立各级农民代表会,暂时代替业已死亡的参议会,作为各级权力机关"③。同年 11 月,中央批转刘少奇主持的中央工委关于政权形式问题给冀东区党委的指示,提出各解放区一律建立人民代表会议政权,并指出"目前解放区各级政权形式,应采取从下至上的代表会议制度,其名称或称农民代表会,或称人民代表会均可(一般以称人民代表会议为妥。中央注)"。关于县以下代表"由区、村人民直接选举(亦可说由人民直接委派),县以上由区、县人民间接选举。各工厂各机关各部队,亦应派代表到相当的代表会,代表任期以一年为宜"。④1948 年 4 月的晋绥干部会议上,毛泽东在肯定晋绥解放区的区村(乡)两级人民代表会议制度实践的同时,要求各地在区村(乡)两级人民代表会议的基础上建立县及县以上的人民代表会议,建立包括各革命

① 韩延龙、常兆儒编:《中国新民主主义革命时期革命根据地法制文献选编》第 1 卷,中国社会科学出版社 1981 年版,第 59~60 页。

② 《毛泽东文集》第 3 卷,人民出版社 1996 年版,第 232 页。

③ 中共中央文献研究室编:《刘少奇年谱》(下),中央文献出版社 1996 年版,第 87 页。

④ 《中共中央文件选集》第 16 册,中共中央党校出版社 1992 年版,第 591~592 页。

人民在内的真正意义上的代表会议。毛泽东还要求"在各级人民代表会议中，必须使一切民主阶层，包括工人、农民、独立劳动者、自由职业者、知识分子、自由工商业者及开明绅士，尽可能地都有他们的代表参加进去"[①]。1948年12月，陕甘宁边区政府正式公布陕甘宁边区县、乡人民代表会及县、乡政府选举暂行办法，提出"为发扬民主，加强县、乡政权，提高工作效率，进行选举县、乡人民代表会及县、乡政府"，同时规定凡是经过土地改革的区域的县、乡人民代表，通过县、乡选举委员会办理，"由选民用平等不记名投票方式，直接选举之"。[②] 至此，抗战时期的基层参议员实现了向县乡两级人民代表的转轨。

随着战争局势的进一步发展，陕甘宁边区政府于1948年10月关于进行县乡人民代表会的选举作了进一步的指示，明确指出："两年来的解放战争及土改运动，对于边区的整个工作和全体工作人员是一个总考验。"因此，为适应这种情况，重新选举县乡人民代表就成为目前的一项重要任务。根据边区政府的指示，"县人民代表的选举，各县应按地域及人口分布情形，划分若干选举区进行选举"。[③]但是，在解放战争时期，陕甘宁边区的选举法虽然在选举原则上坚持了"普遍、直接、平等、无记名投票"，不过在选举规范上同样作了重大修改。对于县级人民代表的产生，除群众团体提议之外，规定"有选民二十人联署"者可选一名县人民代表；而对于乡人民代表，除由各民主党派、人民团体提出以外，任何选民均有直接提出乡(市)代表候选人的权利。

为此，边区政府发动群众，充分酝酿代表候选人，以保证好人当选。在延安市北区所辖北郊乡、文化乡和北关乡，提名和酝酿代表候选人一般采取三个步骤：首先，用群众会、漫谈会等形式讨论代表候选人的条件，使选民明确什么样的人才有当选代表的资格。其次，讨论和提出代表候选人初步名单，并对列入初步名单的人加以介绍，便于群众作具体比较。最后，经过比较和会后的

① 毛泽东：《在晋绥干部会议上的讲话》，《人民日报》1948年5月10日。

② 陕西省档案馆、陕西省社会科学院编：《陕甘宁边区政府文件选编》第12辑，中国档案出版社1991年版，第263页。

③ 陕西省档案馆、陕西省社会科学院编：《陕甘宁边区政府文件选编》第13辑，中国档案出版社1991年版，第254~255页。

充分酝酿,确定代表候选人正式名单。但正式名单还要发动群众再次充分讨论之后然后才进行选举。关于代表名额的分配,边区政府规定:乡人民代表选举名额,如果不满 500 人的乡,应该选举代表 15 人;而 500 人以上的乡,则每增加居民 100 人要增选代表 1 人。县人民代表选举名额,如果是不满 2 万人的县就选举代表 30 人;而超过 2 万人以上之县,则每增居民 2500 人要增选代表 1 人。县乡人民代表的任期,县为 3 年,乡为 1 年,同时二者均不得连选连任。县乡人民代表,如在任期内遇有不称职者,得由各该级选举法定人数 1/10 以上的选民提议,经由该选举区投票罢免之。①

随着县乡两级人民代表会议制度的建立,县乡两级人民代表的社会构成与阶级基础也与先前的参议员有着很大的不同。"革命性"无疑已成为县乡两级人民代表社会成分的一个重要表征。特别是随着土地改革的大规模开展,中共明确要求"在土地改革中,应将解放区政权,改组为人民代表会政权。在没有工业区及大城市的解放区,实际上主要是(在区村则完全是)农民代表政权,故各级农会成立后,应使农会委员会(或主席团)成为各级代表会的常驻机关,应将代表会的工作,当作自己的主要工作。为了加强工人、雇农及人民的先进分子,在各级代表会的领导下,规定工厂、机关、军队、学校得派较多的代表数目,党应将最好的干部,经过人民出于自愿的委派到代表会去工作。应从思想上使这种代表会制度,与各种办事机关的委员制分别清楚"。同时,"在实行土地改革,彻底消灭封建剥削制度斗争中,必须随着采取必须的改变。"而那些"被打倒的地主富农及其他反动分子,均不应有选举及被选举权(新式富农应除外。中央注)"。②

根据这些原则,曾经具有地主阶级和国民党员身份的参议员,在县乡人民代表的社会成分中因不具备选举权和被选举权而被剔除出去。不过对于地主士绅而言,中共却分别以不同情况区别对待。特别是对于开明士绅,中共明确指出是从地主和富农阶级中分裂出来的带有民主色彩的开明人士。由于他们

① 陕西省档案馆、陕西省社会科学院编:《陕甘宁边区政府文件选编》第 12 辑,中国档案出版社 1991 年版,第 235~237 页。

② 《中共中央文件选集》第 16 册,中共中央党校出版社 1992 年版,第 590~591 页。

既同帝国主义和官僚资本主义有矛盾,也同封建的地主、富农有某种矛盾。在抗日战争时期,党对他们的要求是赞成抗日,赞成民主,赞成减租减息;在解放战争时期,则是要求他们赞成反美、反蒋,赞成民主,赞成土地改革。因此,只要他们能够这样做,就应采取团结的政策,给予他们选举权与被选举权。很显然,在陕甘宁边区的县乡人民代表中,曾经可以担当参议员的地主和富农已然被排除在外。这样,在陕甘宁边区的县乡两级人民代表中,所选举的公务员和农民占据绝大多数的比例。事实上,这种现象在解放战争初期就明显地体现了出来。根据对 1946 年 28 个县参议员成分和职业统计,仅公务员所占据的比例就高达 48.82%,而务农的比例则为 29.27%。[①]

总之,陕甘宁边区人民代表会议制度的制定与实施,是人民解放战争进入战略反攻阶段以后,在土地改革基本完成的广大农村进行的。如果说土地改革运动消灭了封建剥削制度,使亿万农民成为土地的主人,那么,人民代表会议制度则在政治上加速了人民民主制度建设的进程,并在彻底改造基层权力结构变迁的基础上,使广大农民成为新政权的主人,以便进一步推动政权机关工作的改进与提高。应该说在这一点上,陕甘宁边区政府的政策措施的确起到了应有的效果。如华池县温台四乡在检查政府工作时,最初 5 天中就发现 38 件问题。该区一乡和二乡在 10 天中就发现 100 多件问题。悦乐一乡一个行政村在检查工作中,提了 50 多条意见。元城二乡检查范围也较广泛。温台一乡对县政府科长和区长及区以上其他干部都有意见。[②]华池县元城原五乡乡长何光清耍赌,优待抗工属只照顾自己不照顾别人,不住乡政府,经常回家,对群众耍态度,毛病很多。最后在乡代表会上形成了一次严厉的斗争,群众一个紧接一个地指出他的毛病。何乡长被弄得面红耳赤,灰溜溜地栽下了,群众代表仍继续发言,最后让他承认了错误。在全县 30 多个乡的选民会上,干部被批评得面红耳赤,无言以对的不知有多少。"有过激的群众,甚至骂开

---

① 陕西省档案馆、陕西省社会科学院编:《陕甘宁边区政府文件选编》第 11 辑,中国档案出版社 1991 年版,第 279 页。

② 中共庆阳地委党史资料征集办公室编:《陕甘宁边区时期陇东民主政权建设》,甘肃人民出版社 1990 年版,第 441 页。

了。"①

可见,从参议会到人民代表会议制度的转轨,不仅进一步激发了边区群众特别是广大农民努力生产和支前参军的政治热情,而且对于加强政权建设,提高政府工作效能和干部队伍素质同样起了重要作用。而这一点,正是陕甘宁边区政府在时局变动的社会历史条件之下的一个政治出发点。基层人民代表也在新的历史条件下开始积极开展新的生产建设任务和自治实践。

当历史的车轮驶进 1949 年,人民代表会议制度经过一年多的酝酿和实施,逐渐被中共所认可。"人民代表会议的政权,乃是新民主主义政权的最好组织形式",因此,"各地党的领导机关必须予以最大的注意"。②1949 年 3 月,刘少奇在中共七届二中全会上指出:"人民代表会议是人民政权的主要组织制度、组织形式,有整个的代表会的系统,由代表会选出各级政府委员会。这就是民主的形式,是由上而下与由下而上相结合的、行政命令与群众运动相结合的一种主要的经常普遍运用形式。"因此,"各地应抓住代表会这一形式,大量的搞。大革命时期我们没搞,内战与抗战时期搞得不多。现在不能再拖了,如再拖延,就不足以反官僚主义,不足以有力地克服行政命令中的一切毛病"。正是由于如此,刘少奇强调"现在各地应成立人民代表会议"。③同年 9 月,《中国人民政治协商会议共同纲领》规定,凡新解放地方一律实施军事管制,由军事管制委员会和地方人民政府"领导人民建立革命秩序,镇压反革命活动,并在条件许可时召集各界人民代表会议"。同时规定"在普选的地方人民代表大会召开以前,由地方各界人民代表会议逐步地代行人民代表大会的职权"④。这样,人民代表会议制度在临时宪法中得到确定,人民代表成为共和国历史上一个固定的术语,而曾经的参议会制度和参议员最终成为一个沉睡在史籍当中的历史名词。

① 中共庆阳地委党史资料征集办公室编:《陕甘宁边区时期陇东民主政权建设》,甘肃人民出版社 1990 年版,第 449 页。

② 《中共中央文件选集》第 17 册,中共中央党校出版社 1992 年版,第 591 页。

③ 《刘少奇选集》上卷,人民出版社 1985 年版,第 424~425 页。

④ 《建国以来重要文献选编》第 1 册,中央文献出版社 1992 年版,第 5 页。

值得一提的是,在从参议员到人民代表的转轨过程中,他们的历史任务也相应的随着社会时局和客观环境而发生了变化。如果说战时的基层参议员更多的是为抗战服务，那么，陕甘宁边区基层人民代表则是在继续发扬民主政治的基础上，进一步开展地方自治运动，以此来促进陕甘宁边区的社会经济发展,从而实现边区人民的彻底解放。

第二节 基层人民代表的自治实践

ERSHI SHIJI ZHI ZHONGGUO

如前所述,陕甘宁边区改参议会为人民代表会议制度,其主要目的就是能够在新的社会历史条件下,通过进一步发扬民主政治以适应新的形势的需要。而"继续发扬人民的政治民主,头一个重要任务是加强乡村自治"①。可见,开展地方自治,是战后中共为适应新的形势与环境作出的一项重要决策。

一、战后地方自治的推行

1945 年 11 月 20 日,《新华日报》刊发《立即实行地方自治,根绝国内纠纷》的社论。这一社论清楚地表明了中共在战后的基本主张。社论指出:"地方自治是孙中山先生的重要革命主张,国共会谈纪要的第八条也明确地写着:'双方同意各地应积极推行地方自治,实行由下而上的普选。'要推行地方自治,就应遵照中山先生的主张。"在此基础上,社论进一步指出:"在'国共会谈纪要'中,双方都同意普遍地在各地推行地方自治。真能这样做,今日国内一切纠纷自然可以迎刃而解。经过八年抗战的锻炼,全国各地人民的觉悟程度都已大大提高,只要政府诚意实行民主,假如在事实上还需要分别缓急先后,不

---

① 《陕甘宁边区重要政策法令汇编》,陕甘宁边区政府秘书处,1949 年编印,第 39 页。

能在全国范围内同时实行的话，那么首先就应该立刻在已经树立民选政府的解放区地区和长期沦陷而过去并未实行过所谓'党治'的地区，把地方自治实行和贯彻下去。"

很显然，中共在此时所提倡的地方自治，有着很强的针对性和政策色彩。由于在国共会谈中，关于如何对待解放区的问题上，国共两党存在着较大的争议，所以中共提出解决的最好办法，"就是实行中山先生所主张与国共会谈所确定的地方自治"①。

中共在战后积极提出地方自治的主张，除了上述原因之外，另一个原因则是通过战时基层社会的民主实践，边区民众的政治积极性已有了很大的提高。正如社论所说，解放区人民经过抗战时期的民主实践，"完全靠了自己的力量组成抗日军队，保卫国土，成立民选政府，进行民主建设，功绩卓著，这就证明他们完全有能力实行地方自治"②。特别是由于人民物质生活的改善，由此引起了政治积极性新的高涨，经济、文化与公益事业中合作互助的推广，已把散漫的农村社会组织起来了，农村劳动英雄与积极分子的出现，由此也增加了新的骨干。再加之通过边区第三届参议会的选举运动，以自然村为基础的代表制，使众多的新的积极分子被选进村乡政权，这些都为乡村自治创造了有利条件。因此，当陕甘宁边区通过改参议会为人民代表会议制度之后，就明确要求"代表会各代表，一方面代表居民意见商决本乡市应兴应革事项及选举罢免本乡市长等立法职权，另一方面代表乡市政府领导所属单位军民，推行各种建设等行政事宜"③。

与此同时，为了更好地实施地方自治，边区政府专门于 1946 年制定了《中华民国陕甘宁边区自治宪法草案》，首先强调"陕甘宁边区政府为地方自治之民主联合政府"，提出了陕甘宁边区人民群众的权利和义务，并规定"乡为地方自治之基础，得制定乡自治公约。乡代表会即为乡政府，由乡长及乡代表组织之，乡长由乡人民直接选举或由乡代表会选举之。村（或行政小组）选出之乡代表人数，即为各村（或行政小组）之行政负责人"。如果自治经费不足，"请

---

① 《立即实行地方自治，根绝国内纠纷》，《新华日报》1945 年 11 月 20 日。

② 《立即实行地方自治，根绝国内纠纷》，《新华日报》1945 年 11 月 20 日。

③ 《陕甘宁边区重要政策法令汇编》，陕甘宁边区政府秘书处，1949 年编印，第 35 页。

第
六
章

327

从
参
议
员
到
人
民
代
表

求上级政府补助之"。对于聚居于边区境内的少数民族,设立民族自治区。其区域"相当于县者,适用于县自治之规定;相当于乡者,适用于乡自治之规定"。对于少数民族的选举可单独进行,并可"减低其居民人数比额及扩大其选举单位,使其能选出参加各级议会之代表"。①根据自治宪法草案,边区政府又具体从生产活动、文教活动、卫生活动、公益活动、社会秩序、卫生和治安工作、改造"二流子"以及调解纠纷、团结邻里等多方面,对基层社会的地方自治运动作了安排。主要包括以下几个方面:

(1)以自然村为基础,从村民最关切的事情着手,做出成绩,逐步推广,不要贪多,也不要强求各村一个样子。(2)以自然村为基础,发现、培养和巩固村的核心。(3)改进乡政府的工作方式,具体帮助村主任、村代表进行工作,实际解决问题,去掉简单命令的习惯。(4)从乡村公产及人民乐意的办法中,筹集一定的自治经费。(5)上级领导必须符合加强乡村自治的精神。同时,边区政府特别强调,地方自治的着力点"关键在于县,县政府必须与乡政府保持经常密切的联系。区公署只是县政府助理机关,协助县政府检查和帮助村乡工作,不宜当作一级政权使用"。(6)继续每年一次与乡选结合起来的乡村干部冬训。在此基础上,边区政府又进一步强调注重健全法律与制度,加强公务人员奉公守法的观点与习惯。②

加强基层人民代表对于各级干部的监督,是边区政府在战后尤其注重强调的重要内容。因为陕甘宁边区处于农村环境,边区建设的各项工作主要是农民大众的建设工作,政府工作的上下左右关系,归根到底是同农村人民主要同农民大众的关系。因此,边区政府要求各级干部必须要了解和掌握边区农村现在还处在极端分散的落后的个体经济的这种根本特点。这也就要求基层干部不但要克服旧社会遗留下来的经济文化落后所反映的保守性,还需要从当时当地的具体情况出发,"从人民大众今天的需要和觉悟程度出发,因时因地制宜,逐步前进,痛切纠正官僚主义、命令主义以至爬在人民头上的恶劣

---

① 陕西省档案馆、陕西省社会科学院编:《陕甘宁边区政府文件选编》第 11 辑,中国档案出版社 1991 年版,第 249~256 页。

② 甘肃省社会科学院历史研究室编:《陕甘宁革命根据地史料选辑》第 3 辑,甘肃人民出版社 1983 年版,第 95 页。

习气。无论上级和下级，需要将战争动员工作的方式和方法改变过来，逐步地养成精雕细刻的习惯，需要力戒急躁骄傲情绪，力行谨慎谦虚精神。需要言行一致，不尚空谈"。同时，边区政府要求各级人民代表"经常密切地督促行政干部和其他公务人员，督促和帮助我们成为名实相符的人民勤务员"[1]。

如果从国家政权建设的视角来看待中共的地方自治实践，不难发现，中共所要求的自治选举，是要将行政系统延伸到农村社会的各个角落，将基层民众纳入到行政组织系统之中，从而扩大政权对基层社会的控制能力，以便使得政权本身达到高度统一、步调一致，确保在战时条件下边区政权行政的高效率。这样，即便在战时恶劣的条件下，中共也能够从容不迫地领导战争，同时也可组织大规模的经济建设和社会重建。但是至为关键的一环则是中共抓住了农民这一核心阶层。正如一些学者所说，在 20 世纪的中国革命历程中，可以看到"中国共产党发现了农民，动员了农民，组织了农民，开发了农民，从而使农民从革命和现代化历史的客体转变为主体，并上升为中坚力量，成为决定革命成败的关键因素"[2]。可见，把革命动员与乡村的革命性改造有机结合起来，在乡村改造中动员农民，通过动员起来的农民实现乡村改造，是中共建构地方自治的关键所在。

二、基层人民代表的自治实践

基层人民代表践行地方自治的重要一环就是检查和批评政府工作。正如边区政府在致各专员、县市长的信中所指出的那样，在选举中检查工作是"整个选举过程中的重要关键和中心步骤"。因此，必须使干部认识到放手发动群众检查工作的重要性，打破"怕民主"、"怕放手"的错误观点，敢于放手让人民批评政府的工作，敢于在人民面前承认自己的错误与缺点，不怕人民指责自己，切实做到人民对政府"知无不言，言无不尽"，干部对人民"言者无罪，闻者

---

① 甘肃省社会科学院历史研究室编：《陕甘宁革命根据地史料选辑》第 3 辑，甘肃人民出版社 1983 年版，第 96 页。

② 林尚立：《革命与乡村——中国的逻辑》，《中共党史研究》2008 年第 1 期。

足戒"。①

应该说进入解放战争以来的选举运动,是比以前任何一次选举都更强调检查政府工作。边区政府要求公务人员不仅要向人民报告工作,还要做深刻的自我批评。在此情形之下,不仅一些乡级的干部要做自我批评,而且许多县级干部也在乡代表会议上做了自我批评。例如安塞县长贺兴旺、志丹县长和县委书记都曾在乡代表会和乡干部会议上做了自我批评。富县、延川县干部还在《解放日报》上发表文章,作了书面检查。与此同时,对于基层人民代表而言,不仅要听取工作人员的报告,而且还可以亲自动手检查政府工作,发现问题。如延安、鄜县、延川、志丹、曲子、合水、镇原、新正、新宁、赤水、吴旗等县,经过人民代表的检查,"就发现了二万一千多个问题,并且随发现随解决"。而随即已经解决的"已过一万七千多个,大概在总数里占百分之八十以上"。②其余没有解决的,都是因为乡上不能解决,交到县上解决;有的在县上也不能解决,如负担、税收、婚姻,尤其牵涉到上级领导作风等,这些没有解决的问题,在边区参议会后都迅速地加以解决。

基层人民代表践行地方自治的另一重要任务就是选举能为民众尽心尽力办事的县长、乡长。在解放战争时期,边区政府通过广泛的动员宣传,民众的选举积极性有了空前的提高,"人民把选举运动认定是自己的事,不是旁人的事。所以从检查工作到选举代表的三个月过程里头,就连许多还不到十八岁,还没有选举权的少年与儿童,也做了不少与选举有关的事情。至于选民就绝大部分卷入了浪潮,他们有什么说什么,自由酝酿着候选人,没有因亲戚朋友耍私情的。"③根据对1945年各县县长和议长的选举统计,在选举的边区31个县市的41名正、副县长之中,连选连任者只有10人,而新选任的县长则达到31人。具体情况如表6.1所示。

① 陕西省档案馆、陕西省社会科学院编:《陕甘宁边区政府文件选编》第9辑,中国档案出版社1990年版,第259~260页。

② 甘肃省社会科学院历史研究室编:《陕甘宁革命根据地史料选辑》第3辑,甘肃人民出版社1983年版,第101页。

③ 甘肃省社会科学院历史研究室编:《陕甘宁革命根据地史料选辑》第3辑,甘肃人民出版社1983年版,第102页。

表 6.1　1945 年边区第三届参议会县长议长选举情况一览表

县　别	县　长	副县长	议　长	副议长
延安市	谢怀德(△)	姚吉安(△)	毕光斗(△)	王志国
延安县	曹　扶		李兴旺(△)	吴满有(△)
延　长	呼思恭	白云亭(△)	谭生晟	
延　川	刘益三(△)	刘璞丞(△)	王国华(△)	高敦泉(△)
甘　泉	惠居良	惠光第(△)	刘志瑞(△)	
固　临	冯德厚(△)	郝显得(△)	李国芬(△)	
志　丹	赵玉文(△)		薛怀让	
安　塞	贺兴旺		白宜彩	
子　长	苏耀亮(△)	魏明选(△)	杨彩霞	
鄜　县	郭景龙(△)	王俊成(△)	苏子章	赵尚斌(△)
庆　阳	杨福祥(△)		田玉亮	蔡德旺
环　县	杨巨奎(△)		王保民(△)	韩正评(△)
镇　原	王子厚(△)	杜洪源(△)	李焕章(△)	
华　池	李生华(△)		扈宪章(△)	高明山(△)
曲　子	李正林(△)		王邦宁(△)	郭兆林(△)
合　水	张云山(△)		雷庆茅(△)	杨正甲
新　正	郭廷藩(△)		李　科(△)	
新　宁	王立成(△)		何聚财(△)	张贵元(△)
赤　水	王振喜		郭文学(△)	李仲仁(△)
淳　耀	冯正宝(△)	房文礼	白兴武(△)	任德胜(△)
吴　旗	白国民(△)		蔡　丰	马俊杰(△)
定　边	丁子齐(△)		郭子范	
盐　池	孙　璞		靳体元	郭文举(△)
靖　边	曹九德(△)		李尔直	许海珠(△)
安　边	刘文卿(△)	张文辉(△)	刘昱民(△)	李维钧(△)
子　洲	王占山(△)		李广业(△)	拓生荣
佳　县	杜嗣尧(△)		张俊贤(△)	刘凤午
清　涧	王士英(△)		赵景峰(△)	王仁吉(△)
米　脂	马济棠		高愉庭	朱侠夫
吴　堡	魏希文(△)		高荣卿	
注:符号"(△)"为新选,不带符号者为连选连任				

资料来源:《陕甘宁边区政府文件选编》第 11 辑,第 280~281 页。

陕甘宁边区民众对县长的选举，突出地体现了中共在《和平建国纲领》当中所倡导的"积极推行地方自治，实行自下而上之普选，迅速普遍成立省、县（市）参议会，并实行民选县长"的基本方针。①与此同时，陕甘宁边区在自治宪法草案中还明确要求"在各级选举中，各民主党派、民众团体及任何选民，均有单独或联合提出竞选纲领及其选举人名单，实行竞选之自由，凡在竞选及选举中以威胁、利诱、舞弊等行为，取得选票，或破坏选举者，除所得选票作废外，一切参与非法活动之人，均须依法治罪。"②这样，很多被民众认可的县长当选。除此之外，所选的各级干部也比以往更加积极地参加工作。如米脂县民丰区三乡的一些工作人员此前选举情绪有些不高，但是及至第三次普选之后，由于三乡解决了他们的困难，他们的情绪就提高了。在代表会上讨论时，"解决了许多问题，如变工队过去有很大的组织，不适合分散的农村，现在大小、时候都按需要，乡政府机构、制度也要改进，这些都适合一般人民的要求"③。而且经过这次自治选举运动，人民的自治积极性大大提高了。

正是因为有了这些特点，"所有乡干部也更加提高了自己的上进心、自信心和工作积极性。过去我们的乡村干部是有缺点的，有些事要做，他们拖着不做，或者硬做，要命令，随便捆绑人处罚人的事情也是有的。这次选举，他们也从自己的经验中证明群众的眼睛是公正的，群众合在一块，并没有偏三向四，营私舞弊，或存心报复，他们了解了只有他们自我批评是诚恳的，并且能接受群众正确的批评，群众才会拥护他们，而且一定拥护他们，而这样的人，是批评不倒的。这样他们就有进步了。"延安李家渠乡长卜清旺，经过这次选举运动的教育，"他改正了，确实改正了，有一天，李家渠集市，他解决了十多件案子，一概是平平和和解决的，没有发过一点脾气，这是他的态度改正了。并在选举后经常下乡，布置秋翻地，冬学等。还有个自卫军排长，他也是对群众态度不好，在李家渠吃了人家的东西不给钱，大概是郎里郎当的这号人，自从选

---

①　《中共中央文件选集》第 16 册，中共中央党校出版社 1992 年版，第 48 页。

②　陕西省档案馆、陕西省社会科学院编：《陕甘宁边区政府文件选编》第 11 辑，中国档案出版社 1991 年版，第 256~257 页。

③　甘肃省社会科学院历史研究室编：《陕甘宁革命根据地史料选辑》第 3 辑，甘肃人民出版社 1991 年版，第 103 页。

举中大家批评他以后,也改正了,欠下人家的钱统统开销了"。①

实际上,纵观中共建构地方自治的思想和实践,始终凸显着一条政治逻辑,那就是必须给予普通民众选举基层政府的权力,以建立平民政权。早在中共成立的 20 年代,就曾提出了"县长民选"和"乡村自治机关及一切公益机关,均由乡民开大会选举"的主张。②尽管在苏维埃时期不再提及地方自治,而是建立各级苏维埃政权,主张一切权力归工农兵代表会议,但是注重民众选举依然是其一贯的主张。抗战爆发之后,中共不但承认了地方自治,而且在各抗日根据地切实推行了地方自治实践,通过参议会的组织形式,采用"直接、普遍、平等、不记名的选举制"选举基层政权。在抗战后期的民主宪政运动中,周恩来发表宪政与团结的演说,并指出:"照我们的经验,在敌后那样艰苦的环境中,人民尚能进行普选,讨论国事,选举抗日政府,实行地方自治,那有大后方不能实行民选和自治的道理。"③

如果将此与国民党的地方自治相比较,其反差自然明显。正如有学者指出:"中国国民党的权力,只限于贴标语,喊口号,无力推行实际政治……中国国民党是主张民主的,而政治上则偏重集权,废弃选举;中国国民党是主张地方自治的,而政治上则实施保甲制度,助长官僚政治的荼毒;中国国民党是主张民生主义的,而政治上则维持经济上的特权阶级,对人民则苛捐杂税,造成普遍的赤贫。凡此种种,都足以证明中国国民党已和实际政治脱离了关系,一个脱离了实际的政党,其本身已丧失其存在的价值。"④毫无疑问,就国家政权建设而言,它的主要表现就是政权的官僚化、渗透性、分化以及对下层控制的巩固和资源汲取能力的提高。"现代民族—国家的产生,其目标是要造就一个有明确边界、社会控制严密、国家行政力量对社会进行全面渗透的社会,它的形成基础是国家对社区的全面监控。"⑤但是在另一方面,国家政权建设还意味着在现代化的民族国家内,公民的权利和义务也在逐步扩大。显然国民党

---

① 《李鼎铭文集·纪念·传略》,中共中央党校出版社 1991 年版,第 55 页。

② 《中共中央文件选集》第 2 册,中共中央党校出版社 1989 年版,第 208 页。

③ 《中共中央文件选集》第 14 册,中共中央党校出版社 1992 年版,第 185 页。

④ 王奇生:《党员、党权与党争》,上海书店出版社 2003 年版,第 348~349 页。

⑤ [英]吉登斯著,胡宗泽等译:《民族—国家与暴力》,三联书店 1998 年版,第 146~147 页。

在这一方面并未做出明显的制度建构,其结果最终导致了"国家政权内卷化"。

三、基层自治政策的转向

"政治决策者的行动与选择,不但与社会结构提供的机会和他们对客观社会的看法(perception)有关,同样有关的是政治环境;各种政治力量的关系与对比;社会整个政治力量的均衡;各种战略策略的运用;以及两方面或多方面彼此对他方战略或策略了解或误解的程度"。这就是政策选择的"策略理性"。[1]陕甘宁边区在解放战争后期基层自治政策的转向,在很大程度上正是策略理性选择的结果。

事实上,抗战胜利之后中共倡行的地方自治,在很大程度上就是寄希望于通过和平的途径来实现建国目的的前提下而形成的策略理性选择。对此,周恩来曾经指出:"党在日本投降后的一个时期,在决不放松武装自卫的条件下,曾经想用和平的方法实现建立新中国的目的。那时,和平就是要在我们这边巩固解放区,在国民党统治区那边动员人民。那时用和平方法实现我们的目的,可能性大不大?不大,但要试一试。全国大部分人民要和平,全世界要和平,这个呼声党不能不考虑。党是人民的先锋队,看得远,但先锋队不能脱离群众,要尊重人民的意见。经过十年内战、八年抗战,人民要和平。因为人民有这种想法,所以要去试一试和平的但也是麻烦的方法。"[2]

正是由于如此,抗战胜利后,经过国共双方谈判,"同意各地应积极推行地方自治,实行由下而上的普选,惟政府希望不以此影响国民大会之召开"[3]。毛泽主持中央政治局会议在报告重庆谈判时也指出:"如地方自治,在纪要发表后,我们提出省府民选,可以找出根据来的,因为孙中山说过"[4]。但是对于国

---

① 邹谠:《二十世纪中国政治:从宏观历史与微观行动的角度看》,香港:牛津大学出版社 1994 年版,第 212~213 页。

② 《周恩来选集》上卷,人民出版社 1980 年版,第 272~273 页。

③ 重庆市政协文史资料研究委员会等编:《重庆谈判纪实》,重庆出版社 1983 年版,第 251 页。

④ 《毛泽东年谱》下卷,人民出版社、中央文献出版社 1993 年版,第 33 页。

民党而言,发动内战应该是其既定的方针,因此,所谓的地方自治,在很大程度上只是一种权宜之计。所以 1946 年 1 月 7 日,《解放日报》发表社论指出,中共所领导的地区为"民主自治区"、"解放区的地方自治",是人民自己选举的政府。而蒋介石借"统一"、"还政于民",不承认"人民有选举地方政府与决定地方法令的普通权利,蒋氏及其一派造成了中国今天的政治分裂"。①

随着解放战争的爆发以及战争形势的逐渐吃紧,1946 年 10 月 30 日,边区第三届政府委员会在延安召开了第二次全体会议。林伯渠在《半年来的政府工作报告》中指出,"全边区军民动员起来,全力全面保卫边区的时候到来了","今后唯一中心任务,就是积极动员一切人力武力,准备粉碎蒋介石的进攻"。因此,政府的"工作机构以及上层的机构和人员,加强前方,充实县、区、乡政权,提高乡村自治能力,使战争发生的地区,可能被分割的情况下,各个地区各个部门都可以独立作战,必须取消一些不适合战时需要的制度,确立一些适合战时需要的制度,尤其必须大胆检讨并及时改变各级干部的作风,为适应战时的情况,一切干部都应随时随地背起包袱跟上群众走,发扬民主精神,和群众真正打成一片,发扬艰苦作风,坚决反对强迫的官僚架子,同时提倡服从命令,及时完成任务的雷厉风行的作风,消灭疲沓拖延等腐败现象"。②

然而,及至 1947 年,人民解放军进入了战略反攻阶段,中共开始主张强调建立地方各级政权。这样,基层自治的实践终因战争形势而被迫中断。之后随着各地的相继解放,恢复经济建设、着力解放大西北成为新形势下的主要任务,地方自治也就不再提及了。应该说中共地方自治政策的转向,同样是基于中国革命发展进程的策略理性选择。

首先,随着战争局势的逐渐明朗化,以及国统区各阶层人民反蒋斗争的日益高涨,"全国绝大多数人民,地无分南北,年无分老幼,都认识了蒋介石的滔天罪恶,盼望本军从速反攻,打倒蒋介石,解放全中国。"③这样,"一方面,我们

---

① 《中共中央文件选集》第 16 册,中共中央党校出版社 1992 年版,第 36 页。

② 《林伯渠文集》,华艺出版社 1996 年版,第 516 页。

③ 《毛泽东选集》第 4 卷,人民出版社 1991 年版,第 1237 页。

已用事实证明给老百姓看，我们有力量打倒蒋介石；另一方面，老百姓也不要蒋介石，就连上层分子（除了少数反动集团外）、中产阶级也不想给蒋介石抬轿子了，也要推翻他了。"①这也就意味着，此时再没有必要通过以地方自治为条件同国民党展开政治博弈了。

其次，随着基层人民代表的广泛实践，人民代表会议制度已在基层政权中发挥着重要作用。而"人民代表会议一经建立，就应当成为当地的人民的权力机关，一切应有的权力必须归于代表会议及其选出的政府委员会。到了那时，贫农团和农会就成为它们的助手"②。可见，通过人民代表会议制度建构基层社会的政权结构模式，在此时已成为中共的一项既定方针。

最后，随着战争的节节胜利，各解放区已开始逐渐连成一片。根据地民众通过人民代表会议的选举，相继建立了人民民主政权，革命根据地的政权结构也随之发生了变化，阶级基础也相应的发生了改变。所以，在全国范围内建立无产阶级领导的以工农联盟为基础的人民民主政权，已然成为中共要建构的新的政权结构模式。正如毛泽东所说："我们是人民民主专政，各级政府都要加上'人民'二字，各种政权机关都要加上'人民'二字……以示和蒋介石政权不同。我们有广大的统一战线，我们政权的任务是打倒帝国主义、封建主义和官僚资本主义，要打倒它们，就要打倒它们的国家，建立人民民主专政的国家。"③

从上不难看出，中共基层自治的政策转向，无疑体现出较强的理性策略色彩。实际上，这也是中共在整个民主革命时期都善于使用的一种革命策略。正是由于中共能够根据现实环境来衡量政治策略环境，以此作为政策调整的依据，才最终获得了成功。

---

① 《周恩来选集》上卷，人民出版社 1980 年版，第 276 页。

② 《毛泽东选集》第 4 卷，人民出版社 1991 年版，第 1308 页。

③ 《毛泽东文集》第 5 卷，人民出版社 1996 年版，第 135 页。

第三节 基层参议员的历史地位及作用

ERSHI SHIJI ZHI ZHONGGUO

陕甘宁边区基层参议员作为延安时期基层社会的权力主体，在中共建构革命根据地民主政治的框架结构内，无疑是一个凸显民主价值及其内涵的极其重要的载体。特别是在一个经济文化落后的地区，这种从未有过的政治架构和运行模式，对于基层民众而言不啻是一个破天荒的制度建构，而所有的这一切又是促进抗战及其随后解放战争最终取得胜利的重要支柱，因此其历史地位和作用是不言而喻的。

一、参议员是民主制度的重要载体

基层参议员是凸显陕甘宁边区民主制度结构的重要载体。按照毛泽东的说法，陕甘宁边区抗日根据地之所以发展、所以巩固，"依靠于政治上的民主、经济上的民主与文化上的民主，团结了各阶层各党派的人民成为一条心"[1]。而不论是政治民主、经济民主还是文化民主，归根结底就是能够达到"政"与"民"的有机结合，也就是说是能够形成"大家的事，大家来议，大家来做，在大

---

[1] 《毛泽东文集》第 3 卷，人民出版社 1996 年版，第 179 页。

家公认的条件下(少数服从多数,个人服从全体),谁都能发表意见,好的意见一定能被采纳,谁都有出来做事管事的义务与权利"①。

然而,无论如何,这仅仅只是民主政治建设的前奏。重要的问题是民主政治从何处入手。在边区政府的制度设计中,一再强调基层民主的极端重要性。正所谓百尺高楼平地起,民主政治的基础就在于基层,只有基层民主搞得好,才能实现边区民主的进一步发展。"政府同人民的关系首先是在区、乡政权直接地表现出来。群众检查政府工作和人员首先是直接地检查区、乡政府的工作和人员,而发动群众首先依靠区、乡干部去发动。所以选举方针的贯彻,关键在于乡选,要在乡选中放手地和充分地发动群众检查政府工作和人员。检查工作做得好,选举就能办得好;而乡选办得好,上级选举也就能办得好。"②因此,从基层民主入手,加强基层参议会的选举,就成为首当其冲的重要一环。

不过,面对如此众多的民众,是不可能使每个人都来议、都来管。由于"人民多得很,不易集合,区县以上的事,不能人人都来议来管,只能选派代表(议员)去"③。于是,便形成了代议制。而代议制作为现代民主的基本的、普遍的标志,首先是通过选举这种具体制度和形式来体现的。"选举及议会制度,是民主政治的主要表现。虽然说没有真正民主的实质,选举与议会,可以成为空架子,没有议会,那民主的精神无所附议,也就说不上民主。"④这也就是说有议会不一定有民主,但没有议会,却必然没有民主,离开了选举,民主也就无从谈起。而对于众多民众而言,所谓的选举,首先就是要选举能够代表自己的参议员。正如谢觉哉所说:"边区的民主,不是干部议管就够,也不是政府做的事情好就够,而是人民选举自己的代表亲自议管,人民通过直接管理国家事务,

---

① 谢觉哉:《一得书》,人民出版社 1994 年版,第 240 页。

② 陕西省档案馆、陕西省社会科学院编:《陕甘宁边区政府文件选编》第 9 辑,中国档案出版社 1990 年版,第 259 页。

③ 陕甘宁边区政权建设编辑组:《陕甘宁边区参议会(资料选辑)》,中共中央党校科研办公室,1985 年编印,第 660 页。

④ 陕甘宁边区政权建设编辑组:《陕甘宁边区参议会(资料选辑)》,中共中央党校科研办公室,1985 年编印,第 636 页。

会深切感到自己的责任，不是以旁观的身份拥护政府，而是积极地把管理政府的重担放在自己肩上。"①正是依据这些原则，陕甘宁边区以参议会作为其民主制度的载体，规定了具体的运行结构模式。即参议会由人民选举民意机关，再由民意机关选举产生行政机关，构成一套政权机构。各级民意机关都是权力机关，它有常驻机关和常驻代表，行政机关必须服从和执行民意机关的决议，一切行政大计须经由民意机关的通过和批准。民意机关有督促和检查行政机关之全权。也就是说，参议会在由人民选举组成后，又以参议员的身份选举同级政府，监督、罢免政府人员。"未经过选举的地区，各级政府都是临时的，必须由老百姓选举，才能叫正式政府。"②陕甘宁边区的参议员，正是在这种"亲自议管"的制度建构内，承载着边区民主的价值内涵。

如果说参议会的制度架构是凸显陕甘宁边区民主政治的重要载体，那么，在基层参议员中数量众多的非党参议员群体，特别是那些在基层社会享有较高威望的地主士绅被选为参议员，同样成为凸显边区民主政治的一个重要载体。

陕甘宁边区之所以被称作是模范的革命根据地而为中外人士所称道，一个重要的原因，就是参与政权人员的广泛性。尤其是在参议员的社会成分和党派关系中，非党人士更是占着绝对多数。可以说当众多的地主士绅被选为参议员，这本身就凝结着边区民主的价值理念。正如毛泽东所说："任何政党的政策如果不顾这些阶级的利益，如果这些阶级的人们不得其所，如果这些阶级的人们没有说话的权利，要想把国事弄好是不可能的"。而"国事是国家的公事，不是一党一派的私事。因此，共产党员只有对党外人士实行民主合作的义务，而无排斥别人、垄断一切的权利"。③不少中外观察家在考察延安和陕甘宁边区时，很大程度上也是以此为切入点来认识延安和陕甘宁边区的民主的。

斯坦因在参看了延安一些地方的参议会之后这样描述道："有几个是农民，赤足、短棉袄，吸着烟袋、剥着西瓜子，倾心的谛听。另有几个是典型的旧

---

① 《谢觉哉文集》，人民出版社 1989 年版，第 477 页。

② 韩延龙、常兆儒编：《中国新民主主义革命时期根据地法制文献选编》第 1 卷，中国社会科学出版社 1981 年版，第 213 页。

③ 《毛泽东选集》第 3 卷，人民出版社 1991 年版，第 805 页。

式商人,精明强干,吸着土制香烟,穿得比别人好。一个是年老的学者,长袍白须,在会议的进行中,他不住地点头,偶尔作出不同意的手势;几个是当地的年青的共产党员,穿着蓝制服,带着坚决精干的面容;两个是女人,一个强健的快活的乡下姑娘,一个面色苍白的,戴眼镜的知识分子,她是一个小报的副总编辑"。"这是一个秩序良好很有生气的会议,这些人在几年之前还没有听说过地方自治这个名词。他们似乎是很满意这个新的机会,喝茶,剥瓜子,吸烟,不在乎地打断别人的话。其中一个人告诉我,说是这种会议对他们是很好的教育,他们也逐渐对于他们不习惯的政治工作习惯起来了"。①另外,从一些中外记者对绥德士绅的对话当中也同样有着反映:

爱泼斯坦:你过去和现在的思想有什么不同?

王德安:我相信真理。后来对他们不感兴趣就回来了。

爱泼斯坦:具体有什么不满?

王德安:部队里官兵关系不好,经济不公开,抗战不力,前途不光明。

……

爱泼斯坦:你对国民党的看法怎样?

王德安:国民党基本上不民主。在经济、军事、政治各方面,他们由少数人包办。共产党基本上是民主的,虽然现在还不太够,但还向更民主的方向发展。

爱泼斯坦:你现在和过去对共产党的看法有什么不同?在高桂滋部队时及现在,你的思想是怎样转变的?

王德安:我以前不了解共产党。回来后,我清楚地看到共产党所做的事是和国民党大不一样,便同情共产党了。②

显然,从一些士绅的态度转变以及最终参与基层政治,民主无疑是一个重要的媒介。特别是当他们通过与先前的经历相比较之后,自然也就积极参选而成为基层参议员。正如绥德士绅安文钦所说:"袁世凯时代,贿选众议员,成立国会,老百姓不知其所以然,只盼着真龙天子出现。边区选举真是家喻户

①　[英]斯坦因著,李凤鸣译:《红色中国的挑战》,新华出版社1987年版,第35、38页。

②　中共陕西省委党史研究室编:《中外记者团和美军观察组在延安》,陕西人民出版社1995年版,第125~126页。

晓，大家了解民主的真义。"①这一论述，可谓是基层参议员凸显边区民主价值载体的最好注脚。而作为边区民主价值重要载体的参议员，实际上又在很大程度上成为基层民众政治心态变化的推动者。

二、参议员是民众心态变化的推动者

在中国传统社会中，民众的政治心态主要表现为依赖朝廷、企盼明君、仰仗清官、借重循吏。因为在君主专制制度下，民众的利益表达通常是以封建王朝的言路结构为中介，间接地上达君主。尽管在某种程度上民众可以以某种形式进行有限的利益表达，诸如申诉疾苦、控诉冤狱等，但是对于普通民众而言，是很难通过合法渠道和专门机构表达自己的政治要求，更不容易将这些要求转换为权威性政策。这样，在日常政治生活中，民众只能被动地选择皇权与皇帝作为自己的庇护人，从而形成典型的"统治者兼庇护人——被统治者兼被庇护人"的模式，即由"天下之父母"充当全社会的利益综合者，并为广大臣民提供保护及各种公共性服务。而广大民众则自觉地或被动地为皇权提供劳役、赋税及其他的政治资源，并顺从既定的统治秩序。②在这种结构体系之下，形成了乡村民众对政治的冷淡。

而对于地处偏远的陕甘宁，这种冷漠的政治心态，即便到20世纪二三十年代依然没有明显的改观。据当年曾在陕北地区发动革命的耿炳光说："因为此地交通不便，所以政治的消息不灵，一般人对政治乏趣，同学中多不看报，而且此地人民较陕西中部人民所受的压迫稍少，所以几乎没有革命性！此地人民之苦况，是自然界给他们的（如交通不便，田地少，生活苦），他们以为这是'命该如此'！至于军阀如井岳秀对于他们的压迫虽然不小，但比较中部好得多，所以他们有时还赞扬老井！"③

① 《榆林人物志》，陕西人民出版社2007年版，第839页。

② 张分田：《从社会大众的政治心态看民本思想的文化功能》，见常建华主编：《中国社会历史评论》第8卷，天津古籍出版社2007年版，第319页。

③ 《耿炳光给桂仁兄的信》，《榆林党史资料通讯》1989年第3期。

基层民众对政治的冷淡,始终都是中共面临的一个棘手的难题。在陕甘宁边区开展普选运动时,一些选举团在赴绥德县帮助发动选举时,却发现群众的"正统观念比较严重。在茶馆、酒肆等公共场所仍到处张贴着'莫谈国事'的条子。在一些中上层人士当中,也由于对共产党还心存疑虑,在一些商人中流传着'吃好一点,穿烂一点,见了八路军走慢一点'的说法,以为共产党不喜欢有钱的人"①。甚至在抗战时期,"许多区乡镇长还同一般农民站在对立地位;地方政府对于农民既不信任,大多数的农民对于地方政府也不深切了解"。结果当有人去动员农民的时候,"一方面他们得不到地方党政机关和区乡镇长的协助,甚至还要受到许多不必要的干涉;另一方面,农民以为他们代表政府来向农民派捐抽丁,因而厌恶逃避"。②

　　但民众对政治表现冷淡,不愿参与民主,正如谢觉哉所说,并非民众不要民主,而是由于专制统治从来不把民众当人,民众不自觉地也好像自己不是人。因此,那种以老百姓文化水平低下、政治觉悟低下、政治程度不高、民主需求淡漠的观点是靠不住的,只"不过是少数掌权者企图'把持政权、自私自利'造出来的一种借口,是根本不能成立的"③。因此,只有选举才是改善政治,发扬与提高民气的一个推进机,进而才能激发广大民众参政意识的觉醒。于是,随着边区政府的广泛动员和组织发动,乡村民众逐渐走出狭小的天地,参与民主选举。

　　特别是当他们被选为参议员时,对于边区民众而言更是从未有过的体验。正如靖边县参议员田宝霖被选为参议员之后,"他的心里充满了一种新奇的感觉,只在盘算一个问题,'怎搞的? 一千多张票……咱是不能干的人,咱又不是他们自己人,没有个钱,也没有个势,顶个毬事,要咱干啥呢?'"于是,只得把头抬起来望着远处,"却看不见天际那抹红霞,他也曾注视过窑里,连他婆

　　① 丁雪松口述、杨德华整理:《中国第一位女大使丁雪松回忆录》,江苏人民出版社 2000 年版,第 296 页。

　　② 陈瀚笙、薛暮桥、冯和法合编:《解放前的中国农村》第 2 辑,中国展望出版社 1987 年版,第 309 页。

　　③ 陕西省档案馆、陕西省社会科学院编:《陕甘宁边区政府文件选编》第 2 辑,中国档案出版社 1987 年版,第 103 页。

姨在同他讲些什么也没听见,他心里充满了一个新奇的感觉"。①陇东分区一位农民参议员刘德富说:"我们这些农民还能批评政府的干部,而且都虚心接受,真是开天辟地没有的啊!"②正是这种从未有过的感觉和体验,极大地提升了他们参政议政的政治心态和积极开展乡村建设的主动性。同时,当这些基层参议员一头扎入民间,开展乡村各项建设的同时,又在积极地影响和改变着众多民众的政治心态。

按照基层参议会的运行模式,乡市参议员不仅是议事的,也是管事的。因为乡市工作,不是上级命令要居民直接做的,就是居民本身直接感到要兴要革的事。"乡市管辖不大,居住接近,意见相通,人力有限,议事的应该就是做事的。如果要划分为一个机关的人在议,另一个机关的人在做,老百姓将不懂得为什么要多此一套麻烦,事实上也没有这么多人来分配。本来议会与政府并列,议会监督政府,理由是怕政府专权、渎职。"③因此,这就要求基层参议员必须要养成良好的民主作风和认真做事的态度。与此同时,参议员在乡市一般要按其住所远近,在 3 至 7 个代表之中选举 1 人为代表主任,分配和指导其领导下各代表的工作,解决其领导下居民中的各种问题。特别是在讨论诸如征收粮草的时候,如何做到既公平又合理,一般都要经过参议会讨论和决定。如盐池县的乡参议会,"每逢征改公粮、公盐等一些大的工作,各乡都是召开参议会讨论执行,凡是遇到了比较重要的工作就放在参议会上讨论"④。

实际上,这也表明民主制度和作风基本上已深入到基层民众的日常工作之中,从而也就在很大程度上改变着乡村民众既有的对政治冷淡的心态。当他们不仅可以督促参议员的工作,而且还可以随时对此提出自己的意见的时候,也就实现了真正的所谓越下层越要民主的要求。按照边区政府的要求,下面的基础打得广大而且结实,民主政治的力量与成绩才能发展起来;反之,下

---

① 丁玲:《延安集》,人民文学出版社 1954 年版,第 51 页。

② 中共庆阳地委党史资料征集办公室编:《陕甘宁边区时期陇东民主政权建设》,甘肃人民出版社 1990 年版,第 758 页。

③ 《谢觉哉文集》,人民出版社 1989 年版,第 421 页。

④ 《盐池县三三制政策执行情况》,陕西省档案馆藏,全宗号 24,卷宗号 9。

层没有民主,或虽有民主而没把它开展起来,有民主也就等于不民主。因此,当基层民主"到了这样的程度,实在是历史上任何政治制度所不曾有的"。而将这个制度同广大民众结合起来,"使它成为最能发扬民众创造力的机关,使它成为最能动员民众以适应革命战争、适应革命建设的机关,这是历史上除苏联外无论什么政府所做不到的"①。

可见,在陕甘宁边区的基层社会里,基层参议员实际上是比上级参议员更能代表民众的切身需要, 更接近人民群众的一个群体。当基层民众在选举参议员的时候,不仅摒弃了既有的冷淡,而且积极参加选举活动,希望能选出真正为自己服务的参议员,进而能够在他们的努力之下, 选举出被民众所认可的"帮忙政府"②。一旦民众能够认识到这一点,事实上也就意味着政治距离他们是如此之近,所谓的"怕官"心理也就荡然无存,从而也就从根本上改变了乡村民众的政治心态和社会意识。一如赵超构所说:"在社会民主化方面,延安人的确有了一些成就,至少农工兵的自尊心是提高了,肉体劳动是成了风气了,两性平等也确定了,干部不复有摆官架子的机会了,在吸引民众参加公共生活一事上, 延安人从老百姓所最关心切己的生产运动出发,教会了他们开会、讨论与组织。"③

三、参议员是政府与民众的纽带

在陕甘宁边区的民主架构中, 乡村民众就是通过基层参议会和参议员来参与政事管理的。与此同时,作为基层社会的权力主体,参议员又是代表民意选举产生基层政府,决定各种重大事务的社会群体。可以说,参议员不仅是凸显边区民主价值的主要依附,更是沟通政府与民众之间的桥梁纽带。

对于普通民众而言,参议员作为他们所信赖的"好人",承载着他们的希望

---

① 《谢觉哉文集》,人民出版社 1989 年版,第 412 页。

② 由于边区各级政府实行同人民相结合,全心全意为人民服务,故而被毛泽东称为"帮忙政府"。他说:"有两种政府,一种只知道刮刮刮,另一种则帮着百姓的忙——边区政府就是这种帮忙政府。"参见《毛泽东年谱》中卷,中央文献出版社 1993 年版,第 160 页。

③ 赵超构:《延安一月》,上海书店 1992 年版,第 247 页。

与要求。所以每到基层参议会召开之时,他们都会敲锣打鼓给予庆祝,希望能在参议会上看到更有利于民众的一些政策和提案。与此同时,他们对于参议员的选举更是再三斟酌。特别是经过多次民主选举实践之后,他们的选举更加慎重务实。如在定边县城区四乡开展参议员选举时,群众非常认真地展开讨论,最后才决定戴有才和蔡生之,由于二人能根据蔡马厂土地贫瘠的情况认真调剂地种,而被群众推为候选人。梁圈村贾自诚过去曾不惜生命危险,帮助革命队伍开辟过新区,对革命很忠诚;这几年当乡长,虽然不识字,但是每件工作都记得很清楚,同样被群众推为候选人。四行政村群众说张连科办事有能力,但只顾自己做生意,这样的人不够条件。最后经过一天两晚的酝酿,才最终选举出民众满意的代表。①1941 年佳县高家寨选举时所呈现的情形同样如此,许多选民轮流守住了那个贴着张竹青的票碗,瞪大了眼睛:"老太太回去吧,山路难走呢",一个人这样建议。"不行,同志,我们要等着看我们的张竹青能不能中选,她是我们的妇女主任呢!"她们中的一个说。"我们的张竹青已经有了半碗豆了。"另一个露出笑容指着碗,流露出希望的真悦的表情。"同志,假使他们少放一颗豆怎么办呢? 我们妇女就只有这一个张竹青是有希望当选的。"②

由于民众对参议员寄托着希望,边区政府在 1941 年修正基层参议会的职权时,把"议决并执行本乡市应兴应革事项"提到了首要位置。这表明参议员应该把最主要的精力放在基层人民群众的切身利益的事情上,诸如兴修水利、修道路、办学校、治病、改进优抗、禁鸦片、禁赌、禁缠足、破除迷信、感化"二流子"等事情上。与此同时,为了更好地开展工作,参议员不仅要广泛听取民众的意见和呼声,而且有条件的参议员还要参与广泛的社会调研,形成详细的调研报告,提供给当地的政府部门。为此,边区政府要求各级常驻委员会、各级参议员要经常取得联系,这样,"一方面常驻会经常有新的人民意见反映,另一方面,各级参议会或常驻会可以相互了解工作,能取得帮助和改进

---

① 马骥主编:《陕甘宁边区三边分区史料选编》(下),中国人民政治协商会议定边县委员会,2007 年编印,第 147~148 页。

② 《边区关于选举工作的指示及有关材料》,陕西省档案馆,全宗号 4,案卷号 17。

的效果。"①与此同时,为了更好地集中民情民意,参议员还要通过召开会议的形式来获取民众的意见。如果"久不开会,那人民新的意见,无由反映,政府的缺点,不能立时纠正,这对于民主发扬,是有妨碍的"。"这是对民主政治怠工,不可容许"。②

对于陕甘宁边区的基层参议员,所谓大事小情都要充分听取和集中,从而才能在参政议政的过程中有的放矢,起到真正的作用。正所谓"人民派代表来议国事管国事,如果不管下文,那主权还只行使得一半。真正的民主,在派出管的、议的人以后,须按时来检查他们议得好不好、管得好不好……边区乡市各级政府同时把成绩的优劣摆出来,请求人民检阅,看人民还要你们不要"③。

对于基层政府而言,首先就是要秉承参议员的意见建议和提案议案,具体贯彻落实执行。因为按照陕甘宁边区的制度建构,各级政府是行政机关,而参议会既是民意机关,又是权力机关。在政府与参议会的关系当中,"议会是人民直接选的,是主人;政府是议会选的,是佣人。主人对佣人有监督指挥的权利,佣人应接受主人的监督和指挥。"④这一形象比喻,可以说是对陕甘宁边区参议员历史地位的生动描述。同时也表明,参议员的首要职责就是对政府的监督。具体包括选举、罢免、创制、复决和审查批准、立法监督等相关权利。为了保证参议员对基层政府和司法机关的有效监督,切实保障基层参议员的言论自由权,充分履行职责,提高监督议政效果,边区政府制定了《陕甘宁边区各级参议会组织条例》,规定各级参议会参议员在参议会中之言论及决议,对外不负责任,各级参议员在任期内,除现行犯外,非经各级参议会或常驻委员会之许可,不得逮捕或罢免。在会议期间,边区政府明确规定了参议员对政府工作报告有询问权。"凡参议员对于政府工作报告,均有询问权,询问时以书面或口头为之,由大会主席团通知主管机关负责人定期答复之,如认为答复

346

---

① 《陕甘宁边区参议会(资料选辑)》,中共中央党校科研办公室,1985 年编印,第 657 页。

② 《陕甘宁边区参议会(资料选辑)》,中共中央党校科研办公室,1985 年编印,第 678 页。

③ 《谢觉哉文集》,人民出版社 1989 年版,第 476 页。

④ 《谢觉哉文集》,人民出版社 1989 年版,第 236 页。

不满意时,可再提出询问。"①与此同时,为了更好地促进和规范参议员的政治参与,确保各项议案决议能够更好地贯彻落实,边区政府还对此进行了进一步的规定。"参议会议案一经决定,就得执行,我们的议会,不是'请客',不是'议而不决,决而不行'。一切对议案怠工及不依法定手续变更议案成另颁新案的习惯应根本扫除","必须绝对尊重法治,否则无法树立民主的信仰,而民主政治也不免陷在不生不死的场面上"。②

同时,按照边区政府的规定,参议员还要认真"议决并执行上级政府交办事项"。对上级政府交办事项做得好,参议员的工作就会得到很大程度的认可,如果这项工作没有做好,则参议员的权威会遭到质疑。这就要求参议员必须要创造性地开展工作。应该说在这一点上,基层参议员同样有着较好的表现。他们不仅创造性地开展过"一揽子会",同时在不少地方还开展过"十一运动"③。

如延安政府委员常驻议员联席会提出的"十一运动"的内容就包括:"一、每户有一年余粮。二、每村一架织布机。三、每区一个铁匠铺,每乡一个铁匠炉。四、每乡一个民办学校和夜校,一个识字组和读报组,一个黑板报,一个秧歌队。五、每人识一千字。六、每区一个卫生合作社,每乡一个医生,每村一个接生员。七、每乡一个义仓。八、每乡一个货郎担。九、每户一牛一猪。十、每户种活一百棵树。十一、每村一个水井,每户一个厕所。"④陕甘宁边区基层社会"十一运动"的开展,被认为"是改造农村的一种建设运动"⑤。特别是在征收救国粮草的时候,参议员们更是需要深入各家各户开展动员工作,发动广大群众积极踊跃地缴纳救国粮草。

综上可见,陕甘宁边区的基层参议员,可谓是一个沟通上下、连接政民的

---

① 《陕甘宁边区参议会(资料选辑)》,中共中央党校科研办公室,1985年编印,第302页。

② 《陕甘宁边区参议会(资料选辑)》,中共中央党校科研办公室,1985年编印,第644~645页。

③ 所谓"十一运动",其内容主要包括农业生产、文化娱乐、卫生合作、贸易副业等相关方面,是按照群众的需要及其可能,指定的关于乡村社会发展的奋斗目标。不过由于各地情况不同,其所规定的"十一运动"的具体内容也不尽相同。

④ 《延市开展"十一运动"》,《解放日报》1944年8月26日。

⑤ 《十一运动》,《解放日报》1944年9月15日。

桥梁和纽带。由于这些参议员的积极努力，不仅促进了边区各项制度的正常实施，而且极大地缩短了政府与基层社会之间的距离。同时，也使得越来越多的民众不再游离于政治之外，而是深切地感受到政治距离自己是如此之近，并清晰地意识到这样的政府就是自己的政府，从而也就清楚地知道了自己的权力和责任。正如谢觉哉所说："民主不是说说就够，不是做的事就好。而是真的由人民自己来做。人民感到政府好和人民自己来管理政府，味道完全两样。因为它不仅自己知道有了权力而且知道自己有了责任。"①

四、参议员是基层社会"公共身份"的表征

陕甘宁边区参议员也是基层社会"公共身份"的表征。在中国传统社会中，由于具有功名身份的士绅，以其独特的文化权威和政治资源，成为基层社会"公共身份"的当然人选。正如有人所说，中国乡村地方政府是无形的，"是由长者凭借自己的年岁从精神上予以领导，也由绅士们凭借自己对法律及历史的知识从精神上予以指导。从根本上讲，它是用习俗和惯例这些没有文字记录的法律进行统治的"②。不过，随着革命时期的社会变动以及边区社会的大规模选举，原有的作为"公共身份"的士绅，已不可能获得制度性的支持，于是这些能够广泛集中反映民意，上能充分监督管理政府的参议员，便成为边区社会具有"公共身份"的新型社会群体。这种"公共身份"首先就表现在他们对群众工作和公益事业的热心。

如同官区二乡安里村村长张义恒，"把自己的二石粮食借给该村十一户移难民吃用。该区一乡参议员朱富荣，曾为十几户移难民调剂种籽，整整跑了五天。同区三乡六十岁的乡长徐景发，于播种前首先把全乡二十二户移难民所需的籽种登记清楚，于是仅在一周内就由老户中借来各种籽种分发完毕"③。镇原县参议员安兆甲，不仅帮助村户制订发展生产计划，发动群众搞互助，而

---

① 《谢觉哉文集》，人民出版社 1989 年版，第 1156 页。

② 林语堂：《中国人》，浙江人民出版社 1988 年版，第 178 页。

③ 《抗日战争时期陕甘宁边区财政经济史料摘编》第 7 编，陕西人民出版社 1981 年版，第 420 页。

且对于那些缺劳力缺畜、生产有困难的,他组织农户带上农具、赶上牲畜帮耕帮种,同时还担任扫盲识字班班长,带动其他人参加学习。尤其是他能主动调解土地纠纷,主持公道,为群众化解矛盾。

按照边区政府的要求,基层社会的纠纷主要是由群众自己调解,因为他们对事情很清楚,利害关系很密切,谁也不能蒙哄谁,占便宜、让步,都在明处。所以"要号召劳动英雄,有信仰的老人,和公正人士参加调解。会调解,调解有成绩的人,应受到政府的奖励和群众的尊敬。要选拔出调解英雄,因为他为人民做了好事。百分之九十以上甚至百分之百的争执,最好都能在乡村中由人民自己调解解决"①。正是在边区政府的号召下,安兆甲仅1943年经他调解的土地纠纷就达10余件。该乡姚成俊将110亩地卖给张炳文,当时写有地界契约,次年春播时,张炳文把地畔向前延伸,占去姚成俊土地1亩多,于是二人闹起地界纠纷,将官司打到区政府。区政府因故未能及时处理,安兆甲即主动出面,找来姚、张二人,并请来了解真相的"地媒",以契约为依据,实地查勘,当场公断,顺利地解决了这起纠纷。1944年8月25日,《解放日报》刊登《镇原劳动英雄安兆甲善于调解民众纠纷》的报道,介绍了安兆甲调解民众纠纷的事迹。由于他在大生产运动中做出了优异成绩,被评为劳动模范。②

除此之外,还有像延川县的调解模范杜良依,几乎90％以上的纠纷都经他调解和好。曲子县天子区从1945年1月至8月共受理的21起纠纷中,由民间调解的就有19起,转到县里的仅2起。子洲县斐区,1945年5月至7月,共受理纠纷97起,其中调解93起,上交司法处4起。由此可见,比较简单的纠纷都在区乡得到调解,告到县上的,一般是情节复杂或当事人难缠的案件。根据1945年清涧县一科(民政科)调解纠纷统计,该年共受理土地纠纷33件,调解15件,送司法处18件,调解占45％;受理婚姻纠纷14件,调解12件,送司法处2件,民间调解合计占86％;受理债务纠纷6件,调解3件,送司法处3件,调解占50％;受理继承纠纷5件,调解1件,送司法处4件,调解占20％;口角纠纷6件,全部调解解决,调解占100％。③由此可见,参议员在调解纠纷方面

---

① 艾绍润、高海深主编:《陕甘宁边区法律法规汇编》,陕西人民出版社2007年版,第344页。

② 赵宝玺主编:《镇原史话》,甘肃文化出版社2005年版,第139页。

③ 陕西省地方志编纂委员会编:《陕西省志·审判志》,陕西人民出版社1994年版,第189页。

的确起了重要作用。它不仅维护了乡村社会之间的邻里和睦，而且也极大地节省了民众的物力和财力，以便能够积极地从事生产。

另外，参议员作为政府各项政策的积极组织者，同样体现出"公共身份"的这一特征。每当有重要任务和政策需要落实，他们总是以极强的工作责任心来开展工作。比如征收救国公粮、开展防灾备荒等重大事务之时，他们总能积极组织。特别是一些被选为劳动英雄的基层参议员，更是凸显着"公共身份"这一特征。如曲子县劳动英雄孙万福，由于为人公正，又热心公益事业，不仅在乡参议员的位置上积极开展工作，而且还积极从事拥军工作。从1938年起就担任本村的代耕队长，领导全村的代耕工作，每年为本村4家抗工属代耕50余亩耕地。而且他还年年修桥，"从八路军来了之后，为军队和行人的便利，一共修了八座桥，把自己的二十一亩地借给军队种麦，并经常帮助借牲口及农具。他还担任本村和张家源两小学名誉校长，劝子弟入学。爱护学生，亲手修理学校的桌凳用具。全村四十二户在他的模范影响下，去年开荒四百亩，增加粮食六十石"[1]。

还有一些参议员不仅积极宣传边区政府的各项政策，而且主动带头做表率作用。如赤水县的非党参议员柳成林，不但拥护边区的各项政策，而且常向群众解释，热心宣传《关中报》、《群众报》，领导读报小组，对蒙家湾群众影响很大。他对穷人说："对减租工作要积极，这是减轻穷人的负担。"对哨岗说："过来过去的人要验路条，绝不要放走一个坏人。"县中小的一个董事委员，工作积极负责，反奸大会时，自动地劝说坦白不彻底的人。参议员胡宗海在拥军大会上，自动报名拥护边币1000元，政府发动救济灾区时，自动捐去法币500元。女参议员姚苦情50多岁，主动当村长，"晚间自己放哨，平时主持公道，办事迅速，开反奸大会时，劝不愿到会的妇女，她一个一个去劝说，自己参加反奸会到底，平时也有会必到"。[2]很显然，传统社会维系地方秩序的权威角色，在这些基层参议员身上鲜明地体现出来。

① 《陕甘宁边区的劳动英雄》，大众书店1946年印行，第39~40页。

② 中共延安地委统战部、中共中央统战部研究所编：《抗日战争时期陕甘宁边区统一战线和三三制》，陕西人民出版社1989年版，第535~536页。

曾几何时，"公共身份"作为一种政治资源，唯有乡绅才有能力可以充当。因为"公共身份"意味着公共责任。当财富、功名和地方共同体相互关联交融交构而成的公共责任给予了乡绅权威地位之后，他便以一种居高临下的、家长式的、道德化的力量辐射到每一个村庄和农户，从而建构起传统社会的"公共身份"。①而陕甘宁边区基层权力主体的建构与重塑，却从根本上实现了传统社会"公共身份"的转换。作为民众直接选举产生的参议员群体，以一种革命性的方式，重新演绎着基层社会"公共身份"这一角色。如果说传统士绅在基层社会中起着决定性的作用，那么，陕甘宁边区的基层参议员在改变自身的同时，也在有力地推动乡村社会的革命性变迁。

---

① 张静：《基层政权：乡村制度诸问题》，浙江人民出版社 2000 年版，第 21 页。

第四节 基层参议员民主实践的历史局限

ERSHI SHIJI ZHI ZHONGGUO

毛泽东曾指出:"边区的进步主要表现在民主"①。毫无疑问,在近代以来的乡村中国中,没有任何一个地区有如陕甘宁边区能够受到中外人士如此的"着迷"。这个曾经赤地千里、破败不堪的地区,由于通过参议会这一制度载体,在重塑基层社会权力结构主体的过程中,使其成为"20 世纪殖民地、半殖民地边缘地区的民族解放运动和共产主义革命最富有创造性的纲领之一"②。但是,显而易见,后革命时期的乡村中国却并没有延续曾经的民主传统,甚至出现了严重的挫折。曾经搅动整个乡村社会的民主运动,缘何会在随后的历史发展进程中丢失了这个"传统",个中缘由固然颇为复杂,但是从陕甘宁边区基层参议员的民主实践中,似乎也不难找到其中的一些局限。

一、基层民主管理的局限

从陕甘宁边区民主的制度层面上来看,重视基层动员选举而弱化基层民

---

① 《毛泽东年谱》中卷,中央文献出版社 1993 年版,第 103 页。

② [美]马克·赛尔登著,魏晓明、冯崇义译:《革命中的中国:延安道路》,社会科学文献出版社 2002 年版,第 300 页。

主管理,是陕甘宁边区基层参议会运行过程中的一个明显的局限。

所谓"民主政治,选举第一",可谓是陕甘宁边区制度建构方面始终强调的重点。有关这一点,正是《解放日报》等相关报刊密集报道的一个领域,也是一些中外人士在考察边区时格外关注并予以充分肯定的一个方面。正如爱泼斯坦所说:"边区最惊人的事情,就是他们在生产和在作战方面的广泛动员。边区建立这种广泛的动员,用的方法差不多和其他地方完全相反——法令减少到最低限度,以村为民主选举的基本单位"。"村选是直到边区参议会为止的整个制度的基础,由边区参议会选举政府,这是真正代表了中国的一种革命"。在边区,"地主是村子里的一个公民,和任何其他公民一样,只有一票选举权。因为最大多数的选民是贫农或佃农。村议会和主席从这些人中选出,村里没有警察,自由卫队来执行职务"。①这些见闻报道,真实地再现了当年陕甘宁边区的基层选举实况,从而也成为凸显陕甘宁边区民主的一个重要场景。

但是必须指出的是,民主政治是以选举为纽带的,但最终并不是以选举为旨归的。萨托利对此曾有过精辟的阐述。他指出:"选举只从含糊的意义上说明了如何统治,它主要是确定谁将统治。还要补充的是,无论对于一区一票制还是比例代表制,情况都是如此。"②同样,安东尼·奥罗斯也指出:"公民参与政治的形式首先是选举,但是单凭选举的整体情况并非就能充分地衡量公民动员他们自己来支持或反对那些执政者的能力。常常还有更为重要的衡量公民政治参与的方法。"③这也就是说,民主政治的建构并非仅仅局限于选举。按照安东尼·奥罗斯的观点,还有更为重要的衡量公民政治参与的方法,即"公民组织和政治社团"。如果以此来反观陕甘宁边区的基层参议员,显然并没有从民主的日常管理中做进一步的延伸,而是在每次选举之前都要做大规模的政治动员和选举宣传,方能使基层选举开展起来。

固然,由于战时所处的紧迫环境和边区民众的文化落后状况,在很大程度

① [英]爱泼斯坦:《我所看到的陕甘宁边区》,见齐文编译:《外国记者眼中的延安及解放区》,大众书店 1946 年印行,第 5~6 页。

② [美]乔·萨托利著,冯克利、阎克文译:《民主新论》,东方出版社 1998 年版,第 123 页。

③ [美]安东尼·奥罗斯著,张华青等译:《政治社会学——主体政治的社会剖析》,上海人民出版社 1989 年版,第 282 页。

上制约着乡村民主的日常管理，但是这并不影响乡民对民主的渴望与要求。正如谢觉哉所说，群众"实际上没有不要民主的，因为民主与他有益"[1]。应该说这一认识是颇有见地的，实际上，中共能够动员起广大民众参与抗战和边区建设，一个重要的支点就是注重利益民主，通过拓展政治上的自由权利和经济上的平等权利，由此才将千百万民众纳入党的领导体系之中。而维系这一纽带的正是以参议员为载体的民主实践。这也就意味着陕甘宁边区的基层民主，在很大程度上本身就体现为一种动员机制，通过参议员将广大农民带入由党所领导的组织中，让农民在地方政治中代替传统精英来扮演真实的角色，以此来建构沟通的渠道，实现与普通民众交换想法。

这种制度建构无疑在促进基层政权建设方面发挥了重要作用，但是在另一方面却并没有在制度上为普通民众提供一个明确的范围，也没有"组成自治单位并表达意见，而只是予以沟通渠道及向下的控制运动"[2]。特别是为了满足战争和革命的动员需要，临时动员工作较多，对经常工作制度的建立更是重视不够。"当某种任务一到乡，所有的干部便全体集中力量去突击限期完成"，这样就会"'东抓一把，西抓一把'，结果把经常工作丢开了，文化主任因动员驴子没有督促学校开学，锄奸主任常去收集公债。当谣言四起时，找不到自己的组员；或者因工作'抓'完，必得松弛一下，各部门当突击工作时，本身工作哪里顾得，于是有些干部干脆说：'有事大家干，没事回家园'，日常工作便放弃了"。[3]这种情形后虽经过强调加以改进，但实际上也没有达到完全正规化的目标。

于是，尽管普通民众被史无前例地动员起来并被带入民主政治的范畴，但却没有给予足够的空间让他们提出自己的主张。而且从参议员的职责权限来看，大部分的时间几乎在开荒种粮、应对灾荒和动员识字的各种运动中奔波，并没有充足的时间开展日常的民主管理，甚至在不少地区很少能按时召开参

---

① 谢觉哉：《再论边区民主政治的世纪》，《共产党人》1940年第8期。

② [美]王国斌著，李伯重、连玲玲译：《转变的中国——历史变迁与欧洲经验的局限》，江苏人民出版社1998年版，第231页。

③ 《健全乡级政权结构》，《解放日报》1942年4月29日。

议会,从而导致"参议会'只闻其名,不见其会'。民众忘记了他们还有代表机关。政府也似乎忘记了有事要问问它的主人——民意机关"①。这样,原本是"兼议会与直接民权之长"的基层参议会组织优势,由于"与农民目前还无关痛痒",结果成为"成年不开一次会的空名机构"。②

二、参议会运行中的局限

从陕甘宁边区基层参议员的民主实践来看,最突出的表现就是对政府工作的检查与批评,但也存在着一些不尽如人意的地方。

毫无疑问,对于陕甘宁边区乡村民众而言,曾经的逆来顺受和山山川川各有其序的宿命论,使得他们的政治生活达到了极其悲惨的境地。但是,随着边区政府的成立以及参议会等一系列制度的建构,边区民众不仅获得了政治上的自由和经济上的平等,更能以参议员的身份去检查和批评政府的工作,这可以说是史无前例的。正如毛泽东所说,在边区各级政府中,不仅各党派各阶级阶层的人士有说话办事的权利,而且普通的老百姓,只要政府有不对之处,也有批评政府及其工作人员的权利。毛泽东曾赞扬边区人民批评政府的新鲜事,说:这是天大的好事!那个老百姓得有觉悟。中国几千年的历史,都是老百姓受官府的气,受当兵的欺负,他们敢怒而不敢言。现在他敢向我们的一个分区司令员提意见,敢批评这位"长官",你们看这有多么好!这是多么了不起的变化!又说,只有让人民来监督政府,政府才不敢松懈。③一些国外人士在参观延安之后也说道:"共产党人经常地在进行着自我检讨的整风工作,他们总是用一面放大镜在那里检验着他们自己的过失。他们痛击着自己的胸膛以保证自我的改造,他们为自己的失错而悲哀和忏悔。在各地,这种行政上的批评自由形成了中国农民所从未有过的最民主的政治制度。地方上的会议可以接受他们的控诉和满足他们的需要,可以说有史以来第一次他们成了这个社会的

---

① 《谢觉哉文集》,人民出版社 1989 年版,第 358 页。

② 《健全乡级政权结构》,《解放日报》1942 年 4 月 29 日。

③ 参见《毛泽东年谱》中卷,中央文献出版社 1993 年版,第 419 页

平等公民。"①

但是，基层参议员除了可在基层参议会上检查和批评政府工作之外，并没有从制度上进一步保证如何向上级政府表达自己所关心的问题或意见主张。一些乡代表会、村民大会，虽然运用民主比较纯熟，但亦只是完成动员工作，民众自动提出意见改进本乡各种建设者还少。如在庆环分区某乡召开参议员大会，村长报告："'今天开会，讨论两大任务：两个新兵，12 石公粮，请发表意见。'群众听了，莫明其妙。结果还是新兵由指派，公粮由摊派。'大家有意见没有？''没有，村长讲的都对！'会就这样结束了。"还有些乡，"人民怕乡长特别是自卫军连长，因为乡长、自卫连长，动辄押人，而专员、县长却很好讲话。'阎王易见，小鬼难见'。有些乡，根本没有代表"。②甚至在有些乡经常可以看到一些基层政府工作人员打骂群众的现象。正如谢觉哉在边区参议会上指出，在基层的一些干部"不论土地问题，婚姻问题，税务问题，负担问题，文教、卫生、生产、商业……问题，不是都圆满，都有条理。工作经验不是都总结得好，官僚制的残余，强迫命令、打人骂人、乱没收、耍私情、违反法令等现象还在许多人中间存在。"③特别是一些基层干部在面对非党士绅参议员时，不仅鄙弃与非党参议员合作的"必要形式"，甚至会采取"冷讽热嘲"、采用"斗他一斗"的办法。④

关于这种情形，正如王国斌先生所说："这种地方层次的参与并不包括任何制度上的设计，能让农民越过地方的党干部向更高层次的政府表达其所关心的问题。"⑤应该说王国斌的论述是切中肯綮的。由此也进一步说明，陕甘宁边区的基层民主在一定意义上的确体现出重选举而轻管理的缺陷，而将重心放在了在战时条件下如何更好地突出基层政府对上级政府的服从性这一点

---

①　[美]白修德、贾安娜：《中国暴风雨》，香港：广角线出版社 1976 年版，第 221 页。

②　《谢觉哉文集》，人民出版社 1989 年版，第 343 页。

③　《谢觉哉文集》，人民出版社 1989 年版，第 625 页。

④　中共延安地委统战部、中共中央统战部研究所编：《抗日战争时期陕甘宁边区统一战线和三三制》，陕西人民出版社 1989 年版，第 407 页。

⑤　[美]王国斌著，李伯重、连玲玲译：《转变的中国——历史变迁与欧洲经验的局限》，江苏人民出版社 1998 年版，第 231 页。

上。如果从这方面来看，我们似乎也不难发现其中的全能主义政治色彩。事实上，在陕甘宁边区的大多数制度性建构，都与战争所引起的全面危机休戚相关，因此，为了应对这种全面危机，也就不可避免地带有全能政治的因素。

三、"群众"话语在基层的局限

从陕甘宁边区民主话语的建构来看，"群众"始终是压倒一切的政治话语体系，而社会意义上的"公民"观念却没有凸显出来。

自然，群众路线和群众理念是中共的立党之基，也是贯彻一切路线、方针、政策的基本依据，因此，强调"群众"自然就是题中之意。有人曾对毛泽东在1935年到1948年发表的布告、通电、声明、政策、形势分析、信件、谈话记录、演讲稿、论文、书稿等文献资料进行统计发现，"群众"一词共出现了913次，"民主"一词出现了2281次。就出现频率来说，"民主"一词居首位，而"群众"次之。①从这个统计不难看出，延安时期的毛泽东对于"群众"与"民主"是至为重视的。

但是，必须指出的是，中共所构建的"群众"概念是从阶级的观念中引申出来的，它指的是社会中某一阶层中的一部分，或几个阶级组成的群众，其中最核心的内容就是占据数量甚多的劳动群众。而对于劳动群众而言，他们的民主要求并不是抽象的权利，而是首先体现为社会经济上的权利，具体主要是指减租减息的土地政策、社会性别上的男女平等和不受压迫的劳动权利等等。然后在此基础上，中共再以严密的组织体系和逐渐强大的组织能力，去发动群众，组织群众，引导群众参与政治，让群众通过参议会这一制度载体，主动参与到党的政策的形成与实施的过程中。毫无疑问，群众路线的主要目的就在于让人民主动参与党的政策的形成与实施，而这一点却赋予了中国农民以史无前例的力量，从而使得民众参与政治的方式发生了数千年以来第一次根本的变化，当农民及贫苦大众下层阶级都变成政治生活中的重要角色，于是便形成一种高度社会动员的民主形式。

---

① 张纯厚：《论延安精神与延安民主政治的有机统一》，《求索》2010年第7期。

事实上,以"群众"理念建构的民主话语体系,所强调的并非是抽象的个人权利,也就是说他并非是以"公民"观念作为指导思想的,而更多的是政府对民众的保护和照顾,而不是制度化、程序化以及对自由权利的法律保护。正如著名政治学家邹谠教授所说:"'群众'的观念着重社会某些阶层的社会和经济上的权利,而忽略了个人的自由权利。……也许中国建设民主的道路与英国和欧美的过程相反,中国先确立人民的经济上社会上的权利,然后再转回来确立人民自由权利与真正参与政治决策。"①更重要的是,这种强调"群众民主"为指导思想的话语体系,在基层参议会的选举实践中往往会遇到不少困扰。比如延泽民在回忆自己帮助开展基层选举时就遇到了这样的情形:

在选举乡参议员时,为了贯彻"三三制"原则,在选举前曾做了大量的宣传动员工作。但在向群众宣传中,就碰到难题了。群众问:划分左派、右派和中间派的标准是什么?要我说出个条条道道,并举出例子,村里的人谁是左派,谁是右派,谁是不左不右的中间派?"这下可把我难住了。关于这个问题,由于在分区党委开会听传达报告时并没有讲过。听完传达,开会讨论时,也没有弄清楚。"接着,到其他乡"包干"的干部回来,也向我询问这个问题。为此,我专程跑到贺家川,向分区党委和县政府请示。结果很失望,谁也没有明确地、肯定地说出几条标准来。我回到区上,找了几个人讨论了半天,然后又找石角塔村干部研究,最后一致得出了这样的结论:(1)左派,就是有入党要求的积极分子。对这种人,有一个,就吸收一个入党,但石角塔现在还没有这样的非党积极分子。(2)中间分子,就是"老好人",只管过自己的小日子,对别的事不闻不问。这号人倒是很多,但谁也不同意选这号人当乡干部。(3)右派,就是认为当干部,当积极分子的人都是傻瓜,都不是正经过日子的人。结果在提名候选人时,谁也不提"中间分子"。鉴于群众提的候选人都是共产党员,我没办法,只好在抄候选人名单时,加了几个"中间分子"。然而,选举的结果,当选的都是共产党员,没有一个"中间分子"。②

① [美]邹谠:《二十世纪中国政治——从宏观历史和微观行动的角度看》,香港:牛津大学出版社1994年版,第8页。

② 《延泽民文集》第8卷,黑龙江人民出版社2000年版,第33~34页。

上述情形明显地体现出群众观点在基层社会的尴尬境遇。正是由于群众理念所蕴含的阶级观念，不仅使基层社会的普通民众在参议会选举中不能很好地贯彻民主原则，甚至也使得一些有较高政治觉悟和文化水平的基层干部感到无所适从。而且这种情形在陕甘宁边区并非个案，在很多地方都发生过。

四、参议员民主观念并未持久内化

陕甘宁边区基层参议员的民主实践并没有内化为一种持久的价值观念，而是带有浓厚的政治色彩和传统的道德印迹。

毫无疑问，陕甘宁边区参议会是在战时特殊条件下建构的一种特殊的制度组织形式，也是一种过渡形态的制度架构，因而在很大程度上带有一种"策略革命"的色彩。推而开来，纵观整个中国革命似乎都与"策略革命"相关。著名政治学者邹谠就认为中国革命是一种"理性主义"的革命，"中国革命时期，固然有很多过激思想，狂热作风，滥用暴力的种种错误，但是中共的建党，建军，建根据地，运用群众运动，群众路线的战略策略思想是理性选择的结果。"[1]应该说，这种"理性主义"革命在陕甘宁边区参议会的民主建构中，同样有着反映，主要表现为重视物质实惠而轻视民主理念的教育。赵超构在访问延安时也曾注意到这一点。在他看来："在社会民主化方面，延安人的确有了一些成就，至少农工兵的自尊心是提高了，肉体劳动是成了风气了，两性平等也确定了，干部不复有摆官架子的机会了，在吸引民众参加公共生活一事上，延安人从老百姓所最关心切己的生产运动出发，教会了他们开会、讨论与组织。但是，狭义的政治方面的民主，则尚须保留评判。他们对边区的舆论管理，行政与司法的实际关系，各党派的竞争机会等，按'旧民主的标准'，仍觉得还存在不少缺憾。"[2]

与此同时，在陕甘宁边区的乡村民主中，还体现着一种浓厚的政治色彩。

---

① [美]邹谠：《二十世纪中国政治——从宏观历史和微观行动的角度看》，香港：牛津大学出版社1994年版，第259页。

② 赵超构：《延安一月》，上海书店1992年版，第246页。

大凡到过陕甘宁边区的人士几乎都有这样的感受。二战时期的美国外交家谢伟思就指出："在延安，政治是至高无上的。延安，置于其他一切事情之上的，是一座生产思想的工厂。也许只有罗马的基督教革命或18世纪的法国和美国革命才把思想看得如此重要。也许在历史上从来就没有过——如此有意识的觉察到，思想本身也像剧烈行动的发出者那样具有强大的力量。"正是在这种浓郁的政治氛围的影响之下，民众有着"惊人的政治觉悟。无论人们向谁——理发员、或是农民、或是管理房间的服务员——提出问题，他都能很好地说明共产党坚持的纲领。我们注意到，大多数服侍我们的苦力都在读报"。①

一些曾经在延安学习生活过的人也曾回忆说："在延安的人，都与布尔什维克结下了不解之缘，讲话离不开布尔什维克，看书离不开布尔什维克，写信也离不开布尔什维克。好事离不开布尔什维克，不好的事也离不开布尔什维克。久而久之大家习以为常，谁也知道布尔什维克，谁也搞不清楚什么是布尔什维克。"②由此不难看出，在陕甘宁边区，政治几乎渗透在学习、工作与生活的各个方面，即便在乡村民众的民主实践中，最终也必然要以政治为最终旨归。一言以蔽之，正如毛泽东所说："一切问题的关键在政治，一切政治的关键在民众。"③

对于参议员而言，尽管从理论上来讲是民主政治的践行者，但是无论是参议员的选举还是被选举，似乎都有着乡村社会的传统烙印，即道德意义上的"好人"。这种所谓的"好人"，具体来讲就是生产劳动好，凡事能起模范作用，又敢于向邪魔外道斗争的人。这种"好人"往往是乡村民众所热衷拥护的对象，是很受民众信任和拥护的。延泽民说，当年他在乡村社会开展乡选时，有个第七乡被撤职的张乡长要求重新当乡干部，但群众就是不要他，连候选人也没有当上。他以为是我又在背地里搞他的鬼，又给我记下一笔仇。但也没有办法。群众不管你什么原则不原则，他们只讲实惠，只要你为群众办好事，他

---

① [美]约瑟夫·W.埃谢里克编著，罗清、赵仲强译：《在中国失掉的机会——美国前驻华外交官约翰·S.谢伟思第二次世界大战时期的报告》，国际文化出版公司1989年版，第183、198页。

② 王仲方：《延安风情画：一个"三八式"老人的情思》，中国青年出版社2010年版，第157页。

③ 《毛泽东文集》第2卷，人民出版社1993年版，第202页。

们就拥护。"老好人"不为群众办事，是不受欢迎的。这就是结论。①这种对"好人"的拥护，多少体现出乡土社会中传统的印迹。正如一些学者所说："'坏绅坏人'的被打下去，'好绅好人'的抬头，以及'公道被弘扬，主要是近代在武化统治下逐渐丧失了的传统道德的回归"。那种"突出正直、勤劳、廉洁的品格，抨击的则是抽大烟的、二流子懒汉，以及各种道德败坏的行为"，基本上已经看不出时代的界限，即使在清代这样的行为也同样会受到人们的称赞。②不仅道德上有传统复归的趋向，而且乡村政权组织也向传统靠拢，部分地恢复了"乡里商议的古风"，甚至对近代出于强化国家政权目的进行的乡村行政区划改革，也来了某些"复旧"式的调整。

毫无疑问，这种复归传统乡村社会道德的做法，相对于民国以来乡村社会逐渐武化的境况，毕竟在很大程度上恢复了乡村的宁静，其作用是显而易见的。陈学昭在参观延安时曾有一种感受："在边区，人与人之间的关系是比中国任何地方好多了，这些人类丑恶的感情，嫉妒，彼此挤压，是比较淡薄多了，这些接近于人类兽的本性也比较的泯灭了，他们能够把一个极大的目标，也是人所仰望着的，清楚地摆在人的面前，使人能够明白，至少时时会反省到自己是一个什么东西。"③

但是必须指出的是，这种复归乡村传统道德的做法，尽管可以动员农民积极参与政权选举，但是却无法从根本上强化民主的价值理念，更无益于将其内化为一种工作作风和生活方式。因此，尽管参议员在抗日民主政权的结构体系下展开民主实践活动，但是却并没有形成制度化和程序化的制度建构，所谓的民主在很大程度上沦为一种形式。一如张闻天在神府县调查时所指出的那样："政府对群众，切身问题关心的很差。群众有很多话还不敢说，不肯说。因此对民主的兴趣不大。过去改造还是形式的。"对于乡代表会议，尽管基本上是代表群众利益，但是"完全代表还不一定。即使好的法令，也还要需要群众自己推动去实行。公民大会代表全体人民利益还只是理想，是奋斗目

---

① 《延泽民文集》第 8 卷，黑龙江人民出版社 2000 年版，第 33~34 页。

② 张鸣：《乡村社会权力和文化结构的变迁》，广西人民出版社 2001 年版，第 187~188 页。

③ 陈学昭：《延安访问记》，北极书店 1940 年版，第 97 页。

标,实际一下子还做不到"。①

此外,一些学者还从其他角度对此进行过阐述。如冯崇义就认为中共所领导的根据地实行的民主政治最多也只能算是"农民民主"。因为,这种民主的哲学基础并不是自由主义,而是更接近于"仁政"。同时,由于"90%以上的中共党员是农民出身,而农民与中共领导人似乎认为,民主权利是党恩赐的,党在任何时候都可以收回这些权利"②。马克·赛尔登也指出:"抗战时期民主方面的进步是有限的。这是人们有目共睹的。应特别指出的是,在党与军队所进行的政治动员中,民主倾向一直被压抑于次要地位。在抗日战争过程中,当民众在革命运动中获得一些权益的同时,中共对权力的垄断也与日俱增。"③甚至有学者认为"延安并非是中国革命运动的典范,因为从延安时期奠定的革命模式到1943年之后就开始变得逐渐模糊了"④。还有学者认为:"各根据地的区、村镇政权,贯彻着战时民主制原则,按行政序列,突出对上级政权的服从性。虽然在村镇以下,有闾、邻的编制,并且强调本村镇、本闾邻的事务要'自治',但是,这在残酷的抗日战争环境下,'自治'表现为互助以抗击侵略者的主动性与参与精神受到嘉奖和提倡,而'自治'实体的自主性则淹没在忠实执行上级命令、完成上级政权布置的任务之中。质言之,'自治'实体的行政性取代了自主性。"⑤

应该说,学者们的分析是有一定的见地的。非常遗憾的是,陕甘宁边区基层民主的这些局限性,并没有随着历史发展的演进而有明显的改观,甚至在新中国成立之后出现了严重的失误与曲折。曾经的"延安道路"也在各种运动

---

① 张培森主编:《张闻天年谱》(下),中共党史出版社 2000 年版,第 671、687 页。

② 冯崇义:《农民、知识分子与晋绥抗日根据地建设》,见冯崇义、古德曼编:《华北抗日根据地与社会生态》,当代中国出版社 1998 年版,第 208~209 页。

③ [美]马克·赛尔登著,魏晓明、冯崇义译:《革命中的中国:延安道路》,社会科学文献出版社 2002 年版,第 309 页。

④ Carl E. Dorris. Peasant Mobilization in North China and the Origins of Yenan Communism, The China Quarterly (1976), 68 : pp 697-719.

⑤ 白钢、赵寿星:《选举与治理——中国村民自治研究》,中国社会科学出版社 2001 年版,第 27 页。

中被逐渐抛却。且不论民主政治的发展趋势,仅就人民生活水平而言,在全国解放之初的一段时间内就出现过低于陕甘宁边区时期生活水平的情形。

实际上,从另一方面也说明,中国的民主理念并未植根于基层社会的经济和心理结构之中。"民主与运动紧密结合在一起,而运动犹如风暴有起有落,民主却往往随风而去。"正是由于民主长期停留在理念的层面,并未形成一套严密的规则和程序,特别是当民主只是作为动员民众的手段后,人们所注重的是目的的合理性,道义的正当性,而容易忽视过程的规则性和程序的严密性,以致一些对民主制度一往情深的精英人士即便是进入民主过程中也往往会一筹莫展,"甚至理念是民主的,行为却是反民主的"①。

---

① 徐勇:《乡村治理与中国政治》,中国社会科学出版社 2003 年版,第 45 页。

结 语 PERORATION

ERSHI SHIJI ZHI ZHONGGUO

　　迈克尔·欧克肖特曾指出："人生来就有的天性被政治家看作是固定不变的，而人降生在其中的环境则在迅速和无限地改变。我们的政治从石器时代的部落组织发展到现代国家，显然不应归功于我们天性的改变，而只能归功于我们的环境改变。"①中国乡村社会在经历了新中国成立以后的各种变迁之后，基层民主与乡村自治再次进入人们的视野，被一些学者们称为"草根民主"的乡村实践也开始成为人们所热衷的话题。

　　众所周知，改革开放以来，随着家庭联产承包责任制的推行，大大激发了农民的创造力，使农业生产力和农民生活在短时期内迅速提高，同时也深刻地改变了中国农村的权力结构和农民的政治生活。以村民直接选举和村民自治为核心内容的农村民主治理，在广大农村产生和发展起来，成为改革开放以来我国农村公共生活中最重要的变化。西班牙学者加塞特曾对现代社会的公共生活有过一段精彩的描述，他指出，在当前社会的公共生活中凸现出这样一个极端重要的事实，那就是"大众时代的来临"。在加塞特看来，"组成大

　　① 〔英〕迈克尔·欧克肖特著，张汝伦译：《政治中的理性主义》，上海译文出版社 2004 年版，第39 页。

众的个人以前就已经存在，但他们并不是作为'大众'而存在，他们以小群体的方式散布于世界各个角落，或者就是离群索居；他们的生活方式各异，相互隔绝，老死不相往来；每一个人或小群体各自占据着一块地盘：田野、乡村、城镇或者是大都市的一隅。然而，现在他们却作为一个凝聚体，作为群众在一夜之间崛起，我们环顾四周，目之所及全是大众。哪儿都是吗？不，更确切地说，是在那些最值得人们向往的地方，是那些洋溢着现代文明之高雅气息的地方。一句话，在那些先前只为少数精英人物所保留的地方，如今都出现了大众的身影。"①

加塞特所描绘的"大众时代"，同样体现在改革开放以来现代中国的乡村社会之中。应该说新时期乡村社会的"大众时代"，不仅体现在农民的社会分层方面，也体现在乡村农民的价值观念方面。

据陆学艺的分析，改革开放以来的农民已分化为8个阶层：(1)农业劳动者阶层，占农民的55%~57%；(2)农民工阶层，占24%；(3)雇工阶层，占4%；(4)农民知识分子阶层，占1.5%~2%；(5)个体手工劳动者和个体工商户阶层，占5%；(6)私营企业主阶层，占0.1%~0.2%；(7)乡镇企业管理者阶层，占3%；(8)农村管理者阶层，占6%。②与此同时，农民的价值观也发生了变化。对此，郑杭生从7个方面论证了农民价值观的变化：(1)开放意识。"只要有机会，我就愿意到外面闯一闯"的农民比值达到了70%左右；(2)风险意识。回答愿意冒风险的比例是22.6%~50.4%；(3)进取意识。"完全靠自己努力"的占到57.0%~69.3%；(4)贫富观念。"社会总有穷人富人，是正常现象"，占到48.8%~77.7%；(5)对子女的期望。"有知识有文化的人"占到56.5%~76.7%；(6)教育观念。对"书要读点，但农村人书读多了也没用"，持"不同意"观点的人占到62.6%~83.0%；(7)政治、法律观念。对于"是否同意老百姓不过问政治"，持"不同意"观点的人占到38.8%~75.1%。③

毫无疑问，中国现代乡村社会的"大众时代"已然到来，特别是随着国家体

①　[西]加塞特：《大众的反叛》，吉林人民出版社2004年版，第5页。

②　陆学艺：《当代中国社会阶层研究报告》，社会科学文献出版社2002年版，第173页。

③　郑杭生：《当代中国农村社会转型的实证研究》，中国人民大学出版社1996年版，第81~111页。

制性权力上收至乡镇,广大农村地区开始形成了一个相对独立的社会空间,个人权力与公共权力之间的博弈,通过村民自治和"草根民主"的形式凸显出来。与此前的乡村自治相比,此时的民主自治观念已深入到广大农民的社会经济和心理结构之中,成为农民的日常生活方式,一些新的名词诸如"海选"、差额选举、秘密写票、无记名投票、集体会议、干群双向约束、村务公开等规则,开始被越来越多的农民所遵循。与此同时,这种村民自治的形式也形成了新时期乡村社会利益主体的分化及主体之间的复杂关系式,即国家、作为国家的代表者的地方政府、具有多重身份的社区组织、农民家庭及农民个人。在利益关系上,根据于建嵘的分析,新时期中国乡村社会的各种利益关系"从公社体制的直线性表达方式分化成为散状结构,即从所谓国家、集体和个人的简单型连接转化成为各种利益主体的交叉式综合结构,这种交叉式综合结构又以经济利益为表达方式"①。

由于各种利益的表现形式不同,获取利益时所凭借的手段也不一样,形成的社会矛盾和冲突也具有不同的表现方式。特别是随着中国市场化程度的日益强化,中国农村的社会分化与贫富差距也日益严峻,在此基础上出现了新的利益结构主体,又使得中国农村社会从原有的政治不平等转向了经济上的不平等。体现在基层民主选举方面,越来越被一些所谓的"乡村富人"和"能人阶层"所把持,结果导致民众再次对选举产生了一种"冷淡"和惰性的习惯趋势。

在这种情况下,引发了近年来关于如何开展乡村治理与民主自治的讨论热潮,特别是围绕村民自治和农村政治经济体制改革的讨论,更是形成了多学科、多元化研究的态势和格局。时至今日,理论界对此问题的关注,尽管已有不少卓有成效的研究成果,但是似乎也有一些僵化的思维模式,即要么是局限在如何解构村民自治的民主价值,要么是一味地设想民主如何由村到乡、县的建构路径,甚至陷入"民主大跃进的狂热",而没有深入探究如何在新时期来进一步解构和利用乡村传统。

就此,一些学者明确地指出:"现在不是担心民主来的太慢,而是担心民主

---

① 于建嵘:《岳村政治——转型期中国乡村政治结构的变迁》,商务印书馆 2001 年版,第 421 页。

来的太快,知识界不能提供足够的理论支援和制度构造。"①而作为一名历史学者,笔者更愿意从深沉的革命历史经验中去爬梳总结中国基层民主的实践经验,特别是如何在乡村中国的传统资源与现代民主之间架构起一座桥梁,似乎这是我们首先应该思考的问题,而不应该一厢情愿地去讨论制度输入和路径依赖的问题。且不说民主本身"就是一个注定产生混乱和歧义"的概念,"以致人们在使用这个概念时常常事先即描述其特定的意义,以便表示对这种政治体制的赞赏态度"②。即便是我们通常所谓的"人民民主"也被认为是个"赘词"③。更为重要的是,纵观人类历史发展进程中的民主形态,无不烙有各自民族特色的印迹,而基层民主则更是如此。

法国著名政治思想家托克维尔在其名著《论美国的民主》中指出,乡镇的组织是构成一个国家的制度状况的基础,在美国的"乡镇不仅有自己的制度,而且有支持和鼓励这种制度的乡镇精神"。人们"依恋他们的乡镇,因为乡镇是强大的和独立的;他们关心乡镇,因为他们参加乡镇的管理;他们热爱自己的乡镇,因为他们不能不珍惜自己的命运。他们把自己的抱负和未来都投到乡镇上了,并使乡镇发生的每一件事情与自己联系起来。他们在力所能及的有限范围内,试着去管理社会,使自己习惯于自由赖以实现的组织形式,而没有这种组织形式,自由只有靠革命去实现。他们体会到这种组织形式的好处,产生了遵守秩序的志趣,理解了权力和谐的优点,并对他们的义务的性质和权利范围终于形成明确的和切合实际的概念"。④这也就意味着美国的乡村自治制度以及由此形成的乡镇精神,是美国基层民主自治的基础和灵魂。

同样,当年陕甘宁边区基层民主的建构,也是坚持了中国自有的一些传统。1944 年 7 月 18 日,毛泽东在与莫里斯·武道的谈话中就指出:"在政治科学方面,我们从国外学到民主政治。但是,中国历史上也有它自己的民主传

---

① 徐勇:《乡村治理与中国政治》,中国社会科学出版社 2003 年版,第 53 页。

② 顾肃:《自由主义基本原理》,中央编译出版社 2003 年版,第 157 页。

③ 在乔·萨托利看来,"人民民主"是个赘词。"民主这个词本来就有人民权力的含义,若是把这个新标签完整地翻译过来,那就只能是'人民的人民权力',如果有人开玩笑,也可以说它是双重的人民权力。"见乔·萨托利:《民主新论》,东方出版社 1998 年版,第 530 页。

④ [法]托克维尔著,董果良译:《论美国的民主》,商务印书馆 1988 年版,第 74、76 页。

统。共和一词,就来源于三千年前的周朝。孟子说,民为贵,社稷次之,君为轻。中国农民富有民主传统。千百次大大小小的农民战争有着民主的含义。历史上的一个例子,在著名的小说《水浒传》中就有所描绘。在接受和评价中国历史和外国条件时,采用适当形式极其重要,不可盲从。政府代表制的'三三制'适合中国目前的实际条件。"①

可见,不依具体的历史国情而将民主的一些价值原则臆造为一种民主事实,显然是有悖于常理的一种做法。因此,如何在新时期进一步解构乡村传统以建构乡村民主,应是理论界的一项重要任务。

---

① [美]约瑟夫·W.埃谢里克编著,罗清、赵仲强译:《在中国失掉的机会——美国前驻华外交官约翰·S.谢伟思第二次世界大战时期的报告》,国际文化出版公司1989年版,第209页。

参考文献 REFERENCE DOCUMENTS

ERSHI SHIJI ZHI ZHONGGUO

一、档案文献及汇编史料

1. 陕西省档案馆馆藏档案、陕西省清涧县档案馆馆藏档案、陕西省绥德县档案馆馆藏档案、河北省档案馆馆藏档案。

2. 陕西省档案馆、陕西省社会科学院编:《陕甘宁边区政府文件选编》(1~14辑),中国档案出版社1986~1991年版。

3. 甘肃省社会科学院历史研究室编:《陕甘宁革命根据地史料选辑》(1~5辑),甘肃人民出版社1981~1986年版。

4. 陕甘宁边区财政经济编写组、陕西省档案馆编:《抗日战争时期陕甘宁边区财政经济史料摘编》(1~9编),陕西人民出版社1981年版。

5. 西北五省区编纂领导小组、中央档案馆编:《陕甘宁边区抗日民主根据地·文献卷》,中共党史资料出版社1990年版。

6. 艾绍润、高海深主编:《陕甘宁边区法律法规汇编》,陕西人民出版社2007年版。

7. 陕西省档案馆编:《陕甘宁边区政府大事记》,中国档案出版社 1991 年版。

8. 中央档案馆、陕西省档案馆编:《陕西革命历史文件汇集》(内部资料),1991 年刊印。

9. 中央档案馆编:《中共中央西北局文件汇集》(内部资料),1994 年刊印。

10. 中央档案馆、陕西省档案馆编:《中共陕甘宁边区党委文件汇集》(内部资料),1994 年刊印。

11. 中国科学院历史研究所第三所编辑:《陕甘宁边区参议会文献汇辑》,科学出版社 1958 年版。

12. 陕甘宁边区政权建设编辑组:《陕甘宁边区参议会(资料选辑)》,中共中央党校科研办公室 1985 年编印。

13.《陕甘宁边区教育资料·小学部分》,教育科学出版社 1981 年版。

14. 陕西省妇联编:《陕甘宁边区妇女运动文献资料续集》(内部资料),1985 年编印。

15.《甘肃革命文化史料选粹》,甘肃文化出版社 2000 年版。

16. 中央档案馆编:《中共中央文件选集》(7~18 册),中共中央党校出版社 1991~1992 年版。

17. 中共陕西省委党史资料征集研究委员会编:《大革命时期的陕西地区农民运动》,陕西人民出版社 1986 年版。

18. 中共陕西省委党校党史教研室编:《新民主主义革命时期陕西大事记述》,陕西人民出版社 1980 年版。

19. 韩延龙、常兆儒编:《中国新民主主义革命时期根据地法制文献选编》(1~4 卷),中国社会科学出版社 1981 年版。

20. 中共延安地委统战部、中共中央统战部研究所编:《抗日战争时期陕甘宁边区统一战线和三三制》,陕西人民出版社 1989 年版。

21.《延安民主模式研究》资料课题组编:《延安民主模式研究资料选编》,西北大学出版社 2004 年版。

22.《新中国妇女参政的足迹》编写组:《新中国妇女参政的足迹》,中共党史出版社 1998 年版。

23. 中华全国妇女联合会编:《中国妇女运动历史资料（1937—1945）》,中国妇女出版社 1991 年版。

24. 中华全国妇女联合会:《蔡畅邓颖超康克清妇女解放问题文选(1938—1987)》,人民出版社 1983 年版。

25. 陈瀚笙、薛暮桥、冯和法编:《解放前的中国农村》第 2 辑,中国展望出版社 1987 年版。

26.《晋察冀抗日根据地文献选编》第 1 册(下册),中共党史资料出版社 1989 年版。

27.《中央革命根据地史料选编》,江西人民出版社 1983 年版。

28. 中共庆阳地委党史资料征集办公室编:《陕甘宁边区时期陇东民主政权建设》,甘肃人民出版社 1990 年版。

29. 中共山西省委党史研究室编:《中国共产党山西历史记述(1919—1949)》,中共党史出版社 1993 年版。

30. 王定国等:《谢觉哉论民主与法治》,法律出版社 1996 年版。

31. 徐秀丽:《中国近代乡村自治法规选编》,中华书局 2004 年版。

二、地方史志及文史资料

32.《陕西省志·妇女志》,陕西人民出版社 2001 年版。

33.《陕西省志·审判志》,陕西人民出版社 1994 年版。

34.《陕西省志·卫生志》,陕西人民出版社 1996 年版。

35.《陕西教育志·资料选编》,陕西省教育厅《陕西教育志》编纂办公室编,1986 年编印。

36.《延安市妇女运动志》,陕西人民出版社 2001 年版。

37.《镇原县志》(内部资料),1987 年编印。

38.《米脂县志》,陕西人民出版社 1993 年版。

39.《榆林人物志》,陕西人民出版社 2007 年版。

40.《中国共产党西安市委员会志(1925.10—2002.7)》,中国共产党西安市委员会,2002 年编印。

41.《延川县志》,陕西人民出版社 1999 年版。

42.《佳县志》,陕西旅游出版社 2008 年版。

43.《延安市志》,陕西人民出版社 1994 年版。

44.《府谷县志》,陕西人民出版社 1997 年版。

45.《庆阳县志》,甘肃人民出版社 1993 年版。

46.《华池县志》,甘肃人民出版社 2003 年版。

47.《志丹县志》,陕西人民出版社 1996 年版。

48.《延安文史资料》第 1 辑,中国人民政治协商会议延安市文史资料委员会,1984 年编印。

49.《清涧文史资料》第 2 辑,中国人民政治协商会议清涧县委员会,1990 年编印。

50.《合水文史资料》第 1 辑,中国人民政治协商会议合水县委员会,1997 年编印。

51.《延安文史资料》第 7 辑,中国人民政治协商会议延安市文史资料委员会,2004 年编印。

52.《正宁文史资料选辑》第 1 辑,中国人民政治协商会议正宁县委员会,1997 年编印。

53.《盐池县文史资料》第 1 辑,中国人民政治协商会议盐池县委员会,1983 年编印。

54. 马骥主编:《陕甘宁边区三边分区资料选编》(上、下),中国人民政治协商会议定边县委员会,2007 年编印。

55.《横山文史资料》第 8 辑,中国人民政治协商会议横山县文史资料委员会,2006 年编印。

56.《盐池文史资料》第 5 辑,中国人民政治协商会议盐池县文史资料委员会,1989 年编印。

57.《榆林文史》第 4 辑,中国人民政治协商会议榆林市文史资料委员会,2004 年编印。

58.《文史资料选辑》第 29 辑,文史资料出版社 1995 年版。

59.《文史资料选辑》第 86 辑,文史资料出版社 1983 年版。

60.《庆阳地区中共党史大事记》，中共庆阳地委党史资料征集办公室，1990 年编印。

61. 中共庆阳地委编:《南梁曙光》，甘肃人民出版社 1983 年版。

62.《陇东革命史料选辑》(2)，中共庆阳地委党史资料征集办公室，1985 年编印。

63.《中国共产党吴忠革命史》，宁夏人民出版社 2008 年版。

64. 赵宝玺主编:《镇原史话》，甘肃文化出版社 2005 年版。

65. 中共吴忠市委党史研究室编:《中国共产党吴忠革命史》，宁夏人民出版社 2008 年版。

66. 中共绥德县委组织部编:《中国共产党陕西省绥德县组织史资料》第 1 卷,陕西人民出版社 1998 年版。

67. 朱赤主编:《中国共产党保定地方史》,中央文献出版社 2000 年版。

三、文(选)集、年谱、回忆录

68.《毛泽东选集》(1~4 卷)，人民出版社 1991 年版。

69.《毛泽东年谱》下卷，中央文献出版社 1993 年版。

70.《毛泽东农村调查文集》，人民出版社 1982 年版。

71. 中共中央文献研究室编:《毛泽东书信选集》，人民出版社 1983 年版。

72.《董必武选集》，人民出版社 1985 年版。

73.《任弼时选集》，人民出版社 1987 年版。

74.《张闻天晋陕调查文集》，中共党史出版社 1994 年版。

75.《林伯渠文集》，华艺出版社 1996 年版。

76.《谢觉哉文集》，人民出版社 1989 年版。

77. 谢觉哉:《一得书》，人民出版社 1994 年版。

78. 李维汉:《回忆与研究》，中共党史资料出版社 1986 年版。

79. 张培森主编:《张闻天年谱》(下)，中共党史出版社 2000 年版。

80.《李鼎铭文集·纪念·传略》，中共中央党校出版社 1991 年版。

81.《延泽民文集》第 8 卷，黑龙江人民出版社 2000 年版。

82. 《吴伯箫文集》上卷,人民教育出版社 1993 年版。

83. 《李卓然文集》,湖南人民出版社 2000 年版。

84. 《张友渔文选》上卷,法律出版社 1997 年版。

85. 丁玲:《延安集》,人民文学出版社 1954 年版。

86. 方午田、蒙人方:《延安记者》,陕西人民教育出版社 1993 年版。

87. 《延安文艺丛书·报告文学卷》,湖南人民出版社 1984 年版。

88. 陕甘宁青新西北五省区编纂领导小组、中央档案馆编:《陕甘宁边区抗日民主根据地:回忆录卷》,中共党史资料出版社 1990 年版。

89. 任宏、高梅主编:《精神的魅力:延安时期生活往事》,济南出版社 2005 年版。

90. 张国焘:《我的回忆》第 3 册,东方出版社 1998 年版。

91. 丁雪松口述:《中国第一位女大使丁雪松回忆录》,江苏人民出版社 2000 年版。

92. 王仲方:《延安风情画:一个"三八式"老人的情思》,中国青年出版社 2010 年版。

93. 萧风:《八秩回顾》,人民日报出版社 1991 年版。

94. 王丕年:《延水东流——王丕年同志革命回忆录》,黑龙江《晚霞》编辑部,1997 年编印。

四、研究著述

95. 行政院农村复兴委员会:《陕西省农村调查》,上海:商务印书馆 1934 年版。

96. 李普:《光荣归于民主——谈解放区的政治与军事》,东北书店 1937 年版。

97. 陈学昭:《延安访问记》,北极书店 1940 年版。

98. 斯诺:《西北特区特写》,每日译报社 1938 年版。

99. 《陕甘宁边区的劳动英雄》,大众书店印行,1946 年版。

100. 马扎儿:《中国农村经济研究》,神州国光社 1930 年版。

101. 范长江：《中国的西北角》，天津：大公报馆 1936 年版。

102. 陕甘宁边区政府办公厅：《医药卫生的模范》，1944 年编印。

103. 周扬等著：《民间艺人和艺术》，新华书店晋察冀分店 1946 年版。

104. 赵超构：《延安一月》，上海书店 1992 年版。

105. 柴树藩等：《绥德、米脂土地问题研究》，人民出版社 1979 年版。

106. 中共盐池县党史办公室编：《陕甘宁边区概述》，宁夏人民出版社 1988 年版。

107. 宋金寿、李忠全：《陕甘宁边区政权建设史》，陕西人民出版社 1990 年版。

108. 师锐、李忠全编：《延安时期统一战线问题研究》，陕西人民出版社 2000 年版。

109. 卢希谦、李忠全：《陕甘宁边区医药卫生史稿》，陕西人民出版社 1994 年版。

110. 杨永华：《陕甘宁边区法制史稿（宪法、政权组织法篇）》，陕西人民出版社 1992 年版。

111. 姚勤镇：《三边情愫》，宁夏人民出版社 2006 年版。

112. 高文、巩世锋、高寒编：《陇东革命歌谣》，甘肃人民出版社 1982 年版。

113. 魏光奇：《官治与自治——20 世纪上半期的中国县制》，商务印书馆 2004 年版。

114. 张静：《基层政权：乡村制度诸问题》，浙江人民出版社 2000 年版。

115. 于建嵘：《岳村政治：转型期中国乡村政治结构的变迁》，商务印书馆 2001 年版。

116. 王奇生：《革命与反革命：社会文化视野下的民国政治》，社会科学文献出版社 2010 年版。

117. 王先明：《中国近代社会文化史论》，人民出版社 2000 年版。

118. 王先明：《近代绅士——一个封建阶层的历史命运》，天津人民出版社 1997 年版。

119. 王先明：《变动时代的乡绅——乡绅与乡村社会结构变迁》，人民出版社 2009 年版。

120. 费孝通:《中国绅士》,中国社会科学出版社 2006 年版。

121. 费孝通等:《论皇权与绅权》,天津人民出版社 1988 年版。

122. 费孝通:《乡土中国》,上海人民出版社 2006 年版。

123. 郑起东:《转型期的华北农村社会》,上海书店出版社 2004 年版。

124. 张朋园:《中国民主政治的困境:1909~1949 晚清以来历届议会选举述论》,吉林出版集团有限责任公司 2008 年版。

125. 张鸣:《乡村社会权力和文化结构的变迁》,广西人民出版社 2001 年版。

126. 徐勇:《乡村治理与中国政治》,中国社会科学出版社 2003 年版。

127. 刘泽华、张荣明等:《公私观念与中国社会》,中国人民大学出版社 2003 年版。

128. [美]黄宗智:《经验与理论:中国社会、经济与法律的实践历史研究》,中国人民大学出版社 2007 年版。

129. [美]黄宗智:《华北的小农经济与社会变迁》,中华书局 1986 年版。

130. [美]王国斌著,李伯重、连玲玲译:《转变的中国——历史变迁与欧洲经验的局限》,江苏人民出版社 1998 年版。

131. [美]杜赞奇著,王福明译:《文化、权力与国家:1900—1942 年的华北农村》,江苏人民出版社 2004 年版。

132. [美]李怀印著,岁有生、王士皓译:《华北村治——晚清与民国时期的国家与乡村》,中华书局 2008 年版。

133. [美]马克·赛尔登著,魏晓明、冯崇义译:《革命中的中国:延安道路》,社会科学文献出版社 2002 年版。

134. [美]大卫·古德曼著,田酉如等译:《中国革命中的太行抗日根据地社会变迁》,中央文献出版社 2003 年版。

135. 张仲礼:《中国绅士研究》,上海人民出版社 2008 年版。

136. [美]费正清主编:《剑桥中国晚清史》,中国社会科学出版社 1994 年版。

137. [美]费正清主编:《剑桥中华民国史》,中国社会科学出版社 1994 年版。

138. [美]白修德、贾安娜:《中国暴风雨》,香港:广角线出版社 1976 年版。

139. [美]约瑟夫·W.埃谢里克编著,罗清、赵仲强译:《在中国失掉的机会——美国前驻华外交官约翰·S.谢伟思第二次世界大战时期的报告》,国际文化出版公司 1989 年版。

140. 齐文编译:《外国记者眼中的延安及解放区》,大众书店 1946 年版。

141. [波兰]伊斯雷尔·爱泼斯坦著,张扬等译:《突破封锁访延安——1944年的通讯和家书》,人民出版社 1995 年版。

142. [英]冈瑟·斯坦因著,李凤鸣译:《红色中国的挑战》,新华出版社 1987年版。

143. [美] 邹谠:《二十世纪中国政治——从宏观历史和微观行动的角度看》,香港:牛津大学出版社 1994 年版。

144. 郑杭生主编:《社会学概论新编》,中国人民大学出版社 1987 年版。

145. [美]塞缪尔·P.亨廷顿著,王冠华等译:《变化社会中的政治秩序》,北京:生活·读书·新知三联书店,1989 年版。

146. [美]塞缪尔·P.亨廷顿、琼·纳尔逊著,汪晓寿,吴志华等译:《难以抉择——发展中国家的政治参与》,华夏出版社 1989 年版。

147. [英]迈克尔·曼著,刘北成、李少军译:《社会权力的来源》第 1 卷,上海人民出版社 2002 年版。

148. [美]詹姆斯·C.斯科特著,程立显等译:《农民的道义经济学——东南亚的反叛与生存》,译林出版社 2001 年版。

149. [英]安东尼·吉登斯著,赵旭东等译:《社会学》第 4 版,北京大学出版社 2003 年版。

150. [美]米格代尔著,李玉琪等译:《农民、政治与革命:第三世界政治与社会变革的压力》,中央编译出版社 1996 年版。

151. [英]阿伯拉斯特著,孙荣飞等译:《民主》,吉林人民出版社 2005 年版。

152. [法]托克维尔著,董果良译:《论美国的民主》,商务印书馆 1988 年版。

153. [美]乔·萨托利著,冯克利、阎克文译:《民主新论》,东方出版社 1998

年版。

154. [美]安东尼·奥罗斯著,张华青等译:《政治社会学——主体政治的社会剖析》,上海人民出版社 1989 年版。

155. Carl E. Dorris. Peasant Mobilization in North China and the Origins of Yenan Communism, The China Quarterly (1976).

156. R. Keith Schoppa. Contours of Revolutionary Change in a Chinese County,1900-1950, The Journal of Asian Studies 51, No. 4 (1992).

157. Tony Saich and Hans Vande Ven. New Perspectives on the Chinese Communist Revolution, Armonk, NY: M. E. Sharpe, 1995.

158. Pauline Keating. Two Revolutions. Village reconstruction and the cooperative movement in northern Shaanxi, 1934-1945, Stanford, California, Stanford University Press, 1997.

五、研究论文(集)

159. 林尚立:《革命与乡村——中国的逻辑》,《中共党史研究》2008 年第 1 期。

160. 李金铮:《向"新革命史"转型:中共革命史研究方法的反思与突破》,《中共党史研究》2010 年第 1 期。

161. 李金铮:《土地改革中的农民心态:以 1937—1945 年华北乡村为中心》,《近代史研究》2006 年第 4 期。

162. 朴尚洙:《20 世纪三四十年代中共在陕甘宁边区与哥老会关系论析》,《近代史研究》2005 年第 4 期。

163. 朱英:《从社会群体透视社会变迁》,《华中师范大学学报》2007 年第 6 期。

164. 王奇生:《民国时期县长的群体构成与人事嬗递——以 1927 年至 1949 年长江流域省份为中心》,《历史研究》1999 年第 2 期。

165. 贺跃夫:《晚清县以下行政官署与乡村社会控制》,《中山大学学报》1995 年第 4 期。

166. 张纯厚:《论延安精神与延安民主政治的有机统一》,《求索》2010 年第 7 期。

167. 吴吉远:《试论清代吏役的作用和地位》,《清史研究》1993 年第 3 期。

168. 赵世瑜:《吏:一个独特的社会政治群体》,见周积明、宋德金编:《中国社会史论》上卷,湖北教育出版社 2000 年版。

169. 冯崇义、古德曼编:《华北抗日根据地与社会生态》,当代中国出版社 1998 年版。

170. 《中外学者论抗日根据地——南开大学第二届抗日根据地国际学术讨论会》,中国档案出版社 1993 年版。

171. 周锡瑞:《把社会、经济、政治放回二十世纪中国史》,见刘东主编:《中国学术》第 1 辑,商务印书馆 2000 年版。

六、主要报刊杂志

172. 《解放日报》(延安)

173. 《新中华报》

174. 《红色中华》

175. 《新华日报》

176. 《共产党人》

177. 《解放周刊》

178. 《人民日报》

179. 《中共党史研究》

180. 《近代史研究》

181. 《历史研究》

182. 《抗日战争研究》

183. 《榆林党史资料通讯》

后 记 POST SCRIPT

ERSHI SHIJI ZHI ZHONGGUO

　　当行文至此,需要说点自己的内心感受时,首先会想到自己走上学术研究的心路历程。

　　出生于一个偏远农村的我,上中学的时候第一次去县城、读大学时第一次去省城的眼界和视野, 在较长的一段时间里对于自己将来究竟要从事什么职业,并没有一个明确的目标。及至决定自己将矢志于做学术研究之时,才开始想到该买一些书了。于是一辆破旧的自行车, 陪伴着自己穿梭于各大书店和一些古旧书店,开始了自己的淘书生活。但是,当时的我学术视野毕竟有限,到底哪一块领地是属于自己的研究之地,还是颇感迷茫的,真有一点"乱花渐欲迷人眼"的感觉。或许是自己出生于农村,由于对乡村社会本能的敏感,最后也就将自己的研究领域定格在中国近代乡村社会这一问题之上,于是便有了与南开大学王先明先生的师生之缘。

　　2009 年 9 月,我如愿以偿进入南开大学历史学院,由此也就有了亲身聆听王老师传道授业的机会。尽管自感资质愚钝,但是每每与王老师交谈之时,总有豁然开朗之感。而且每次交流之后,更会增加进一步探索的欲望,同时对于自己是否也能在不远的将来亦有高质量的文章见诸于权威期刊这一企盼,充满了向往与冲动。对于一个矢志于学术研究的后学而言，这种感觉真的很好。同时油然而生一种感慨：此生能与王老师结交师生之缘足矣！与此同时，在素称发达的南开史学之中，徜徉于其他学者们的言传身教当中亦颇感惬意。

本书的研究地域是我的家乡所在地——陕北。为了能尽可能多的搜集到相关资料，我曾去陕北的一些县级档案馆和史志办查阅过一些资料。令我感动的是这些工作人员不仅热情接待，而且所查阅和复印的费用都分文未收。他们总会说一句话：只要多关注家乡就好！此情此景要说感谢，的确有点苍白。我能做的除了努力也就只有努力了。

天津商业大学是我工作的地方，能与同事们之间融洽相处，对我而言是幸福的，特别是同事们对我的一些帮助颇感温暖。在此，我愿发自内心地对他们说声：谢谢你们！同时，这里也是我付出努力较多的地方，读书、研究、做学问，几乎占据了我全部的时间。书籍报刊、电脑文字，就是我在这里生活的全部。

本书在编辑出版的过程中，蒙莉莉、翟丽娟编辑付出了大量劳动和心血。这种认真严谨的态度，不仅使本书增色不少，而且也是我此后问学之路中永不枯腐的精神资源。非常庆幸能在本书出版的过程中知遇一位严谨认真的师友。

也许，该谈及我的家人了。每每看到他人在述及自己的研究心路时，总会提及小孩绕膝的温馨时刻。而此等感觉对我却是一种奢望。长期与家人分隔两地的酸楚，总会在内心深处涌起一种深深的愧疚。此刻只能心中默念，希望今后的学术之路能有家人的陪伴而不再孤单！

杨　东

2013年初秋